불교의 이해

Kenneth K.S. Ch'en
BUDDHISM – The Light of Asia
© Barron's Educational Series, Inc., Woodbury, New York 1968

Translated by Hee-sung Keel and Yeong-hae Yun
© Benedict Press, Waegwan, Korea 1994

불교의 이해
1994년 4월 초판 | 2009년 12월 3쇄
옮긴이 · 길희성/윤영해 | 펴낸이 · 이형우
ⓒ 분도출판사

등록 · 1962년 5월 7일 라15호
718-806 경북 칠곡군 왜관읍 왜관리 134의 1
왜관 본사 · 전화 054-970-2400 · 팩스 054-971-0179
서울 지사 · 전화 02-2266-3605 · 팩스 02-2271-3605
www.bundobook.co.kr
ISBN 89-419-9407-1 94200
ISBN 89-419-8651-6 (세트)
값 10,000원

종교학총서 5

불교의 이해

케네스 첸 지음
길희성·윤영해 옮김

분도출판사

머 리 말

비구들이여, 내가 깨달아 가르쳐 준 이 진리를 배우고 따라서 실천하고 연마할지어다. 이 성스러운 삶을 영원히 계속하고, 많은 이들을 이롭게 하며, 많은 이들을 행복하게 하여, 신과 모든 인간들을 선하고 이롭고 행복하게 할 수 있도록 세상을 향해 자비심을 가질지어다(『대반열반경』).

붓다가 이러한 말씀을 남긴 이후 2,500여 년 동안 그의 제자들은 스승의 충고를 깊이 새겨 그 가르침을 동아시아와 동남아시아의 구석구석까지 전파해 오고 있다. 불교는 전파되어 가는 곳마다 큰 교화력을 발휘했다. 진실로 그것은 아시아의 빛이다. 이 책에서는 그 가르침이 인도에서 기원하여 스리랑카, 미얀마, 태국, 티베트, 중국, 일본에 이르기까지 실로 다양한 민족들의 감성과 지성을 사로잡아 온 과정을 추적해 보고자 하였다. 필자에게 소박한 바람이 하나 있다면, 이 조그만 책자가 세계의 불교계에 현존하는 복잡하고 다양한 흐름들을 이해하는 데에 다소나마 도움이 되었으면 하는 것이다. 그리하여 티베트의 달라이 라마(Dalai Lama)가 인도로 망명한 사건이나 스리랑카와 미얀마의 출가 수도승들이 정치에 참여하는 일과 같은 여러 역사적 사건들을 그에 적합한 역사적 시각을 가지고 조망하게 될 것이다.

필자는 이 기회를 빌려서 아래의 출판사들에게 그들이 판권을 보유하고 있는 자료들을 이용할 수 있도록 호의를 베풀어 준 데 대하여 감사의 마음을 전하고자 한다.

옥스포드 대학 출판부의
    F. L. Woodward and E. M. Hare, *Gradual Sayings,* London: 1932, Vol. 1, p.128.

Lord Chalmers, *Further Dialogues of the Buddha,* London: 1926, Vol. 1, pp.53-4.

Rhys Davids, *Dialogues of the Buddha,* London: 1923, Vol.1, pp.280-2.

하바드 대학 출판부의
H. Warren, *Buddhism in Translations,* Cambridge: 1947, pp.117-23.

존 머래이(John Murray)의
L. Barnett, *The Path of Light,* London: 1947, pp.44-5.

영국 왕립 아시아 연구소의
G. P. Malalasekera, *The Pali Literature of Ceylon,* London: 1928, p.103.

나는 또 이 기회에 나의 아들 레이튼 첸에게는 원고를 타자해 준 노고에 대하여, 그리고 나의 아내에게는 가사를 잘 돌봄으로써 내가 이 책을 완성할 수 있도록 시간을 마련해 준 데 대하여 고마움을 전하고 싶다.

1967년, 프린스턴에서
케네스 첸(Kenneth Ch'en)

역자 서문

이 책은 미국의 불교학자 케네스 첸(Kenneth K. S. Ch'en)의 *Buddhism – The Light of Asia*를 번역한 것이다. 본래의 책 이름대로라면 『불교: 아시아의 빛』이라 해야 하겠지만, 불교에 대한 아주 기본적이고 포괄적인 소개서라는 점에서 『불교의 이해』라고 이름했다.

요즈음 불교에 대한 서적이 많이 쏟아져 나오고 있으나, 막상 불교를 좀 이해해 보겠다고 하는 사람이 책을 하나 추천해 달라고 하면 매우 망설이게 된다. 선뜻 읽어 보라고 할 만한 마땅한 책이 떠오르지 않는 이유는 현재 나와 있는 대부분의 불교 서적이 이미 불교 신앙을 가지고 있는 사람들을 위해 설교적 혹은 포교적 목적으로 쓰여진 것이거나, 아니면 너무 전문적이어서 어렵거나, 혹은 불교의 한 측면만을 다루고 있기 때문이다. 다시 말하면, 불교를 소개하되 학문적 객관성도 지니면서 동시에 불교의 다양한 측면들을 알기 쉽게 포괄적으로 다룬 책을 찾아보기 어렵다는 뜻이다. 이 점이 바로 이 책을 번역하여 소개하는 이유이다.

불교는 심오하기는 하나 난해한 면도 없지 않다. 뿐만 아니라 불교는 또 엄청나게 방대하기도 하다. 경전도 무수히 많고 종파도 복잡하게 많아, 불교 공부를 처음 시작하고자 하는 사람은 도대체 어디서부터 시작해야 좋을지 갈피를 잡기 어렵다. 불교는 단지 교리나 철학이 아니라 문학이요, 예술이요, 신앙이요, 수행이요, 제도이기도 하다. 게다가 불교는 약 2,500년이라는 유구한 역사를 지니고 있으며 퍼져나아간 공간도 엄청나게 넓다. 따라서 불교의 이해를 위해서는 교리나 사상뿐만 아니라 그 역사적 전개와 전통을 아는 것도 매우 중요하다. 그래야만 다양한 종파나 학파들의 계보와 위치를 정확하게 파악할 수 있으며 불교의 다양성을 이해할 수 있기 때문이다. 이 모든 점들을 감안해 볼 때 불교에 대한 하나의 포괄적인 입문서를 쓴다는 것은 여간 어려운 일이 아니다. 역자가 아는 한, 여기에 번역된 첸 교수의 책은 그러한 류의 책으로서는 으뜸이다. 이 책은 위에 언급한 불교의 여러 측면들을 잘 정리하여 포괄적으로, 그러나 매우 요령 있고 평이하게 소개하고 있어, 불교 입문서로서는 안성맞춤이다. 특히 학문적인 객관성과 공정성을 잃지 않으면서도 불교에 대한 저자의 따뜻한 애정이 깊이 느껴지는 책이다. 다만 한 가지 아쉬운 점은 한국불교에 관한 부분이 없다는 점이다. 그만큼 해외의 한국불교 연구가 미약하다는 것을 반영한다. 번역에 있어 모든 고유명사나 전문술어의 표기는 괄호 속에 넣었으며 저자의 용법을 그대로 따랐다.

  서강 대학교 종교신학 연구소의 종교학 총서 중 하나로서 출간되는 이 책이, 한국인이 자신의 정신적 유산이자 자산인 불교를 바로 이해하는 데에, 그리고 상이한 신앙 전통 속에서 사는 사람들이 서로를 더 깊이 이해하는 데에 조금이라도 기여할 수 있기를 기대해 본다.

서강 다산관에서
역자 씀

차 례

　　머리말···5
　　역자 서문··7

제1장　**배경**··13

제2장　**붓다의 생애**··27

제3장　**붓다의 가르침**··47

제4장　**대승불교**··83
　　붓다에 관한 개념··85
　　보살···89
　　대승불교에서의 믿음과 귀의··92
　　열반···94
　　대승불교의 중관 학파··96
　　유식 학파··101
　　탄트라 불교··104

제5장　**승가, 수도 공동체**···111

제6장　**상좌불교의 전파**···137
　　아쇼카 왕과 불교··137
　　스리랑카···143

9

미얀마 ··151
　　　태국 ···155
　　　캄보디아 ···157
　　　베트남 ··158
　　　자바 ···159
　　　인도에서의 불교의 쇠퇴 ·································160

제7장　**중국의 불교** ··161
　　　남조의 불교 ···166
　　　북조의 불교 ···172
　　　당나라의 불교 ··180
　　　중국 불교의 종파 ···184
　　　삼계교 ··185
　　　정토종 ··186
　　　천태종 ··187
　　　화엄종 ··191
　　　선종 ···192
　　　중국 문화에의 공헌 ······································194

제8장　**일본의 불교** ··199
　　　쇼오토쿠 태자와 불교 ···································200
　　　사이쵸와 천태종 ···203
　　　구우카이와 진언종 ······································205
　　　정토종 ··208
　　　일련종 ··210
　　　선종 ···212

제9장 **티베트의 불교** ··· 217
    제1기 ··· 217
    제2기 ··· 223
    사캬 대승원 ·· 226
    황모파와 달라이 라마 ··· 228
    달라이 라마의 선출 방식 ······································ 234

제10장 **불교 문헌** ··· 241
    팔리어 경전 ·· 245
    대승불교의 문헌 ·· 261

제11장 **불교 예술** ··· 269

제12장 **불교의 의례와 축제** ······································· 283

제13장 **현대 세계의 불교** ··· 301
    불교와 공산주의 ·· 302
    불교와 과학 ·· 307
    불교와 인종 문제 ··· 309
    불교 그리고 전쟁과 평화 ····································· 312

제 1 장

배 경

 기원전 6세기경에 인도에서 태어난 가우타마 싯다르타(Gautama Siddhartha)가 창시한 불교는 흔히 인도 전통으로부터 크게 일탈한 것이었다고 말해져 왔다. 이러한 주장에는 어느 정도 타당한 요소가 없는 것도 아니지만 불교가 일반적 인도 체계로부터 전적으로 결별했던 것은 아니라는 사실도 역시 인정되어야만 한다. 고타마와 그의 가르침이 등장할 수 있도록 해준 세력을 이해하기 위해서는 인도의 당시 상황들뿐만 아니라 종교적·사회적 배경을 이해하는 데에도 상당한 시간을 투자할 필요가 있다. 더 나은 용어가 없기 때문에 우리는 이것을 베다적(Vedic) 배경이라고 할 수밖에 없다. 산스크리트어(Sanskrit)로 성스러운 전승이라는 뜻을 지닌 베다(Veda)라는 낱말은 "알다"라는 뜻의 어근에서 파생되었다.

 기원전 3000년에서 2000년 사이의 어느 때에 아리아인(Aryan)이라고 알려진 한 종족이 인도 북서부의 산협에 나 있는 통로를 따라 인도에 들어오기 시작하였다. 이 종족들이 애당초 어느 곳으로부터 왔는지는 아직도 심각한 수수께끼로 남아 있다. 하지만 가장 폭넓게 지지되고 있는 견해에 의할 것 같으면 우랄산맥의 남쪽 키르기츠 초원 부근의 어디쯤이 본래의 고향일 것으로 생각된다. 그들은 인도에 정착하고 나서 흔히 베다 문헌이라고 일컬어지는 일단의 서정시, 송가(頌歌), 운문들을 만들었는데 이것들은 그들의 인도 정착을 전후로 한 초기 아리안족의 삶과 신앙에 관하여 괄목할 만한 양의 정보를 제공해 준다. 이들 일단의 문헌들에 관하여 정확한 연대를 추정하는 일은 불가능하다. 그리고 그보다도 더 가까운 인도 역사와 사상에 관련된 사건들을 연구할 때에도 이와 똑같은 연대기의 문제가 우리들을 끊임없이 괴롭히리라는 사실을 차차 알게 될 것이다. 이러한 점에 대하여 우리는 아마도 인도인들의 역사적 감각의 결여를 나무랄 수밖에 없을 것이다. 과거의 인도인들은 사건의 날짜나 중요한 문헌 저작들의 저자명을 기록하는 것을 거부했다. 그래서 그들은 중국이 보유하고 있던 막대한 양의 역사적 문헌들, 즉 주요한 인물들의 이름들이 자세히 적힌 나날의 사건들에 대한 기록들과 마주쳤을 때 그만 어안이 벙벙해지고 만다. 하지만 인도 사람들은 유럽인들이나 중국인들이 사상이나 예술을 역사적으로 다루는 것을 너무 지나치게 강조한다고 주장한다. 어떤 문헌에 있어서 중요한 것은 거기 담긴 사상이 인간의 경험에 진실된 것인가 아닌가의 문제이지 저자의 이름이나 저작의 날짜는 아니라는 것이다.

베다들 중에서 가장 중요한 것은 찬미 시가(詩歌)인 「리그-베다」(Rig-veda)이다. 대개 불, 태양, 바람과 같은 다양한 힘들을 인격화하여 만든 신들에게 바쳐진 이 찬송 모음집은 신들의 거룩한 행위들을 찬미하며 그러고는 부(富), 다산(多産), 장수(長壽), 승전(勝戰), 물질적 풍요 등과 같이 유익한 것들을 인간들에게 내려주도록 간청한다. 이 신들 중에서 가장 중요한 신은 엄청난 용기와 함께 신체적 균형을 갖춘 자로 묘사되는 인드라(Indra)이다. 그가 아리아인의 적들을 향해서 출전할 때는 항상 소마(soma)라고 하는 다량의 마취제로써 자신을 강화시키는데 그것이 그로 하여금 어김없이 적들을 제압할 수 있게 해준다. 그리하여 그는 마군을 죽이는 자라는 명성을 얻었으며 아리아인들이 전쟁에 개입할 때마다 기도의 대상이 되었다. 또 다른 중요한 신은 바루나(Varuna)인데 그는 세계의 물리적·도덕적 질서를 유지시키는 자로서 묘사된다. 베다의 시인들은 경이감과 경탄의 눈으로 자연을 바라보았다. 그리고 그들은 태양과 달과 계절들의 현상에서 나타나는 규칙성에서 우주를 관통하고 있는 불변하는 법칙을 암시받았다. 나중에 이 불변하는 보편적 법칙성은 자연뿐만 아니라 도덕적 질서까지도 포함하는 것으로 해석되었으며, 바루나는 세계를 물리적·도덕적 혼돈으로부터 보호해주는 신으로 생각되었다. 바루나에게 바쳐지는 송가들은 대단히 윤리적이고 경건한 어조이며 그를 정의의 신, 선하고 가치있는 모든 것들의 수호자, 인간사의 허위와 진실을 아는 자로 묘사하고 있다. 물리적 세계의 수호자로서 그는 하늘을 지탱시키고, 하늘을 가로질러 해를 인도하고, 계절을 조절하고, 계속해서 강물이 흘러듦에도 불구하고 바다가 넘치지 않게 해준다. 바루나는 인간의 죄를 아는 외에도 죄를 용서해 줄 수도 있다. 따라서 실제로 그에 관한 많은 송가들이 용서를 비는 기도문들이다.

대체로 「리그-베다」의 송가들은 사후에 일어나는 일들에 대해서는 크게 관심을 두지 않는다. 몇몇 송가들은 의로운 사람은 신들의 세계로 가서 영원히 살게 될 것이라는 믿음을 암시해 주고 있지만 환생(還生)에 대한 언급은 아직 나타나지 않는다.

의례들 역시 베다 시대를 거치는 동안 인도인들의 삶 속에서 하나의 역할을 수행하였다. 그 의례는 아마도 가정의 화로 안에 담겨진 단 한 개의 불로 이루어진 제단 앞에서 아침·저녁으로 그리고 출생, 결혼, 사망, 조상 제사 등의 경우에 행해지는 매우 간단한 의식이었을 것이다. 의례의 목적 또한 매우 단순하였다. 즉, 자기 가족에게 은혜를 베풀어 달라고 신들에게 기도를 드리기 위함이었다. 하지만 시간이 흐름에 따라 그러한 의례들은 점점 복잡하고 정교하게 되어 많은 제단과 제사를 관장하는 여러 사제들이 필요하게 되었다. 후기의 이러한 발전에 따라 의례의 목적도 또한 변하게 되었다. 어떤 특별한 은혜를 베풀어 달라고 신들을 설득하는 대신에 신들에게 해달라고 원하였던 것을 이제는 신들이 억지로라도 하도록 강요하고 강제하는 것이 목적이었다. 이러한 변화에 비추어 생각해 볼 때 그러한 의례는 이제 우주와 신들을 통제할 수 있는 신비한 힘을 가지는 일종의 성스러운 기술로 간주되었다. 이러한 통제를 가하려면 의례의 절차를 빈틈없이 준수하여 거행해야만 했다. 그리고 오로지 사제들만이 그 복잡한 의례들을 정확하게 집전할 수 있게 되자 그들의 위치가 사회적으로 지배적인 지위로 향상되고 강화되었다. 진실로 그들은 강력한 힘을 소유하게 되었으므로 심지어 그들의 후원자라 할지라도 의례를 집전할 때 일부러 실수를 범함으로써 파멸시켜 버릴 수가 있었다. 게다가 의례 자체에 엄청난 힘이 부여되고 난 후부터 의례는 이제 우주적 질서와 동일한 것이 되었으므로 그것을 정교하게 준행하면 집전 당사자들에게 권력과 번영 등의 좋은 결과를 초래할 수 있다고 여겨졌다.

이러한 의례 지상주의 시대에 반복되는 출생의 순환, 즉 윤회(samsara)의 관념이 시작되고 있음을 볼 수 있다. 이러한 관념에 의하면 인격적 개체들은 자신이 행한 선악의 업에 따라서 반복적으로 다시 태어난다고 한다. 신들의 세계에 태어나기 위해서는 세상에서의 고상하고 덕망있는 생활이 필수적이며, 반면에 사악한 삶을 살면 다른 세상에 다시 태어나서 자신의 악행에 해당하는 징벌을 받게 된다는 것이다. 그러한 보상이나 징벌이 영원히 계속될 것으로 생각되지는 않았다. 왜냐하면 이 세상에서의 짧은 일생 동안 행한 제한된 선악의 행위가 미래의 고락에 영원히 영향을 미칠 수 있다고 하는 것은 불합리하다고 생각되었기 때문이다. 그러므로 선행에 대한 보상을 향수하는 것도 결국은 끝이 있을 수밖에 없고 인격적 개체는 다시 태어날 수밖에 없는 것이다.

이러한 지나친 의례 중심주의는 필연적으로 반발을 불러일으켰다. 모든 사람들이 복잡한 의례를 정확하게 행하는 것은 불가능하다고 여겨지게 된 것이다. 세속적 속박으로부터 해탈을 얻을 수 있는 어떤 다른 방도가 있어야만 했다. 이러한 요청에 대한 응답으로서 우파니샤드(*Upanishad*)라고 하는 일단의 문헌에서 강조된 지적 추구라고 할 수 있는 방식이 제기되었다. 우파니샤드라는 말은 다른 사람의 발치에 앉아서 그의 가르침을 듣는다는 뜻이다. 이러한 가르침은 비밀이 유지되어야 하고 비속한 자들로부터 주의 깊게 보호되어야 하며, 가르침을 받아들일 준비가 되어 있는 사람에게 비밀리에 가르쳐져야 할 것으로 여겨졌다. 그래서 우파니샤드라는 용어는 비밀스런 교의나 지식을 의미하게 되었다. 이제 의례의 정확한 준행 대신에 지식이 해탈의 열쇠가 된 것이다. 의례가 밀려난 대신에 사색이 가장 중요한 것이 되었다.

이러한 사색은 아마도 인도인들이 의례를 준행할 때, 혹은 그들이 통제하고자 했던 우주의 질서를 고요히 관찰할 때 생기는 몇 가지 문제들에 관하여 깊이 생각해 들어감으로써 시작되었을 것이다. 우주의 이면에는 어떠한 통일성이 있는 것일까? 우리들 주위의 모든 현상의 배후에는 하나의 절대적인 진리가 있는 것일까? 만일 이러한 통일성이 있다면 그것의 본질은 어떤 것일까? 이러한 절대적 존재와 개체적 자아의 관계는 어떤 것일까? 이러한 통일성에 대한 인도인들의 추구는 여러 단계를 거치게 된다. 초기의 인도 현자들은 신들이 모두 공통의 어떤 특징들을 가지며 또한 권능과 빛과 선함과 지혜와 같은 똑같은 속성들을 향수한다고 보았다. 그래서 전능의 힘이 모든 신들의 특성이라고 하는 신앙이 생겨났으며 이 전능의 힘은 비스바카르만(Visvakarman), 즉 우주의 건설자이며 모든 것을 만든 자라고 일컬어지는 신으로 인격화되었다. 뒤이어 모든 신들의 공통적 아버지에 대한 개념이 생겨났으며 이 개념은 모든 피조물들의 주(主)라고 불리는 아버지 신인 프라자파티(Prajapati)로 구현되었다. 종국에 가서는 다양한 신들은 단지 똑같은 초월적 존재의 다른 모습일 뿐이며 다른 이름일 뿐이라는 개념이 생겨났다. 이러한 일신론적 경향은 우파니샤드에서 정점에 이르렀다. 우파니샤드는 세계의 다양성의 배후, 즉 모든 피조물들, 신들, 인간과 자연의 이면에 하나의 절대적 통일성인 최고의 브라흐만(Brahman)이 존재한다는 사상을 펼치고 있다. 브라흐만은 전 우주이며, 생물이든 무생물이든 우주 안에 있는 모든 것이라고 일컬어진다. 이렇게 브라흐만을 우주와 동일시함으로써 우파니샤드는 모든 것 안에서 브라흐만을 보고 브라흐만 안에서 모든 것을 본다. 인도인들은 모든 자연의 사물들 안에 브라흐만의 내재성을 인정하는 한편 동시에 창조된 세계를 초월하는 브라흐만의 초월성에 대해서도 성찰했다. 왜냐하면 브라흐만은 세계 전체를 포괄하되 세계를 훨씬 초월하며 또 그 자신의 일부분으로써 온 우주에 편재해 있다고 하기 때문이다.

우주에 있어서 절대적 통일성의 원리에 대한 물음이 계속되는 한편 우주에 대해서가 아니라 마음의 근본이며 인간 내면의 핵심인 아트만, 즉 자아의 발견에 대해서 초점을 맞춘 유사한 물음이 있었다. 처음에 아트만은 호흡의 의미로 쓰였으나 점차 자아 또는 영혼을 의미하게 되었다. 우파니샤드에서는 자아 개념의 점차적 이해가 발견된다. 첫 단계에서 아트만은 태어나서 성장하고 죽게 되는 육체, 즉 육체적 자아로 간주되었다. 그러나 그러한 자아가 인간의 내면적 본질이라는 주장에 대해 반론이 제기되었다. 왜냐하면 육체적 자아는 소경이 될 수도 있고 불구가 될 수도 있기 때문이다. 두 번째 단계의 생각에 의하면 아트만은 경험적인 자아로서 꿈속에서 활동하며 시간과 공간에 걸림 없이 돌아다니며 육체적 재난으로부터 자유로운 자아이다. 그러나 이 경험적 자아는 무상한 경험의 지배를 받기 때문에 매 순간마다 변한다는 반론이 제기되었다. 꿈꾸는 상태는 실제 독자적으로 존재하는 것이 아니라 공간적·시간적 환경에 속박되어 있다. 세번째 단계에서는 아트만을 꿈도 없는 수면 속에 잠들어 있는 완전한 휴식 상태에 있는 자아로 간주한다. 수면 상태 속에 있는 자아는 두려움이나 고통으로부터는 진실로 자유롭지만 깊은 수면 속에서는 자기 자신이나 외계의 사물 등 그 어떤 것도 의식할 수가 없다. 따라서 나무 둥치와 조금도 다를 바가 없기 때문에 진실한 자아라고 할 수 없다는 점이 지적된다. 이제 이러한 사색은 네번째 단계로 넘어가서 아트만은 모든 육체적·정신적 한계들로부터 자유로운 순수의식이라고 주장한다. 순수의식으로서의 진정한 자아는 깨어 있는 상태, 수면 상태, 꿈꾸는 상태 등을 초월하는 신비스런 상태로서 자신에 대한 직관을 통해서만 깨달을 수가 있다. 사람이 이러한 신비스런 상태에서 자신의 진정한 자아를 깨달을 때 그는 오직 순수한 희열의 상태만을 경험하게 된다는 것이다.

 우파니샤드의 사상가들은 인간의 내면적 핵심, 즉 인간 심성의 근본을 파헤침으로써 개체적 자아인 아트만이 물리적 육체와 관련되어 있는 것과 똑같은 방식으로, 우주의 보편적 원리이며 궁극적 실재인 브라흐만도 물리적 우주와 관련되어 있음에 틀림없다는 유추적 결론에 도달하였다. 그들은 이러한 유추와 함께 우주의 내적 핵심인 브라흐만이 인간의 내면적 핵심인 아트만과 동일한 존재라는 우파니샤드의 근본적 진리를 제시하였다. 스승인 구루(guru)가 지도하는 학습과 성찰과 명상 등의 오랜 수련을 통해 모든 존재가 하나라는 사상을 지적(知的)으로 파악함으로써 깨달음을 얻고는 스스로의 경험 속에서 그러한 통일성을 체득한다. 모든 차별과 다양성은 사라져 버리고 자신의 개체적 자아가 보편적 자아와 동일하다는 사실을 깨닫게 된다. 이처럼 브라흐만과 아트만의 동일성을 깨달음으로써 우주에 내재하고 있는 근본적 원리에 대한 우파니샤드의 오랜 추구는 끝나게 된다.

우파니샤드의 저자들은 수많은 비유들에 의거하여 이러한 동일성을 설명하였다. 한 덩어리의 소금이 물에 들어가 녹아 버리면 짠맛은 느낄 수 있겠지만 그 소금 덩어리는 다시 꺼낼 수 없는 것과 마찬가지로 개체적 자아는 아무런 흔적도 남기지 않고 보편적 자아와 합일을 이루게 되는 것이다. 강물이 큰 바다로 흘러들어가 이름과 형상을 잃고 사라져 버리듯이 이름과 형상을 떠난 현자는 그렇게 신적 정신에 합일되는 것이다. 이러한 합일은 "그것은 너다"(tat tvam asi)라는 문구에서 가장 잘 드러난다. "tat", 즉 "그것"은 우주의 원인이며 우주의 유지자로서의 완전한 브라흐만을 말한다. 그리고 "tvam", 즉 "너"는 영혼의 내적 주재자, 혹은 자아로서 기능을 하고 있는 동일한 브라흐만을 가리킨다. 인도의 현인들은 이러한 표현을 가지고 우주의 원인이며 모든 존재의 원천인 지고의 존재가 바로 인간의 내면적 주재자라는 진리를 드러내고자 노력한 것이다.

명상, 학습, 성찰과 같은 오랜 기간의 수련을 거친 후 우파니샤드에서 가르치는 이러한 위대한 진리를 깨닫는 사람은 윤회의 쳇바퀴로부터 벗어나 해탈을 얻는다고 한다. 그리고 이러한 목표는 살아 있는 동안에 성취될 수가 있다. 그럼에도 불구하고 우파니샤드는 대부분의 사람들이 금생에는 해탈을 얻지 못할 것이라고 지적한다. 자신이 행하는 업의 성격에 따라서 미래의 어느 생에선가는 목적을 달성할 수 있게 되겠지만 말이다. 여기서 볼 수 있듯이 지식으로써 해탈을 이룰 수가 있다고 하는 우파니샤드의 주된 가르침은 윤회설과 밀접하게 관련되어 있다. 이 이론에 따르면 자신이 쌓아온

업에 의해서 반복되는 환생의 굴레를 깨고 해탈을 얻을 때까지는 몇 번이고 거듭해서 태어날 수밖에 없다.

　간지스 강 유역의 서쪽 끝 지역은 거의 완벽하게 아리안화되어 있었으며 베다적 전통이 압도적인 위치에 있었다. 하지만 동쪽 지역에서는 이러한 아리안적 요소가 그렇게 지배적이지 못하였다. 그래서 결과적으로 왕이나 평민들이 사제계급보다 중시되었으며 사람들도 덜 사색적이었다. 사제계급인 바라문(婆羅門, brāhmana)들은 자기들의 종교를 동부 지역의 주민들에게 강요하려 했을 때 반발에 부딪치게 되었다. 그리고 그 반발 속에서 새로운 스승들이 나타나 해탈의 길에 대한 색다른 사상들을 가르치기 시작했다. 그러한 스승들을 추종하는 사람들은 사제계급을 지향하는 바라문들을 반대함으로써 은수자(隱修者), 즉 사문(沙門, samana)이라고 불리어졌다. 이러한 스승들 중의 일단은 고행자들이었는데 자기 학대를 해탈의 수단이라고 믿었다. 그래서 가능한 데까지 음식을 절제함으로써 자신의 육체를 괴롭히거나 계속 서 있거나 가시방석 위에 앉기도 하였다. 그들은 고대 그리스의 소피스트들이나 고대 중국의 순유(巡遊) 철학자들처럼 스승을 중심으로 무리를 지어 서로 토론하는 데에 열중하거나 또는 홀홀 단신으로 정처없이 유행하곤 하였다. 하지만 여기에는 하나의 뚜렷한 차이점이 있다. 즉, 이들 고행자들은 소피스트들이나 중국의 철학자들과는 달리 세상을 등지고 세속적 관심을 버린 사람들이면서 동시에 걸식 수행자들이었다. 일반적으로 이들 고행자들은 서로 비슷한 서원을 했는데 비폭력, 진리 추구, 절도 금지, 성적 금욕, 재산의 포기와 같은 것이었다. 순결과 가난의 서원을 지킴으로써 육체적 욕망, 가정, 가족, 사회의 속박을 뛰어넘으려 노력하였다. 그러나 그들이 반사회적이었다고 말할 수는 없다. 왜냐하면 그들은 다른 이들의 생명과 재산을 소중히 여겼기 때문이다.

　이들 고행자들 외에도 싯다르타(Siddhartha)와 동시대의 사람들로서 여섯 명의 스승들이 있었는데 이들에 대해서 싯다르타는 신랄한 비판을 가하였다. 첫째로 이들 중의 푸라나 카사파(Purana Kassapa)는 도덕부정설을 주장하였다. 왜냐하면 어떤 사람이 어떠한 선행이나 악행을 한다고 하더라도 그것이 그에게 아무런 영향도 미치지 않는다고 믿었기 때문이다. 둘째로 파쿠다 카차야나(Pakudha Kaccayana)의 비작설(非作說)에 의하면 개체를 구성하고 있는 지수화풍(地水火風)의 네 요소는 영원히 불멸하는 것이므로 그 네 요소에 대해서는 누구도 어떻게 할 수가 없다는 것이다. 따라서 목을 자르는 것과 같은 살인도 나쁜 행위가 아니다. 왜냐하면 그 살인자가 한 행위는 네 요소들의 틈으로 칼날이 지나가게 한 것일 따름이기 때문이다. 셋째로 아지타 케사캄발린(Ajita Kesa-kambalin)은 환생이나 윤회설에 동조하지 않았다는 점에서 유물론자였다. 왜냐하면 사람들이 죽는다는 것은 살아 있는 육신을 구성하고 있던 네 요소들이 단지 그들의 원래 위치인 지수화풍으로 돌아가 버리는 것이라고 믿었기 때문이다. 그렇게 되면 선업이라는 것도 아무런 소용이 없게 되고 만다. 넷째, 막칼리 고살라(Makkhali Gosala)는 운명이 모든 것을 좌우하며 그 누구도 냉혹한 운명의 힘을 막을 수 없다는 이론을 견지하였다. 다섯째, 회의론자로 분류되는 산자야 벨라티풋다(Sanjaya Belattiputta)는 당시의 문제점들을 회피하고 모든 논점들에 대해서 판단을 보류하는 데서 기쁨을 느꼈다. 그래서 그와 그의 추종자들은 뱀장어처럼 미끄럽게 잘 빠져나가는 자들이라고 특징지어졌다. 마지막 여섯째 니간타 나타풋타(Nigantha Nataputta)는 자이나교의 지도자로서 절제된 행동 특히 금욕생활에 의해서 과거에 지은 업의 결과들을 바꿀 수 있다고 가르쳤다. 그러므로 자이나교는 감각의 억제, 정욕으로부터의 자유로움, 세상으로부터의 초연함, 재산의 포기 그리고 나체, 고행, 참회와 같은 수행에의 몰입을 강조했다. 이러한 스승들은 단지 비불교적 이념을 주장하였다는 이유 때문에 불교도들에 의해서 이단으로 낙인찍혔다.

이제 기원전 6세기경의 인도가 안고 있던 당시의 정치적·사회적 상황들로 눈을 돌려보면, 우리는 그 지역이 몇 개의 왕국들로 나뉘어져 있었으며 그 중에서 가장 강력한 왕국은 코살라(Kosala)와 마가다(Magadha)였다는 사실을 발견하게 된다. 마가다는 간지스 강 유역의 동부에 자리하고 있었고, 고타마 당시에는 빔비사라(Bimbisara) 왕이 다스리고 있었다. 마가다의 백성들은 아직 완전히 아리안화되지 않았음을 알 수가 있는데 이러한 사실은 고타마의 가르침이 왕에서부터 일반 백성들에 이르기까지 마가다 사람들 사이에 그토록 즉각적인 반응을 불러일으키는 큰 원인으로 작용했다. 마가다의 북쪽에는 모든 왕국들 중에서 가장 중요한 나라인 코살라가 있었고 고타마 당시에는 파세나디(Pasenadi) 왕이 통치하고 있었는데 그는 불교로 완전히 귀의하지는 않았지만 우호적이었다.

이들 왕국 외에도 몇몇의 공화국들이 있었는데 그들의 존재나 정부 형태는 불교 문헌에 나타나는 수많은 언급들에 의해서 증언되고 있다. 이들 공화국들은 최고회의에 의해서 통치되었는데 이 최고회의는 자주 소집되어 국사를 의논하고 수년 동안 공무를 집행할 국가의 수반을 선출하였다. 최고회의의 구성원들은 좀더 작은 행정 단위의 대표자들이었던 것 같다. 그런 의미에서 최고회의는 대중적 조직체였으며, 회의의 진행은 결의안의 통과, 정족수의 구성, 업무 처리를 위한 위원회의 설치 등과 관련된 명확한 규칙에 의해서 통제되었다. 예를 들어서 결의 사항의 통과시에는 동의안을 세 번 반복해서 외치는 것이 일반적인 관행이었으며 그 결과 만일 반대하는 사람이 없는 경우에는 통과된 것으로 간주되었다. 하지만 반대가 있을 경우에는 다수결에 의해서 통과가 확정되었다. 그러나 만일 토의 사항이 복잡할 경우에는 더욱 신중한 연구를 위해서 종종 위원회에 회부되기도 하였다. 고타마가 그의 수도 공동체를 조직할 때 이러한 공화정체의 양식을 본떠서 만들었다는 주장은 믿을 만한 근거가 있다.

인도의 당시 사회적 상황에 대해서 말할 때에 가장 중요한 특징은 카스트 제도에 있다. 이 제도에 따르면 사회는 지식계급인 바라문(brahman), 전사계급인 크샤트리아(kshatriya), 상인들인 바이샤(vaishya), 육체 노동자들인 슈드라(shudra)라는 네 가지의 커다란 집단들, 즉 카스트로 갈라진다. 카스트의 구성 자격은 출생에 의해서 결정되고 입문식에 의해서 확인되며, 오로지 추방에 의해서만 상실된다. 개인이 먹는 음식, 입는 옷, 준행하는 종교적 실천, 지내는 사회생활, 가지는 직업, 결혼하는 여자 등, 이 모든 것이 그가 속한 특정한 카스트에 의해서 결정된다. 예를 들면 음식의 문제에 있어서 먹어야 할 음식의 종류뿐만 아니라 음식을 준비해 줄 사람이나 함께 음식을 먹는 사람에 대해서도 제약이 따른다. 어떤 사람이든 출생에 의해서 하나의 카스트에 소속되는 것이므로 자신의 자유로운 의지로 그 신분을 바꿀 수가 없다. 즉, 그곳에서는 사회적 신분 이동 같은 것은 있을 수가 없는 것이다.

인도에서 언제 어떻게 카스트 제도가 생겨났는가 하는 문제에 대해서는 학자들 사이에 서로 엇갈리는 주장들이 오랫동안 분분하게 계속되어 왔다. 어떤 이들의 주장에 의하면 아리아인들이 인도에 침입한 이후 그들이 만난 토착민들에게 흡수되어 버리는 것으로부터 자신들의 종족을 보호하기 위하여 카스트 제도를 만들었다고 하며, 어떤 이들의 추측에 의하면 사제계급인 바라문들이 아리아인의 순수 혈통을 지키기 위하여 만들었다고 하며, 또 다른 이들의 어느 정도 신빙성있는 주장에 의하면 이 제도는 자신들의 비밀을 지키려고 하는 여러 가지 직업 단체(guild)들 가운데서 직업적인 구별에서 기인한 것이라고 한다. 현재 가장 폭넓게 지지되고 있는 견해에 따른다면 카스트 제도는 아리아인들이 인도의 북서 지방으로부터 동부 지방으로 이주하고 난 이후에 생겨났다. 아리아인들이 그들의 적에 대항하는 과정에서 겪은 잇따른 전쟁은 능률과 효율성을 보장할 수 있는 중앙 집권화된 권력을 필요로 하였고, 그에 따라 강력한 군주가 출현하게 되었다. 그러자 그를 둘러싸고 약소국의 왕들과 제후들로 구성된 귀족들이 집단을 형성하였다. 이들 왕과 제후 그리고 좀더 낮은 귀족 계층에서 전쟁을 수행하고 왕국을 방어하며 반란을 진압할 군대를 모집하였다. 그리하여 전사계급이 형성되었다. 이제 아리아인들 중 다수의 일반 대중은 전쟁의 의무로부터 벗어나 전사들의 보호를 받게 되었다. 이들은 군대 문제에 대해서는 관심을 버리고 무역, 상업, 공업, 농업 등 평화로운 직업에 정착했으니 이들이 바이샤가 되었다. 제사 의례가 단순하였던 초기에는 누구나가 의례를 행할 수 있었으나 그러한 의례들이 곧 점점 복잡하게 되어감에 따라서 복잡한 의례들을 행할 수 있는 특수 집단의 출현이 필요하게 되었다. 전사가 아닌 사람들 중 지식인들이 이러한 요구에 응하게 되었고 그들이 복잡한 의례의 준행에 모든 주의를 기울이는 사제계급인 바라문이 되었다. 슈드라는 아마도 아리아인의 지배권을 인정하는 토착 부락의 원주민들이나 구릉 지대의 족속들로부터 유래했을 것이다. 이들 네 계급 아래에 청소부, 똥치기, 도살업자, 이발사, 갓바치 등과 같은 비천한 직업에 종사하는 사람들로 구성된 버림받은 자들이 있었다. 이들의 위치는 너무나 낮아서 네 계급의 구성원들과는 어떠한 접촉도 허용되지 않았다. 그래서 이들은 불가촉 천민(不可觸賤民)으로 분류되었다.

 붓다가 생존해 있을 때에는 바라문들이 인도 사회에서 지배적인 위치를 차지하고 있었다. 그들은 지식을 얻을 수 있는 열쇠를 가지고 있었으며 그 지식에 의하여 권력도 가질 수 있었다. 바라문들은 일정하게 엄격한 과정을 따라 일생을 보냈다. 그들은 자신이 개인적 시자(侍者)로서 섬기고 있는 스승의 집에서 베다 문헌과 우파니샤드를 배우는 학생으로서 신행생활을 하며 젊은 시절을 보낸다. 이 학습을 완수하는 데에 보통 12년의 기간이 걸린다. 그 후에 일생에 있어서 두번째 단계인 가장의 생활로 들어서는데, 결혼을 하여 가족을 돌보고 사회에서의 의무를 수행한다. 아이들이 스스로 살아갈 수 있을 만큼 성장하고 모발이 회색으로 변하게 되면 가장으로서의 생활을 떠나 새로운 단계로 접어든다. 명상의 삶을 살기 위하여 아내와 함께 숲을 찾아가게 되는 것이다. 혹은, 고행의 삶을 살기 위하여 그는 모든 재산을 버리고 스스로 구축한 명상의 세계에 자신을 몰입시키는 은수자(隱修者)나 걸식 수행자가 되는 것이다. 그러한 삶 속에서 그는 세속적 가치들을 멀리 초탈하여 추상적 사색의 영역으로 비약하는 공상의 나래를 펼친다.

 가우타마 싯다르타가 기원전 6세기경에 등장하여 불교라고 하는 하나의 새로운 종교를 창시하게 된 것은 이러한 종교적·사회적 배경에서였다. 그는 베다가 종교적 진리의 유일하고 확실한 원천이라고 하는 바라문교의 주장을 배격했다. 또한 그는 의례의 정확한 준행이 해탈의 수단이 된다고 하는 것도 거부하였으며, 해탈을 얻는 데에 지적인 방법을 강조하는 우파니샤드에도 동의하지 않았다. 그는 또 카스트 제도, 특히 거만떠는 오만한 바라문 계급의 허세를 옳지 못한 것이라고 반박하였으며 네 계급 출신뿐만 아니라 불가촉 천민 출신까지도 제자로 환영하였다. 그는 모든 설법에서 한편으로는 고행주의를 거부하고 다른 한편으로는 감각의 욕구를 충족시키는 것도 거부함으로써 중도를 가르쳤다. 고타마에게 있어서 해탈이란 개인적 품행과 윤리를 가장 중시하는 개인적 행위의 엄격한 규칙을 좇음으로써 얻어지는 것이었다. 불교가 종종 인도 전통으로부터의 엄청난 일탈이라고 운위되는 것은 이처럼 인도의 전통적 양식으로부터 벗어났기 때문이다. 하지만 싯다르타는 여전히 자기가 살던 시대의 산물이며 당시의 지적·종교적 영향력으로부터 완전히 벗어날 수는 없었다. 더군다나 싯다르타는 지각이 있는 모든 존재들은 자신이 저지른 업의 결과에 따라 끊이지 않는 생의 쳇바퀴 속에서 반복되는 윤회의 고통을 겪어야 한다는 인도의 업과 윤회의 이론을 그대로 받아들이고 있다. 그는 또한 종교적 삶의 목적은 끊임없는 윤회의 쳇바퀴로부터 해탈하는 것이라는 일반적인 견해를 고수하였다. 마찬가지로 이러한 종교적 삶은 가족과 사회와의 연계를 끊음으로써 가장 잘 영위되리라고 믿었다. 이러한 유사성의 안목으로 본다면 어떤 사람은 불교를 일탈이라고 낙인찍는 데 반대할 것이며 가우타마 싯다르타는 여전히 위대한 인도 전통에 속해 있는 것이라고 주장할 것이다. 이후의 지면은 이 위대한 인도의 성자에 의해서 창시된 뒤 그의 조국에서뿐만 아니라 동남아시아와 티베트, 그리고 극동 지방에까지 전파되어 그곳에서 인류를 교화시키는 위대한 원동력이 된 이 종교를 연구하는 데에 할애될 것이다.

제 2 장

붓다의 생애

자신의 조국 사람들에 의해서 인도의 가장 위대한 스승이라고 일컬어지는 불교의 창시자는 여러 가지 이름으로 알려져 있다. 그는 고타마(Gotama) 씨족의 한 사람이었기 때문에 때때로 가우타마(Gautama)라고 불리었다. 태어날 때 그에게 주어진 이름은 싯다르타(Siddhartha)였는데 그 의미는 "자신의 목표를 성취한 자"이다. 후기 불교 문헌에서는 사캬(Sakya)족의 성자라는 의미에서 종종 석가모니(Sakyamuni)라고 부르기도 했다. 깨달음을 얻은 후에는 붓다〔Buddha: 보리(菩提, bodhi), 즉 깨달음을 성취한 자〕, 또는 여래〔如來(Tathagata), 최고의 깨달음에 도달했으며 그것을 스스로 체득한 자〕, 또는 박가범〔薄伽梵(Bhagavan), 세존(世尊)〕이라고 불리었다. 깨달음을 성취하기 전에는 깨달음이 예정되어 있는 존재라는 의미에서 종종 보살(bodhisatta)로도 불리었다.

붓다의 생존 시기는 언제인가? 이것은 아주 간단한 질문이다. 그리고 그처럼 유명한 인물에 대해서는 아주 정확하게 대답할 수 있어야 할 것 같다. 하지만 인도에서 연대를 측정한다는 것은 결코 쉽지가 않다. 여기서 우리는 인도인들이 역사를 기록해 오지 않았다는 골치 아픈 문제에 또다시 직면하게 된다. 이러한 상황에서 우리가 붓다의 연대를 결정하기 원한다면 인도의 바깥에서 일어난 사건들과 기록들을 살펴보아야만 한다.

우리가 우선 살펴보아야 할 것은 스리랑카에서 기록된 연대기이다. 우리는 이 연대기에서 붓다가 입멸한 지 218년 뒤에 인도의 위대한 군주인 아쇼카(Asoka) 왕이 즉위했다는 사실을 알 수 있다. 이 연대기는 매우 결정적인 사료이다. 하지만 이 사료는 우리가 연대를 측정할 수 있는 역사적 사건과 관련을 지을 수 있을 때에만 가치가 있다. 다행히 지금의 경우는 아쇼카 왕과 그의 즉위에 관련되어 있다. 더 나아가 우리는 스리랑카의 연대기를 통하여 아쇼카가 즉위하기 전까지 이미 4년간 통치해 왔고, 그의 선왕인 빈두사라(Bindusara)는 28년간 통치했으며, 또 빈두사라의 선왕인 찬다굿타(Candagutta)는 24년간 통치했음을 알 수 있다. 이것이 사실이라면 찬다굿타는 대략 붓다의 입멸 후 162년(218 − 4 − 28 − 24 = 162)에 왕좌에 올랐다고 할 수 있다.

찬다굿타의 즉위 연대에 대해서는 그리스의 기록을 살펴볼 수 있다. 그의 즉위는 알렉산더 대왕의 인도 침략과 관련되어 있기 때문이다. 알렉산더 대왕은 기원전 323년에 사망했다. 그가 사망하자 그가 정복했던 인도 제국은 해체되기 시작했다. 이 해체의 결과 찬다굿타는 마우리야 왕조를 창건했고 아쇼카는 이 왕조의 세번째 왕으로 즉위하게 되는 것이다. 찬다굿타가 새 왕조를 세우기 위해 자신의 세력을 구축하는 데는 1년에서 2년 정도의 세월이 걸렸을 것이라고 전제한다면 그의 즉위 연대는 기원전 321년경으로 잡는 것이 무난할 것이다. 그리고 우리가 이 숫자를 연대 측정의 근거로 사용한다면 붓다는 기원전 484년에 입멸했다고 할 수가 있다. 붓다는 80세에 세상을 떠났으므로 그의 출생 연대는 기원전 563년이 될 것이다.

기원전 563~483년이라는 연대는 다만 근사치일 뿐이라는 것을 강조해야겠다. 여러 가지 의심할 만한 요소들이 있기 때문이다. 첫째로 앞에서의 추정은 218이라는 숫자가 신빙성이 있다는 가정에 기반을 두고 있다. 대체적으로는 그 전승이 믿을 만한 것으로 여겨지고 있지만 몇몇 학자들은 회의적 태도를 보여왔다. 둘째로 찬다굿타의 즉위 연대는 단지 근사치에 불과하기 때문에 몇 년 정도 틀릴 수도 있다. 셋째로 찬다굿타와 빈두사라의 각각의 통치 기간이 신빙성이 있다는 전제를 의심해 볼 수 있다. 입멸의 연대가 학자들에 따라 기원전 477년, 기원전 486년, 기원전 487년 등으로 다양하게 추정되는 것은 이러한 불확실성 때문이다.

현재 대부분의 서양 학자들은 이 책에서 추정한 연대를 받아들이고 있지만 최근에 와서 다른 두 가지 연대 추정이 어느 정도 지지를 받게 되었다는 것도 지적해 두어야겠다. 이 둘 중의 하나는 붓다와 동시대인이자 마가다국의 왕이었던 빔비사라로부터 아쇼카까지의 왕들의 계보에 근거를 두고 있는데 이 계보는 자이나(Jaina)교의 전승에서 발견되었다. 스리랑카의 연대기에 따른다면 이 두 군주 사이에 대략 200년이 경과되었다. 하지만 자이나교의 연대기에 따른다면 단지 1세기가 경과했을 뿐이다. 이렇게 본다면 붓다는 기원전 386년경에 입멸한 것이 된다. 두번째의 연대 추정은 인도의 고전 언어이자 불교의 두 가지 근본 언어 중의 하나인 산스크리트어로 씌어진 불교 문헌에서 발견되는 자료에 기초하고 있다. 이 문헌은 아쇼카의 즉위가 붓다의 입멸 후 100년 또는 116년에 있었다고 알려주고 있다. 산스크리트어 전승의 지지자들은 아쇼카의 즉위 연대를 추정하는 데 있어서 스리랑카의 연대기가 제공하는 연대를 믿지 않고 그 대신에 아쇼카의 명문(銘文)들 중 한 가지 내용에 의존한다. 여기에는 아쇼카 왕이 당시 지중해 세계의 여러 왕들에게 사절들을 파견했다는 기록이 있다. 왕들의 이름이 기록되어 있기 때문에 그리스의 기록을 통하여 그 연대를 알 수가 있다. 이와 같은 연대에 기반을 두고 추정한다면 아쇼카는 대략 기원전 271년에 즉위한 것이 된다. 그러므로 산스크리트어 전승에서 주어진 연대 중에서 상한선인 116년을 취한다면 붓다는 기원전 386년경에 입멸한 것이 될 것이다.

이처럼 붓다의 연대에 관해서는 세 가지의 전승이 고려되어야만 한다. 자이나교의 전승과 산스크리트어 전승이 각기 독자적으로 거의 똑같은 결론에 도달하고 있다는 사실은 그 각각의 전승에 신빙성을 더해 준다고 볼 수 있다. 하지만 그 각각의 전승에 대하여 심각한 반론이 제기되어 온 이후로 기대되는 것만큼 그렇게 널리 받아들여지지 않고 있다. 여기에 문제를 더욱 복잡하게 만든 것은 미얀마 정부가 1956년에 이른바 붓다의 입멸 2,500주년 기념식을 거행했다는 사실이다. 여기서는 입멸 연도가 기원전 544년이라고 여겨지고 있는 것이다. 미얀마의 불자들은 이 연대를 스리랑카의 연대기가 아니라 스리랑카 불교 사원의 전승에서 도출해 내었는데 그 전승은 아무런 역사적 근거를 가지고 있지 않다. 만일 붓다가 기원전 544년에 입멸했다고 할 것 같으면 스리랑카의 연대기에 따라서 그 뒤 218년에 있은 아쇼카의 즉위는 기원전 326년에 있은 것이 된다. 기원전 326년에는 알렉산더 대왕이 아직 살아 있기 때문에 아쇼카의 즉위는 명백히 불가능하다. 우리가 자이나교와 산스크리트어의 연대기를 따른다면 역사적 모순은 더욱 커진다.

붓다의 연대에 관한 논의를 끝내게 되면 그 다음으로 제기할 수 있는 물음은 그의 생애에 관하여 우리가 알고 있는 것은 무엇인가라는 점이다. 기묘하게도 그의 입멸 후 수세기가 지날 때까지 그에 관한 온전한 전기는 씌어지지 않았다. 산스크리트어로 된 온전한 전기가 나타나는 것은 기원후 4세기가 되어서였다. 이것이 나타나기 전에는 두 종류의 전기가 존재했었지만 그 어느 쪽도 붓다의 생애를 완전하게 전해 주지는 못했다. 이 둘 중에서 먼저 이루어진 첫번째 것은 불교의 또 다른 근본 언어인 팔리(Pali)어로 씌어진 가르침, 즉 일종의 경전이다. 이 경전은 스승의 생애에서의 몇 가지 일화에 관련된 정보를 제공해 준다. 그러한 이야기들 중의 한 종류는 가정과 속세를 포기한 데서부터 깨달음을 얻기까지의 기간을 다루고 있다. 또 한 종류는 깨달음에서부터 두 명의 중요한 제자인 사리풋타(舍利弗, Sariputta)와 목갈라나(目健蓮, Moggallana)가 귀의할 때까지의 기간을 포함하고 있다. 이러한 경전들 중에서 가장 긴 것으로 대반열반경(大般涅槃經)이 있는데 이 경은 세상에서의 마지막 3개월 동안의 붓다의 삶을 자세히 기록하고 있다. 팔리어 경전이 기원전 1세기에 문자화되었다는 사실만을 인정할 수 있을 뿐 이 경전들이 언제 이와 같은 경전으로 편집되었는지를 정확하게 확정짓는다는 것은 불가능하다. 다만 붓다가 살아 있을 동안에는 작성되지 않았다고 말할 수 있을 뿐이다.

둘째 유형의 전기는 기원 초기에 나타났다. 이 전기는 산스크리트어로 씌어졌으며 실제적인 사실이 아님에도 불구하고 붓다의 생애를 기록한다고 표방하고 있다. 여기에 속하는 것들 중의 하나로서 붓다의 유희에 관한 자세한 이야기인 「보요경」(普曜經 혹은 方廣大莊嚴經, *Lalitavistara*)은 환생을 결심한 순간부터 초전법륜(初轉法輪)까지의 스승의 생애를 차례대로 서술하고 있다. 또 하나는 위대한 이야기인 『대사』(大事, *Mahavastu*)라는 책인데 붓다의 전생에서부터 시작해서 최초의 제자들과 수도 공동체를 세울 때까지를 다루고 있다.

  분명한 것은 붓다의 생애에 관한 이렇게 다양한 이야기들이 시간적으로 서로 매우 멀리 떨어져 있기 때문에 서로 다른 가치를 부여해야 한다는 점이다. 연대적으로 보아 팔리어 경전에서 발견된 이야기들이 가장 이른 시기에 씌어졌다. 그러므로 사실성 여부를 따지는 데에 있어서는 가장 높은 가치를 부여받아야 한다. 예를 들어 깨달음 직전과 직후의 사건을 다루는 데 있어서 팔리어 경전들과 후기의 산스크리트어 경전들이 어떻게 하고 있는가를 비교해 보면 다음과 같은 사실을 발견하게 된다. 즉, 전자는 붓다의 경험을 묘사하는 데 있어서 치장하거나 아름답게 꾸미려는 의도는 전혀 없이 사실적인 묘사만을 하고 있다. 반면에 후자는 흥미진진하고 기적적인 일화들로 다채롭고 상세하게 꾸며놓고 있다. 하지만 독실한 불자가 자신의 스승인 붓다의 전기를 읽는 경우 그는 초기의 것이든 후기의 것이든, 사실적이든 기적적이든 아무런 구별도 하지 않는다. 그에게는 모든 종류의 전기가 믿을 만한 가치가 있는 것이다. 그는 붓다가 무엇이든 할 수 있을 정도로 강력하고 초인적인 분이었다고 믿기 때문에 그 석가족의 성자가 이룬 기적적인 위업들에 관한 묘사도 당연히 믿을 만한 것이다. 여기서는 이러한 불자의 관점을 염두에 두고서 붓다의 생애에 관련된 주요한 일화들을 소개하고자 한다.

  현재 캘커타 박물관에는 한때 중부 인도의 바르후트에 있는 유명한 탑의 난간을 장식했던 원형의 돋을새김 조각이 있다. 이 양각 조각에는 붓다의 출생과 관련된 전설을 보여주기에 아주 적합한 그림이 담겨 있다. 거기에는 시종들에 둘러싸인 붓다의 어머니 마야(摩耶, Maya) 부인이 보는 사람의 왼편으로 머리를 향한 채 누워 있는 모습이 묘사되어 있다. 시종들의 머리 위에는 마야 부인보다 훨씬 더 큰 코끼리가 떠 있는데 장래의 어머니가 될 마야 부인의 왼쪽 옆구리로 들어가려 하고 있다. 우리는 여기서 성인의 잉태에 관한 인도인들의 보편적 관념을 구체적 형태로 볼 수가 있다. 그 관념은 그리스도교 전통에서와 마찬가지로 흠없는 청정한 잉태여야 한다는 것이다. 불교의 전승에 따르면 장래에 붓다가 될 이(깨달음이 예정되어 있는 이라는 의미에서 이제부터 보살이라고 칭한다)는 세상을 살펴보고서 자신이 마지막으로 환생하기 위해 지상으로 내려갈 만한 조건이 무르익었음을 안 뒤 흰 코끼리로 변하여 마야 부인이 잠들어 있는 동안 그 자궁 속으로 들어갔다고 한다.

자궁 속에서 열 달 동안 있은 후 그 보살은 태어났다. 이때 꽃들은 제철이 아닌데도 만발하였고 행복이 세계에 두루 가득했다. 온갖 투쟁, 증오, 질투, 슬픔, 이기심과 두려움이 사라지고, 병이 나았으며 배고픔이 충족되고, 갈증이 가셔졌다.

그가 환생하던 날에 히말라야 산 속에 살던 아시타(Asita)라는 성인은 신들이 기쁨에 넘쳐 춤을 추고 있는 것을 보았다. 그렇게 기뻐하는 이유를 물어 보았더니 오늘날 인도와 네팔의 국경 근처에 있는 카필라바투(Kapila-vatthu)라는 고장의 룸비니(Lumbini) 동산에서 한 보살이 태어났다고 대답했다. 아시타는 성인의 속성 중의 하나인 천안(天眼)으로 그것을 살피다가 그 부모의 집에 있는 보살을 보았다. 그는 즉시 공중을 날아서 그 보살이 있는 곳으로 갔다. 그는 아기에게 위대한 인물의 표식인 삼십이상 팔십종호(三十二相八十種好)가 갖추어져 있는 것을 보고서 장차 이 아이가 자라서 전세계를 지배하는 전륜 성왕이 되거나 깨달은 자, 즉 붓다가 되리라는 것을 즉각 알아차렸다. 이러한 생각을 하면서 그 성인은 눈물을 흘렸다.

보살의 아버지 숫도다나(淨飯, Suddhodana)는 성인이 울고 있는 것을 보고 자연히 깜짝 놀랐다. 뭔가 잘못된 것이 아닌가 두려워하며 왜 갑자기 울게 되었는지 그 연유를 물었다. 아시타는 대답하기를 자기는 그 아기가 자라서 붓다가 되는 것을 본 뒤 그의 가르침을 들을 수 있을 만큼 오래 살 수가 없기 때문에 울었다고 하였다.

이렇게 보살의 장래를 예언하는 아시타의 이야기는 루가 복음 2장 25절 이하에 나오는 성 시몬의 이야기와 자주 비교된다. 많은 학자들은 이 유사점을 그리스도교 전통과 불교 전통 사이에 사상의 교환이 있었음을 보여주는 가장 중요한 증거들 중의 하나로 받아들여 왔다.

마야 부인은 보살이 태어난 지 7일 만에 세상을 하직하고 하늘나라로 승천하여 신으로 환생했다. 숫도다나의 두번째 부인이기도 했던 마야 부인의 동생이 그 아기를 떠맡아 기르게 되었다. 이 죽음은 아이를 낳는 데서 오는 일종의 합병증에 기인한 것이었는지도 모른다. 이 단순한 사실을 고상하게 만들기 위해서 그랬던 것이 틀림없겠지만 어쨌든 후기의 불교 이론가들은 몇 가지 재미있는 설명을 제시했다. 첫째, 그들은 장래에 붓다가 될 사람의 어머니는 출산 후 7일 만에 반드시 죽어야 하는 것이 절대적인 법칙이라고 주장했다. 그러한 법칙은 붓다가 자신의 전지(全知)한 능력으로 세상을 살펴서 어떤 여인이 7일 만에 죽을 것인가를 알고 그 여인에 의하여 환생하기로 결정했다는 것을 암시한다. 둘째, 장래에 붓다가 될 이를 품었던 산모는 또 다른 아기를 품어서는 안되므로 그 어머니는 또 다른 아기를 품을 수 없도록 죽어야 한다는 것이 주장되었다. 셋째로, 불교 학자들은 또한 다음과 같이 설명한다. 즉, 보살은 나이가 차면 가정생활을 버리고 어머니의 마음을 비통하게 할 것이기 때문에, 차라리 그 어머니는 일찍 죽음으로써 그러한 비통함을 맛보지 않는 것이 낫다는 것이다. 불교 학자들이 제시한 이상과 같은 세 가지 이유는 말하자면 냉혹한 운명주의, 교학적 편의주의, 그리고 운명의 관용이라고 부를 수 있을 것이다.

아버지 숫도다나는 한 작은 왕국의 왕이었으므로 자기의 어린 아들을 궁궐의 극도로 사치스러운 생활 속에서 자라도록 하였다. 예컨대 한 경전에서는 다음과 같이 묘사하고 있다.

비구들이여, 나는 고상하게 지극히 고상하게 양육되었도다. 예를 들어 나의 아버지의 집에는 연꽃으로 꾸민 연못이 만들어져 있었는데, 푸른 연꽃의 연못, 붉은 연꽃의 연못, 흰 연꽃의 연못이 있었도다. 이 모든 것이 단지 나만을 위해서 만들어졌도다. 카시(Kasi)에서 나온 것이 아니면 어떠한 백단분(白檀粉)도 사용해 본 적이 없도다. 나의 터번은 카시에서 나오는 천으로 만들어졌도다. 재킷도 카시에서 나오는 천으로 만들어졌고 셔츠와 외투도 그러했도다. 추위와 더위, 먼지나 이슬이 나에게 닿지 않도록 밤이나 낮이나 흰 차양이 내 위에 드리워져 있었도다. 게다가 나에게는 궁궐이 셋이나 있었노라. 겨울에 있을 궁궐, 여름에 있을 궁궐, 우기(雨期)에 있을 궁궐이 따로 있었노라. 우기의 넉 달 동안에는 가인(歌人)들이 나를 시중하였는데 모두 여자였노라. 나는 석 달 동안은 아예 궁궐에서 나오지도 않았더니라.[1]

그 어린 왕자는 인도의 언어와 고전 문학 등의 일반적인 학습만을 한 것이 아니라 도보 경주, 원반 던지기와 창 던지기 등의 육체적인 단련도 했다. 또한 귀족에게 필수적인 네 가지 기예, 즉 말 타기, 코끼리 타기, 전차 몰기 그리고 군대의 배치법을 배웠다.

이 소년시절에 일어난 하나의 사건은 특별히 언급할 만한 가치가 있다. 왜냐하면 나중에 이 보살이 깨달음을 추구하는 과정에서 이 사건에 관하여 언급하게 된다는 점에서 의미가 깊기 때문이다. 어느 날 석가족의 왕인 그의 아버지는 국가적인 행사인 농경제를 참관하러 가면서 어린 왕자도 함께 데리고 가게 되었다. 왕자의 자리는 염부수(閻浮樹)라는 한 나무 아래로 정해졌다. 분명히 오후의 따스한 햇살 탓으로 그는 무아경에 빠져들었다. 그의 보모들이 그를 데리러 왔을 때 그들은 깜짝 놀랐다. 다른 나무들의 그림자는 옮겨져 있었지만 그 염부수의 그림자는 왕자를 가려주기 위해 여전히 옮겨지지 않고 머물러 있었던 것이다.

왕자는 열여섯 살이 되었을 때 야소다라(Yasodhara)라고 하는 한 소녀와 결혼을 했다.

---

1. F. L. Woodward and E. M. Hare, *Gradual Sayings*. London: Oxford University Press, 1932, 1.128.

얼마 안가 이 젊은 왕자는 온갖 안락과 사치를 누리며 예기(藝妓)들의 시중을 받는 궁궐생활에 싫증을 느꼈다. 그는 육감적인 쾌락이나 세속적 야망에 만족하기에는 감수성이 너무나 예민했던 것이다. 또한 초기의 팔리어 사료들을 보면 그는 자신이 늙음과 병듦과 죽음의 슬픔을 겪어야만 한다는 것을 알고 괴로워하며 환멸을 느끼는 존재로 묘사되어 있다. 이러한 세속적 쾌락에 대한 혐오감과 인생이 단지 끝없는 고통이라는 생각은 이 젊은 왕자를 크게 자극했다. 그는 가정생활을 포기하고 종교적 삶을 통해서 평화와 고요를 추구하고자 하는 생각을 하게 되었다. 초기의 팔리어 경전에는 그가 출가하게 되는 상황에 대해서 아무런 언급이 없다. 하지만 후대에 가서는 이 결정적 사건에 관하여 매우 자세한 설명들이 제시된다.

이 이야기들은 붓다의 출생 때까지 거슬러 올라간다. 이 이야기들에 따른다면 숫도다나 왕은 바라문들을 초청하여 새로 태어난 아기의 장래를 예언해 달라고 청한다. 바라문들은 이 왕자가 자라서 늙은 이, 병든 이, 죽은 사람 그리고 출가 수행자 등 네 가지 상징적인 모습을 보게 되면 출가할 것이라고 예언했다. 부왕은 아들이 이러한 모습들을 보지 못하도록 방지하기 위해서 단단히 신경을 썼다. 즉, 아들이 궁궐의 호사스러운 생활 속에서 외부와 단절된 채 살아가도록 갖은 수단과 방법을 다 동원하였다. 하지만 신들에게 그 예언을 이루는 방법이 없을 리가 없었다. 보살은 어느 날 유원(遊園)에서 말타기를 즐기고 있었다. 신들 가운데 하나가 머리가 하얗게 세고 허리가 구부러져 지팡이를 손에 짚은 늙은 이로 변신하여 중풍에 걸린 듯 떨면서 나타났다. 젊은 왕자는 전에는 전혀 그런 모습을 본 적이 없었다. 그는 마부에게 이게 어찌된 노릇이냐고 물었고, 결국 그것은 늙음이며 모든 살아 있는 존재들이 반드시 겪게 되는 단계라는 것을 알게 되었다. 그 후 신들은 잇따라 병든 이와 죽은 사람을 보여주었고 마지막으로 출가 수행자를 보여주었다. 왕자는 수행자의 잔잔하고 평화스러운 표정을 보고, 그러한 생활만이 자기가 여지껏 누려왔던 구역질나고 슬픔에 찬 의미없는 사치로부터 탈출할 수 있는 길이라고 결심했다. 이러한 결심을 하고 그가 궁궐로 돌아왔을 때 그를 기다리고 있었던 것은 그 사이 아들이 태어났다는 사실이었다. 이 사실은 한층 더 그를 가정과 속세에 묶어 놓았다. 그러나 그는 이 일까지도 자신의 결단을 늦추게 할 수 없다고 결심했다. 당시 그의 나이는 스물아홉이었다.

출가하게 되는 바로 그날 밤 그가 깨어났을 때 그의 시야에 지독하게 혐오스러운 자태로 잠들어 있는 예기(藝妓)들이 보였다.

> 어떤 이는 가래침을 흘려 몸이 얼룩질 지경이었고, 어떤 사람은 입을 헤벌리고 있었으며, 또 어떤 이는 옷이 풀어헤쳐져 그 메스꺼운 나체를 적나라하게 드러내 놓고 있었다. 그들 자태의 이러한 엄청난 변모는 그의 육체적 쾌락에 대한 혐오감을 더욱 심화시켰다.[2]

그가 가정생활을 버린 때로부터 깨달음을 얻을 때까지 6년이라는 세월이 흘렀다. 그동안 그는 가장 혹독한 고행에 몰입함으로써 윤회의 굴레에서 해탈하려는 자신의 목표를 성취하고자 하였다. 이렇게 고행에 의지하는 것은 육체적 감각이 단련되고 욕망이 가라앉았을 때 성인이 될 수 있다는 당시 인도의 보편적 사상에 부합하는 것이었다. 고행에 관한 그의 토로를 인용해 보자.

> 나는 극도의 고행을 했다. 나는 옷을 입지 않았고, 생활 속의 편안한 것들을 경멸하였으며, 식사 후에는 손을 핥았고, 마을 사람들이 오라고 부르거나 서라고 할 때 결코 들은 체도 하지 않았고, 내 차례가 되기 전에 내게 오거나 나를 위해 일부러 요리된 음식은 결코 받지 않았다. … 나는 하루에 한 집만을 방문했고 단 한 입 먹을 만한 분량밖에는 받지 않았다. 이틀에 한 집, 또는 이레에 한 집, 또는 보름에 한 집만을 방문하기도 했다. … 나의 맹세를 이루기 위하여 머리털과 턱수염을 뽑고, 똑바로 앉은 자세를 결코 허물어뜨

---

2. H. Warren, *Buddhism in translations*. Cambridge: Harvard University Press, 1947, 60-1.

리지 않은 적도 있으며, 쪼그려 앉아서 결코 일어나지 않은 적도 있으며, … 가시덤불 위에 누운 적도 있었고, 내면의 악한 것들을 씻어버리기 위해 밤이 되기 전에 꼭 세 번씩 시간을 맞추어 물 속에 들어간 적도 있다. 나는 이렇게 교묘하고 다양한 방식으로 나의 몸을 괴롭히고 고문하면서 살아왔다. 나는 오랜 세월을 그렇게 고행 속에서 살아왔던 것이다.[3]

그러나 보살은 이렇게 고행을 하고 나서도 자기가 추구하던 목표를 달성할 수 없었다. 그는 뭔가 다른 방법이 있음에 틀림없다고 생각했다. 다시 보통 사람처럼 먹고 마시기 시작했고 보드가야(Bodhgaya)에 가서 한 강가의 나무 아래 고요히 앉았다. 그렇게 앉아 있는 동안 자기가 소년시절에 경험했었던 무아경을 회상하게 되었다. 그러한 방법이 결실이 있을 것이라고 생각하게 된 그는 선정을 닦아야겠다고 결심했다. 초기 팔리어 경전들 중의 하나가 그때 무엇이 일어났는가를 정확하게 전해주고 있다. 초저녁 무렵 그는 자신의 전생을 기억해 내는 초자연적인 능력을 얻어 수백에서 수천 번의 전생을 회상해 볼 수 있었다. 한밤중이 되어서는 사람들은 스스로 행한 업에 따라서 태어나고 죽는다는 것을 알게 되었다. 마지막으로 새벽녘이 되어서는 사성제(四聖諦)를 깨닫고, 해탈을 가로막는 장애들인 감각적 욕망, 생존의 욕망, 무명(無明), 사견(邪見)을 없애는 길을 알게 되었다. 이와같이 하여 그는 진정한 깨달음에 이르렀다. 이제부터 그는 깨달은 사람, 즉 붓다(Buddha)라고 불리게 된 것이다.

이같은 팔리어 전승의 설명이 보여주는 두드러진 특징은 그것이 붓다의 체험을 매우 무미건조한 형태로 묘사하고 있다는 점이다. 유혹자도 언급되어 있지 않고 기적적인 사건들로 꾸며놓지도 않았다. 이러한 이유 때문에 이 설명은 종종 붓다의 깨달음에 관한 최초의 설명으로 간주되곤 한다. 하지만 이것은 후대에 와서 이 중대한 사건을 더욱 극적이고 낭만적인 것으로

---

3. Lord Chalmers, *Further Dialogues of the Buddha*. London: Oxford University Press, 1926, 53-4.

만들려는 사람들에 의해서 흥미진진한 이야기들로 장식되었다. 이러한 이야기들에 따르면 다음과 같은 일들이 일어났다고 한다. 수자타(Sujata)라는 한 소녀가 소젖을 짜러 갔을 때 기적이 일어나기 시작했다. 암소로부터 우유가 저절로 흘러나왔던 것이다. 그리고 나서 그녀가 그 우유로 밥을 지었을 때 거품이 일어났는데도 우유가 냄비 밖으로 넘쳐 흐르지는 않았던 것이다. 수자타는 어떤 나무의 신령이 자신에게 은총을 베풀고 있음에 틀림없다고 생각했다. 그녀는 곧 여종을 불러서 제단에 가서 제물을 바칠 준비를 하라고 일렀다. 그런데 보살은 그 전날 밤 꿈에서 자신이 바로 그 다음 날 깨달음에 이르게 되리라는 예시를 받았었기 때문에 아침 일찍 일어나서 한 나무 아래에 고요히 앉아 있었다. 여종은 고요히 앉아 있는 그를 보고서 그가 이 모든 기적을 일으킨 나무의 신령이라고 여겼다. 그녀는 곧 집으로 달려가서 자기의 여주인에게 알렸다. 수자타는 즉시 황금 접시에 음식을 준비해 가서 보살에게 바쳤다. 보살은 이제 고행을 닦는 것을 그만두었으므로 그 음식을 받았다. 그리고 강으로 내려가서 목욕을 하고 돌아와서 그 요리를 맛있게 먹었다. 식사를 마친 그는 속으로 생각하기를 그 접시를 물에 띄웠을 때 물의 흐름을 거슬러 상류로 올라간다면 자신이 바로 그날로 깨달음에 이르게 될 것이라고 생각했다. 그가 황금 접시를 강물에 던지자 접시는 물살을 거슬러 올라가기 시작했다. 그것을 본 보살은 다시 나무 밑의 제자리로 돌아와서 명상을 시작했다.

  후대의 설명에 따른다면 바로 이 시점에 마라(Mara)라는 악마가 등장한다. 이 악마의 등장은 보살의 내면에서 심각한 정신적 갈등이 일어나고 있음을 뜻하는 것으로 해석할 수 있다. 불교의 민간 전승에서 마라는 악의 정령으로서 악이라는 추상적 개념의 화신이다. 그는 탐욕의 세계를 지배하는 왕이며, 탐욕, 불만 그리고 격노라고 일컫는 세 딸을 두고 있다. 마라의 의도는 보살이 윤회의 굴레에서 벗어나 해탈의 목적을 달성하는 것을 방해하는 데 있었다. 이러한 의도를 가진 마라는 상상할 수 있는 모든 종류의 무기를 갖춘 엄청나게 위협적인 군대를 끌고 왔다. 그는 처음에 회오리 바람과 폭풍우를 일으키고 뜨거운 암석들, 시뻘겋게 타오르는 석탄 덩어리들, 모래 그리고 진흙들을 소나기처럼 퍼부으며 보살을 공격했다. 하지만 이 모든 것들이 보살의 근처에 이르기만 하면 그 위력을 잃고 아무런 영향도 끼치지 못했다. 마라는 칠흑 같은 어둠으로 공격을 시도했으나 이는 곧 밝음으로 바뀌었다. 이제 그의 군대는 창, 몽둥이, 도끼, 활 등으로 공격했다. 하지만 이 모든 것은 보살의 근처에 이르자 기적에 의한 듯 향기나는 하늘의 꽃들로 변하여 아무런 해도 끼치지 못하고 떨어졌다. 이때 보살은 지신(地神)을 불러내어 붓다의 자리가 진실로 자신의 소유라는 것을 입증해 보일 것을 요청했다. 그러자 지신은 이에 응답하여 귀를 멀게 만드는 큰 소리로 노호함으로써 마라의 군대가 깜짝 놀라서 달아나도록 하였다. 마라는 결국 패배를 시인했다. 보살은 중단되었던 고요한 명상을 다시 시작했고 그날 밤이 끝나고 날이 샐 무렵 드디어 깨달음을 성취하였다.

　서른다섯의 나이에 깨달음을 이룬 붓다에게 세상에 나아가 다른 사람들에게 자신의 가르침을 베풀 것인가 말 것인가 하는 심각한 문제가 제기되었다. 아마도 그는 세상 사람들이 자신이 베풀게 될 혁신적인 가르침을 귀기울여 듣고 이해할 수 있을 것인지에 대해 회의적이었을 것이다. 신들의 주재자인 범천왕(梵天王)으로부터 세상 사람들은 붓다의 가르침을 갈망한다는 취지의 간청을 듣고 나서야 그는 가르침을 펴기로 동의했다.

　가르침을 펴겠다고 결심한 붓다는 우선 베나레스(Benares)로 갔다. 거기서 그는 초전법륜(初轉法輪)이라고 일컬어지는 최초의 설법을 한다. 이 초전법륜에는 붓다의 가르침에 관한 근본 교의가 담겨 있다. 이제 그는 간지스 강 유역의 동부 지방을 배경으로 유행(遊行)의 삶을 시작하였다. 그는 설법을 하면서 동시에 비구들의 수도 공동체를 이루어 나아갔다. 이러한 삶은 그가 80세에 세상을 떠날 때까지 45년 동안이나 계속된다. 그의 노력은 초창기부터 매우 성공적이었다. 시작한 지 석 달 만에 60명이나 되는 사람들이 귀의해 왔다. 비구 공동체에 참여한 사람들 중에는 온갖 계급의 사람들이 다 있었다. 경전들에 나타나는 다양한 도시의 이름들은 붓다가 자주 방문했던 곳들을 알려주는데 대부분 주요한 국가의 수도였다. 마가다 국의 왕사성(王舍城, Rajagaha), 리차비(Licchavi) 연합국의 비사리(毘舍離, Vesali), 코살라국의 사위성(舍衛城, Savatthi) 그리고 카시국의 카우삼비(Kausambi) 등이 그러한 도시들이었다. 깨달음이 있은 뒤부터는 보드가야가 더 이상 거의 언급되지 않는다는 것은 흥미로운 사실이다. 전승에 따르면 붓다는 설법을 시작한 지 20년이 될 때까지는 일정한 거주처 없이 생활하였다. 하지만 그 후 25년 동안에는 아나타핀다다(Anathapindada)라는 부유한 재가 신자가 붓다와 비구 공동체에 기부한 사위성의 기원(祇園, Jetavana)에서 거주하며 생활했다.

붓다의 깨달음에서부터 그가 입멸하는 곳인 쿠시나라(Kusinara)로의 마지막 여행에 이르기까지를 한꺼번에 전해주는 팔리어 경전은 없다. 하지만 그의 마지막 석 달 동안의 삶을 얼마간은 자세히 기록하고 있는 경전이 있다. 바로「대반열반경」(大般涅槃經, *Mahaparinibbana-sutta*)이다. 이 경은 왕사성을 떠나 비사리로 가는 데서 시작되고 있다. 붓다는 비사리에 도착하자마자 위독한 상태에 빠졌다. 하지만 붓다는 비구들에게 몇 가지 메시지를 남기지 않고 그대로 떠나는 것은 옳지 않다고 말하며 병을 억눌렀다. 마지막 20년 동안 붓다를 곁에서 모셔온 아난다(阿難陀, Ananda)는 그의 위독함을 보고 깜짝 놀랐다. 하지만 자기의 스승이 승가(僧伽, sangha)의 승계(承繼) 질서에 관하여 아무런 결정도 내리지 않은 채 열반에 들지는 않으리라는 생각으로 위안을 삼았다. 붓다는 승가가 자신에게 더 기대할 것이 무엇이 있겠냐고 아난다에게 반문하면서 말하기를, 자신은 주먹 속에 어떤 것도 감추어 둔 것이 없는 것처럼 모든 교의를 남김없이 가르쳤다고 말했다. 다시 말해서 자신을 따르는 사람들에게 말하지 않고 남겨둔 비밀이란 없다는 것이다. 그리고 나서 그는 몇 마디 문장으로 자신의 가르침을 요약하여 말하기를, 각자는 자기의 삶을 스스로의 힘으로 이끌어 나가는 것이며 자기 자신 이외에 따로 의지할 곳이 없다고 하였다. "자신이 자신의 등불이 되어라. 자신이 자신의 의지처가 되어라. 진리를 등불로 삼고 진리를 의지처로 삼아라." 이런 말들을 아난다에게 하고 났을 때 악마 마라가 다시 한번 찾아와서 그 즉시 열반에 들라고 재촉하였다. 하지만 세존은 마라의 재촉을 거부하고 자신의 가르침이 널리 펼쳐져 융성하기 전에는 열반에 들지 않겠다고 하였다. 마라가 지금 이미 그렇게 융성하고 있다고 말하자 그제서야 붓다는 앞으로 석 달 후에 열반에 들 것이라고 예언하였다.

비사리에서 쿠시나라로 향하던 도중에 붓다와 일행들은 파바(Pava)에서 멈추었다. 그곳에 있는 대장장이 춘다(Cunda)의 망고나무 숲에 머무르게 되었는데 춘다는 훌륭한 요리로 그 여행자들을 접대하였다. 그 중에는 수카라맛다바(sukaramaddava)라고 하는 기름진 요리가 있었는데, 이것은 글자 그대로 하면 "돼지의 연한 음식"이었다. 붓다는 춘다에게 말하기를 수행원들에게 훌륭한 요리를 대접하되 수카라맛다바는 자기에게 달라고 하였다. 그 요리를 먹고 난 붓다는 격렬한 통증에 시달리고 피를 토하기까지 했다. 하지만 그는 다시 아무런 내색을 하지 않고 통증을 참아내며 쿠시나라로의 여행을 계속했다.

여기서 한 가지 의문점이 생긴다. 위에서의 수카라맛다바, 즉 돼지의 연한 음식은 정확히 무엇인가? 돼지의 살로 만든 음식인가? 돼지가 먹는 연한 음식인가? 후자라면 그것은 일종의 버섯이었을 것으로 추정된다. 어느 쪽으로 보든 이 음식은 붓다가 실제로 앓았던 식중독을 일으켰을 가능성이 있다. 어쨌든 이것은 붓다가 마지막으로 먹은 음식이었다. 그리고 그 후의 나머지 사건들이 모두 같은 날에 일어나게 된다.

아난다는 쿠시나라에 도착한 후 붓다에게 다가가서 또 다른 가르침을 내려주기를 청했다. 붓다는 이 요청에 응답하여 말하기를 자신이 죽은 뒤에 기념해야 할 곳이 네 곳이 있다고 하였다. 자신이 태어난 룸비니 동산, 깨달음을 얻은 곳인 보드가야, 최초로 설법을 한 베나레스, 그리고 그가 열반에 들게 되는 쿠시나라가 그 네 곳이다. 이 네 곳은 불교에서 사대 성지(四大聖地)가 되었다. 붓다는 이 말씀을 하고 나서 여성에 대한 태도에 관한 가르침을 덧붙였다. 아난다가 "여성에 대하여는 어떻게 처신해야 합니까?"

라고 물었던 것이다. "여성과는 만나지 말지어다." "하지만 꼭 만나야만 한다면 어떻게 처신해야 합니까?" "말을 하지 말지어다." "여성이 말을 걸어온다면 어찌해야 합니까?" "정신을 바짝 차릴지어다, 아난다여."

 붓다는 이 대화를 마친 후 아난다에게 지시하기를, 자신이 바로 그날 밤에 열반에 들 것이라는 사실을 쿠시나라의 사람들에게 알리라고 하였다. 그리고 그들이 자신을 마지막으로 볼 수 있도록 초청하라고 하였다. 너무 많은 사람들이 오려고 했으므로 아난다는 마을 사람들 전부를 초청하는 대신에 각각 가문의 대표자들만을 초청했다. 비구들이 모이자 붓다는 어떤 의문이라도 있으면 물어보라고 하였다. 그들이 모두 잠자코 있자 그는 마지막 말을 남기기를, "모든 생겨난 존재들은 없어지게 되어 있으니 부지런히 정진에 힘쓰라"고 하였다. 그리고 나서 그는 선정에 들었고 드디어 지축이 흔들리고 천둥이 치는 가운데 마지막 완전한 열반에 들어갔다. 그후 붓다의 신체는 가장 부드러운 베나레스 천으로 천 겹이나 싸서 화장했고 유골은 여덟 등분으로 나누어 여덟 도시에 분배했다. 그 각각의 도시에서는 그 유골을 기리기 위해서 봉분을 만들거나 탑을 쌓았다.

 지금까지 독실한 신봉자들이 수세기 후에 편집한 문헌에 기록된 대로 인류의 위대한 스승 붓다의 생애를 간단히 개괄해 보았다. 이 기록들은 수세기에 걸쳐 각기 분산된 시점에서 작성되었음에도 불구하고, 붓다의 생애에 있어서의 주요한 사건들, 그가 활동했던 영역, 그리고 그의 가르침의 형태 등에 관해서는 근본적인 일치를 보여주고 있다. 그러므로 그러한 기록들이 우리에게 전해주는 이 위대한 인도의 성인의 생애에 관한 주요한 일화들은 믿고 받아들일 충분한 가치가 있는 것이다.

 그 문헌적 기록들을 고고학적으로 증거해 줄 수 있는 어떤 단서를 발견할 수는 없을까? 1898년에 한 고고학자가 네팔 국경에서 반 마일, 카필라바투(Kapilavatthu)의 유적에서 14마일 떨어진 피프라바코트(Pipravakot)에서 하나의 탑을 발굴해 내었다. 그 탑의 탑실 내부에서는 몇 개의 유골과 수많은 공예품들이 발견되었는데 그 중에는 테두리에 글이 새겨져 있는 한 개의 돌그릇이 있었다. 그 돌그릇에 새겨진 단어 하나하나가 뚜렷해서 주목을 받았으나 그 해석은 다양했다. 그 명문(銘文)의 한 부분에 대한 최초의 번역을 보면, "이곳에는 석가족 출신의 축복받은 이, 붓다의 유물이 안치되어 있다"라고 되어 있다. 이 해석이 정확하다면 그 탑에서 발견된 유골은 실제로 석가모니의 유골이라고 말할 수 있다. 그러나 학자들은 그 명문을 더 면밀히 연구했으며, 특히 기원전 3세기 중엽의 아쇼카 시대의 명문에서 보이는 글자 모양과 닮은 자체(字體)로 씌어 있는 부분을 집중적으로 살펴본 결과 앞의 해석을 수정하여 "여기에는 축복받은 이, 붓다 친척의 유물이 안치되어 있다"라고 번역하였다. 이렇게 해석을 하게 되면 그곳에 있는 유골은 붓다의 유골이 아니라 아쇼카 왕 시대에 살았던 그의 친척의 유골이 된다.

두번째 종류의 유골은 붓다의 것이라고 알려져 있는 치아이다. 그 중에 두 개는 인도에서 발견되었는데 하나는 간다라(Gandhara)에서, 또 하나는 단타푸라(Dantapura)에서 발견되었다. 7세기 중국의 구법승(求法僧) 현장이 언급한 것은 아마도 간다라에 있는 것인 듯하다. 단타푸라에 있던 것은 4세기에 스리랑카로 옮겨졌다. 이 치아는 스리랑카 섬에서의 후기 불교 역사에서 매우 중요한 자리를 차지하게 된다.

셋째 종류의 유골은 조그마한 세 조각의 뼈로서 1909년 북부 인도 페사와르(Peshawar) 근처의 한 탑에서 발견되었다. 그 유골을 담고 있는 상자에는 카니쉬카(Kanishka) 왕의 이름이 있다. 카니쉬카 왕은 기원후 1세기 후반 또는 2세기 초반에 북부 인도를 지배했던 스키티아(Scythia) 족의 군주였다. 유골은 카니쉬카 왕 자신이 그 탑 속에 안치한 것으로 믿어지고 있다.

또 한 종류의 유골은 1913년에서 이듬해에 걸쳐 탁실라(Taxila)에서 발견되었는데 나중에 스리랑카의 불자들에게 증정되었다. 그 유골과 함께 발견된 화폐들은 그 유골이 기원전 1세기에 안치되었다는 사실을 알려주는 증거로 여겨져 왔다.

위에서 언급한 치아들과 유골들은 거의 확실히 고대의 유골이라고 할 수 있다. 하지만 그것들이 정말로 붓다의 것인가를 확인한다는 것은 불가능하다. 신앙심 깊은 불자들은 이 유골들은 불교 역사의 아주 초창기 때부터 석가모니의 유골 안치소인 것으로 생각되는 탑들에서 발굴해 낸 것이기 때문에 진짜로 붓다의 것이라고 주장한다.

지금까지 언급한 고고학적 발견 외에도 우리는 보살의 잉태를 그림으로 묘사해 주고 있는 원형의 양각 무늬를 다시 한번 더 살펴볼 필요가 있다. 이 원형의 양각 무늬는 원래 바르후트(Bharhut)의 탑을 둘러싸고 있는 난간의 일부였다. 이 탑의 건립 연대는 기원전 3세기까지 거슬러 올라갈 수 있고 최소한 기원전 2세기에는 분명히 건립되었을 것으로 추정된다. 만일 우리가 붓다의 입멸이 기원전 5세기에 있었다고 추정한다면 이 원형의 양각 무늬를 새긴 조각가가 살았던 시대에는 세존에 대한 기억이 사람들의 가슴속에 아직도 매우 생생했을 것이다. 아마도 그는 기록된 문자에서가 아니라 석가모니의 추종자들 사이에 회자(膾炙)되던 구비전승(口碑傳承)에서 영감을 얻었을 것이다.

마지막으로 우리는 기원전 3세기 중엽에 아쇼카 왕이 붓다의 탄생지임을 알리기 위하여 룸비니 동산에다 세운 기둥을 살펴볼 수 있다. 지금도 서 있는 이 기둥에는 아쇼카 왕이 남겨 놓은 다음과 같은 명문이 있다.

> 데바남프리야 프리야다르신(Devanampriya Priyadarsin) 왕이 즉위한 뒤 20년째 되던 해에 붓다 석가모니가 이곳에서 탄생하셨다 하여 친히 와서 이곳을 경배하였다. … 그는 세존이 이곳에서 탄생하였음을 알리기 위하여 돌 기둥을 세우도록 명하였다.[4]

붓다로부터 바로 200년 뒤에 붓다의 생애와 가르침이 문자로 기록되기 이전에 살았던 아쇼카는 따라서 세존의 탄생지에 관한 문자화된 기록들에 대하여 구체적인 확증을 제공해 준 것이다.

---

4. E. Hultzsch, *Inscriptions of Asoka*. Oxford: Clarendon Press, 1925, 164.

우리는 현재 전체 불교 문헌의 중심적 인물인 붓다를 역사적 인물로 받아들이고 있다. 그러나 한때 불교 학자들은 붓다라고 알려진 인물이 실제로 존재했었다는 것을 확신하지 못한 적이 있다. 이 학자들은 물론 불교의 창시자의 존재 자체를 의심한 것은 아니었다. 종교에는 반드시 그 창시자가 있는 법이기 때문이다. 그들은 주장하기를 불교 전승 속의 붓다는 결코 실제로 살았던 인물이 아니며 그의 탄생, 구도 그리고 죽음은 인간적이라기보다는 신적이라고 하였다. 이러한 견해의 주도적 주창자는 불교 학자이자 인도 역사의 학자인 프랑스의 에밀 세나르(Emile Senart)이다. 그의 견해는 그가 1873년에 발표한「붓다의 전설에 관한 소론」(*Essai sur la legende du Buddha*)이라는 논문에 잘 나타나 있다. 세나르는 이 논문에서 태양신에 관한 인도의 고대 우화에 대하여 언급하고 있다. 이 우화에서는 아침에 구름이 걷히고 햇살이 밝게 비치는 가운데 태양신이 태어난다. 이렇게 태어난 태양신은 번개구름이라는 암흑의 신에 대항하여 싸우며 하늘을 가로질러 전진하지만 날이 저물 무렵 결과적으로 암흑에게 패배한다. 세나르는 붓다의 이야기가 바로 그 태양신 이야기의 변형이라는 것을 입증하려 했다. 붓다는 태양신이 밤의 구름으로부터 나오듯 마야 부인의 자궁에서 태어났다. 마야 부인은 아침에 햇살이 비치기 전에 구름이 걷히는 것과 똑같이 붓다가 태어난 후 죽었다. 그 다음 붓다는 태양신이 번개구름이라는 악마를 정복하듯이 마라와 싸워 패배시킨다. 붓다가 마라와 싸워 이기고 나서 초전법륜이 있게 되는데 이는 태양신이 하늘을 가로질러 그의 빛나는 원반을 돌리는 것에 비견할 수 있다. 끝으로 붓다는 햇살이 해질녘이 되어 밤의 구름 속으로 사라지듯이 죽었다. 붓다의 신체를 태우는 장작불은 지평선상의 마지막 햇살이 밤안개 속에 사라지듯이 하늘로부터 쏟아진 물줄기에 의해 꺼졌다.

이것은 정녕 매우 재치있는 이론이다. 세나르는 아주 많은 지지자를 얻을 수 있었다. 그러나 그가 구축한 정교한 이론은 전적으로「보요경」에 기반을 두고 있는데「보요경」은 붓다의 전기로서는 비교적 후기의 작품이다. 세나르는 이보다 훨씬 더 일찍 나왔으며 그때문에 일반적으로 더 믿을 만하다고 인정되는 팔리어 경전에 실린 이야기들을 전적으로 무시하고 있다. 이러한 이유 때문에 세나르의 이론은 더 이상 진지하게 고려되지 않고 있다.

　붓다는 2,500여 년 전에 살다가 죽었다. 그러나 그는 여전히 우리 앞에 도덕적 위대함과 헤아릴 수 없는 정신적 깊이를 지닌 위대하고 설득력 있는 인물로 다가온다. 그는 만나는 사람들마다 잊을 수 없는 감명을 주었다. 오늘날에 와서도 붓다는 다양한 견해에 대한 관용적인 태도, 모든 중생에 대한 보편적 자비, 그리고 인간과 현상 세계의 본질에 관한 심오한 지혜와 직관 등으로 우리에게 깊은 인상을 심어주고 있다. 그는 진정 모든 시대, 모든 인류의 스승인 것이다.

제 3 장

붓다의 가르침

붓다와 대략 동시대의 인물로서 또 다른 두 위대한 스승인 소크라테스나 공자의 경우와 마찬가지로, 붓다가 살아 있는 동안에는 그의 가르침이 기록으로 작성되지는 않았다. 그는 이곳저곳을 여행하면서 들으러 오는 모든 이들에게 말로써 가르침을 베풀었을 뿐이다. 그의 제자들 또한 스승의 가르침을 입에서 입으로 암기하여 전하였다. 우리는 이러한 가르침들이 언제 어디서 최초로 문자로 기록되었는가 하는 점을 정확히 알지는 못한다. 기원전 3세기 중엽에 인도의 군주였던 아쇼카는 백성들에게 세존의 가르침에 따라 살 것을 권하는 칙령을 발표하면서 그들이 학습해야 할 특정한 경전들의 목록을 제시하였다. 이 칙령이 당시에 문자로 기록된 경전이 있었다는 사실을 알려준다고 할 수 있을지도 모르지만 결코 확실한 증거는 되지 못한다. 가장 확실하게 최초로 문자로 기록된 불교 경전은 기원전 1세기에 인도의 문어(文語)인 팔리어로 씌어졌다. 이제 우리는 이 팔리어 경전에 기반을 두고서 붓다의 가르침을 논하고자 한다. 우리는 일반적으로 이 가르침을 지칭하는 말로 소승(Hinayana)이라는 용어를 쓰고 있지만 더 적절한 용어는 상좌부(Theravada), 즉 "장로들의 가르침"이다. 우리는 이 책에서 붓다의 이러한 가르침에 대하여 언급할 기회가 있을 때마다 담마(法, dhamma)라는 팔리어를 사용할 것이다. 산스크리트 철자로는 다르마(dharma)라고 쓰는데 대승불교나 산스크리트 문헌이 관련될 때에는 이 철자를 쓰게 될 것이다.

붓다는 종종 자신은 의사가 환자의 상태를 진단하고 나서 치료 방법을 처방해 주듯이 꼭 그와 같은 방법으로 가르침을 베푼다고 말하였다. 붓다는 자신의 치료법이 자신에게 효험이 있었으므로 그들도 자신이 처방해 준 대로 따를 것 같으면 분명 그와 같은 효험이 있을 것이라고 청중들을 확신시켰다. 그가 가르치는 자력적이고 끊임없는 수련을 통한 치료법에는 초자연적인 힘에 도움을 청하는 것과 같은 내용은 전혀 없었다. 그는 매우 자주 자신의 가르침이 중도(中道)의 가르침임을 역설하였다. 그는 스스로를 괴롭히는 고행과 육체적 쾌락의 추구라는 양 극단을 피하는 길을 가르쳤다. 붓다는 또한 모든 것이 존재하지 않는다는 비실재론과 모든 것은 존재한다는 실재론의 양극단을 피했다. 그는 대신에 만물은 변하는 것임을 강조했다. 이 치료법의 목적은 끝없는 윤회의 사슬을 끊는 데에 있다. 이 목적을 달성하는 길은 업을 쌓는 원인이자 사람으로 하여금 계속하여 존재하기를 갈망하도록 만드는 욕망의 불을 끄는 데에 있다.

 업과 윤회의 사상은 붓다가 태어나기 전에도 인도에 이미 있었다. 붓다는 자기의 체계를 세우는 데에 이 사상을 끌어들였을 뿐이다. 업의 원리는 살아 있는 존재들의 다양한 차이를 도덕적이고도 합리적으로 설명해 준다. 선한 행위는 보상을 받고 악한 행위는 자동적으로 벌을 받는다. 신비적이거나 신학적인 매개가 끼어들 틈이 없다. 각각의 살아 있는 존재는 과거나 현재에 행한 행위의 결과에 따라 윤회를 계속하며 태어날 때마다 다른 형태를 지니게 된다. 그러므로 인도인들에게 있어서 삶은 일반적으로 고리로써 상징된다. 삶의 고리에는 시작도 끝도 없다. 인도의 다른 모든 종교가 그렇듯이 불교의 목적도 어느 순간에 이 고리를 파괴하여 더 이상 윤회를 계속하지 않도록 하는 데에 있다. 일단 이 목적을 성취한 사람은 해탈을 이루었다고 일컬어진다. 계속되는 윤회 속에서 각각의 태어나는 형태가 업에 의해서 결정되므로 업은 대단히 중요시될 수밖에 없다.

 붓다는 업에 관한 당시의 일반적인 견해를 받아들이고 난 뒤 거기에다가 중요한 한 요소를 덧붙였다. 붓다는 행위만이 아니라 그 행위의 배후에 있는 의도나 결단이 중요하며 의도가 있을 때에만 업이 발생한다고 가르쳤다. 우리는 이 점에서 붓다가 자신의 교리 체계에서 마음을 닦는 것을 왜 그렇게 중요시했는가 하는 이유를 알 수가 있다. 불교에서 업을 정의할 때 육체적 행위에 더하여 의도나 결단을 포함시킨다. 어떠한 생각이나 행위도 지워질 수 없는 자취를 남긴다. 이러한 업에 대한 정의는 불교의 참회와도 관계가 있다. 참회는 잘못한 것의 죄를 씻어주지는 못한다. 다만 뉘우침이나 다시는 그런 죄를 짓지 않겠다는 다짐일 뿐이다. 업의 결과는 현재의 삶에서 나타날 수도 있고 미래의 삶에서 나타날 수도 있다. 그러므로 현재의 삶에서 나쁜 행위를 많이 한 사람은 그 대가를 앞으로 여러 생을 통해서 치를 수도 있고 더 낮은 형태의 존재로 태어남으로써 치를 수도 있다.

불교에서 말하는 삶의 존재 형태는 천상, 인간, 축생, 아귀, 지옥 등의 다섯 가지이다. 아귀는 거대한 배때기의 꼭대기에 바늘머리만한 크기의 머리를 갖고 있어서 항상 배고픔으로 고통받는 생물로 묘사된다. 앞의 둘은 많은 공덕을 쌓은 이들이 태어나는 곳이고 나머지 셋은 악한 행위를 한 자들이 태어나는 곳이라고 여겨진다. 하지만 신으로 태어나는 것조차도 영원한 행복을 가져다 주지는 않는다. 신이라 하더라도 여전히 업의 지배를 받기 때문에 일단 선업의 과보가 다하면 그들의 높은 세계로부터 떨어져서 더 낮은 존재로 태어나게 된다. 인간으로 태어나는 것이 가장 바람직한 것으로 여겨진다. 구원을 얻어 열반에 들 수 있는 존재는 인간뿐이다. 하지만 불자들 사이에 잘 알려진 다음의 비유가 보여주듯이 인간으로 태어나는 것은 지극히 어려운 일이다. 무한한 넓이의 대양을 상상해 보라. 그 드넓은 바다 위에 나무 판자 하나가 떠다니고 거기에 거북의 머리가 겨우 통과할 수 있을 만한 구멍이 뚫려 있다. 이제 또 거북 한 마리를 상상해 보라. 그 거북은 100년에 단 한 번씩 그 대양의 수면으로 올라온다. 그런데 그 거북이 바로 그 순간 바로 그곳으로 올라와서 정처없이 떠다니고 있는 나무 판자에 뚫려 있는 구멍을 통해서 머리를 내밀게 된다는 것은 정녕 얼마나 어려운 일인가! 불자들은 그럼에도 불구하고 인간으로 태어나는 것이 거북이 그렇게 하는 것보다도 더 어렵다고 한다.

불자들이 말하는 대로 업의 작용을 통해서 지금의 우리가 되었다면 우리의 의지나 결단이 끼어들 틈이 있을까? 우리의 의지나 결단 또한 미리 결정되어 있는 것은 아닌가? 불자들은 이러한 질문에 대하여 명확하게 대답해 주지 않는다. 그들의 가르침에 의하면 우리는 전생에 지은 업의 상속자일 뿐만 아니라 앞으로의 업을 만들어 나아가는 존재이기도 하다. 업의 작용 원리에는 개인적 의지나 결단이 개입할 충분한 여지가 있다는 것이다. 업의 작용을 올바로 이해한 인간은 종교적 삶의 목표에 이르기 위하여 자신의 밖에서 도움을 구하지 않는다. 자기 자신만이 스스로를 구제할 수가 있다. 자기 자신만이 붓다가 가르친 길을 따라 좇아갈 수가 있다. 불자들은 이러한 강조점에 따라서 출생이나 계급이나 재산에 근거를 둔 온갖 차별을 부정한다. 어떤 신분의 출신이든 어떤 직업을 가졌든 비구들의 공동체 안에서 살며 종교적 삶이 지향하는 최고의 목표를 추구할 자격이 있다.

붓다는 업과 윤회라는 당시의 보편적 원리를 받아들이는 한편 독자적인 가르침을 펼쳤다. 붓다는 깨달음을 성취한 후 맨 처음으로 베나레스에서 펼친 설법에서 자기 가르침의 근본을 사성제(四聖諦)로 설명하였다. 사성제란 현실의 삶은 고통이라고 보는 고제(苦諦), 고통의 원인인 집제(集諦), 고통은 소멸될 수 있다는 멸제(滅諦), 그리고 고통을 소멸하는 길인 도제(道諦)를 말한다. 도제의 내용은 팔정도(八正道)로서 정견(正見), 정사유(正思惟), 정어(正語), 정업(正業), 정명(正命), 정정진(正精進), 정념(正念), 정정(正定)으로 구성된다. 이 팔정도는 통상적으로 불교 수행의 전반을 포괄하는 세 범주로 나뉜다. 즉, 정어·정업·정명은 불교의 도덕적 행위를 총칭하는 계(戒, sila)에 해당하고 정정진·정념·정정은 마음을 집중하는 정(定, samadhi)에 해당하고, 정견·정사유는 직관적 지혜나 통찰을 가리키는 혜(慧, panna)에 해당한다.

도덕적인 수행은 이 세 가지 범주의 맨 앞자리에 오는 것으로서 불교적 수행에 있어서 출발점으로 간주될 수 있다. 불교적 수행의 핵심은 "어떤 죄도 짓지 말고 모든 선을 행하는 것, 스스로 자신의 마음을 정화하는 것, 이것이 붓다의 가르침이다"[5]라는 말로 표현할 수 있다. 붓다는 무엇이 죄가 되는가에 관해서 가르치기를, 자기 자신에게나 남에게나 해로움을 끼치는 행위는 어떤 행위이든 죄가 된다고 하였다. 붓다는 어떤 신성한 법칙을 위반하는 것을 죄로 간주하지 않았다. 오히려 죄는 사람의 마음과 행위에서 일어나는 것이라고 보아 악한 생각과 악한 행위가 일어나지 않도록 예방하는 데 최대의 노력을 기울였다. 그는 그러한 예방을 잘 할 수 있도록 하기 위하여 마음을 속박하는 인간적인 약점과 결함을 세세히 열거하여 보여주었다. 그는 이러한 약점 중에서도 가장 나쁜 것은 이기주의로서, 그것은 탐욕(貪), 성냄(瞋), 어리석음(痴)을 낳는 근원이라고 하였다. 도덕적 행위란 계율들에서 볼 수 있듯이 종종 죄를 짓지 않는 것이라고 정의된다. 정어(正語)는 거짓말, 악의에 찬 말, 욕지거리, 가혹하거나 경박한 말들을 하지 않는 것을 뜻한다. 정명(正命)은 살아 있는 것의 생명을 빼앗는 직업, 점성술로 예언을 하는 직업, 또는 마법을 쓰고 점을 치는 직업 등에 종사하지 않는 것이다. 하지만 자(慈, metta)와 비(悲, karuna)에서 볼 수 있듯이 적극적인 덕목들도 강조한다. 불자들은 자(metta)에 내포된 감정과 성적인 사랑(pema)에 내포된 감정을 주의깊게 구분한다. 후자는 배타적인 반면 전자는 포용적이어서 모든 중생에게로 확장된다. 또 하나의 미덕인 비(karuna)는 불행하고 고난받는 이들에게 나타내는 감정이며 남들의 온갖 고통과 괴로움을 함께 느끼는 감정이다.

자(慈)는 보시를 동반하지 않으면 진실한 자가 아니다. 이러한 보시(布施)의 가장 좋은 예는 베싼타라(Vessantara) 본생담(本生譚)에서 볼 수 있다. 이 이야기는 스리랑카, 미얀마 그리고 티베트에서는 가장 널리 알려진 본생담 중의 하나이다. 본생담이란 붓다의 여러 전생 중에 일어났던 일들을 전해주는 이야기이다. 베싼타라 본생담의 내용은 다음과 같다: 옛날 베싼타라라는 이름의 젊은 왕자가 살았는데 그에게는 비를 내릴 능력을 가진 흰 코끼리 한 마리가 있었다. 가뭄으로 고생을 겪던 한 이웃 왕국이 이 소문을 듣고 그 코끼리를 사용하게 해달라고 청하였다. 베풀기를 좋아하는 베싼타

---

5. Dhammapada v.183, *Sacred Books of the East*. Oxford: Clarendon Press, 1881, 10.50.

라는 그 요청에 쾌히 응락해 주었다. 하지만 백성들은 왕자의 이런 행동에 분노를 터뜨리며 그와 그의 가족을 멀리 쫓아버렸다. 베싼타라는 산 속으로 들어가는 도중에 바라문들을 만난다. 그는 자신의 말, 마차 그리고 가구 등을 달라고 하는 그들의 요구에 기꺼이 그것들을 내어준다. 그는 그 후 산속에서 안식처를 찾고 풀뿌리와 과일로 연명해 나갔다. 어느 날 한 바라문이 나타나 그의 두 아들을 자기의 종으로 달라고 요구한다. 아들들은 떠나기를 싫어했지만 베싼타라는 전과 마찬가지로 기꺼이 아들들을 내어준다. 마지막으로 또 한 명의 바라문이 와서 그의 아내를 요구했다. 베싼타라는 아내마저 내어준다. 이때 천상 세계 중의 하나를 주재하여 다스리고 있는 위대한 신 인드라가 나타났다. 그는 지금까지의 여러 바라문들은 바로 자신이 변장하여 나타난 것이었음을 밝히고 단지 베싼타라의 보시 정신을 시험해 본 것일 뿐이라고 하였다. 인드라는 베싼타라가 정말로 진실한 사람인 것을 알고 탄복했다고 하면서 그에게 아내, 아들들 그리고 재산을 되돌려 주었다.

 이러한 보시의 정신은 후기 불교의 역사에 많은 영향을 끼쳤다. 병원이나 약국 같은 기관들을 설립하고, 자비의 논밭을 일구어 그 수익금을 빈궁한 자들을 보살피는 데 사용하였다. 그리고 유명한 성지와 산으로 가는 길의 곳곳에 휴게소를 세우기도 했다.

 이처럼 악덕과 미덕에 관한 가르침을 생각하다 보면 미덕은 계발하고 악덕은 근절할 수 있는 방법이란 어떤 것일까 궁금해진다. 불자들이 이러한 목표를 추구하기 위하여 조직한 주된 단체가 비구들의 수도 공동체이다. 이 수도 공동체는 붓다가 규정한 계율에 따라서 비구들의 도덕적 수행을 이끌기 위하여 설립된 것이다. 이 수도 공동체의 생활 속에서는 모든 계율을 제대로 지킬 수가 있다. 불자들은 숫자적인 범주를 세우기를 좋아하여 지켜야 할 근본적인 선행을 십계(十戒)로 정하였다. 십계의 내용은 다음과 같다. 첫째, 생명을 죽이지 말라. 둘째, 훔치지 말라. 셋째, 음행하지 말라. 넷째, 거짓말하지 말라. 다섯째, 중상하지 말라. 여섯째, 욕하지 말라. 일곱째, 어리석은 말을 하지 말라. 여덟째, 탐내지 말라. 아홉째, 악의를 품지 말

라. 열째, 그릇된 견해를 품지 말라. 비구들은 여기에 덧붙여 금지해야 할 것이 더 있다. 비구는 술을 마시거나, 정해진 식사 시간이 아닌 때에 먹거나, 세속적 오락을 즐기거나, 향수나 보석으로 치장하거나, 사치스러운 침대를 쓰거나, 돈을 받아서 쓰거나 하는 등의 행위를 해서는 안된다.

불자들이 일컫는 삼학(三學) 중에서 두번째는 정(定)이다. 정은 마음을 제어하는 것을 목표로 한다. 불자들에 따르면 가장 나쁜 악 중의 하나가 갈애(渴愛, tanha)이다. 갈애는 감각 기관과 외부의 사물을 전제로 성립한다. 불교는 감각 기관을 괴롭히는 고행을 권장하지 않는다. 게다가 외부의 사물은 없애버리거나 무시하기에는 너무 수효가 많다. 우리는 그 무수한 외부의 사물들을 파괴해 버릴 수는 없다. 하지만 우리는 마음을 제어할 수는 있다. 그리하여 순수하지 못하고 영원하지 않으며 즐겁지 못한 것을 순수하고 영원하며 즐거운 것으로 간주하게 되는 착각을 일으키지 않도록 할 수가 있다. 이러한 마음의 제어는 정을 통하여 획득할 수가 있는 것이다.

불자들은 흔히 마음을 이곳저곳 뛰어다니며 잠시도 한 곳에 머물지 못하는 원숭이에 비유하곤 한다. 산만한 생각에 빠져 있을 때의 마음의 상태는 참으로 그러하다. 정의 목표는 마음을 한 곳에 집중시켜 그 상태를 지속적으로 유지하여 어떠한 흔들림이나 방황도 없도록 하는 데에 있다. 불자들에 의하면 마음을 한 곳에 집중시키면 외부의 소란에도 흔들리지 않고 다른 방법으로는 얻을 수 없는 다시 없는 기쁨의 상태에 도달할 수 있다고 한다. 한 출가 수도승이 자신의 체험에 대하여 쓴 다음의 글을 보자.

> 나의 마음은 바위와 같이 굳건하여 흔들리지 않으니,
> 온갖 욕망이나 욕망이 낳는 결과도 없고,
> 끊임없이 변하는 세상에서 전혀 흔들림 없이,
> 나의 마음이 이렇게 고요한데 어디서 괴로움이 생기리오?[6]

---

6. Mrs. Rhys Davids, *Psalms of the Early Buddhists*. London: H. Frowde, 1913, 2.143.

정(定)에는 오랫동안의 꾸준한 수련이 필수적이다. 불교 문헌들 중에는 정의 기법을 매우 상세하게 설명해 놓은 문헌들이 있는데 그 중에서 가장 중요한 문헌은 「청정도론」(清淨道論, *Visuddhimagga*)이다. 정을 닦고자 하는 자는 우선 한 비구를 자신의 정신적 스승으로 택하여 그를 찾아가 그의 가르침을 따르겠다고 맹세한다. 스승이 된 이는 우선 그 지원자가 수행할 수 있는 마땅한 장소를 선택하여 준다. 이러한 장소로는 조용하며, 너무 멀리 떨어져 있거나 너무 가까이 있지 않고 적당한 거리에 있으며, 낮 동안에는 너무 붐비지 않고, 모기나 각다귀가 덤비지 않고, 바람이나 햇빛을 피할 수 있는 곳이 적합하다. 그리고 나서 지원자가 방황하는 마음을 하나의 사물에 집중하여 그러한 상태를 오랫동안 지속할 수 있는 능력을 키우는 데 필요한 일련의 과정을 가르쳐 준다. 이때 스승은 붉은 색이나 푸른 색 등 색깔이 있는 원판을 준비한다. 그 다음에 지원자는 그 원판에서 적당한 거리만큼 떨어져서 앉도록 지시를 받는다. 너무 멀리 떨어져서 앉으면 원판을 볼 수 없고 너무 가까이 앉으면 원판의 불완전한 모습을 보게 되기 때문이다. 의자도 또한 적당한 높이의 것이어야 한다. 너무 높으면 원판을 바라보기 위해서 목을 구부려야 하고 그렇게 되면 목에 통증을 유발하게 된다. 너무 낮으면 다리를 계속 구부리고 있어야 하기 때문에 무릎이 아프게 된다. 이러한 조건이 모두 알맞게 갖추어지고 나면 지원자는 가능한 한 오랫동안 원판을 바라보도록 지시를 받는다. 이러한 수련은 그 지원자가 원판을 바라보고 있지 않을 때에도 그 원판의 영상을 마음 속에 또렷하게 지닐 수 있을 때까지 계속된다. 그가 그러한 마음 속의 영상을 또렷하고도 지속적으로 지니게 되면 첫 단계를 통과한 것이다.

　이제 스승은 지원자가 집중해서 명상해야 할 적당한 주제를 선정해 주기 위하여 그의 심적 성향을 주의깊게 살펴본다. 그는 지원자의 몸가짐, 거동, 식사하는 습관 그리고 사물에 대한 태도 등을 자세히 살핀다. 예를 들어 지원자가 육체적 욕망에 빠져 있다는 것이 드러나면 거기에 합당한 표준적 처방은 열 가지 더러운 것들이나 시체가 부패해 가는 열 단계를 집중하여 명상하도록 하는 것이다. 지원자는 공동묘지에 가서 명상의 대상으로 삼을 만한 시체 한 구를 고르도록 지시받는다. 하지만 무작정 가서 고르는 것은 아니다. 그는 공동묘지에 가는 방식과 시체를 고르는 방법에 있어서 몇 가지 주의점을 지켜야 한다. 여기서 불자들이 얼마나 신중하고 실제적이며 지혜로운 사람들인가를 알 수가 있다. 그는 공동묘지로 가기에 앞서서 우선 동료 비구들에게 알려야만 한다. 여기에는 매우 실제적인 이유가 있다. 도둑들은 쫓기다가 무덤 근처에 이를 때 자신들의 약탈품을 명상에 잠겨 있는 비구의 옆에 떨어뜨려 두는 수가 있다. 비구에게 죄를 뒤집어씌우려는 것이다. 이런 상황이 발생하더라도 그 비구가 미리 동료들에게 공동묘지에 간다고 알렸다면 그는 어떠한 의심도 받지 않을 것이다. 그는 또한 불어오는 바람을 맞받으며 가서도 안된다. 시체의 악취로 인하여 구토를 하게 되거나 마음이 산란해질 수 있기 때문이다. 더 나아가 그는 시체가 있는 곳으로 곧장 가서는 안된다. 야생동물이나 악귀들이 시체의 주위에 있다가 그에게 덤벼들지도 모른다. 명상의 대상으로 삼기에 적당한 시체를 고르는 데 있어서 젊고 아름다운 여인의 시체는 아직도 정욕을 불러일으킬 수 있기 때문에 적합하지 않다. 비구니에게 있어서도 마찬가지로 남자의 시체는 부적절하다.

지원자는 시체가 부패해 가는 열 단계에 집중하여 명상한 결과, 시체뿐만 아니라 살아 있는 몸도 불결하고, 더러운 냄새가 나며, 구역질나고, 게다가 혐오스러운 것이라는 결론에 이르게 된다. 그는 사람의 몸을 "피부와 가죽으로 덮여 있고, 피에 물든 살 덩어리로 가득 차 있으며, 수천 개의 정맥이 이곳저곳을 가로지르고 있는"[7] 그러한 것으로 본다. 뼈, 관절, 근육 그리고 피부의 집합체에 불과한 것으로서 털구멍에서는 끊임없이 불결한 것들이 스며 나오고 벌레들이 우글거리며 질병으로 가득 찬 것으로 본다. "두 눈에는 계속 눈곱이 끼고 귓구멍에는 항상 귀에지가 차 있고, 콧구멍에서는 콧물이 흘러나오고 … 밑의 구멍들로부터는 똥과 오줌이 쏟아져 나오는"[8] 그러한 것

---

7. *Divyavadana*, Cambridge, 1886, 355.
8. Pe Maung Tin, *The Path of Purity*. London: Oxford University Press, 1929, 2.223.

으로 본다. 인간의 육체란 오물 주머니에 불과한데 어찌 그것에 집착할 필요가 있겠는가? 어느 경전에 다음과 같은 이야기가 전해진다. 몇 명의 젊은이들이 어느 날 매춘부들을 데리고 야외로 나들이를 나갔다. 그런데 갑자기 그 매춘부들이 달아나 버렸다. 젊은이들은 그녀들을 찾으러 돌아다니다가 붓다가 좌선을 하고 있는 곳에 이르게 되었다. 그들은 붓다에게 몇 명의 아름다운 여인들이 지나가는 것을 보지 못했느냐고 물었다. 그 위대한 스승은 그 즉시 대답하기를 보지 못했다고 하였다. 그러나 붓다는 좀더 생각해 본 뒤에 바로 조금 전에 몇 개의 해골들이 길을 따라 덜그럭거리며 달려가는 소리를 들었다고 시인했다.

지원자는 이렇게 정(定)을 닦고 나서 합당한 때가 되면 다양한 단계의 선정(禪定, jhana)에 도달하게 된다. 이 말은 흔히 몰아경(trance)으로 풀이되곤 하는데 실제로 몰아경은 아니다. 몰아경에 빠져 있는 사람은 자기의 신체 기관들이 기능하고 있을 때에도 자기가 무엇을 하고 있는지를 모른다. 그것은 실제로 최면에 걸린 상태에서 볼 수 있듯이 외부의 자극에 대하여 무감각한 상태이다. 선정은 무감각한 상태가 아니다. 단지 잡스러운 생각이 중지될 뿐이다. 오히려 마음이 안정되고 고요해져서 선입견을 제거하고 명쾌히 관조하여 알 수 있는 상태이며 직관적인 깨달음을 향한 준비 상태인 것이다.

불전(佛典)에서는 선정(禪定)에 두 종류가 있다고 한다. 즉, 낮은 것과 높은 것, 즉 형태가 있는 차원의 선정〔色界定〕과 형태가 없는 차원의 선정〔無色界定〕이다. 마음을 정해진 주제에 적절히 집중하고 나면 마음을 비우기 시작하여 낮은 선정의 첫째 단계에 이르게 된다〔有尋有伺定〕. 이 단계의 선정에서는 탐욕, 증오, 게으름, 교만 그리고 의심과 같은 나쁜 기질들이 제거되고, 희망에 찬 기대감과 내적으로 더할 수 없는 기쁨의 상태가 시작된다. 불자들은 이 둘의 차이를 다음의 비유로 구별짓는다. 하루종일 사막을 여행하던 한 나그네가 갑자기 멀리 오아시스가 있는 것을 발견한다. 오아시스를 본 그는 희망에 찬 기대감을 지니게 된다. 나그네가 오아시스에 도착해서 물을 마시고 났을 때 그가 체험하는 감정은 내적으로 느끼는 더할 수 없는 기쁨의 감정이다. 첫번째 단계의 선정에서는 세속적인 욕망이 없기 때문에 마음이 고요하고 맑다. 하지만 아직도 마음은 어느 정도 활동하고 있다. 즉, 마음을 한 대상에 고정하여 계속 집중하는 성찰이 있고, 대상에 대한 사색을 계속하므로 관찰이 있다. 이 두 가지는 우리가 말하는 이른바 추리적 생각을 이루는 것이며, 이 추리적인 생각은 마치 파도가 바다의 표면을 어지럽히듯 마음을 어지럽힌다.

수련자는 이와 같은 첫번째의 선정(禪定)을 마치고 나서 두번째 단계에 들어간다[無尋有伺定]. 이 단계에서는 성찰과 관찰은 그치지만 가벼운 기대감과 내적 행복감의 상태는 여전히 존재한다. 마음은 고요하고 초연하다. 이 단계를 지나면 가벼운 기대감이 그치는 것으로 특징지을 수 있는 세번째 단계의 선정으로 옮아가게 된다[無尋無伺定]. 네번째 단계의 선정에서는 내적 행복감마저 사라지고 온갖 집착의 뿌리를 떠난 완전한 평형과 평정의 상태만 남는다[捨念法事定].

수련자가 네번째 단계의 선정을 이루고 나면 그는 네 단계의 낮은 선정을 거친 것이다. 그가 더 나아가기를 원한다면 높은 선정을 추구할 수가 있다. 높은 선정의 단계들은 형태를 지각하거나 의식하는 것을 초월해서 존재하기 때문에 형태가 없는 차원의 선정[無色界定]이라고 알려져 있다. 정을 계속하여 닦는 수련자는 사물들 간에 아무런 차별도 두지 않게 되는 상태에 이르게 되고 공간의 무한함이라는 관념에 도달하게 된다. 마음은 이제 사물들의 온갖 차별적 개념에서 떠나 오로지 공간만을 생각하고 모든 것을 무한한 공간의 측면에서 보게 된다[空無邊處定]. 이 상태가 높은 선정에서의 첫번째 단계인데 그 이전의 단계들까지 감안한다면 다섯번째 단계이다. 이 단계를 마치면 다음 단계로 넘어가는데 그 단계에서는 마음의 무한함이라는 관념에 이르게 되고 모든 것을 무한한 의식의 측면에서 보게 된다[識無邊處定]. 이 여섯번째 단계를 지나면 마음은 더욱 고양되어 사물의 비실재를 생각하게 되며 아무것도 존재하지 않는다는 관념에 젖어든다[無所有處定]. 이러한 무(無)의 영역을 넘어선 수련자는 생각이 있는 것도 아니요 생각이 없는 것도 아닌 영역으로 들어간다〔非想非非想處定〕. 그는 생각을 제거해 버렸기 때문에 보통의 사물은 지각할 수 없다. 그러나 아직도 그에게 절대적으로 생각이 없다고는 말할 수 없다. 아주 미세한 생각까지 없는 것은 아니기 때문이다. 이러한 여덟 단계를 거치고 난 수련자는 지각과 의식이 소멸하는 영역에 들어간다. 외견상으로만 보면 이 상태는 혼수 상태이다. 움직임, 언어, 사고 그리고 의식 등이 전혀 없고 단지 육체적 생명과 몸의 온기가 아직도 남아 있다는 사실에서만 죽음과 다르다고 할 수 있는 상태이다. 수련자는 이 상태에 들어가기에 앞서 미리 언제쯤 이 상태로부터 나오기를 원하는지 결정해야만 한다고 한다.

마음이 실제로 물질적인 육체에 그러한 통제력을 행사할 수 있는지를 판가름하기 위하여 여러 해에 걸쳐 무수한 조사가 행해져 왔다. 그 중에는 이름높은 과학자들이 행한 조사도 더러 있다. 가장 유명한 실험은 19세기 말엽에 행한 것인데 여기에는 하리다스(Haridas)라는 유명한 요긴(yogin), 즉 요가 수행자가 참여했다. 그는 산 채로 매장되었는데 넉 달 후 파내었을 때 여전히 살아 있었다. 이 실험은 라호르(Lahore) 지방의 마하라자(Maharaja)라는 사람의 감독하에 실시되었는데 그는 하리다스의 몸을 상자에 넣고 봉인을 한 다음 무덤 속에 매장하도록 했다. 무덤 위에는 보리를 심었고 그 장소 자체를 벽으로 둘러싼 다음 파수병을 세워 지키도록 했다. 그 요긴은 매장되기 전에 말끔히 면도를 했었는데 넉 달 후에도 그의 얼굴은 면도한 그대로 남아 있었다.

1950년대 후반에는 방갈로르(Bangalore) 지방의 정신 건강 연구소에서 한 명의 유럽인을 포함하여 다섯 명으로 구성된 연구팀이 그러한 무덤 실험을 실시했다. 우선 높이 4피트, 가로 3피트, 세로 2.5피트로 무덤을 팠다. 심장의 활동 전류, 심장의 박동 수, 호흡 작용 등에 관한 정보를 전하기 위한 수많은 장치들이 실험 대상이 되는 인도인 요긴의 몸에 부착되었다. 요긴은 무덤 속에 고요히 앉아서 향을 태운 다음 삼매(samadhi)에 들어갔다.

그 다음 그 무덤을 3센티 두께의 나무 판자로 덮고 그 위에는 20센티 두께로 흙을 덮었다. 이 실험은 세 번 되풀이했는데 두번째 실험은 첫번째 실험이 끝난 한 달 후에 했고, 세번째 실험은 그 후 두 주일이 지난 다음에 했다. 첫번째 실험에서는 9시간 동안, 세번째 실험에서는 8시간 30분 동안 매장했다. 실험 결과 요긴이 매장되어 실신 상태에 들어갔다고 추정되었을 때에도 뇌에서는 여전히 전류 활동이 지속되고 있음이 나타났다. 심장의 박동수는 최저 1분에 40회로 정상보다 약간 낮았다. 하지만 호흡 수는 현저한 감소를 보였다. 1분에 16회가 정상인데 이 실험에서는 1분에 1회의 느린 비율로 떨어졌고, 때로는 2분에 1회가 되기도 했다. 이러한 자료로 추측컨대 그 요긴은 동물이 동면하는 동안에 생명의 진행 과정을 늦추는 것과 마찬가지로 실신 상태 속에서 생명의 진행과정을 늦출 수 있었던 것 같다.

어느 불교 경전에는 "선정(禪定)에 들어 있는 수행자는 사물을 있는 그대로 직관한다"[9]라는 내용의 구절이 있다. 붓다는 삼학(三學) 가운데서 세번째인 혜(慧, panna)와 정(定)과의 관계를 그렇게 가르쳤다. 즉, 붓다에게 있어서 정은 그 자체로서 목적이 되는 것이 아니고 사물들을 실제로 있는 그대로 파악하는 직관적 지혜를 얻는 수단이다. 사물들을 실제 있는 그대로 직관하게 되면 사물들에 대하여 올바른 견해를 지니게 된다. 불자들에 따르면 올바른 견해는 모든 존재하는 것은 괴로움이라는 것〔一切皆苦〕, 모든 것은 일시적이고 변화한다는 것〔諸行無常〕, 그리고 영원한 자아나 영혼은 없다는 것〔諸法無我〕의 세 가지 근본 진리로 이루어져 있다.

고(苦)에 대한 고전적 정의는 붓다가 한 맨 처음의 설법에서 발견된다. "자, 비구들이여, 이것이 고의 진리〔苦諦〕이니라. 태어남이 고이며, 늙어감이 고이며, 병드는 것이 고이며, 죽는 것이 고이도다. 슬픔, 비탄, 우울 그리고 절망이 고이도다. 원수나 미워하는 사람과 만나는 것이 고이도다〔怨憎會苦〕. 사랑하는 이와 이별하는 것이 고이도다〔愛別離苦〕. 원하는 것을 얻

---

9. F. W. Woodward, *Kindred Sayings*. London: Oxford University Press, 1924, 3.15.

지 못하는 것이 고이도다〔求不得苦〕." 그리고 나서 붓다는 고의 원인에 대하여 말한다. "자, 비구들이여, 이것이 고의 원인의 진리〔集諦〕이니라. 쾌락과 색욕을 동반하며 여기저기서 쾌락을 충족시키며 환생으로 이어지게 하는 갈애, 즉 정욕에 대한 갈애, 존재에 대한 갈애, 비존재에 대한 갈애이다."[10] 그러므로 불자들이 볼 때는 이와 같은 보편적인 고는 갈애에 의해서 야기되는 것이다. 존재함에 대한 갈애, 계속되는 환생에 대한 갈애, 쾌락과 권력에 대한 갈애 등 이 모든 것은 결과적으로 업을 쌓는 행위로 이끈다. 그리고 이 업이 사람을 윤회의 고에 속박시킨다. 불자들의 수련은 이러한 갈애를 멸하는 데에 그 목적이 있다. 불자들은 존재함에 대한 갈애, 육체적 쾌락이나 권력에 대한 갈애가 일어나지 않도록 함으로써 궁극적으로 더 이상 업이 쌓이지 않도록 하려는 것이다.

두번째 근본 진리는 존재하는 모든 것은 무상(無常)하다는 냉혹한 법칙이다. 붓다는 모여 있는 비구들에게 마지막 말을 남기면서 끝까지 이 진리를 강조하여, "생겨난 모든 존재들은 소멸하게 되어 있도다"라고 말하였다. 그에게 있어서 존재라는 것은 시작도 끝도 없는 끊임없는 변화의 흐름이다. 이와 같은 무상의 사상은 다음의 구절에서 매우 잘 표현되고 있다.

> 궁극적인 의미에서 말한다면 뭇 중생들의 삶은 단 한 찰나밖에 지속되지 않을 만큼 참으로 엄청나게 짧다. 뭇 중생들이 한 찰나의 삶을 살아간다는 것은 구르다 멈추는 전차의 바퀴가 한 바퀴도 채 돌지 않고 멈추는 것과 같다고 할 수 있다. 그 한 찰나가 끝나자마자 그 중생의 생명은 소멸해 버린다.[11]

불자들이 말하는 것처럼 모든 것이 시작도 끝도 없이 변화하고 있다고 하더라도 우주가 정확히 어떻게 생성되었는가 하는 질문을 제기해 보는 것은 매

---

10. E. J. Thomas, *Early Buddhist Scriptures*. London: Kegan Paul, Trench, Trubner, 1935, 30.
11. *The Path of Purity*, 2.273-4.

우 자연스러운 일이다. 붓다는 우주의 생성 같은 문제에 대해서 사색하는 것을 권장하지 않았다. 그러나 불교 경전에서는 우주 생성에 대한 이론을 찾아 볼 수가 있다. 불자들이 생각하는 바에 따르면 광대무변한 공간 속에서 무한한 수의 세계들이 시작도 없고 끝도 없는 시간을 통하여 생성과 소멸을 계속한다. 이러한 각각의 세계들이 생겨났다 사라지는 과정에는 겁(劫, kalpa)이라고 하는 엄청난 기간이 필요하다. 한때 어떤 사람이 붓다에게 겁이라는 단위가 얼마나 오랜 기간을 가리키는 것인지를 물은 적이 있었다. 붓다는 다음의 비유로써 대답해 주었다. 가로와 세로 그리고 높이가 각각 40리씩 되고 조금도 금이 가지 않은 하나의 견고한 돌로 이루어진 거대한 바위산이 있다고 상상해 보라. 또 어떤 사람 하나가 100년이 지날 때마다 와서 고운 천으로 그 바위산을 닦아낸다고 상상해 보라. 1겁이 지나가는 것보다 그 거대한 바위산이 닳아 없어지는 것이 오히려 더 빠를 것이다.

하나의 겁(劫)이 끝나서 하나의 세계가 완전히 소멸하고 나면 새로운 세계의 생성이 시작된다. 세계는 생성의 초기에는 혼돈 속에 있다. 이때의 세계는 어둡고 물로 덮여 있으며 해, 달, 별이나 별자리 등도 전혀 보이지 않으며 낮과 밤의 구분이 없다. 남자와 여자의 구분도 전혀 없다. 오랜 시간이 지나면 쌀밥을 끓일 때 거품이 표면으로 오르듯이 땅이 물 위로 나타나기 시작한다. 한 세계가 소멸해 갈 무렵에 살던 존재들은 빛으로 가득한 세계에 환생하여 빛나는 몸으로 공중을 날아다닐 수 있었다. 이제 새로운 세계가 생성됨에 따라 이 존재들은 새로이 나타난 땅 위에 환생하게 된다. 그들은 물 위에 떠 있는 거품 같은 흙을 먹고 성장한다. 흙이 매우 맛이 좋다는 것을 알게 될 때 그것에 대한 애욕이 그들의 마음 속에 일어난다. 그리하여 그 맛 좋은 흙을 더욱더 많이 먹게 된다. 이렇게 흙을 먹은 그들은 곧 그 영향을 받아서 자신들이 가졌던 영묘한 육체를 잃게 되고 몸에서 발하던 빛도 없어진다. 그리고 그 대신에 구체적 형체를 갖춘 딱딱한 육체를 가지게 된다. 그들의 몸에서 빛이 없어지면서 해, 달, 별 그리고 별자리들이 나타난다. 그들은 낮과 밤, 계절과 햇수 등을 명백하게 구별할 수 있게 된다.

시간이 지남에 따라 버섯과 같은 초기 진균류 식물이 나타나고 뒤이어 덩굴 식물들과 쌀 등의 식물이 나타난다. 이러한 것들을 먹고 나면 그들의 몸의 형태는 더욱 구체화되고 남자와 여자의 차이가 생기게 된다. 남자와 여자가 나타나면서 성적 욕망이 생겨난다. 그 결과 증오, 성 윤리, 가족, 재산, 법, 정부, 사회 그리고 사회 제도 등이 생겨나고 발전하게 된다. 이러한 모든 발전은 우주 생성의 제1기에 일어난다.

생성 과정의 후기인 제2기의 세계는 제1기에서 시작된 발전 과정을 계속한다. 불자들에 따르면 우리는 현재 제2기의 한가운데에 와 있다. 앞으로 시간이 더 지나면 세계가 해체되기 시작하는 것으로 특징지을 수 있는 제3기가 뒤따르게 된다. 제4기가 끝나면 세계는 완전히 해체된다. 남은 것은 오로지 브라흐마(Brahma)의 영묘하며 빛으로 가득 찬 세계뿐이다. 그 다음엔 또 하나의 주기가 순환을 시작할 시간이 된다. 또 하나의 겁이 그 생성과 해체의 과정을 시작하게 되는 것이다. 이러한 주기는 때때로 대양의 파도가 끊임없이 솟아오르다가 떨어져 내리는 모습에 비유되곤 한다. 대양에서 헤아릴 수 없는 수효의 파도가 다양한 시간과 장소에서 솟아오르고 떨어져 내리는 것과 마찬가지로 헤아릴 수 없는 수효의 세계가 솟아오르고 떨어져 내린다. 어떤 세계는 혼돈으로부터 생성되어 나오고 또 어떤 세계는 혼돈 속으로 해체되어 버린다.

이러한 생성의 이론은 누구나가 알 수 있듯이 불교의 무상의 가르침에 아주 잘 부합된다. 이 이론은 주기의 형식으로 되어 있어서 시작도 끝도 없는 오로지 영원한 변화를 가리키고 있는 것이다. 이 이론은 한 경전에만 나올 뿐 붓다의 설법에는 그것에 대한 다른 언급이 전혀 없다. 그 위대한 스승은 오히려 제자들에게 생명의 기원에 관해서는 사색하지 말도록 자주 충고했다. 그는 그러한 사색은 아무런 결실이 없으며 구도적 삶에도 아무런 보탬이 되지 않는다고 하였다.

혜(慧)와 관련된 셋째의 근본 진리는 영원한 자아나 영혼은 없다는 무아(無我, anatta)의 가르침으로 되어 있다. 개별적 자아는 보편적 자아와 동일한 것이며 이 동일성을 깨닫는 사람은 그 즉시 해탈한다는 것이 우파니샤드의 가르침이었다. 결과적으로 우파니샤드의 추종자들에게 있어서 가장 집중해야 할 대상은 이 개별적 자아이다. 다음의 글은 이것을 잘 보여주고 있다.

> 자아는 아들보다 귀중하고 재산보다 귀중하며 다른 모든 것보다도 더 귀중하다. 누구든 자아만을 귀중한 것으로 여겨야 한다. 자아만을 귀중한 것으로 아는 사람은 진실로 소멸하지 않는 것을 귀중한 것으로 여기고 있는 것이다.[12]

그러므로 바라문에게 있어서는 그 귀중한 개별적 자아는 바로 자신의 영혼이다. 그 영혼은 태어날 때는 물질적 육체 속으로 들어가지만 죽을 때는 그것을 떠난다. 자아는 비물질적이고 형상을 갖추지 않고 있기 때문에 살아 있는 존재가 겪는 온갖 다양한 삶의 상황에도 불구하고 여전히 변하지 않는 존재로 남아 있다. 그리고 자아가 있으므로 각각의 개별적 인간은 그 행위와 생각의 과보를 보장받는다. 그는 천상에서 복락을 누리게 되든지 지옥에서 벌을 받게 될 것이다.

붓다의 주장에 따르면 이러한 영원한 자아나 영혼에 대한 믿음이야말로 여지껏 사람들이 품어온 가장 기만적인 망상이라고 하였다. 그러한 믿음은 자아에 대한 집착을 일으키고, 자아에 대한 집착은 쾌락과 명성에의 갈애를 낳고, 이러한 갈애는 다시 고통을 낳기 때문이다. 붓다는 사람들이 자아에 대해 갖고 있는 이러한 집착을 벗겨주기 위해서 대담하게 자아의 존재를 부정했다. 그리고 그는 우파니샤드적 가르침의 주된 주제를 무너뜨림으로써 사람들이 자신의 사상에 귀를 기울여 주기를 기대했다. 붓다의 주장에 의하면 영원한 자아에 집착하는 이 잘못된 신념은 인격을 구성하고 있는 요소들의 배후에 하나의 실체를 상정하는 데서 기인하는 것이다. 붓다는 말하기를 이 영원한 자아, 즉 영혼을 찾으려고 온갖 노력을 다했으나 오로지 색(色),

---

12. R. A. E. Hume, *The Thirteen Principal Upanisads*. London: Oxford University, 1931, 83.

수(受), 상(想), 행(行), 식(識)의 오온(五蘊, panca-skandha)이 일시적으로 조합되어 있는 것을 발견했을 뿐이라고 하였다. 그에 따르면 우리는 어떠한 한 순간에도 오온의 일시적 조합에 불과하다. 오온은 매 순간 변화하므로 오온의 조합체도 변화한다. 그러므로 우리의 현존재는 한 순간도 동일한 상태로 남아 있지 못하며 생성되었다가는 곧장 사라져 버리는 생명의 연속체에 불과하다. 우리는 영원한 자아나 영혼이 없는 일시적인 존재에 왜 그렇게 매달리고 있는가? 일단 영원한 자아는 존재하지 않는다는 이러한 진리를 받아들여서 이른바 자아라는 것은 소멸해 가는 과정에 있는 물질적이며 정신적인 현상의 흐름에 불과한 것이라고 깨닫게 되면, 우리의 이기적 욕망은 사라지고 불안과 절망으로 고통스러워하는 대신에 마음의 평화와 안정을 즐기게 될 것이다.

 영원한 자아나 영혼은 없으며 오온의 일시적인 조합만이 있을 뿐이라면 여러 가지 삶의 상태로 환생을 겪는 주체는 무엇이며, 업을 쌓고 과보를 받는 주체는 무엇인가? 과거에 행한 행위의 과보를 받고 궁극적으로는 열반에 들어가는 주체는 무엇인가? 무아의 가르침은 살아 있는 존재와 그의 행위 사이에 아무런 관련이 없다는 것을 의미하고 있지는 않은가? 불교는 이 문제에 대하여 다음과 같은 대답을 제시한다. 살아 있는 존재가 죽게 되면 그 살아 있는 존재를 구성하는 오온은 해체된다. 하지만 과거에 쌓은 업에는 반드시 그 과보가 따르게 되어 있다. 따라서 그 과보가 있기 위해서 환생이 있게 되는 것이다. 불자들이 믿는 바에 따르면 업의 작용은 절대적인 규칙에 따르기 때문에 다른 무엇이 그 작용에 간섭할 여지는 전혀 없다. 과거에 쌓은 업의 힘에 따라 오온의 새로운 조합으로 이루어진 새로운 존재가 생겨나게 된다. 그 존재는 과거에 쌓은 업의 과보들을 이어받으며 그의 형태도 그 과보들에 의해서 결정된다. 그러나 불자들은 또 설명하기를 이렇게 새로이 이루어진 조합은 그전에 소멸해 버린 조합과 똑같지는 않지만 다르지도 않다고 한다. 살아 있는 존재는 단순히 오온의 조합일 뿐만 아니라 서로 의존하여 일어나는 일련의 상태들로서 한없이 반복되는 환생을 통해서 지속되어 나가는 존재이기 때문이다. 어떤 이가 표현한 대로 살아 있는 존재란 영원히 변화하는 실재의 연속체이다. 불꽃이 그 이전의 불꽃과 똑같지도 않고 다르지도 않듯이 연속성은 있지만 동일성은 없는 것이다.

불교 문헌에는 이 사상을 설명하기 위한 비유들을 무수히 발견할 수가 있다. 자주 쓰이는 비유는 생명의 강이다. 강은 "겉보기에는 항구적 형태를 유지하는 하나의 실체를 이루고 있다. 그러나 어제 강을 구성했던 물방울 중에서 오늘까지 그대로 남아 있는 물방울은 단 한 방울도 없다".[13] 생명이 있는 존재들이란 바로 그 강과 같다. 자주 쓰이는 또 하나의 비유는 촛불이다. 우리가 한 양초에 다른 양초로 불을 밝힌다고 하자. 새로운 양초에 붙은 불은 그전의 불과 단절이 없었다는 점에서 하나이고 동일하지만 두 개의 양초에 붙은 불을 똑같은 동일체라고 할 수는 없다. 이와 마찬가지로 업의 작용에 있어서도 두 개의 일시적인 오온의 조합이 동일한 것은 아니지만 연속성은 있다. 붓다는 이 점을 더 설명해 주기 위해서 다음과 같은 이야기를 했다. 어떤 사람이 우유를 산 다음에 그 다음날 다시 와서 가져가겠다고 말했다. 그가 다시 왔을 때 우유는 굳어져서 응유(凝乳)가 되어 있었다. 그 사람은 말하기를 자신이 산 것은 우유이지 응유가 아니라고 주장했다. 하지만 우유 장수는 그것이 오늘은 응유지만 어제는 우유였다고 반박했다. 그들은 붓다에게 찾아가서 누가 옳은지를 해결해 달라고 청하였다. 붓다는 우유 장수가 옳다고 판결하면서 응유는 우유에서 변화하여 나온 것이므로 동일한 변화의 흐름 안에 있다고 하였다. 그러므로 불자들에게는 한 개인의 역사는 출생할 때 처음으로 시작되는 것이 아니라 과거의 무수한 전생들로 거슬러 올라가며 또한 과거에 그 개인의 흐름과 한두 번이라도 접촉을 했던 무수한 생명체들과도 관련되는 것이다.

그러므로 불교의 무아의 가르침은 다음과 같이 설명해 볼 수 있다. 자아나 영혼은 없다. 다만 서로서로를 끊임없이 이어가면서 그전에 했던 행위의

---

13. S. Z. Aung, *Compendium of Philosophy*. London: Luzac, 1956, Introduction, 9.

과보에 따라서 삶을 지속해 가는 정신적·물질적 요소들의 조합이 있을 뿐이다. 이러한 근거에서 살아 있는 존재는 그 자신을 통제할 수 있고 더 나은 방향으로 나아가기 위해서 노력을 경주할 수 있다. 그리하여 적절한 수련을 함으로써 열반 또는 해탈에 이를 수가 있다. 열반에 이르면 오온의 조합은 해체되어 버린다. 왜냐하면 더 이상 환생을 야기할 업이 없기 때문이다.

왜 붓다는 무아설을 선언했을까? 그는 도덕적 의식과 업의 효력이 실재한다는 입장을 견지했기 때문에 자아가 영원한 실체로서 존재한다는 것을 부정했던 것이다. 그가 우파니샤드처럼 불변하는 자아의 존재를 인정했다면 그가 가르친 정신적 생활은 아무런 의미도 없는 것이 되어 버리고 말았을 것이다. 불변하는 자아는 그가 더 나은 방향으로 노력을 하든 타락하는 방향으로 나아가든 관계없이 결코 변화될 수 없기 때문이다. 이러한 사상을 받아들이면 사람들은 아무런 노력도 기울이지 않을 것이고 붓다가 업의 효력에 관하여 가르친 모든 것은 허사가 되고 말 것이다.

어떤 학자들은 붓다의 무아설이 단순히 물질적이고 정신적인 영역에서 어떤 영원한 자아가 있다는 사실을 부정했을 뿐이라고 주장한다. 그들은 자신들의 주장을 뒷받침하기 위해서 어떤 경전의 몇 구절을 지적한다. 그곳에서 붓다는 말하기를 색(色), 수(受), 상(想), 행(行), 식(識) 안에서는 어떠한 자아(atta)도 발견할 수 없다고 하였다. 다시 말해서 그들이 믿는 바에 따르면, 붓다는 이 구절들에서 자아가 아닌 것을 자아로 간주하지 말라고 경고하고 있을 뿐 자아가 존재하지 않는다고 가르친 것은 아니다. 붓다가 무아라는 부정적 표현을 사용했다는 사실 자체가 긍정적 자아가 무엇인지에 대해서 그 자신이 이미 어느 정도의 관념을 지니고 있었다는 것을 보여준다고 한다. 더 나아가 그러한 비평가들은 열반의 성취 또한 열반의 더할 수 없는 기쁨을 향수하는 긍정적 자아의 존재를 암시해 주고 있다고 말한다. 그들의 주장이 맞을지도 모른다. 그러나 팔리어 경전들을 아무리 찾아보아도 붓다가 자아의 존재에 대하여 긍정적으로 말하고 있는 부분은 없다. 자아의 존재에 관하여 직접적으로 질문을 받게 되는 경우 붓다는 긍정적으로든 부정적으로든 대답하기를 거부했다. 그는 이 문제에 관한 진리는 언어와 사고를 초월하는 것이라는 관점을 취했던 것이다.

불교에는 고(苦), 무상(無常), 무아(無我)의 근본 진리 외에도 또 하나의 근본적 가르침이 있다. 이 가르침은 일반적으로 인과론 또는 연기론(緣起論)으로 알려져 있으며 고(苦)의 원인에 대한 설명을 제시해 주기 위해서 형성되었다. 이 법칙을 제시하는 데에는 붓다 당시에 이단적 가르침 중의 하나였던 염세주의도 염두에 두었던 듯하다. 이 이단적 가르침을 신봉하는 자들은 사명파(邪命派, Ajivika)라고 불리었다. 그들의 가르침에 의하면 업의 힘은 존재하지 않으며, 살아 있는 존재가 순수하든 타락해 있든 거기에는 아무런 원인이 없으며, 그의 운명도 그 자신 혹은 타인의 어떤 행위에 의존하는 것이 아니라고 한다. 그러한 가르침에 따른다면 이미 행한 행위에 대한 과보나 벌은 있을 리 없다. 이러한 주장은 질서와 도덕의 파멸을 불러 일으킬 것이다. 그리하여 붓다는 그러한 해로운 가르침을 타파하기 위하여 인과의 법칙을 선언해야 할 의무감을 느꼈다. 그가 보여주고자 의도했던 것은 모든 사건들에는 하나의 규칙적인 인과 관계가 있다는 사실이다. 어떤 신이 있어서 제멋대로 사건을 일으키거나, 모든 것이 무질서와 혼란뿐이거나 한 것이 아니다. 각각의 사건은 그 이전의 사건의 결과로서 일어나는 것이다. "너희들에게 이 법칙을 가르치겠노라. 이것이 존재할 때 저것이 존재한다. 저것이 생겨날 때 이것이 생겨난다. 이것이 존재하지 않을 때 저것도 존재하지 않는다. 저것이 소멸할 때 이것도 소멸한다." 이 법칙에 의할 것 같으면 어떠한 사물이나 행위도 고립되어 있지 않으며 다른 사물과 행위에 연결되어 있다. 하나의 행위는 다른 행위에 영향을 주고 또한 또 다른 행위로부터 영향을 받는다.

이 법칙을 불교 문헌에 나타나는 대로 표현하면 다음과 같다. 무명(無明)을 원인으로 해서 행(行)이 일어난다. 행을 원인으로 해서 식(識)이 일어난다. 식을 원인으로 해서 명색(名色)이 일어나고 그 다음에 육입(六入), 촉

(觸), 수(受), 애(愛), 취(取), 유(有), 생(生) 그리고 끝으로 슬픔, 비탄, 고통, 절망이 뒤섞인 노사(老死)가 일어나게 되어 모두 열두 개의 고리를 이룬다.

현대의 학자들은 이 법칙을 해석하기 위하여 무수한 시도를 거듭해 왔다. 그들은 모두 그 각각의 고리들 사이에 논리적 관계가 있다고 가정하고 그 관계를 찾아내려는 노력에 온 힘을 다 쏟았다. 어떤 이는 이 법칙이 비존재로부터 구체적 실체가 전개되어 나오는 과정을 나타낸다고 간주한다. 어떤 이는 이 법칙이 인간의 삶의 측면에서 세계의 생성과 파괴를 관찰하여 묘사한 우주 생성의 신화라고 믿는다. 또 어떤 이는 이 법칙은 단지 사건들이 서로서로 연결되어 있음을 보여주기 위하여 만들어진 것이지 세계를 설명하는 것으로 간주해서는 안된다고 주장한다. 이러한 온갖 연구의 주된 결과는 아직껏 학자들 사이에 일반적 일치점이 전혀 없다는 것을 의미한다. 이 문제를 더욱 복잡하게 만드는 것은 어떤 경전의 몇몇 구절에서는 몇 개의 고리가 빠져서 열두 고리 대신에 단지 아홉 개나 열 개의 고리만이 존재한다는 사실이다.

현대의 불교 학자들이 제시한 이론들에 의존하기보다는 불교 내의 주석가들이 이 법칙을 어떻게 설명하고 어떻게 그 각각의 고리들을 하나의 논리적인 체계 속에 짜 맞추어 넣었는지를 살펴보는 것이 훨씬 더 유익할 것이다. 이렇게 함으로써 우리는 신앙을 가지지 않은 학자들의 해석이 아닌 불자들 스스로의 관점을 살펴볼 수 있는 것이다. 불교 내의 주석가들은 보편적으로 이 법칙에서의 각 고리들을 한 개인이 변화하는 세계 속에 존재하는 동안에 통과하게 되는 여러 단계로 해석한다. 보통 사람들은 시간을 일직선상에서 과거로부터 현재를 거쳐 미래로 흐르는 것으로 생각하는 데 익숙해져 있다. 그러나 불자들은 시간을 시작도 끝도 없는 순환적인 것으로 본다. 죽음은 삶의 끝이 아니고 태어남도 삶의 시작이 아니다. 붓다는 제자들에게 거듭해서 경고하기를 삶의 기원에 관해서 사색하는 것은 바닥이 없는 지옥으로 떨어지는 것과 같다고 하였다. 그러한 사색은 구도적 삶에 아무런 도움도 되지 않는 헛된 논쟁으로 이끌 뿐이다. 이렇듯 삶의 순환에는 시작이 없지만 붓다가 느끼기에도 출발점은 꼭 있어야 했다. 그는 이러한 의도에 따라 무명(無明)에서부터 시작하기로 결정했는데 거기에는 매우 실제적인 이유가 있다. 이 무명을 우파니샤드적인 의미에서의 초월적인 진리에 대한 무지라는 뜻으로 풀이해서는 안된다. 여기서는 좀더 제한된 의미로 자아와 현상계의 본성에 대한 무지로 풀이해야 한다. 무명의 상태에 있는 사람은 비참한 것을 행복한 것으로 알고 실재하지 않고 덧없는 것을 실재하고 영원한 것으로 간주한다. 불교 문헌에서 이 무명의 근원은 존재함에 대한 갈애(渴愛), 증오, 게으름, 교만 그리고 의심 등 다섯 가지 장애에서 찾을 수 있다. 이러한 무명은 몸〔身〕과 말〔口〕과 마음〔意〕의 죄로부터 자라난다. 무명을 이 공식의 시작 또는 근원으로 삼는 것은 직관적 지혜를 얻음으로써 무명을 파괴할 수 있기 때문이다. 그리하여 이 첫번째 고리가 끊어지고 나면 전 공식이 무너지게 되는 것이다.

무명은 행(行)을 낳는다. 행은 사물에 대하여 잘못된 견해를 갖게 됨으로써 마음에 남겨지는 흔적이다. 무명은 행위를 낳고 행위는 미래의 존재를 결정하게 되는 자취를 남긴다. 이 둘, 무명과 행은 과거세에 속하는 두 가지 원인이다.

행(行)으로부터 식(識)이 일어난다. 식의 나타남은 현재의 삶의 시작을 의미한다. 새로운 존재가 생겨난다는 사실 그 자체가 무명을 벗어나지 못했다는 것을 의미한다. 식은 아기를 임신하는 첫 순간에 일어난다. 주석가들에 따르면 식으로부터 명색으로의 전이는 순간적이며 식이 일어나자마자 나머지 4온(蘊)이 거기에 들러붙어 개체를 형성한다. 그리하여 경전에서는 말하기를 식이 자궁 속으로 들어가지 않으면 태아는 생기지 않으며, 식이 그곳에서 지속되지 않으면 태아는 죽는다고 한다. 명색(名色), 즉 육신의 형성과 함께 안(眼), 이(耳), 비(鼻), 설(舌), 신(身), 의(意)의 육입(六入)이 생겨난다. 이제 더 복잡한 형태가 이루어지고 육입이 기능을 하면서 촉(觸)이 일어난다. 이 단계는 출생 후 2년간에 해당한다고 한다. 태어난 지 얼마 안되는 아기에 있어서도 여러 감각 기관들이 활동을 시작하지만 촉각이 가장 예민하다. 그러므로 촉(觸)을 예로 든 것이다. 육입이 활동하면서 수(受)가 일어나 유쾌함과 불쾌함, 고통과 무관심 등이 생기게 된다. 이 단계는 세 살에서 다섯 살까지의 어린아이를 묘사하고 있다고 한다. 이제 그의 개체성이 인정되며 현재의 삶에 있어서 자격이 형성된다.

이러한 식(識)으로부터 수(受)까지의 다섯 단계는 흔히 현재에 나타나는 과거의 다섯 가지 결과라고 한다. 이제 개체성은 형성되어 있지만 스스로에 대하여 책임성이 있는 존재는 아직 아니다. 지금까지 그를 형성한 것은 과거의 원인들뿐이기 때문이다. 하지만 이제부터 그는 자기 자신을 만들어 가는 데 있어서 책임성을 지니게 된다. 이제 우리는 현재의 세 가지 원인과 마주하게 된다.

수(受)로부터 애(愛)가 일어난다. 육입은 각각 그것에 알맞은 종류의 애를 만들어 낸다. 눈은 아름다운 광경을 보려고 하고, 귀는 아름다운 소리를 들으려 하고, 몸은 부드럽고 고운 대상과 접촉하려고 한다. 애는 외부 대상을 향한 집착으로 특징지을 수 있다. 이러한 애의 다음 단계로 취(取)가 일어난다. 우리는 우리가 좋아하는 대상을 가지고 싶어하고 그것에 대하여 애착을 느낀다. 취로부터 유(有)가 일어난다. 유는 현재와 미래를 이어주는 요소이다. 그러므로 유는 미래의 환생을 만드는 행위로 간주된다. 위의 세 단계, 즉 애, 취, 유는 현재의 세 가지 원인이라고 하여 성년 활동의 세 단계를 구성한다. 나무에서 열매가 형성되어 익어가는 동안 씨도 또한 형성되어 가며, 열매가 익어서 땅으로 떨어질 때 씨는 새로운 나무를 생기게 할 준비가 갖추어진다. 이와 꼭 마찬가지로 각자가 과거의 과보를 누리는 동안 그는 또한 미래의 원인을 만들어 내고 있는 것이다.

유(有)로부터 생(生)이 일어난다. 미래에서의 식(識)의 새로운 흐름이 태어나는 것이다. 생(生)으로부터 노(老)가 일어나고 끝으로 사(死)가 일어난다. 이 마지막 둘, 즉 생과 노사는 흔히 미래를 묘사하고 있다고 말해진다. 과거의 세 가지 원인의 측면에서 보았을 때 생과 노사는 결과이다. 그러나 계속되는 삶의 순환이라는 측면에서 보면 미래의 단계인 생과 노사는 이미 그 자체 안에 계속 이어지는 환생의 원인을 품고 있다. 이와같이 각 요소는 그 결과에서 바라보면 원인이지만 그 전단계에서 바라보면 결과이다. 이러한 방식으로 불교 전통 내의 주석가들은 연기설(緣起說)을 과거, 현재 그리고 미래를 포함하는 하나의 공식으로 설명하려 한다.

불교의 화가들은 이 공식을 그림으로 실감나게 묘사한다. 흔히 그들은 바퀴의 형태를 그리고 그 외륜을 12등분으로 나누어 각 등분이 열두 고리 가운데 하나씩을 대표하도록 했고 그 각각에는 상징적인 그림을 하나씩 그려 넣었다. 무명은 지팡이를 짚고 있는 소경으로 상징했고, 행은 녹로(轆轤)와 옹기를 가지고 있는 옹기장이로, 식은 꽃나무를 오르는 원숭이로, 명색은 네 명의 승객을 태운 배로, 육입은 창이 많은 빈 집으로, 촉은 서로 껴안고 있는 남녀로, 수는 좌정한 남자에게 마실 물을 바치는 여자로, 취는 나무에서 열매를 따는 남자로, 유는 아기를 밴 여자로, 생은 여자가 아기를 낳는 모습으로, 그리고 노사는 시체를 운반하는 남자로 상징했다. 또한 바퀴는 다섯 개의 살을 가지고 있는데 신들, 인간, 축생, 아귀, 지옥 등 삶의 다섯 가지 양태를 나타내고 있다. 바퀴의 가운데에서는 탐욕을 나타내는 비둘기, 성냄을 나타내는 뱀 그리고 어리석음을 나타내는 돼지를 볼 수가 있다.

앞에서 본 것처럼 이 공식에 대한 전통적인 해석은, 누구든 이 사슬의 한 고리를 끊으면 전체의 사슬로부터 자유로워져서 깨달음을 성취하게 된다는 것이다. 그런데 다른 어떤 사람들은 깨달음이란 적극적 성취이므로 각 단계의 고리를 하나하나 끊음으로써 적극적 결과를 획득하게 되어 점차적으로 깨달음에 이를 수 있다고 주장한다. 상응부(相應部) 계통의 한 경전에서도 그와 같은 종류의 연기(緣起)의 법칙이 나온다. 그런데 그 경전의 2. 25-27에는 공교롭게도 이 사슬의 고리가 스물네 개로 이루어져 있다고 되어 있다. 처음부터 열한번째까지의 고리는 표준형과 꼭같다. 그러나 열두번째의 고리는 노사(老死)가 아니라 고(苦)로 되어 있다. 하나 그것은 같은 상황에 대한 다른 표현일 뿐이다. 고에 의하여 믿음이 생기는데 이 믿음이 새로운 과정의 첫번째 고리이다. 그 뒤로 차례대로 기쁨, 환희, 평정, 행복, 정신집중, 앎, 염증, 욕망의 부재, 번뇌의 소멸 그리고 마지막으로 깨달음이 이어진다. 이 새로운 과정의 독특한 특징은 연속되는 단계가 이제는 적극적인 술어로 되어 있다는 점이다. 이러한 점은 이 연기의 법칙을 해석함에 있어서 전통적으로 소극적 입장을 취하는 학파 대신에 적극적 입장을 취하는 학파를 생겨나게 했다. 소극적 입장을 취하는 학파는 주로 그 공식의 소멸해가는 과정에 관심을 두면서 열반은 사슬의 모든 고리가 끊어질 때 성취될 수 있는 것이라고 주장했다. 그러므로 열반은 이런 상태도 아니고 저런 상태도 아니라고 하는 소극적 표현으로 정의되었다. 적극적 입장을 취하는 학파는 점차적으로 열반으로 인도하게 될 적극적 요소들을 강조한다. 그리하여 열반을 정적인 상태보다는 동적인 어떤 것으로 간주하려 한다. 교리가 발전하던 초기 단계에는 연기(緣起)의 사슬에 관한 두 가지 해석이 모두 있었지만 세월이 흐르면서 승가 공동체 중의 보수파가 주도권을 잡게 됨에 따라서 소극적 견해가 지배적이 되었을 가능성이 높다. 그 결과 연기의 법칙에 관한 적극적 해석을 주장하는 하나의 경만이 팔리어 대장경 속에 보존되게 된 것이다.

이러한 불교의 근본 교리를 터득하게 되면 지혜 혹은 직관적 통찰, 즉 사물을 있는 그대로 볼 수 있는 능력을 갖게 된다. 지혜를 획득하게 됨에 따라 부수적으로 얻어지는 것 중의 하나는 다음과 같은 초자연적인 혹은 비범한 신통력이다.

(1) 천안통(天眼通): 이것은 아무리 멀리 떨어져 있다 하더라도 볼 수 있는 능력이다. 우리는 이 신통력의 수많은 예증들을 경전 속에서 찾아볼 수가 있다. 붓다는 멀리 떨어져 있는 제자들의 사정을 살필 수 있기 때문에 그들이 곤경에 처했을 때 그들을 보호해 준다.
(2) 천이통(天耳通): 이것은 멀리 떨어진 곳의 소리를 들을 수 있고 새나 짐승들의 말까지도 알아들을 수 있는 능력이다. 우리는 유명한 수행자들의

전기에서도 이러한 능력을 묘사하고 있는 것을 종종 볼 수가 있다.

(3) 숙명통(宿命通): 이것은 자신은 물론 타인의 전생을 알 수 있는 능력이다. 예컨대 붓다는 수백 수천의 전생으로 돌아가서 그가 누구였으며 어떠한 삶을 살았는가를 정확하게 이야기할 수가 있다. 이것은 불교 문헌의 기록자들이 자신들의 종교의 창시자를 성스럽게 묘사하기 위한 노력을 기울이다가 상상의 나래를 편 것일지도 모른다. 그러나 현대의 심리학자들이 지적하는 것처럼, 어떤 사람이 최면 상태와 같은 특정한 상황 하에 놓이게 되면 평소에는 전혀 기억하지 못하던 아주 어렸을 적의 사건이나 사고를 기억해 낼 수 있다는 사실은 그들의 기록이 전혀 상상만은 아니라는 주장의 근거가 될 수 있다. 불자들은 그러한 기억을 아주 어렸을 때까지만 거슬러 올라가는 것이 아니라 윤회의 이론에 따라서 수 없는 전생에까지 소급해 갈 수가 있는 것 같다.

(4) 타심통(他心通): 이것은 다른 사람의 마음을 읽을 수 있는 능력이다.

(5) 신족통(神足通): 이것은 공중을 날고 물 위를 걷고 산을 뚫고 지나갈 수 있는 등의 신비한 힘을 갖는 능력이다. 공중을 날 수 있는 능력은 성인이 성취하는 것 중의 하나라고 오랫동안 여겨져 왔다. 그리고 현대에서는 이것을 영적 능력에 의한 공중 부양(浮揚)으로 해석한다. 어네스트 우드(Ernest Wood)는 그의 책 「요가」(Yoga: Penguin Books, 1959)의 104쪽에서 영적 능력에 의한 공중 부양은 "인도에서는 보편적으로 받아들여지는 현상"이라고 쓰고 있다. 그는 또한 어떤 요가 수행자가 공개된 장소에서 지면 위로 6피트나 떠오르고, 믿지 못하는 사람들이 그 수행자와 지면 사이를 막대기로 휘저어 보았던 한 사건을 상기시키고 있다. 물 위를 걷는 능력에 대해서는 붓다의 한 제자에 관한 이야기가 있는데, 그는 어느 날 저녁 강가에 도착했으나 사공이 잠자러 가버린 것을 알고는 집중적인 명상에 든 상태에서 강을 건너는 데 성공하였다. 이 이야기는 종종 그리스도교 성서에 나오는 비슷한 이야기에 비견되곤 한다. 근년에는 연재 만화를 읽은 미국의 젊은이들이 공중을 날고 땅 밑을 뚫고 다니

는 한 슈퍼맨의 묘기를 보고 감탄을 금치 못하고 있다. 그러한 슈퍼맨을 고안해 낸 사람은 불교의 성인들이 획득한 이러한 신비한 능력에 관한 설명으로부터 영감을 얻었을 가능성이 높다.

계율과 선정과 지혜의 삼학(三學)을 완성한 사람은 공양을 받을 자격이 있는 사람이라는 뜻의 아라한(阿羅漢, arhat)이 된다. 수행자들은 누구든 이 목표를 성취하고자 하지만 모두가 이 목표를 성취하는 것은 아니다. 예컨대 붓다의 사촌인 데바다타(Devadatta)는 한때 돌을 굴려서 붓다의 몸에 피가 나도록 했기 때문에 "구제받지 못할 자"라는 별명이 붙었다. 또한 경전에 의하면 붓다의 몸에 피를 내는 자 외에도 어머니를 죽인 자, 아버지를 죽인 자, 아라한을 죽인 자, 승가 공동체에 분열을 일으킨 자는 결코 아라한이 될 수가 없다. 이러한 사람들은 무엇보다 우선 승가 공동체에 합류할 수 없으며 결국 아라한이 될 수 있는 기회를 가질 수 없는 것이다.

아라한이 되는 길은 전형적인 네 가지 단계의 공식에 의해서 표현된다. 첫번째 단계는 흐름에 들어선 상태〔預流果〕로서 이 단계에 들어선 자는 더 이상 번뇌를 겪는 상태로 태어나지 않는다. 그는 세 가지 속박 — 자아에 관한 미혹, 의심, 의례의 효력에 대한 믿음 — 을 부수었고, 깨달음을 이루도록 확정되었으며 일곱 번만 더 태어나면 아라한을 성취하게 된다. 두번째 단계는 한번만 다시 태어나는 상태〔一來果〕로서 이 단계에 들어선 자는 세 가지 속박을 완전히 부수고 탐진치 삼독(三毒)을 최소화시켰기 때문에 이 세상에 단 한 번만 더 태어나면 된다. 세번째 단계는 다시 돌아오지 않는 상태〔不還果〕로서 이 단계에 들어선 자는 다섯 가지 속박 — 앞의 세 가지 속박에다가 악의와 음욕을 더한 것 — 을 깨부수었기 때문에, 천상 세계의 한 곳에 태어나 그곳에서 완전히 열반에 듦으로써 더 이상 이 세상으로 돌아오지 않는다. 그런데 이 상태는 하나의 거북한 문제를 낳는다. 왜냐하면 아라한은 이 세상의 지금 여기서 성취하는 것이라고 경전에서 자주 반복해서 가르치는 것과 배치되기 때문이다. 불경의 편찬자들이 말하기를 이러한 단계가 차례차례 과정을 밟아 성취되는 것이 아니라 한두 단계를 뛰어넘을 수도 있다고 한 것은 이러한 어려운 문제가 있었기 때문이었을 것이다. 그러므로 예류과의 사람이나 심지어 재가 신자가 마지막 네번째의 단계인 아라한을 성취했다고 하는 불교 문헌도 있다.

초기 불교의 관점에서 보면 아라한은 수많은 생을 거치는 오랜 세월 동안에 계율과 선정과 지혜를 수련함으로써 완성되는 고도의 윤리적·지적 수준을 지닌다. 아라한은 항상 긴장한 채로 통찰과 지혜를 수련하며, 모든 갈망과 탐욕과 어리석은 견해와 게으름을 이김으로써, 깨달음의 상태에 도달하여 더 이상 업의 지배를 받지 않는다. 아라한을 향한 불교적 추구의 이면에 놓인 이상은 완전함을 이루고자 하는 것이다. 여기에 불교와 우파니샤드의 차이점이 있다. 불교에서 보면 인간은 자신의 의지와 노력에 의해서 완전하게 될 수가 있다. 반면에 우파니샤드에서 보면 인간은 이미 완전한 상태이기 때문에 완전하게 되려는 노력을 기울일 필요가 없다. 우리는 경전 속에서 거듭거듭 아라한을 묘사하는 전형적 구절들을 만나게 된다. "윤회의 사슬을 부수고, 선한 삶을 살며, 해야 할 일을 해냈다. 그런즉 더 이상 현재와 같은 상태는 없을 것이다." "마음의 자유는 흔들리지 않으니, 이것이 나의 마지막 환생이다. 내게는 더 이상의 환생은 없다"라는 앎이 일어났다. 이러한 목표는 수행과 인격을 통해서 성취한 것이지 혈통이나 신분을 통해서 성취한 것이 아니다. 가장 높은 신분의 바라문뿐만 아니라 가장 낮은 신분의 불가촉 천민이라 하더라도 이 목표를 성취할 수가 있다.

붓다는 불교 문헌에서 종종 아라한으로도 불리어진다. 그러므로 이 말마디는 불교의 창시자까지 포함하는 말이다. 이러한 사실은 아주 자연스럽게 붓다와 아라한 사이에 어떠한 차별이 존재하는가라는 의문을 낳는다. 우리는 불교의 전통에 의해서 깨달음에 관한 한 이들 둘 사이에 아무런 차별이 존재하지 않는다는 사실을 확인할 수 있다. 그럼에도 불구하고 붓다는 길을 밝혀 보여준 분인 반면에 아라한은 단순히 그 길을 따라가는 사람이다. 그래서 붓다는 아라한보다 뛰어난 분으로 간주된다. 붓다는 1겁에 한 명만 출현하지만 아라한은 같은 기간 동안에 수없이 많이 나올 수 있다고 하는 점에서도 붓다의 우월성이 확인된다. 후대 중국 불교의 전통에 의하면 아라한은 선정이 없이는 지혜를 얻을 수 없고, 언제 어느 때고 비범한 능력을 발휘할 수 없으며, 몸에는 여전히 벌레와 기생충들이 살고 있기 때문에 붓다와 똑같을 수가 없다고 한다.

 아라한이 되는 것은 바로 어떤 시점인가? 아라한의 정형에 관한 다양한 견해들을 살펴보면 아라한이 되는 마지막 단계는 모든 더러움〔漏, asavas〕이 소멸하는 시점이라고 하는 데에는 놀랍게도 전혀 이의가 없다. 누(漏)라는 말마디는 흐르는 어떤 것을 의미하는데 인격적 개체에게로 흘러들어와서 그를 오염시키는 부정한 것으로 자주 해석되었다. 그래서 종양 혹은 중독제라고 번역되어 왔다. 불교에서 누라는 말마디는 감각적 쾌락을 향한 욕망, 계속적으로 존재하려는 욕망, 무지, 그리고 삿된 견해를 뜻한다. 누를 멸한 사람은 더 이상 존재와 쾌락을 갈망하지 않으며 그릇된 견해를 품지 않는다. 이러한 사실이 암시하는 바는 어떠한 사람이 아라한을 성취하였는가 못하였는가를 판정하는 길은 그가 사물을 진정 있는 그대로 볼 수 있는지 없는지를 확인하는 데에 있다는 점이다. 이 사실 여부를 판정할 능력은 질문을 하는 사람이나 질문을 받는 사람이나 그 어느 누구에게도 있지 않은 것 같다. 그러나 붓다나 이미 아라한인 사람은 모든 것을 알고 있기 때문에 어떤 이가 아라한과를 성취하였느냐 못하였느냐 하는 것을 아주 손쉽게 판정할 수가 있다.

 간단히 말해서 아라한은 업으로 이끄는 모든 갈망을 완전히 떨쳐버렸기 때문에 더 이상 윤회의 굴레에 얽매이지 않는 사람이다. 그는 이러한 목표를 스스로, 혼자의 힘으로, 자신의 노력으로 이루어 낸다. 강인함과 굳건함의 원천으로서 냉철함과 초연함을 갖추었으며 차갑고 엄격하며 자제심이 강한 그는 인간사에 참여하면서도 전혀 마음의 평정을 잃지 않으며 성공과 실패에 마음을 두지 않는다. 어떤 사람에게 마음을 주었다가 그가 떠나면 마음의 고통을 받는 등의 일이 없으며 자신의 감정을 다른 사람과의 애정에 개입시키지도 않는다. 그는 이러한 목표를 달성하기 위해서 홀로 외지고 고요한 곳에서 살아간다.

아라한은 자신의 최후의 존재가 끝날 때 열반에 들게 된다. 붓다는 자신이 가르침을 베푸는 것은 바로 이 열반을 위해서라고 말씀하셨다.

> 비구들이여, 큰 바다의 맛이 한결같이 짠맛뿐인 것처럼 이 가르침과 수행의 맛도 한결같이 자유의 맛 그것뿐이다.[14]

열반의 개념이 불자들 자신에게는 명쾌한 것이겠으나 문제는 불자들 자신이 좀처럼 명료한 언어로 그것을 묘사하지 않는 데에 있다. 불자들은 열반에 관한 자신들의 묘사에 만족할지 모르지만 다른 사람들에게는 그러한 묘사가 종종 만족스럽지가 못한 것이다. 사상사를 다루는 학자들은 명쾌한 사상가에 의해서 분명하게 도출된 개념을 다루는 것이 아니라, 형편없는 식사 때문에 기진맥진한, 그리고 무아경적 최면에 걸려서 사실과 환상 사이의 차이를 분명하게 인식하지 못하는 사람들이 쓴 관념이나 개념들을 다루어야만 한다. 게다가 불자들은 열반이란 지적으로 분석하거나 설명할 수 없는 것이라고 강력하게 주장하고 있다. 그러나 불교 신자가 아닌 사람에게 있어서는 열반이란 학문적으로나 지적으로 접근할 수밖에 없는 대상이다. 불자에게 있어서 열반은 종교적 체험이지만 불교 신자가 아닌 사람들에게 있어서의 열반은 설명하고 기술(記述)할 수밖에 없는 무엇인 것이다.

열반이라는 단어는 두 가지 의미를 가지고 있는 것으로 보인다. 하나는 격정이 식었다는 뜻의 식음이고 다른 하나는 불꽃이 사그라들었다는 뜻의 꺼짐이다. 불꽃을 비유로 든 매우 유명한 붓다의 가르침에 의하면 온 세계는 탐욕과 성냄과 어리석음의 불길에 휩싸여 있으며 그 불길은 오로지 열반 안에서만 꺼진다. 붓다는 또 다른 설법에서 남김이 있는 열반〔有餘涅槃〕과

---

14. Vinaya 2.239, translated in I. B. Horner, *The Book of the Discipline.* London: Luzac, 1952, 5.335.

남김이 없는 열반[無餘涅槃]에 관해서 말씀하신다. 유여 열반이란 존재하려는 욕망은 사라졌지만 오온(五蘊)이 여전히 현존하는 살아 있는 완전한 성인이 성취한 것이다. 이것이 여기 지금의 바로 이 생에서 아라한이 성취한 깨달음의 상태이다. 붓다가 35세에 성취한 열반인 것이다. 무여 열반은 붓다가 80세에 쿠시나라(Kusinara)에서 돌아가셨던 것처럼 모든 존재가 다 소멸해 버리는 상태를 말한다. 때때로 무여 열반은 반열반(parinirvana)이라는 말로써 유여 열반과 구별된다. 이 반열반의 상태에서는 존재를 향한 모든 욕망은 사라지고 모든 업도 다하였으므로 더 이상 다시 태어나게 될 아무런 인자도 남기지 않는다. 그리하여 완전한 성자인 붓다는 이 무상한 세상을 떠나버리는 것이다.

이러한 열반의 특성, 아니 더 정확히 말하자면 반열반의 본성에 관해 열띤 논쟁이 집중되어 오고 있다. 한 학파는 불교의 일반적 원리와 경전의 구체적 진술에 기초할 때 열반은 완전한 무(無)이어야 한다고 강력히 주장한다. 우리가 앞장에서 이미 언급한 바에 의하면 불교는 각각의 개체적 인격들을 매 순간 끊임없이 변화하는 물질적·정신적 요소들의 집합체로서 분석한다. 보통 존재들의 경우는 물질적 신체가 해체되는 죽음을 맞이해서도 흐름은 끝나지 않는다. 업과 존재에 대한 갈망 때문에 비록 전생의 존재와 형태는 다를지언정 전생의 생명 과정의 연속인 새로운 조직체가 만들어진다. 이 경우에 있어서 완전한 무(無)란 분명히 있을 수가 없다. 그러나 완전한 성인인 붓다의 경우는 모든 업이 다했으므로 더 이상 환생의 원인이 존재하지 않는다. 또한 붓다의 가르침에 의하면 오온을 제외하고는 아무것도 존재하지 않는다. 왜냐하면 영원한 자아, 즉 영혼에 대한 관념을 멸해 버렸기 때문이다. 다음과 같은 경전의 구절들이 그와 같은 생각을 증명해 줄 것이다.

> 여래(如來)는 또 다른 개체를 형성할 어떠한 근거도 남기지 않는 방식으로 돌아가셨다. 여래는 돌아가셨고 그는 이제 여기 혹은 저기에 있다라고 지적할 수가 없다.[15]

여래의 육신은 버려졌으며, 뿌리가 끊어졌으며, 존재하지 않게 되었으며, 미래에 다시 생겨날 수 없게 되었다.[16]

그러므로 경전에서 드러나는 이와 같은 생각들은 일련의 학자들로 하여금 열반은 완전한 무(無)이거나 영원한 죽음이라는 결론을 내리게끔 하였다.

우리는 주로 논리적 분석에 의해 열반의 성격에 대한 이러한 개념적 이해에 도달하게 된다. 하지만 논리는 매우 위험한 도구이기 때문에 종종 종교에 의해 주어진 어떤 교의에 정반대되는 결론에 이르곤 한다. 그렇게 되면 그러한 결론은 그 종교의 신봉자들로부터 대체로 무시당하고 만다. 열반을 완전한 무로 이해하는 경우가 바로 그와 같은 경우인 듯하다. 불자들은 그러한 해석을 받아들이지 않는다. 그들은 붓다가 오히려 그와 같은 결론을 피하기 위해서 최선을 다했음을 보여주는 아주 많은 경전상의 증거들을 인용한다. 첫째, 만일 열반을 완전한 무라고 한다면 그것은 붓다가 비난한 외도(外道)의 견해를 지지하는 것이 될 것이다. 둘째, 열반을 탐욕과 성냄과 어리석음의 소멸로 묘사하는 구절들이 경전상에 나타나 있다. 이러한 것들이 부정적인 표현인 것은 사실이지만 이것이 전부는 아니다. 왜냐하면 경전의 다른 곳에서는 열반을 자신감이 가득한 상태, 평정, 두려움으로부터의 자유, 희열, 행복, 청정함 등으로 묘사하고 있으며 또한 견실함과 불멸로 묘사하기도 하고 영원한 지복과 초시간적 존재로 묘사하고 있기 때문이다. 열반은 그릇된 개체적 자아는 사라지고 참 존재만 남아 있는 상태이다. 그리고 그것은 심원하고 영속적이며 시간과 공간의 세계를 초월한다. 붓다는 그것을 현상적 경험의 세계를 초월하는 것으로 간주했으며, 그러한 무한한 초월적 상태를 우리들의 유한한 언어로 묘사하기는 불가능하다고 느꼈기 때문에 종종 열반을 부정적 언사로써 표현할 수밖에 없다고 생각했던 것이다.

---

15. T. W. Rhys Davids, *The Questions of King Milinda, Sacred Books of the East.* Oxford: Clarendon Press, 1890, 35.114.

16. *Kindred Sayings*, 4.267.

붓다가 취한 이러한 침묵의 태도는 일련의 확정지을 수 없는 질문들을 향한 그의 태도에서 가장 두드러지게 나타난다. 그러한 질문들이란 영혼과 육체는 같은 것인가 다른 것인가, 이 세계는 영원한 것인가 유한한 것인가, 아라한은 죽은 뒤에도 존재하는가 존재하지 않는가 하는 것 등이었다.

비구들이 모인 자리에서 말룬키야(Malunkya)라는 비구가 열반의 본질이 무엇인지를 알고자 하였다. 그는 붓다가 이 질문을 확정지어 주지 않았기 때문에 실망했다. 그래서 만일 스승이 만족한 대답을 해주지 않는다면 종교적 생활을 청산하겠다고 위협하였다. 그는 다음과 같이 말했다. "만일 붓다가 알지 못한다면, … 알지 못하는 사람이나 그러한 통찰력이 없는 사람이 해야 할 유일하게 정직한 일은 '나는 알지 못한다'라고 말하는 것이다." 그러나 붓다는 그 질문에 직접적인 대답을 하지 않았으며 모른다는 말을 하지도 않았다. 그는 먼저 말룬키야에게 물었다. "내가 언제 그대에게 '오라, 말룬키야여. 그리고 내 밑에서 종교적 삶을 살아라. 내가 그대에게 해명해 주리라'라고 한 적이 있느냐?" 물론 말룬키야는 그런 적이 없다고 대답했다. 그러자 붓다는 계속해서 말했다. "말룬키야여, '세존께서 해명해 주어야만 나는 세존 밑에서 구도생활을 할 것이다'라고 말하는 사람이 있다면, 그 사람은 여래가 그 문제를 해명해 주기 전에 죽게 될 것이다." 그리고 그는 계속하기를 인간은 갈애와 욕망에 의해 중독되어 있고, 반복되는 윤회의 고통 속에 있으며, 즉시 구제되지 않으면 안된다고 말한다. 그것은 마치 어떤 사람이 독 묻은 화살에 상처를 입은 것과 같은 상황이다. 그의 친구는 그를 보살필 의사를 불러야 한다. 하지만 그는 의사를 부르는 대신에 화살을 쏜 사람이 어떤 신분에 속한 사람이며 이름과 씨족과 지위와 피부색 등을 알고서야 화살을 제거하겠다고 말한다. 그 사람은 이 모든 것을 알기 이전에 죽게 될 것이다. 마찬가지로 붓다는 모든 사람들도 그러한 형이상학적 문제에 관한 지식은 욕망과 갈애를 끊는 수행과는 전적으로 무관한 것이라고 주장한다. 출생, 늙음, 죽음, 슬픔 그리고 비탄 같은 것은 종교적 교리에 관한 이해를 가졌든 말든 여전히 인간의 문제로 남아 있는 것이다. 우리는 여기서 확정지을 수 없는 질문들에 답하기를 거부하는 붓다의 태도를 알 수가 있다. "왜냐하면 그것은 아무런 소득이 없으며 종교의 근본과 아무런 관련도 없으며, 염리(厭離)와 번뇌의 부재, 정지(靜止), 적정(寂靜), 초월적 능력, 최고의 지혜 그리고 열반과는 궤도를 달리하는 것이기 때문이다."[17]

이로써 볼 때 우리는 붓다가 궁극적 해탈인 열반을 경험적인 관찰의 문제와는 다른 어떤 것이라는 입장을 취하고 있다는 사실을 알 수가 있다. 그래서 붓다는 절대적이고 초월적인 이 상태를 우리들의 유한하고 제한적인 어휘로써 논의하는 것을 거절한다. 현상 세계의 범주를 궁극적 실재에 적용하는 오류는 이미 우파니샤드에서 경고한 바 있다. 붓다 역시 궁극적 목표에 관한 질문을 받았을 때 침묵을 지킴으로써 이러한 우파니샤드의 전통을 따르고 있는 것이다. 다만 열반은 심오하고 무한하며, 묘사할 수 없고 이해하기 어려워서 이성의 영역을 초월한다고 말할 뿐이다. 만일 어떤 사람이 언어로써 열반을 묘사했다면, 그가 이해한 열반은 유한하며, 복합적 요소들로 이루어지며, 인간의 한계에 속할 수밖에 없는 것이 되고 만다. 그러므로 붓다는 언표를 초월해 있는 이 열반을 어떤 것으로도 언표하기를 원치 않았던 것이다. 선행자(先行者)들의 독단주의를 타파했었던 그는 자신의 독단으로 그들의 것을 대체하려고 하지 않았다. 왜냐하면 그러한 일은 영적 성장을 방해하는 반론을 산출할 뿐임을 알고 있었기 때문이다. 그는 자신의 제자들에게 형이상학적 논변의 족쇄에 말려드는 대신에, 해탈로 이르게 될 구도적 삶을 실천하는 데 헌신하라고 일렀다. 해탈의 본질에 관하여 묻는 것은 그의 제자들에게는 필요없는 일이었다. 그들은 스승이 전지하며, 목표를 성취했으며, 비길 데 없는 대상(隊商)의 지도자와 같이 그를 안심하고 좇을 수 있다는 사실을 알고 있었기 때문이다. 그를 표본삼아 좇는다면, 그리고 그가 자상하게 가르쳐 준 수행 지침을 실천한다면, 그들 역시 스스로 열반의 희열을 체험할 수 있는 것이다.

---

17. Warren, *Buddhism in Translations*, 117-23.

제 4 장

대승불교

어떠한 종교든 신봉자들의 종교적 요구나 열망에 부응하기를 기도한다면 그 종교는 변화하는 시대와 환경에 부합하기 위하여 끊임없는 변화를 겪는 것이 당연하다. 불교 역시 예외는 아니었다. 인도에서 불교가 발전함에 따라서 테라바다(Theravada), 즉 상좌불교 전통의 결점이라고 여겨지는 것들에 대하여 불만이 제기되었다. 상좌불교의 신봉자들은 팔리(Pali)어 경전의 가르침을 충실히 따르기를 고수했기 때문에 지나치게 융통성이 없고 보수적이며 스승의 가르침에 담긴 정신보다도 문자에 얽매인다는 비판을 받았다. 이 문자주의적 생각은 붓다의 가르침이란 단지 깨달음이라는 피안으로 실어다 주는 뗏목이라는 사실과 깨달음을 얻고 나면 그 뗏목은 버려도 좋다는 사실을 이해하지 못한 탓이다. 그리고 상좌불교는 영적으로 편협하고 개인주의적이라는 비판도 받았다. 이러한 비판의 화살은 상좌불교의 이상, 즉 주로 자기 자신의 발전과 구제를 위해서 종교적 삶을 살아가는 아라한(arhat)을 향해서 쏟아졌다. 이러한 불만은 발효하여 마하야나(Mahayana), 즉 대승(大乘, 큰 수레)이라고 하는 불교의 두번째 모습을 낳게 되었다. 대승불교의 신봉자들은 상좌불교에 대한 경멸과 우월감의 태도를 나타내기 위해서 상좌불교를 히나야나(Hinayana), 즉 많은 사람들을 구제하지 못한다는 뜻에서 소승(小乘, 작은 수레)이라고 이름 붙였다. 그러나 우리는 소승이라는 용어를 사용한다 하더라도 경멸의 의도는 전혀 없다. 소승불교를 신봉하는 불자들의 편에서는 대승불교가 붓다의 말씀으로 된 경전이 아니라 후대의 추종자들이 쓴 경전에 근거할 뿐이라고 비난한다. 대승불교의 불자들은 이러한 비난에 대해서 붓다는 두 가지 수준에서 가르침을 폈다고 대답한다.

붓다는 소양이 얕고 자신의 온전한 가르침을 받아들일 준비가 덜 된 사람들에게는 간단한 소승경전을 가르친다. 그러나 지혜롭고 소양이 높은 이들에게는 심오하고 난해한 대승경전을 가르친다. 이러한 가르침은 선택된 핵심 제자들에 의해서 대를 이어 입과 입을 통해서 전해지다가 훗날의 대승경전으로 꽃피어나게 되었다고 하는 것이다.

이러한 변화가 언제부터 시작되었는지 아주 분명하지는 않지만 서력 기원 직후의 두 세기에 걸쳐서 일어났던 것으로 보인다. 불교 외부의 비불교적 세력이 어느 정도까지 이러한 변화에 영감을 주었는지는 확실치 않다. 예를 들면 편협하고 냉혹한 아라한의 이상에 대해서 불만이 생겨난 것은 사랑스런 자비의 신을 향한 열정과 감동 그리고 헌신적인 애착심, 즉 당시 인도 사람들 사이에 널리 퍼지던 박티(信愛, bhakti) 사상 때문이었다고 많은 사람들은 믿고 있다. 어떤 이들은 대승불교의 몇몇 양상들, 특히 한없는 수명과 광명의 붓다가 계시는 서방 정토를 향한 믿음 같은 것은 조로아스터교로부터 빌려온 것이라고 주장한다. 이러한 문제들은 시기와 사건과 인물들에 관하여 정보를 제공하는 연대기와 기록들이 인도의 문헌 속에는 남아 있지 않다는 두드러진 이유 때문에 아직도 해결되지 않고 있다.

상좌불교 전통과 대승불교 사이에는 몇 가지 두드러진 중요한 차이점들이 있다. 무엇보다도 먼저 대승불교는 붓다를 보편적 진리가 화현(化現)된 영원한 존재로 생각하는 반면에 상좌불교는 그를 인간적인 스승으로 간주한다. 둘째로, 대승불교의 종교적 이상은 아라한이 아니라 깨달음을 성취하도록 결정된 존재이며 자비와 사랑 그리고 자기 희생의 표본으로 특징되는 보살(菩薩, bodhisattva)이다. 셋째, 대승불교는 깨달음이란 상좌불교의 불자들이 주장하는 엄격한 계율에 의해서가 아니라 붓다를 향한 믿음과 헌신 그리고 모든 동료 인간들을 향한 사랑과 자비를 실천하는 삶에 의해서 성취된다고 강조한다. 마지막으로 대승불교는 모든 중생들이 불성(佛性)을 지니고 있으며 그렇기 때문에 깨달을 수가 있다고 가르친다. 이러한 대승불교의 입장은 오로지 선택된 소수의 사람들만이 깨달음을 성취할 수 있다고 하는 상좌불교의 입장과는 날카롭게 대립하는 것이다.

붓다에 관한 개념

신격화의 경향이 지극히 강했던 지역에서 붓다에 관한 인간적 개념이 그토록 오래 남아 있을 수 있었던 것은 소승불교의 공적이다. 다음과 같은 문구들은 팔리어 경전 가운데서 가장 흔하게 볼 수 있는 구절이다. "세존은 아라한이며, 온전히 깨달으신 분이며, 지혜와 선행을 타고난 분이며, 행복한 분이며, 세상을 아는 분이며, 인간을 인도할 수 있는 장부이시며, 인간과 신들의 스승이시며, 깨달으신 분이며, 존귀하신 분이도다." 상좌불교의 어떤 출가 수도승은 붓다를 이단적인 관점에서 보려고 하는 견해를 반박하면서 붓다의 인성(人性)을 다음처럼 표현한다.

> 그는 룸비니(Lumbini)에서 탄생하지 않았으며 보리수 아래서 초월적 깨달음을 이루지 않았단 말인가? 그는 베나레스(Benares)에서 진리의 수레바퀴를 굴리기 시작하지 않았단 말인가? … 그는 쿠시나라에서 생을 마감하지 않았단 말인가?[18]

붓다가 세상을 떠나자마자 곧바로 변화가 시작되었다. 어떤 출가 수도승들은 세존에 대하여 여전히 인간적 개념을 가지고 있었지만 어떤 이들은 의문을 제기하기 시작했다. 이제 스승이 더 이상 현존하지 않게 되었으니 우리들은 누구에게 귀의해야만 할 것인가? 이 질문은 처음에는 간단한 방식으로 해결되었다. 제자들은 스승이 남긴 가르침, 즉 법을 자신들의 스승으로 대신했다. 이제 스승은 몸을 가진 인격으로서가 아니라 법의 화현인 하나의 영적 혹은 도덕적 인격으로서 존재한다고 생각되었다. 그러므로 육신의 몸과 법의 몸이라고 하는 붓다의 몸에 관한 두 개의 개념이 생겨나게 되었다.

---

18. S. Z. Aung and Mrs Rhys Davids, *Points of Controversy*. London: Oxford University Press, 1915, 323.

그러나 여기서 또 다른 문제가 제기되었다. 즉, 질병에 시달리고 허약하며 순수하지 못한 이 형상이 있는 육신의 몸이 어떻게 완전한 깨달음을 얻을 수 있을까 하는 문제였다. 이 문제에 대답하기 위해 마하상기카(Mahasanghika), 즉 대중부(大衆部)라고 하는 진보파가 서력 기원전 약 383년경에 열린 대회의[結集]에서 본래의 승가 공동체로부터 떨어져나가 새롭고 흥미 있는 사상을 전개하였다. 이 부파는 붓다를 속계(俗界)를 떠난 초월적 존재로 간주했다. 그는 무한한 생명과 힘을 소유하며, 어느 곳에든 동시에 존재하며, 세상의 모든 곳에 존재한다. 그는 지치지도 않고 잠을 자거나 꿈을 꿀 필요도 없다. 그가 가르친 모든 경전들은 완벽하게 진리를 담고 있다. 그럼에도 불구하고 그는 인간의 길을 따르고자 했기 때문에 인간의 몸으로 나타나 인간처럼 행동하였다. 그의 발은 깨끗했지만 발을 씻었고 그의 몸은 비나 바람 그리고 햇빛이 닿을 수 없었지만 옷을 입었다. 붓다의 모든 가르침은 초월적인 붓다가 인간을 깨우치기 위해서 만들어 낸 화신(化身)이 하는 것이다. 우리는 여기서 붓다에 관하여 후대에 대승불교의 사상으로 완전하게 발전되어 간 개념들의 싹을 보고 있는 것이다.

　서력 기원이 시작될 쯤에는 붓다의 초월적 성격이 더욱더 뚜렷해졌다. 대승불교 문헌 가운데서 가장 중요한 것 중의 하나인 「법화경」(法華經)과 같은 경전에는 붓다의 인간적 요소는 거의 남아 있지 않다. 그는 이제 과거에 헤아릴 수 없는 세월을 살았으며 미래에 영원히 삶을 계속할 숭고한 존재가 되었다. 그는 스스로 자신을 온 세상의 아버지라고 하였으며 설법을 하러 더 이상 돌아다니지 않고 그냥 산꼭대기에 앉아서 수많은 비구·비구니들과 붓다와 보살들에게 둘러싸여 있다. 이제 붓다의 숫자는 너무나 많아서 헤아릴 수가 없으며 간지스 강변의 모래알만큼이나 많다고 하였다. 그리고 그들은 석가모니 붓다가 우리들의 세상을 주관한 것처럼 모두 각자가 자신의 불세계(佛世界)를 주관하고 있다고 한다.

　여기서 피할 수 없는 하나의 질문이 제기된다. 석가모니불은 45년이라고 하는 짧은 설법 기간 동안에 어떻게 그처럼 수없는 붓다의 실천을 수행했으며 어떻게 수만년의 세월 동안 자신들의 의무를 수행해 오고 있는 보살들을 귀의시킬 수 있었는가? 붓다는「법화경」에서 이 질문에 답변하고 있는데, 그는 오로지 얼마 전에 가야(Gaya)에서 깨달음을 성취한 것이 아니라는 것이다. 그런 것이 아니라 그는 헤아릴 수 없이 먼 예전에 이미 깨달음을 성취했었고 그때부터 계속 가르침을 펴왔다는 것이다. 과거의 모든 붓다들과 그들이 성취한 열반은 단지 그가 만들어 낸 것일 뿐이며 법을 전하기 위한 방편의 한 예에 지나지 않는다는 것이다. 그가 얼마 전에 태어나서 곧 출가해서 깨달음을 얻었다고 말하는 것은 그처럼 말하지 않으면 법의 탁월함을 확신하지 못하는 부류의 사람들을 끌어들이기 위한 방편일 뿐인 것이다. 우리는 이러한 변천으로부터「법화경」의 주요 목적이 붓다를 진실하고 영원한 존재임을 드러내고자 하는 것임을 알 수 있으며, 또한 이 영원한 붓다가 마야(Maya) 부인의 아들 석가모니로 나타난 것은 길 잃은 인류를 구제하기 위한 것임을 알 수가 있다. 게다가 그는 이러한 화현의 행위를 이전에도 수 없이 여러 차례 했으며 미래에도 또한 그러한 행위를 계속할 것이다.「법화경」은 이러한 과정을 통해서 각자의 세계를 주관하는 수없이 많은 붓다들을 설명할 수 있도록 한다. 그러므로 석가모니불은 태어나지도 죽지도 않는, 그러나 끝없이 살며 활동하는 영원한 붓다의 한 현현(顯現)일 뿐이다.

이러한 발전 과정의 결과로 역사적 붓다는 점점 더 이면으로 물러나게 되었다. 왜냐하면 만일 영원한 붓다가 있다면 결국은 가공의 존재이고 말 역사적 붓다에 관해서 마음 쓸 일이 없기 때문이다. 스승의 삶에 관한 사실들은 더 이상 중요하지 않으며 중요한 것은 붓다에 관한 형이상학적 통찰이 된 것이다. 결국 그러한 통찰은 붓다의 세 가지 몸, 즉 법신(法身)과 보신(報身)과 화신(化身)에 관한 교리를 형성하게 되었다.

서력 기원 4세기쯤에 완전하게 형성된 이 삼신설(三身說)에서 법신불은 인간의 육신과는 상관없이 존재하는 영원한 본질, 즉 진리로 생각되었다. 인간적 요소들은 열반에 들고 난 뒤에는 사라지지만 이 영원한 본질은 계속된다. 이 법신만이 유일하게 진정한 붓다의 몸이다. 이 법신은 미래는 물론 과거의 모든 붓다와도 하나로 연결되어 있다. 수많은 붓다들이 있지만 사실은 법신불 하나뿐이다. 이 법신 붓다는 영원하고 알 수 없는 존재이지만 그러나 대승불교의 불자들은 허락하는 데까지 이것을 언어로 묘사하려고 시도한다. 그들은 이 법신불이 인간의 도덕적 의식 안에서 스스로를 신비하게 드러내 보인다고 생각한다. 그들은 이 영원하고 성스러운 본질을 묘사하기 위해서 법신불은 측량할 수 없으며, 감각적 기능을 초월하며, 언표할 수 없으며, 절대적이며, 어떠한 속성도 가지지 않는다는 등의 일군의 어휘들을 동원한다. 대승경전들은 다음과 같은 방식으로 이 법신불을 묘사한다.

> 그것은 개별적 실재도 아니지만, 그렇다고 진정한 실재가 아닌 것도 아니다. 그것은 보편적이고 순수하다. 그것은 온 곳도 없고 가는 곳도 없으며, 자신을 내세우지도 않지만 그렇다고 없는 것도 아니다. 그것은 끝없이 평온하고 영원하다. 그것은 어떠한 정해진 요소도 없는 존재이다. 법신불은 한계가 없으며 정해진 거처도 없지만 그러나 모든 형상으로 나타난다. … 이 우주 안에는 법신불이 미치지 않는 곳이 없다. 우주는 변하지만 이 법신불은 영원히 남아 있다.[19]

우리는 영원한 법신불에 관한 이같은 설명에서 초기의 대중부(Mahasanghika)가 이미 주장했었던 초월적인 붓다에 관한 사상이 확대된 것을 알 수가 있다.

  이 법신불은 보살들의 영적 필요를 충족시킬 필요에 당면하게 되자 보신(報身)이라는 두번째 단계의 형태를 띠게 된다. 이것은 붓다들이 그들의 완전한 위엄과 덕망과 지혜와 복덕을 누리는 몸이다. 빛과 소리의 경이로운 화합인 이 몸을 알아보는 것은 보살의 특권이다. 빛이 그의 몸의 모든 구멍으로부터 흘러나와서 전 우주를 비춘다. 이 몸은 영취산(靈鷲山)의 꼭대기

---

19. D. T. Suzuki, *Outlines of Mahayana Buddhism*. London: Luzac, 1907, 223-4.

에 앉아서 붓다와 보살들의 거대한 무리를 향해서 대승경전을 연설한다.

마지막으로 석가모니와 같은 붓다가 인간 세계에 나타나는 것을 설명하기 위해서 화신(化身)불이 있다. 법신 붓다는 스스로 자신의 헛모습을 만들어서 무지하고 사악한 인간들을 귀의시키기 위해서 세계에 출현토록 한다. 석가모니불은 그와 같은 허깨비이다. 그는 인간의 모든 속성을 갖추고 세속의 길을 따르며 생활하다가 가르침을 편 뒤 그제서야 열반에 든다. 영원한 법신불은 이러한 삶을 한 번만 사는 것이 아니라 과거에도 헤아릴 수 없을 만큼 여러 차례 살았으며 미래에도 또한 그런 삶을 계속할 것이다. 그러나 이 모든 것은 단지 환영(幻影)에 불과하고 현현에 불과한 것이다.

강조되어야 할 것은 붓다의 세 가지 몸이 동급의 급수는 아니라는 점이다. 보신(報身)은 화신(化身)과 같은 차원에 속한다. 보신은 화신보다는 높은 수준이지만 여전히 현상계의 차원에 있다. 절대적인 법신(法身)과 관련지어 보면 보신과 화신은 둘 다 환영에 불과하다. 법신은 보신이나 화신보다 단순히 좀더 신성한 몸이라는 정도가 아니다. 그것은 전혀 다른 차원의 문제이다. 왜냐하면 그것은 붓다의 유일하게 진정한 몸이기 때문이며, 보신이나 화신의 근거이기 때문이며, 온전히 불가사의한 실재 그 자체의 몸이기 때문이다.

보살

대승불교의 사상가들은 인간의 고통스런 세계와 붓다의 행복한 세계를 연결할 수 있는 무엇을 건립하기 위해서 미래에 깨닫기로 정해진 존재인 보살(bodhisattva)이라는 인물을 만들어 내었다. 이것은 대승불교가 도입한 또 하나의 중요한 변화이다. 소극적 고행주의를 지향하는 소승불교의 아라한에 대한 실망이 사랑과 자비의 보살을 출현하도록 만든 것이 아닌가 싶다. 이와 함께 서력 기원전의 몇 세기 동안에 신을 향해서 헌신적으로 귀의하는 요소가 힌두교에서 발전하였으며 이러한 경향이 불교에도 같은 방향으로 영향을 끼쳤음에 틀림없다. 어떤 학자들은 조로아스터교의 아메사스펜타들

(amesaspentas), 즉 불사(不死)의 은혜로운 존재들이 어떤 역할을 했을 것이라고 가정하기까지 한다. 왜냐하면 이러한 것들은 진리, 선(善)한 생각, 경건성, 불사 등의 추상적 개념들이 인격화된 것이기 때문이다.

대승불교에 따르면 보살은 이미 깨달음을 성취했으면서도 이 고통스런 세계의 중생들을 모두 구제할 때까지 열반에 드는 것을 보류한다. 보살의 주된 속성은 사랑, 자비 그리고 이타주의(利他主義)이다. 왜냐하면 그는 "나는 모든 중생을 해탈로 이끌어야 하며, 단 하나의 생명을 위해서라도 끝까지 이 세상에 머무를 것이다"라고 서원을 세웠기 때문이다. 그는 대승불교에 의해서 발전된 놀랄 만한 교리, 즉 공덕의 전이(轉移, 또는 回向)를 통해서 우주적 구제의 사명을 수행할 수가 있다. 우리는 소승불교의 아라한은 자기 자신의 구제를 위해서 선업(善業)을 쌓는다는 사실을 기억할 것이다. 그러나 끝없는 생을 통해서 엄청난 공덕을 쌓은 대승의 보살은 이러한 공덕을 자신보다 불행한 중생들을 위해서 나누어 줄 수가 있으며 또한 기꺼이 나누어 주기 때문에 그 불행한 중생들 역시 그러한 공덕의 과실을 향수할 수가 있는 것이다.

대개 보살은 붓다의 독특한 특성이 인격화된 것이다. 그리고 그러한 특성은 여러 가지이기 때문에 그 결과 다양한 여러 보살들이 있게 된다. 붓다의 지혜는 문수(文殊, Manjusri) 보살로서 인격화되는데 이는 고귀한 영예 혹은 감미로운 광휘(光輝)를 의미한다. 이 보살은 지혜와 앎의 스승으로 선언되며 책과 모든 의심을 끊어버리는 칼이 그의 상징이다. 붓다의 자비는 굽어살피는 주(主), 혹은 자비로운 눈길의 주(主)인 관세음(觀世音, Avalokitesvara) 보살로 인격화된다. 그는 이 세상의 모든 곳에 몸을 나누어서 사람들을 고난으로부터 구제한다. 하지만 그는 칼, 족쇄, 불, 물, 악인, 악귀 그리고 적군의 일곱 가지 위난에 처한 사람들을 특별히 돌보아 준다. 그는 자신의 사명을 더욱 효과적으로 수행하기 위해서 흔히 천 개의 눈과 천 개의 팔을 가진 존재로 묘사된다. 앞에서 든 여러 가지 종류의 위난에 처한 사람이 해야 하는 일은 오로지 그에게 기도를 올리는 일뿐이다. 그러면 그가 즉

각 나타나 위난에 처한 사람을 구제해 준다. 만일 아들 낳기를 원하는 여인이 있어서 역시 관세음 보살에게 기도를 한다면 그녀는 멀지 않아 소원을 성취하게 될 것이다.

그렇다면 어떻게 해서 보살이 되는가? 우리는 대승불교의 경전 가운데서 보살행을 시작할 때에 세 가지의 사건이 있게 된다는 것을 알 수가 있다. 첫째, 깨달음을 성취해야겠다는 보리심(菩提心)을 낸다. 이 보리심은 우리들 모두가 가지고 있지만 다만 잠자는 상태로 있기 때문에, 붓다를 생각하는 마음과 물질적 존재의 불행에 관한 통찰과 중생들의 비참한 상태에 관한 성찰과 같은 행위들로써 일깨워야 한다고 한다. 그러한 통찰과 성찰은 깨달아야겠다는 결심〔發心〕을 불러일으키고 그 결과 우리는 그러한 중생들을 돕고 구제할 수 있게 되는 것이다. 이러한 발심은 지원자의 입장에서 볼 때 하나의 영웅적인 행동이다. 왜냐하면 그는 그렇게 함으로써 과거에 지은 업의 과보를 그치고 축생, 아귀, 지옥과 같은 악한 삶의 형태로부터 벗어나서 불가(佛家)의 한 구성원이 되기 때문이다.

지원자는 이러한 발심(發心)을 하고 나서 붓다의 앞에 나타나 진지한 소망을 토로하는데 그것은 포부에 대한 엄숙한 서원(誓願)이다. 이것은 그가 시작한 과업을 실행하고야 말겠다는 강력한 의지를 뜻한다. 지원자가 하게 되는 서원은 그가 쌓아온 공덕은 무엇이든지 모든 중생들에게 돌려주겠다는 것이며, 정법(正法)을 철저히 배우겠다는 것이며, 중생들에게 끝없이 진리를 가르치겠다는 것이며, 또는 모든 중생을 구제하겠다는 목적을 위해서 무슨 일이든 다 하겠다는 것이다. 지원자가 붓다의 앞에서 서원을 마치고 나면 그때 붓다는 그가 미래에 서원을 성취하게 되리라는 예언을 하게 된다.

일단 발심, 서원 그리고 예언의 세 가지 일이 있고 나면 지원자는 그의 수행에 나서게 된다. 그가 이 수행의 목표를 달성하기까지에는 헤아릴 수 없이 많은 생을 거쳐야 하겠지만 결국은 목표를 성취하게 될 것이다. 이 수행은 열 가지 단계로 나뉘어지는데 대승불교의 사상가들은 이 열 가지 단계에다가 붓다의 모든 중요한 가르침을 배치할 수 있는 것이다.

보살 지망자는 이 열 가지 단계를 밟아 올라가는 동안에 또한 열 가지 덕목을 실천하는데 소승불교의 아라한이 소극적인 덕목을 실천하는 데 반하여 보살 지망자가 실천하는 것은 적극적인 덕목들이다. 이들 덕목들 중에서 특히 중요한 것은 보시(布施), 지계(持戒), 정진(精進), 인욕(忍辱), 방편(方便) 그리고 지혜(智慧)이다. 보시는 물질적인 것과 종교적인 가르침의 베풂뿐만 아니라 자신보다 더 불행한 중생들의 불행을 제거하기 위해서 육신의 희생과 공덕의 회향(回向)을 실천하는 것까지 포함된다. 대승불교는 다른 이들의 구제와 깨달음을 위해서 가장 효율적인 수단을 선택할 수 있는 능력을 방편이라고 정의한다. 각자의 사람들은 능력과 재능이 각각 다르다. 그리고 어떤 한 사람에게 효과적인 수단이라고 해서 다른 사람에게도 마찬가지로 효과적인 것은 아니다. 보살은 각자의 경우에 따라서 해야 할 일이 바로 무엇인지를 정확하게 알고 있다. 예를 들면 붓다는 종종 자기 자신을 각기 다른 질병을 앓는 사람들에게 각기 다른 약을 처방해 주는 의사로 비유하곤 했다.

열 가지 덕목을 실천하고 열 가지 단계를 완수하고 나면 지원자는 깨달음을 성취하고 어엿한 보살이 된다. 그러나 그는 열반에 들 자격이 있음에도 불구하고 그 마지막 단계를 보류한 채 모든 중생들을 구제하는 데에 자신의 삶을 바친다. 이러한 이타주의와 자비와 사랑의 삶은 보살의 이상이 어째서 그토록 동아시아 사람들을 매혹시켰고 인기가 있었으며, 어째서 소승불교의 이상인 아라한보다도 그토록 고귀하고 풍요로울 수 있었는가를 설명해 주고 있는 것이다.

대승불교에서의 믿음과 귀의

소승불교에서의 열렬한 종교적 수행의 주된 목적은 해탈을 이룰 수 있는 선업을 쌓고 반복되는 환생의 순환을 끝내는 것이다. 대승불교, 그 중에서도 특히 아미타(Amitabha) 붓다를 신봉하는 불교에 있어서 구제의 길은 선업을 쌓는 데에 있는 것이 아니라 아미타불을 믿고 귀의하는 삶에 있다. 아미타불, 즉 무량광불(無量光佛) 혹은 무량수불(無量壽佛)은 서방의 극락 세계를 주관하시는 붓다의 이름이다. 이 서방 극락 세계는 풍요롭고 비옥하며 안락하여 신들과 인간들만이 살고 사악한 존재들은 살지 않는 곳으로 묘사된다. 그곳은 유리로 된 나무와 꽃들로 장식되어 있으며 가장 아름다운 보석들로 치장되어 있다. 향수가 흐르는 강은 음악소리를 내고 양쪽의 기슭에는 향내나는 보석나무들이 줄지어 서 있다. 물 속에서 뛰노는 하늘 세계의 존재들은 자신들이 원하는 대로 물을 따뜻하게도 만들 수 있고 차게도 만들 수 있다. 사람들은 사랑, 자비, 공감적 기쁨, 인욕, 너그러움, 평정 등을 가르치는 붓다의 가르침을 어디서나 들을 수가 있다. 불쾌함이나 고통 같은 것은 어디에서든 결코 찾아볼 수가 없다. 이것이 서방 극락 세계를 정토(淨土)라고 부르는 이유이다.

이 극락 세계는 모든 중생들을 위한 한없는 자비심을 가진 아미타불에 의해서 만들어졌다. 그는 자신이 이 세계를 만들 때에 자기를 구원자로 믿는 이는 누구든 이 정토에 태어나게 하리라고 서원하였다. 그러므로 선업이 아니라 믿음과 귀의가 결정적 요소이다. 아미타불은 이 정토에서 자신의 충실한 보좌역으로서 관세음 보살을 데리고 있는데, 그는 믿음이 있는 자와 귀의하는 자들의 임종시에 세상으로 내려와 그들을 구제할 준비를 갖추고 있는 존재로 묘사된다. 사람들이 믿음이 있다는 것을 보이기 위해서 해야 하는 일은 "나무아미타불"(南無阿彌陀佛), 즉 "아미타 부처님께 귀의합니다"라는 구절을 외움으로써 아미타불의 이름을 되뇌이는 것이 전부이다. 이것은 참으로 구제에 이르는 쉽고 가까운 지름길이며, 후대에 중국과 일본에 이러한 신앙이 일어났을 때에 그토록 인기가 있었던 이유를 설명해 주는 것이기도 하다.

믿음과 귀의에 대한 강조는 불교 내부의 흥미로운 발전에 관한 대표적인 일례이다. 소승불교의 가르침에 의하면 자신의 운명을 결정지을 수 있는 것은 오로지 행위자의 행위뿐이다. 그래서 자기 신뢰와 자력적인 해탈이 강조된다. 상좌불교의 경전에 실려 있는 다음과 같은 구절은 이러한 정신의 표본이다. "그대 스스로 등불이 되고 그대 스스로 귀의처가 되어라." 그러나 아미타 신앙에서는 구제로 이끌어 가는 아미타불의 힘을 강조한다.

　이것은 대승불교의 사상가들이 불교에서 이룩한 또 하나의 변화이다. 그들은 자비와 사랑의 존재인 붓다가 자기가 닦은 공덕의 결과를 자신에게만 돌렸다는 것은 납득할 수 없는 일이라고 생각한다. 결론적으로 그들은 붓다의 구제와 깨달음을 하나의 격리된 개인적인 사건으로 보지 않고 모든 인간이 나누어야 할 보편적인 사건으로 해석한다. 이러한 해석은 붓다와 보살이 쌓아온 공덕은 다른 사람들에게 나누어 줄 수 있는 것이라고 하는 교리를 낳게 되었다. 아미타 신앙의 경우 아미타불을 믿고 그에게 귀의하는 사람은 아미타불의 공덕과 힘[威神力]을 나누어 가질 수가 있는 것이다. 아미타 신앙의 가르침에 의하면 각각의 중생들은 스스로의 힘으로는 서방 극락 세계에 태어날 수가 없지만 만일 아미타불의 힘에 의지한다면 아무런 어려움 없이 그곳에 태어날 수가 있다.

　엄격하게 말하자면 서방 극락 세계에 가서 태어나는 것으로써 열반의 성취를 대체할 수는 없다. 서방 극락 세계, 즉 정토는 다만 불교의 우주관 속에 나타나는 여러 천계(天界) 가운데 하나일 뿐이다. 그리고 불교의 가르침에 따르면 그런 곳에 태어나는 일은 영원무궁한 것이 아니라 지은 업이 허용하는 동안에만 지속될 뿐이다. 천계에 태어난 신도 지은 업이 다하는 순간 그 높은 지위로부터 떨어져서 낮은 상태로 다시 태어나게 된다. 그러나 중국과 일본에서 실천된 아미타 신앙의 믿음에서는 일단 어떤 중생이 서방 극락 세계에 태어나게 되면 그는 영원히 그곳에서 머무를 수가 있다. 그리고 그는 다시는 환생하지 않는다는 뜻에서 구제를 획득한 것이다. 더 이상 깨달음이나 열반을 성취하기 위해서 애쓸 필요가 없는 것이다.

열반

　소승불교에서는 존재를 두 차원에서 파악한다. 하나는 갈망과 욕망에 의해서 야기되는 고통과 불안으로 특징되는 현상적 세계이고 다른 하나는 업의 작용이 끊어져 버린 열반의 세계이다. 소승불교의 신봉자들은 존재의 불행과 반복되는 환생으로부터 벗어나게 되면 열반을 성취한다고 믿는다.

그러나 대승불교의 열반에 관한 개념은 다소 다르다. 우리가 대승불교의 해석을 이해하기 위해서는 존재 요소에 관한 소승불교의 이론으로 되돌아가야만 한다. 소승불교에 따르면 마차가 차축, 바퀴, 바퀴 테, 멍에, 바퀴 살 등의 조합이듯이 모든 존재는 요소들의 조합이다. 차축, 바퀴, 바퀴 테 그리고 바퀴 살들은 마차를 구성하는 요소이고 또 실제로 존재하는 것으로 간주되지만, 그러나 부분들의 총체로서의 마차는 실재하는 것으로 간주되지 않는다. 마찬가지로 개별적 인간 존재도 물질적 신체〔色〕, 감각〔受〕, 관념〔想〕, 성향〔行〕, 의식〔識〕의 다섯 가지 요소의 조합으로 간주된다. 이들 다섯 가지 요소들은 실재하는 것으로 간주되지만 반면에 살아 있는 존재는 실재로서 간주되지 않는다. 이제 대승불교는 아주 과감한 생각을 제시한다. 이들 요소들은 원인과 조건의 결과로서 존재하게 되었기 때문에 그들 스스로의 독립된 존재일 수가 없다는 것이다. 그러므로 그것들은 텅 빈 공(空)이라고 한다. 원인과 조건을 제거해 버리고 나면 요소들은 더 이상 존재하지 않는다. 모든 존재의 요소들은 텅 빈 공이며 실재하지 않는다고 하는 이 주장은 대승불교가 가르친 대담무쌍하고 광범위한 영향을 미치는 교리 중의 하나이다. 이제 대승불교는 한걸음 더 나아가서 모든 현상적 요소뿐만 아니라 열반도 역시 텅 빈 공이라고 가르친다. 왜냐하면 열반은 모든 차별과 특성과 정의를 붙일 수 없기 때문이다. 열반에 관해서는 어떠한 서술도 할 수가 없다. 만일 존재의 현상적 요소들과 열반이 모두 공이라면, 현상 세계와 열반은 서로 같은 것일 수도 있을 것이다. 그래서 대승불교는 현상 세계가 열반이고 열반이 현상 세계〔生死卽涅槃〕라고 하는 두번째 단계의 위대한 이론에 도달했다. 존재의 현상적 차원으로부터 열반으로 이행하는 것을 말하는 소승불교는 잘못 생각하고 있는 것이다. 대승불교의 주장에 의하면 현상 세계와 열반이 실제로는 같은 것이기 때문에, 그리고 열반과 현상 세계 사이의 어떠한 차별도 실제는 미망이기 때문에, 궁극적 의미에서는 어느 하나를 버리고 어느 하나를 획득한다는 것은 있을 수 없다. 소승불교가 열반을 현상 세계에 반대되는 것으로 생각하는 데 반해서, 대승불교는 모든 차별과 대립을 소멸하여 버리는 것을, 차별없는 공이 유일 절대의 진리라는 사실을 깨닫는 것을 열반이라고 생각한다. 그러므로 열반은 모든 사물은 진정코 비실재이며 궁극적으로는 모두가 같은 것이라고 하는 사실을 깨닫는 정신적 상태이다. 이러한 마음의 상태를 실현하는 순간, 그는 깨달음을 얻고 자신의 내면에 있는 불성(佛性)을 실현하는 것이다. 그는 자신의 마음으로부터 자기 자신의 개체성에 관한 관념뿐만 아니라 모든 사물의 실체성에 관한 관념까지 지워버린다. 그는 자기 자신과 다른 모든 사물들 또는 심지어 자기 자신과 절대 자체를 분별할 수 없다. 왜냐하면 자신이 절대 속으로 잦아들기 때문이다. 절대, 혹은 불성은 영원무궁한 것이므로 그 자신 역시 영원무궁하게 되는 것이다.

대승불교의 중관 학파

현상적 존재와 열반의 불이적(不二的) 본성에 관한 이와 같은 사상을 최초로 다룬 것은 반야(般若, prajna), 즉 지혜의 경전으로 알려진 일군의 대승경전으로서 이들은 서력 기원이 시작될 즈음에 나타났다. 이 사상은 나가르쥬나(龍樹, Nagarjuna)의 저술에서 완성되었는데 그가 마댜미카(Madhyamika), 즉 중관 학파(中觀學派)를 창시한 사람이다. 그가 역사적 실존 인물로서 서력 기원후 2세기에 생존했었다는 점에는 의심의 여지가 없다. 그러나 그가 바라문 계급의 후예였으며 불교로 귀의하기 전에 힌두교에 관한 모든 분야의 지식을 배웠다는 사실 외에는 알려진 바가 거의 없다. 그가 창시한 중관 학파는 존재와 비존재, 긍정과 부정, 쾌락과 고통의 양극단 사이에 위치를 잡는다. 그럼에도 불구하고 그 역시 이 중도(中道)를 소승불교의 연기설(緣起說)과 관련짓는다. "생겨남도 없고 사라짐도 없다[不生不滅]. 영원함도 없고 끝남도 없다[不常不斷]. 동일함도 없고 다름도 없다[不一不異]. 감도 없고 옴도 없다[不去不來]." 그는 이 여덟 겹의 부정으로써 공(空)의 진리, 즉 모든 존재 요소는 비실재라는 진리를 해명하려 한다. 그러나 대개 공이라고 번역되는 이 슈냐(sunya)라는 단어는 상대적이라는 뜻으로도 해석된다. 즉, 어떤 것이 공이다라는 것은 그것이 다른 어떤 것과의 관계를 언급함으로써만 확인될 수 있을 뿐 그러한 관계 없이는 아무런 의미도 가지지 못한다는 뜻이다. 말은 소나 양과의 관계 안에서만 말이다. 이 세상에 오로지 말들만 있고 소나 양 그리고 다른 동물들이 없다면 말이라는 말마디는 아무런 의미를 갖지 못한다. 중관 학파는 관계와 의존이 현상 세계를 구성한다는 것을 진리로 받아들인다. 그러나 또한 이러한 관계들을 지적으로 설명할 수는 없다고 주장한다. 나가르쥬나는 그의 저술에서 모든 관계들은 허위와 오류라는 사실을 냉철한 논리로써 증명해 나아간다. 그리고 어떠한 모순도 오류의 증거라는 가정 위에서 모든 개념 속에 담겨 있는 모순점들을 찾아낸다.

나가르쥬나는 그가 논박하는 체계를 반박하는 데에 필요한 것이라면 어떠한 관점이든 취한다. 그럼에도 불구하고 그는 다른 체계를 반박하고 논박하면서도 어떠한 자기 자신의 체계도 갖지 않는다. 그는 어떠한 체계이든 모순과 오류로서 비판당할 위험이 있다고 인정한다. 그러나 우리가 체계를 가질 때에만 그러한 공격에 노출된다. 체계가 없으면 공격도 있을 수 없는 것이다. 나아가서, 나가르쥬나는 상대방의 어떤 명제를 거부했다고 해서 그와 반대되는 관점을 가졌음을 의미하는 것은 아니라고 주장한다. 그 자신의 말을 인용해 보자:

> 그들은 우리의 자유를 빼앗을 수 없다. 말은 어떤 것을 표현할 수 있는 힘을 가졌지만 말하는 사람의 의도에 좌우된다. 그러므로 우리들이 추론해 나아간 끝의 유일한 결론은 상대방의 이론을 거부하는 것이다. 우리들이 반대 이론을 받아들인다는 것을 의미하는 것은 결코 아니다.[20]

---

20. T. Stcherbusky, *The Conception of Buddhist Nirvana*. Leningrad: Academy of Science of the U.S.S.R., 1927, 103.

나가르쥬나가 어떻게 자신의 논리적 분석을 실행하는지 알아보자. 운동의 개념을 생각해 보라. 나가르쥬나는 다음과 같이 쓰고 있다. "우리는 이미 지나온 길은 지나가고 있지 않으며 아직 지나가지 않은 길도 지나가고 있지 않다. 지나오지 않은 길이나 지나가지 않은 길의 존재는 이해를 초월해 있다." 우리는 하나의 길을 이미 지나온 부분과 아직 통과하지 않은 두 부분으로 나눌 수가 있을 것이다. 제3의 가능성은 없다. 첫번째 부분은 이미 지나갔고 두번째 부분은 아직 지나가지 않았다. 지나가고 있다는 개념은 불가능하다. 만일 지나가는 것이 불가능하다면 지나가는 사람도 있을 수 없다. 지나가고 있는 사람은 없는 것이다. 만일 이미 지나온 길은 지나가고 있지 않고 또 아직 지나가지 않은 길도 지나가고 있지 않다면, 그렇다면 우리는 무엇을 지나가고 있는가? 대답은 길이 없다는 것이 될 수밖에 없다. 그러므로 나가르쥬나는 지나가는 사람, 지나가는 행위 그리고 길, 이 모두가 실재가 아니며 운동의 개념은 이해할 수 없는 것이라고 결론을 내린다.

또 다른 예는 불과 장작의 관계이다. 만일 불이 장작과 동일한 것이라고 한다면 그것은 참이 아니다. 장작은 타는 것이고 장작을 태우는 행위자는 불이다. 만일 장작과 불을 동일시한다면 그것은 행위자와 행위의 목표물을 동일시하는 것이므로 이것은 있을 수 없는 일이다.

만일 불과 장작이 일치하지 않는 것이라고 하더라도 이 또한 있을 수 없는 일이다. 만일 불과 장작이 각기 다른 것이라면 장작과 상관없이 타고 있는 어떤 것이 있다고 해야만 한다. 이 또한 있을 수 없는 일이다. 왜냐하면 불은 장작 없이 있을 수 없기 때문이다. 만일 불이 장작과 다른 것이라고 한다면 불은 장작과 상관없이 타오를 수 있다고 결론지을 수 있을 것이며 또한 불은 장작이 없더라도 끊임없이 타오를 것이라고 결론지을 수 있을 것이다.

만일 우리가 장작은 불과 분리될 수 없으며 그리고 불은 장작과 분리될 수 없다고 말할 것 같으면, 그렇다면 나가르쥬나는 어느 것이 선행 조건이냐고 물을 것이다. 어떤 사람은 장작이 먼저 있고 그런 다음에 불이 있다고 말할 것이다. 나가르쥬나는 이것은 불가능하며 거짓이라고 말한다. 왜냐하면 불과 상관이 없으며 또 타고 있지도 않는 어떤 것은 장작이 아니기 때문이다. 어떤 사람은 불이 먼저 있고 그런 다음에 장작이 있다고 할 것이다. 이 또한 참이 아니다. 왜냐하면 그것은 어떤 원인도 없이 불이 일어날 수 있다고 하는 불합리를 의미하기 때문이다. 만일 불과 장작이 상호간에 의존하고 있는 것이라고 한다면 이 또한 참이 아니다. 만일 불이 일어나지 않은 상태에서 장작에 관하여 말하는 것은 토끼의 뿔이나 임신을 하지 못하는 여자의 아들에 관해서 말하는 것과 같을 것이기 때문이다. 만일 이미 불이 일어났다면 장작은 이미 있는 것이고 또한 장작의 필연성에 관해서 말할 필요가 없다. 만일 불이 장작에 담겨 있는 것이라고 말한다면 그것은 참이 아니다. 왜냐하면 불이 다른 곳으로부터 장작으로 들어가지는 않았기 때문이다. 불이 본래부터 장작 속에 있었던 것도 아니다. 왜냐하면 불을 찾기 위해서 장작을 뻐개 보더라도 불을 찾을 수는 없기 때문이다.

우리는 불과 장작의 관계에 관한 이 예에서 나가르쥬나가 어떤 하나의 진술에서 모순을 찾아내는 방법론에 관한, 그리고 어떠한 이론이나 반론에 대해서도 책임을 지지 않으려는 그의 주장에 관한 훌륭한 예증을 본다. 나가르쥬나는 그러한 냉혹한 논리로써 온 현상 세계는 충분히 설명해 낼 수 없는 관계성들에 기초하고 있기 때문에 공(空), 즉 비실재라는 것을 증명한다.

이제 만일 그러한 탐구의 가치없는 결과가 오로지 모든 견해의 쓸데없음을 보여주는 것이라면 붓다, 보살, 열반 혹은 연기론과 같은 불교의 근본 개념들이 설 수 있는 여지는 어디인가? 믿음과 헌신의 어떤 대상이 설 여지는 어디인가? 그러한 파괴적 사상 체계는 부정론에 빠지고 말지 않을까?

나가르쥬나와 그의 학파는 그렇지 않다고 대답한다. 그들의 지적에 의하면 현상 세계의 공에 관한 진정한 깨달음은 그대로 종교적인 깨침이고 최고의 진리에 대한 직접적인 직관이며, 이 영적인 목적이 공의 교의에 진정한 의미를 부여한다고 한다. 나가르쥬나는 이 공의 교의를 하나의 이론으로서가 아니라 모든 이론을 제거해 버림으로써 자신을 둘러싸고 있는 세계로부터 자유로울 수 있는 하나의 수단으로서 가르친다. 우리는 이 세계가 공이며 비실재라는 사실의 깨달음을 통하여 우리를 현상 세계에 얽매이도록 만드는 무지를 제거해 버림으로써 반야(般若, prajna), 즉 직관적인 지혜를 성취한다. 이 지혜는 우리들로 하여금 무조건적이고 무제한적이며 생각과 언어를 초월하는 절대적인 진리를 깨달을 수 있게 해준다. 이 절대적인 진리에 대립되는 것이 나가르쥬나가 상대적인 진리라고 부르는 것으로서 인간의 이성과 분석의 소산으로 구성되는 것이다. 이 상대적인 진리는 인간으로 하여금 우주와 우주의 다양한 현상을 보고서 그것들을 실재라고 생각하도록 만든다.

공의 교의를 받아들이고 지혜를 깨닫는 것은 인간의 경험을 평가절하고 삶을 완전히 포기한다는 것을 의미하는가? 중관 학파의 사상가들은 그렇게 생각지 않는다. 그들은 평범한 사람들이 현상의 세계와 업의 법칙이 여전히 작용하고 있는 상대적 진리 안에서 산다는 것을 인정한다. 그러한 상대적 진리들은 실제적인 삶을 위해서 중요하다. 붓다 자신도 다른 이들을 가르칠 때 능숙한 방편의 덕분으로 갖가지 경우와 갖가지 수준에서 이 상대적 진리를 자유롭게 사용하였다. 더욱이 나가르쥬나는 절대적 진리는 오로지 상대적인 진리를 제거해 버림으로써만 실현될 수 있다는 사실을 용의주도하게 지적해 낸다. 그러므로 이 상대적 진리들은 사람들을 최종 목표, 즉 절대적 진리로 인도하는 수단 또는 사다리의 역할을 하는 것이다.

유한한 존재들로서 이 절대적인 진리에 접근하는 것이 어떻게 가능한가? 중관 학파는 그 과정이 보리수 아래서의 깨달음을 통해서 이 최고의 절대적 진리를 직접적으로 직관한 붓다라고 하는 매개자를 통해서 이루어진다고 가르친다. 붓다는 그러한 성취를 통해서 그 절대적 진리를 인격적으로 구현하였으며 다른 이들을 가르쳐서 이 최고의 진리로 인도할 수가 있는 것이다.

중관 학파의 사상 체계 속에서 구현된 것과 같은 그러한 형태의 생각은 일반 사람들을 위해서가 아니라 자신의 운명과 구원의 문제에 깊숙히 빠져들어간 종교적인 사상가들을 위한 것이라는 점을 인정해야만 할 것이다. 그러한 형태의 생각은 그에게 현상 세계에 대한 집착을 버릴 수 있는 논리적이고 체계적인 설명을 제공할 것이며 모든 사물의 본성에 관한 이해로 이끌어 줄 것이다. 무지는 제거되고 최고의 지혜, 즉 깨달음이 실현된다. 그래서 이 학파는 신봉자들의 감성보다 지성에 더욱 호소하게 되었고, 그러한 이유 때문에 중국과 일본의 아미타 신앙이 지녔던 것만큼 폭넓은 호소력을 가지지는 못하였다.

유식 학파

다음으로 위대한 대승불교의 학파는 유심론적인 학파로서 이 역시 가슴보다는 머리에 영합하는 경향을 가진다.

유식 학파(唯識學派)는 외부 세계를 마음 밖의 존재로 인정하지만 그것을 직접적으로 인식할 수는 없다고 주장하는 한 소승불교 학파의 견해를 출발점으로 잡는다. 우리는 오로지 정신적 표상만을 가질 뿐이며 그것을 통해서 외부 세계의 존재를 추론한다. 이제 유식 학파, 즉 유심론자들은 이 생각으로부터 한걸음 더 나아간 논리적인 결론에 도달한다. 그들은 우리들의 인식 대상을 설명하기 위해서 외부 세계가 있을 필요가 없다고 주장하며 유심론을 선언한다. 유식 학파의 신봉자들에게는 이 우주는 오로지 인식하는 자의 마음 속에 있다. 이 학파는 시력이 낮은 출가 수도승이 자신의 발우(鉢盂)에 있는 점을 파리라고 생각하는 체험이나 꿈의 체험에 의거하여, 정신 집중에 든 사람은 지각을 통해서 보는 것과 꼭같이 생생한 광경을 자신의 마음 속에서 만들어 낼 수 있다고 주장한다. 유식 학파는 그러한 광경이 객관적인 실재성을 가지지 않기 때문에 지각을 설명하기 위해서 외부의 객체가 있어야 할 필요가 없다고 결론짓는다.

이 학파를 세우는 데 가장 책임있는 두 인물은 아상가(無着, Asanga)와 바수반두(世親, Vasubandhu) 형제였는데 그들은 서력 기원후 4세기 말쯤에 살았던 듯하다. 동생인 바수반두는 대승불교로 귀의하기 전에는 유명한 소승불교의 스승이었는데 그의 저술인 「구사론」(俱舍論, *Abhidharmako-*

śa)은 아직도 가장 완벽하고 권위있는 소승불교 해설서 중의 하나로서 인정받고 있다. 그는 형에 의해서 대승불교로 귀의한 뒤에는 유식(唯識)의 교의에 관한 고전적인 주석서를 썼다.

불교에 있어서 주된 문제는 탄하(tanha), 즉 갈애(渴愛)를 끝내는 것이다. 그것은 만일 통제가 되지 않을 경우에 점점 커져서 모든 불행의 근원이 된다. 갈애가 생기기 위해서는 주체와 객체, 즉 자신과 남이라고 하는 두 가지 존재가 있어야만 한다. 유식 학파는 주체도 없고 객체도 없으며 오로지 마음, 즉 의식만이 있을 뿐이라는 사실을 증명하려고 한다. 그들은 슈냐타(sunyata), 즉 공(空)의 교의를 받아들이기 때문에 당연히 자아와 외부 사물의 비실체성을 주장한다. 유식 학파는 이러한 입장에서 갈애가 일어날 여지가 있을 수 없다고 결론을 내린다. 왜냐하면 갈애하는 사람도 갈애할 대상도 없기 때문이다. 그들은 갈애의 근거를 파괴함으로써 종교적 삶을 살아가는 사람들이 해탈에 이르는 길을 마련하고자 한다.

만일 마음, 즉 의식뿐이라고 할 것 같으면 마음 속에 존재하는 생각과 인상의 다양성을 어떻게 설명할 수 있을까? 유심론자들의 말에 의할 것 같으면 다양한 생각과 인상들은 선행하는 생각과 인상들에 의해서 남겨진다. 그래서 그들은 시작이 없는 과거까지, 그리고 모든 가능한 생각과 상상이 나올 수 있는 영원한 저장소가 있는 곳까지 마음의 활동을 추적한다. 이 저장소는 알라야 비즈냐나(alaya-vijnana), 즉 장식(藏識)이라고 불리는데 이것은 시간이 시작된 이래로 인류가 경험한 모든 생각과 인상의 저장소이다. 우주의 모든 것이 이 안에서 발견될 수 있다. 이것은 모든 개인이 공유하는 것이며 또한 그로부터 모든 생각이 일어나고 모든 생각이 돌아가는 의식의 대양이다. 사람들은 깨어 있는 순간에는 이 저장의 작은 파편들만을 의식하지만 명상을 통해서 그것의 심오한 깊이를 깨닫게 된다. 인류가 행한 모든 생각과 행위는 맨 처음부터 일종의 영적인 에너지, 즉 종자(種子)를 남기고 그것은 이 저장소에 갈무리된다. 이 종자는 생각이나 행위가 멈춘 뒤에도 남아 있기 때문에 그것은 넓은 의미에서 기억에 비견될 수도 있다.

유식 학파가 직면하는 가장 괴로운 문제들 중의 하나는 어째서 산, 호수, 강, 나무 등의 외부의 현상들이 그것을 보는 모든 사람들에게 비슷하게 보이는가를 설명하는 것이다. 이 학파는 그러한 현상을 설명하기 위해서 모든 존재의 저장소에 있는 보편적 종자의 존재를 인정한다. 이 보편적 종자들로부터 산, 호수 등의 관념들이 생겨나고 그것들이 모든 존재들에 있어서 보편적이고 일반적이기 때문에 나타난 산과 호수의 모습이 모든 존재들에게 비슷한 것이다. 이로부터 즉각 제기되는 또 다른 문제는 각자의 신체와 감각 기관들이 어찌해서 각양각색인가 하는 점이다. 이 학파는 이러한 다양한 차이점들은 비보편적인 종자, 즉 각자의 고유한 저장소에 존재하는 개인적인 종자로부터 생겨나는 것이라고 설명한다. 현상적 존재의 총체는 동일하지만 삶 속에 경험하는 사실들은 여전히 한정적인 개별자, 즉 업과 무지의 수준이 각기 다른 의식의 흐름 속에 현현된다. 그래서 비보편적, 즉 개별적인 종자가 생겨나는 것이다.

우리는 이 영원한 보편적 알라야(alaya) 식(識)의 존재에 관한 논쟁에서 대승불교 사상의 두 학파 사이에 있는 차이점을 알 수가 있다. 중관 학파는 오로지 공(sunyata)의 진리가 존재한다는 사실만을 말한다. 유식 학파는 이 공의 진리를 깨닫는 자는 무엇인가라는 논리적인 물음을 묻는다. 공의 진리를 깨닫는 무엇인가가 있어야만 하는 것이며 유식 학파에게 있어서 그 무엇이란 바로 알라야 식이다.

유식 학파를 창시한 아상가(Asanga)는 한때 대승불교가 소승불교보다 우월한 것은 다음과 같은 점이라고 쓴 적이 있다.

(1) **포괄성**: 대승불교는 오직 한 분 붓다의 가르침에만 자신을 한정시키지 않고 모든 시대의 모든 붓다가 가르친 모든 진리를 포괄한다.
(2) **모든 중생을 위한 보편적 사랑과 보편적 구제**: 소승불교는 한 사람의 개인에게만 그 구제를 한정시키지만 대승불교는 모든 중생들이 불성을 가지고 있으며 그러므로 모든 중생들이 다 깨달음을 성취할 수 있다

고 가르친다.
(3) **지적인 이해의 위대함**: 대승불교는 자아, 즉 영혼의 비실체성뿐만 아니라 모든 존재 요소들의 비실체성까지 가르친다.
(4) **보살의 경이로운 영적 에너지와 활동**: 대승의 보살은 보편적인 구제를 위한 활동에 결코 지치는 일이 없이 모든 때 모든 장소에서 모든 생명있는 존재들에게 봉사하기 위해서 나타나신다. 또한 그는 다함없는 자유로운 방편을 가지고 그가 구제하고자 하는 자들의 필요를 들어주기 위해서 그것을 능숙하게 사용한다.
(5) **더욱 차원 높은 영적 성취**: 대승불교의 목적은 아라한이 되는 것이 아니고 붓다가 되는 것이다.

우리는 아상가의 이러한 언급으로써, 불교를 한 인도의 종교로부터 바야흐로 세계적인 종교로 전환시켜 영적으로 굶주린 아시아의 대중들에게 구원의 메시지를 가져다 주게 되는 이 새로운 국면을 적절히 요약하는 말에 대신하고자 한다.

탄트라 불교

대승불교는 그 발단에서부터 불교가 간지스 강 유역을 넘어서 인도의 다른 지역 특히 북서부 쪽으로 퍼져 나가면서 직면하게 되었던 변화하는 상황과 여건에 대처해 나가는 노력을 대표한다. 불교의 포교사들은 그리스도교보다도 200년 전부터 그 지역에서 그리스, 페르샤 그리고 이란 출신의 방랑하는 유목민들과 거친 병사들, 그리고 평지와 산골의 사람들을 만났다. 불교는 간지스 유역에 살던 온화한 인도 사람들의 종교적 열망을 만족시켜 줄 수는 있었지만 각기 다른 기질과 취향과 배경을 가진 다양한 사람들을 다 충족시켜 줄 수는 없었다. 불교 안으로 유입된 변화들은 한편으로는 수많은 사람들의 지지를 얻고자 하는 욕망에 기인한 것이었다.

대승불교 역시 시간이 경과함에 따라서 상당한 변화를 겪었다. 대승불교의 포교사들은 보편적 구제라고 하는 대승의 핵심적 원리를 수행하기 위해서 가능한 한 많은 사람들의 마음 속에 가 닿고자 하였다. 그리고 그들이 그것을 실천하기 위해서는 불교를 모든 계층의 사람들이 접근할 수 있도록 만들어야만 했다. 교육과 문화의 혜택을 누리지 못하는 대중들이 다른 모든 사람들의 숫자를 능가했기 때문에 그들은 가장 매력을 끄는 목표가 되었다. 대승불교는 이들 대중들을 끌어안으려는 시도로서 그들의 종교적 의향을 수용했으며 그들의 수많은 신들과 신비로운 종교 의식들을 포용했다. 대승불교의 지도자들은 그들의 마법과 주술에 대한 열망을 허락함으로써 그들과 타협하고 그들을 설득했다. 우리는 대승불교와 원시 농경 사회의 신념 및 종교적 의례의 혼합에 의해서 생겨난 새로운 양상을 두고서 흔히 탄트라(Tantra), 즉 밀의적(密儀的) 불교라고 부른다. 이 탄트라 불교는 7세기쯤에 인도의 북동부와 북서부에서 완전하게 체계화되었다.

    탄트라 불교의 여타 불교와의 다른 주요한 차이점은 성사적(聖事的) 행위를 강조한다는 점이다. 탄트라 불교의 수행자들은 무지로부터 벗어나 구원을 성취하는 데 있어서 지혜와 같은 정교한 교학적 개념을 강조하는 것이 아니라 신체와 입과 마음의 행위로 구성되는 밀의적인 정화 의식을 강조한다. 행위는 신체에 의해서 연출되기 때문에 신체는 업신여길 것이 아니라 구원을 위한 훌륭한 도구의 가치를 지닌다. 그러므로 신체가 속해 있는 현상의 세계도 장애물이 아니라 깨달음을 위한 보조물로 간주된다. 더구나 이러한 행위는 다양하고 복잡한 의례의 실행을 수반하기 때문에 탄트라 불교의 수행은 구루(guru), 즉 스승의 지도 아래 실천되어야만 한다는 것을 의미한다. 그러한 종교적 의례는 결코 완전히 기록될 수는 없다. 그리고 또한 그러한 의례들을 주로 기록된 경전에 의거하여 실행하고자 하는 것은 위험한 일이다. 그러한 의례들은 오직 밀의적인 가르침에 입문한 이들에게만 스승으로부터 입으로 전해진다. 그리고 성(聖)과 속(俗) 사이에 놓여 있는 이 장막 때문에 탄트라 불교에 관하여 폭넓은 설명을 제시하는 데는 많은 어려움이 따른다.

밀의적인 정화 의식의 목적은 의미심장한 소리와 동작에 의해서 마음을 전환시키고자 하는 것이다. 소리란 만트라(眞言, mantra), 즉 신비스런 음절을 의미하고 동작이란 무드라(手印, mudra), 즉 손과 손가락 그리고 신체의 움직임을 의미한다. 탄트라 불교의 지도자들은 모든 부처나 보살들이 고유의 만트라나 무드라와 연계되어 있으며 또 만트라를 반복하여 외우고 무드라를 정확하게 연기함으로써 그것에 해당되는 불보살을 만날 수가 있고 그들의 초월적인 힘에 동참할 수 있다고 가르친다.

만트라는 많은 경우 전혀 무의미한 일련의 음절로 이루어져 있다. 만트라가 효력을 발휘하기 위해서는 적절한 훈련과 수련을 닦아 그것을 능숙하게 실행할 수 있는 사람에 의해서 읊어져야만 한다. 만트라가 정확하게 읊어질 경우 만트라의 힘은 악령을 몰아낼 수가 있고 적이 구사하는 흑주술을 막을 수가 있다. 붓다의 애제자인 아난다에 관한 한 이야기 속에서 이 신비스런 음절의 힘에 관한 재미있는 예화가 발견된다. 한 천민 출신의 여자가 아난다를 향한 사랑에 빠져 그를 자신의 집으로 데려올 수 있도록 그녀의 어머니에게 부탁하여 아난다에게 하나의 주문을 읊었다. 붓다는 천안(天眼)으로 아난다에게 일어난 일을 보고서 천민 여자가 읊은 것보다도 훨씬 더 강력한 만트라를 읊어서 아난다를 구출해 낼 수 있었다. 가장 유명한 만트라는 모든 티베트인들이 읊는 "옴 마니 파드메 훔"(오, 연꽃 속의 보석이여)이라는 것인데 이 만트라를 읊으면 훨씬 더 좋은 곳에 태어날 수 있기 때문에 티베트 사람들은 기치, 기드림, 원통, 기도 바퀴, 혹은 물로 돌아가는 통에다가 이것을 새겨 둔다. 길 양편에 이 주문이 새겨진 원통들이 늘어서 있고 통행하는 사람들이 하는 일은 지나가면서 이 통을 돌리는 것뿐이다. 그러면 그는 이 만트라를 읊은 만큼의 공덕을 얻게 되는 것이다. 물로 돌아가는 물통을 지나가는 경우는 아무것도 할 필요가 없다. 왜냐하면 만트라가 적힌 물통 옆으로 지나가는 행위만으로도 공덕이 있는 것으로 간주되기 때문이다. 탄트라의 스승들은 비를 부르기 위해서 가장 정교한 의례를 준행하는데 그들은 그때 다음과 같은 만트라를 읊는다.

옴 구루 구루 구두 구두 가타 가타 고타야 고타야 카. 오, 뱀들을 전율케 하는 나가[海龍, naga]들의 주이시여, 헤헤 루투 카, 나가들은 일곱 하계(下界)로 내려가 그들을 불러온다, 불러온다. 비여, 비여, 천둥이여, 천둥이여 — 푸 푸 푸 푸 푸 푸 푸 훔 훔 훔 팥 스바하.[21]

만트라를 사용하여 비를 부르거나 선한 혹은 악한 결과를 성취한다는 것은 탄트라의 불자들이 이제는 기적이 업의 효력을 능가할 수 있다고 믿게 되었다는 사실을 가리키는 것이다. 이제는 단순히 적절한 만트라를 정확하게 읊음으로써 악업의 결과를 피하는 것이 가능하게 되었다. 탄트라의 신봉자들은 심지어 성불(成佛)마저도 신비스런 음절 속에 내재해 있는 경이로운 힘에 의해서 성취될 수 있다고 믿는다.

만트라와 서로 협력하는 것이 무드라(mudra), 즉 몸과 손과 손가락으로 하는 의례적 동작이다. 탄트라의 신봉자들은 각각의 불보살들이 각기 자신의 무드라를 가지고 있으며 특정한 불보살과 통교하기를 원한다면 그 고유한 무드라를 정확하게 흉내내야 한다고 믿는다. 의례에서 추는 춤은 신체의 동작으로 간주되며 입문식에서 하나의 역할을 한다.

탄트라의 비밀에 들어가는 것은 아비쉐카(灌頂, abhisheka)라고 불리는데, 즉 신비스런 원(圓)인 만달라(曼茶羅, mandala)에 들어가는 것이라고 불린다. 이 입문식은 세속의 시선으로부터 차단된 채 시행된다. 그래서 진행되는 사정을 완전하게 그려낸다는 것은 불가능하다. 문자로 씌어진 책에 의존하는 것 역시 별로 도움이 안된다. 왜냐하면 의례에 관한 묘사는 설명의 문을 여는 비밀 열쇠를 터득하지 못하면 이해할 수 없는 상징적 언어로 표현되어 있기 때문이다. 우리가 알 수 있는 얼마 안되는 것으로부터 드러나는 것은 우도(右道) 탄트라와 좌도(左道) 탄트라의 두 가지 유형이 있다는 점이다.

---

21. D. L. Snellgrove, *The Hevajara Tantra*. London: Oxford University Press, 1959, 1.52.

우도 탄트라는 신비스런 음절의 주문, 몸과 손과 손가락의 동작들의 의례적 실행, 신비스런 원인 만달라와 관련한 의례와 명상에 주로 관련되어 있다. 불교 예술에서 매우 자주 묘사되는 이 신비한 원은 우주적인 연관을 나타내는 불보살들의 집합 장소로 간주된다. 만달라는 대개 천이나 종이 혹은 심지어 땅바닥에까지 그려지는데 불보살들이 가시적인 형태로 그려지거나 산스크리트 알파벳 문자로 그려지기도 한다. 그러한 신비한 원 중에서 가장 유명한 것은 태장계(胎藏界) 만달라(*Garbhadhatu-mandala*)로서 열셋으로 나뉘어진 부분에 사백다섯의 불보살들이 그려져 있다. 이 원의 중심 인물은 대광명이라는 뜻의 대비로자나불(大毘盧遮那佛, Mahavairocana)로서 탄트라 불자들은 그를 최고의 존재, 즉 절대적 붓다인 법신불(法身佛)로 간주한다. 원에서 보이는 다양한 붓다들, 보살들 그리고 신중(神衆)들은 다름아닌 이 초월적 붓다의 현현이고 그의 온갖 활동의 상징들이다. 이 원의 목적은 가시적인 상징을 제공하여 지고의 붓다가 항상 자신을 현현하여 늘 설법한다는 진리에 집중하도록 수행자를 도와 주는 것이다. 때때로 어떤 만달라는 속된 주위 환경으로부터 구분되어 땅 위에 그려진 단순한 원인 경우도 있다. 그리고 그 안에서 신참자를 위한 입문식이 거행되는 것이다. 이 의례는 물에 의한 세례, 관을 쓰는 대관(戴冠), 성스러운 띠를 어깨에 두르기, 종과 금강저(金剛杵) 만지기, 서원, 법명(法名) 받기 그리고 마지막으로 스승으로부터 종과 금강저를 받는 순서로 구성된다.

좌도 탄트라는 섹스 요가적 수행을 실천한다는 점에서 우도 탄트라와 다르다. 여성적 요소의 숭배는 고대부터 인도의 종교적 실천의 한 특징이었다. 좌도 탄트라는 이러한 특징을 자신들의 실천에 수용하여 그것이 대승적인 이론과 관련되어 있다는 설명을 덧붙였다. 대승불교에서 깨달음은 지혜와 자비의 결합에 의해서 실현된다. 지혜는 모든 드러난 현상계의 비실재를 깨닫는 것이라고 해석된다. 반면에 자비는 다른 이들을 구제하려는 희생적 활동의 수행이다. 좌도 탄트라는 이러한 용어들을 받아들였다. 그러나 그들은 지혜는 여자로 자비는 남자로 해석하였다. 깨달음을 성취하기 위해서는 지혜를 상징하는 처녀가 있어야만 한다. 결론적으로 우리는 탄트라의 조상(影像)에서 불보살들이 배우자를 껴안고 황홀경에 잠겨 있는 것을 볼 수 있다. 그러한 조상들이 저속한 것으로 생각되지는 않는다. 대신에 지혜와 자비, 절대와 현상의 불가분리성의 적절한 상징으로 간주된다.

좌도 탄트라의 신봉자들은 두 가지 근거에서 자신들의 행위를 정당화하려고 한다. 그들의 주장에 의하면 외부 세계와 모든 현상계는 마음이 만들어낸 단순한 환상에 불과하다. 요가 수행자가 요가의 실천을 위해서 신비한 원으로 들어가면 그의 마음은 명상에 의해서 조련되어 모든 사물의 공(空)함을 완전하게 깨닫는다. 이런 마음의 상태에서는 남자와 여자의 양성이 더 이상 존재하지 않으며, 도덕과 부도덕, 선과 악의 차별이 더 이상 존재하지 않는다. 그는 또한 어떠한 행위이든 그 행위 이면에 감추어진 동기에 의해서 판단되어야 한다고 주장한다. 이것은 붓다가 업을 설명할 때 이미 강조했던 점이다. 만일 섹스 요가 행위의 동기가 구제와 깨달음을 얻기 위한 것이라면 그 행위 자체를 부도덕한 것이라고 판단할 수는 없다. 자신의 배우자를 품고 있는 의도와 동기가 고상하고 덕스러운 것이라면 그가 무슨 행위를 하든간에 그가 하는 모든 행위는 고상하고 덕스러운 것이다.

탄트라 불교는 불교의 타락이라고 종종 비난받아 왔다. 그리고 그것은 오랫동안 진지한 연구를 위한 적합한 주제로 간주되지 못했다. 이제 다행스럽게도 이러한 태도는 변하고 있다. 그리고 최근 몇 년 동안에 다수의 연구성과들이 발표되었다. 그 결과 지금까지 티베트 사람들의 종교적 삶에 그토록 생생한 역할을 계속해 온 불교의 이러한 양상에 관해서 더 나은 이해를 가지게 해주고 있다.

제 5 장

승가, 수도 공동체

우리는 앞 장에서 도덕적 행위, 명상 그리고 직관적 지혜라고 하는 세 가지 수행과 관련한 몇몇 실천들에 관해서 언급해 왔다. 그것은 진리를 신봉하는 자들로서 붓다가 가르쳐 준 목표를 성취하고자 한다면 추구하지 않으면 안 되는 것들이다. 스승이 정해 준 이 길을 실제적으로 추구하기에 적합한 환경을 마련하기 위해서 승가(僧伽, sangha), 즉 수도 공동체가 설립되었다. 출가자들의 공동체에 속한 개인은 더 이상 가족이나 사회에 대한 걱정이나 근심을 할 필요가 없었다. 그러한 조건이 신자들로 하여금 교주가 가르쳐 준 수행의 지침과 도덕적 계율을 지키면서 사는 데에 알맞다고 생각되었던 것이다.

붓다가 생존해 있던 때에는 이미 그 이전부터 종교적인 탁발 수행자 집단이 존재하고 있었는데 그들은 숲속의 은둔자로서 이리저리 떠돌며 살거나 혹은 정해진 은둔처에서 머물러 살기도 하였다. 그들은 보통 머리카락과 수염을 깎았지만 어떤 이들은 길게 기르기도 하였다. 그들은 몸에 재를 바르고 가죽 혹은 나무 껍질과 나뭇잎으로 만든 옷을 입든지 아니면 전혀 옷을 입지 않기도 했다. 그러한 종교적 탁발 수행자들을 사문(沙門, samana)이라고 불렀으며 그 집단을 대중이라는 뜻의 승가라고 불렀다. 대개 각 집단은 스승인 구루(guru)를 중심으로 뭉쳐 있었는데 그는 제자들에게 가르침을 베풀고 생활을 지도하였다.

처음에는 붓다의 제자들도 이러한 일반적인 풍습을 따랐다. 붓다는 단지 또 다른 한 명의 스승으로서 그를 따르는 탁발 수행자 집단의 한 지도자였다. 그러므로 불교 수행자들의 초기의 이상은 정해진 주처 없이 이리저리 돌아다니는 은수자(隱修者)의 생활이었다. 이러한 이상은 다음과 같은 글 속에서 잘 나타나 있다. "수행자들이 숲의 생활에서 기쁨을 느끼는 한, 그들은 쇠하지 않고 번성하리라." 또한 그러한 이상은 최초의 불교 문헌인 「숫타니파타」(*Suttanipata*)의 계속해서 반복되는 후렴구에서도 나타난다. "무소의 뿔처럼 혼자서 가라." 그러한 이상은 탁발로써 홀로 살아갈 것, 쓰레기더미에서 주운 천으로 만든 옷을 입을 것, 나무 밑에서 앉고 누울 것, 냄새나는 오줌을 약으로 쓸 것 등, 불교 수행자들이 따라 지켜야 하는 실천에서도 예로 나타난다.

초기 단계에는 출가자로서 교단에 입문하는 것은 간단한 의식에 의해서 가능했다. 그 입문 의식은 주로 붓다와 이미 계율을 받은 출가자가 함께 모이면 지원자가 "재가생활을 떠나서 세존이신 붓다로부터 구족계(具足戒)를 받고자 합니다"라는 신앙고백을 통해 입문을 간청하는 것으로 이루어진다. 그러면 스승은 다음과 같이 대답한다. "오라. 오, 비구여, 법은 이미 잘 가르쳐졌으니 이제 고통을 완전하게 끝내 버릴 수행생활을 실천하라." 이러한 대답과 함께 수계식(受戒式)은 완료된다. 이러한 과정에 따를 것 같으면 수계식을 베풀 수 있는 자격은 오로지 붓다에게만 있었다.

그러나 출가자들의 숫자가 늘어나고 또 포교를 위해서 여러 지역으로 흩어져 감에 따라서 그들이 수계식을 위해서 한꺼번에 모이는 일이 점차로 어렵게 되었다. 더욱이 출가 지원자들이 있는 여러 곳을 붓다가 모두 찾아가는 일도 역시 실제로 불가능했다. 붓다는 이러한 문제들에 봉착하자 결국 다양한 지역에 살고 있는 출가자들이 수계식을 집전할 수 있도록 허락하였다. 그러나 그 수계식이 적법성을 확보하기 위해서는 적어도 온전하게 계율을 받은 열 명의 출가자들이 참여해서 수계식을 베풀어야 했다. 또한 가정 생활을 떠나는 것과 출가자로서의 구족계(具足戒)를 받는 것 사이에는 뚜렷한 구별을 지녔다.

첫번째 과정은 집을 떠나는 상태로서 출가(pabbajja)라고 불렀는데 이것은 공식적인 일은 아니었다. 각자는 단순히 "부처님께 귀의합니다. 법에 귀의합니다. 승가에 귀의합니다"라고 하는 삼귀의(三歸依)의 신앙고백을 토로한다. 여러 가지 예외가 있기는 하지만 지원자가 이 단계를 거치기 위해서는 적어도 열다섯 살이 되어야 한다. 지원자는 이 세 가지 신앙고백을 토로한 뒤 머리를 깎고서 가사(袈裟)를 입으며 열 가지 주요한 계율을 지키며 살 것을 결심한다. 그는 이제 초심 수행자, 즉 사미(沙彌, sramanera)가 된다. 지원자가 구족계(具足戒)라는 온전한 계율을 받기 위해서는(upasampada) 적어도 스무 살이 되어야 하고, 절대적 조건은 아니지만 되도록이면 초심 수행자로서 수년간을 지낸 후라야 한다. 지원자는 먼저 나병, 결핵, 발작증과 같은 어떤 질병이 있거나 혹은 왕실 근무자처럼 직업에서 생기는 어떤 장애가 있지는 않은지 자격 검사를 받는다. 또한 도둑, 탈옥수, 빚쟁이, 노예, 천벌을 범한 자, 어머니를 죽인 자, 아버지를 죽인 자, 아라한을 죽인 자, 환관, 어지자지, 비구니를 범한 자, 붓다의 몸에 피를 나게 한 자, 손발이 없는 자 그리고 교단의 분열을 야기한 자들은 입문이 허락되지 않았다. 지원자가 입문 자격이 있다고 판정되고 나면 원로 출가자들은 그를 출가자 대중들 앞에 데리고 가서 입문을 허락할 것인지 않을 것인지를 세 차례에 걸쳐서 묻는다. 반대하는 사람이 없으면 그 지원자는 입문이 허락된다. 그러면 새로 입문한 출가자는 입문한 지 십 년 이상 지난 출가자들 중에서 영적 스승을 정하고 그의 영적 지도 아래서 수행을 시작하는 것이다.

계율을 받은 출가자가 교단에 합류할 때는 개인적 소유물로서 세 가지 가사(袈裟), 내의 한 벌, 발우(鉢盂) 하나, 면도칼 하나, 바늘 하나, 물 여과기 하나 등의 비품들을 가질 수가 있다. 만일 재산이 있는 사람은 가족들에게 보존하도록 맡겨 둘 수가 있다. 재가생활로부터 떠나는 것이 자신의 재산을 완전히 포기해야만 한다는 것을 의미하지는 않는다. 그것은 단순히 재산으로부터 떠나는 것을 의미하는 것이다. 세속으로부터의 결렬은 단지 출가에 의한 결과일 뿐 출가의 조건은 아니다. 출가하기 전에 재산을 처분하지 않음으로써 여전히 부재지주로서의 재산가였던 출가자들에 관한 많은 예들이 불교 문헌에서 발견된다. 예를 들어 붓다의 아들 라훌라는 출가한 지육 년 만에 마을로 돌아온 붓다에게 유산을 요구했었다. 또한 율장(律藏)에도 생존을 보장할 마을과 필요한 농산물을 기를 논밭과 생계를 위한 돈과 금이 있다고 말하면서 교단을 떠난 한 출가자의 이야기가 실려 있다. 중국 출가자들의 정황에 관해서 말하자면, 북서 중국에서 발견되는 수많은 문서들이 승가에 소속된 구성원들이 돈과 재산을 빌려주고 과대한 이자를 부과하는 상업적 활동을 했던 사실을 기록하고 있다.

출가자들도 재산을 소유하고 있었기 때문에 그들이 죽은 후에 재산의 분배에 관한 문제가 생겨났다. 일반적으로 한 출가자가 세상을 떠나면 그의 개인적인 소유물들은 그를 보살펴 온 출가자에게 주어졌다. 그럼에도 불구하고 세상을 떠나는 출가자가 중요한 세습 재산을 남겼을 경우에는 중요한 재산과 하찮은 재산을 구별했다. 후자의 범주에 속하는 것들은 대개 죽은 이의 개인적 도구들로서 그런 것은 그의 개인적 시자(侍者)들에게 주어진다. 전자의 범주에 속하는 가옥, 논, 밭, 도서, 현금 자산은 승가 공동의 재산이 된다. 중국의 밀교 출가자였던 불공(不空, Amogavajra)이 남긴 유산의 분배 과정이 이에 관한 좋은 예이다. 그의 인장, 번역서, 경전 그리고 종교적인 법구(法具)들은 그의 상좌(上座)와 제자들에게 주어졌고 두 마리의 소, 마차, 논, 밭, 87온스의 금, 220온스의 은은 그가 살던 절에 남겨졌다. 그러나 중국에서는 출가자가 자신의 죽음이 멀지 않았다는 사실을 알았을 때 자신의 집으로 돌아가는 간단한 방법으로 자신의 재산이 절의 수중으로 들어가는 것을 막을 수가 있었다. 왜냐하면 한 출가자의 임종을 자신의 집에서 맞이하도록 한 재가 신자는 그 출가자의 모든 재산을 요구할 수 있다는 관습이 있었기 때문이었다.

초기 불교 공동체의 유행(遊行)의 이상은 얼마 안 가 당시 인도의 현실적 조건들에 의해서 수정되고 변경되었다. 출가자들은 이리저리 유행하는 대신에 일 년에 몇 달 동안은 고정된 처소에 정착하였다. 이러한 변화는 여름 내내 계속되는 우기(雨期)로 인하여 생겨났다. 우기에는 출가자들이 여행을 하거나 나무 밑에서 지내는 것이 매우 어렵기 때문에 그동안 한 곳에 머물면서 우기가 끝나기를 기다리는 것이 관행이 되었다. 이러한 관행은 곧 관습으로 정착되었고 이 관습은 계속된 반복을 거치며 신성성을 획득하였다. 이러한 관습으로부터 출가자 공동체가 체류하기 위한 목적으로 구획된 주처(住處, avasa)가 만들어졌다. 한 주처를 구성하는 출가자들은 용의주도하게 정해지고 엄격하게 적용되는 계율들을 지닌 완전한 공동체를 형성하고 각각의 주처 안에서 집단적 공동체 생활을 했다. 그러한 공동체 생활의 겉으로 드러난 공식적 모습이 보름마다 모이는 포살(布薩, uposatha)이라는 집회의 준수였다.

 출가자들이 우기 동안에 주처의 구역 내에서 정착하게 되자 부근의 부유한 재가 신자나 통치 군주들은 그러한 상황이 출가자들에게 필요한 것을 조달해 줌으로써 종교적인 공덕을 지을 수 있는 황금의 기회라는 사실을 금방 깨달았다. 그리고 그들이 고안해 낸 수단들은 얼마 안 가 출가 수도승 공동체의 생활 방식을 변화시키게 되었다. 이들 부유한 후원자들 중의 어떤 이들은 출가자들을 위해서 집을 짓고 그 집 안에 방, 회랑, 산책을 위한 마당, 목욕탕, 누각, 창고 등의 정교한 시설물들을 배치했다. 그들은 또한 때때로 출가자들을 자신의 집으로 초대하여 식사를 대접함으로써 출가자들이 걸식을 해야 하는 번거로움을 덜어 주었다. 어떤 경우 통치 군주들은 한 마을 전체의 수확을 한 출가자 공동체에 바치기로 함으로써 그 공동체를 영속적으로 후원하기도 했다. 붓다가 생존해 있는 동안에는 탁발 유행생활과 정착생활의 두 이상 사이에 갈등이 있었던 듯하다. 왜냐하면 당시에 오로지 탁발로 견디며 나무 밑에서 생활하는 아주 엄격한 탁발 유행의 이상을 고수하는 한 무리의 출가자 집단이 존재하고 있었다는 사실을 알 수 있기 때문이다. 이 문제는 결국 붓다의 판결을 요구하게 되었고 붓다의 판결은 엄격한 탁발 유행을 고수해야 한다는 이상은 출가자 각자의 개인적인 재량에 맡긴다는 것이었다. 엄격한 탁발 유행의 고수를 주장하는 편에서는 고기와 생선을 먹지 말 것을 주창했다. 이러한 사실은 그것을 먹는 것이 전적인 금기 사항이 아니었다는 것을 의미한다. 붓다는 한때 교단의 일원이라 할지라도 생선이나 고기가 마련되는 과정을 보거나 듣지 않은 경우, 또 그 고기가 주로 자신을 위해서 마련되지 않았다고 생각되는 한 그것은 먹어도 좋다고 스스로 말한 적이 있다. 우리는 이런 사실을 통해서 출가자들이 육식을 할 수 있는 여지가 널리 열려 있었다는 점을 쉽게 알 수가 있다.

정착생활의 제도와 함께 출가 수도승들의 의복도 변화되었다. 왜냐하면 그들은 이제 누더기로 만든 옷을 입는 대신에 신심 돈독한 재가 신자들이 우기가 끝날 때 보시한 목화, 털실, 아마포 심지어 비단으로 짠 가사(袈裟)를 입을 수 있게 되었기 때문이다.

출가자들은 탁발을 하며 유행하는 한 시물(施物)을 축적할 필요가 없었다. 더욱이 계율 중의 한 조목은 모든 시물은 단 한번에 먹어야 하고 음식을 남겨서 쌓아두어서는 안된다고 명문화하고 있다. 그럼에도 불구하고 정착 공동체가 발전하게 되자 정착 대중뿐만 아니라 대규모의 대중을 먹이기 위해서는 창고에 항시 충분한 식료품을 보유하고 있어야만 했다. 이것은 축적 금지의 계율을 위반하는 것이다. 초기의 출가자 공동체는 이 계율의 금지 사항을 우회하여 곳간을 주처의 바로 옆에 두거나 물품들을 주처의 구역 안에서 사는 재가 신자의 마구간이나 집에 보관했다. 그러나 세월이 흐르면서 물품을 쌓아두는 창고도 사원의 일부분이 됨으로써 더 이상 그러한 편법에 의존하지 않게 되었다. 승가에 보시된 어떠한 시물도 한 출가자에 의해서 착복될 수는 없었다. 만일 시주(施主)가 시물을 특정한 한 출가자에게 주기를 원할 경우, 그 출가자는 먼저 그 시물이 지정된 개인에게 특별히 주어졌다는 설명과 함께 그 시물을 승가에 보내야만 한다. 가장 중요한 팔리어 경전 중의 하나인 「대반열반경」은 모든 물품의 이러한 공동 소유를 강조하고 있다. 그 중에는 다음과 같은 구절이 있다.

> 법우(法友)들이 공평하게 나누는 한, 그리고 교단의 정당한 규칙에 따라 받은 모든 시물들을 발우 하나에 있는 것조차도 정직한 동료들과 함께 나누는 한, 법우들은 영원히 쇠하지 않고 번성할 것이다.[22]

정착생활의 수립과 함께 사원에서의 역할 분담도 생겨났다. 승가의 구성원들은 각각 창고지기, 시물 배분자, 건물 관리자, 재정의 기록자 등의 임무를 맡았다.

불교가 성장하고 퍼져 나감에 따라서 간지스 유역의 여러 지역에서 많은 출가자 공동체들이 생겨났다. 이들 초기 불교 공동체의 주된 특징은 내부 체제가 민주적 성격을 띤다는 점이다. 그들은 이런 점에서 대체로 당시의 탁발 수행자들이 승가의 한 우두머리를 지도자로 인정하고 법통의 승계권을 부여하던 것과는 달랐다. 붓다는 승가의 지도자였음에도 불구하고 제자들이 후계자를 지명하라는 요청을 받았을 때 법통의 승계권을 단호하게 거부하였다. 대신에 그는 그가 제시한 가르침과 계율이 그가 죽고 난 뒤 출가자 공동체의 지도자로서 부족함이 없을 것이라고 선언하였다. 승가 내에서 처리해야만 할 어떤 업무가 생길 때마다 학식이나 덕망이 높은 출가자가 그 회합을 관장할 의장으로 뽑혔다. 각각의 모든 출가자들은 그러한 모임에서 토론에 참여하고 선거를 할 수 있는 권한이 있었다. 의결에 필요한 정족수는 처리해야 할 업무의 사안에 따라서 다양했다. 새로운 출가자의 수계를 위해서는 적어도 이미 계율을 받은 열 명의 출가자가 출석해야만 했으며 한편 용서받을 수 있는 죄를 범하고 참회를 한 출가자를 복권시키기 위해서는 스무 명의 출가자가 필요했다. 승가의 타락을 방지하는 최선의 방책은 정족수를 완비하는 것이라고 여겨졌다. 업무 처리를 관장하는 규칙 가운데는 회의에 불참한 사람이 나중에 비준권을 행사할 수는 없지만 그가 투표하기를 원한다면 대리 투표를 할 수가 있다는 사실이 규정되어 있었다. 판결을 위해서는 현대의 법률 제정에서도 세 번의 낭독이 필요한 것과 마찬가지로 해당 사안은 세 차례에 걸쳐서 선포되어야만 효력을 발휘했다. 침묵을 지키는 편은 상정된 법안에 동의한다는 것을 의미했다. 승가의 사안에 관한 어떠한 이견이 있을 경우, 때로는 그 승가 내의 위원회에 의해, 혹은 이웃 공동체

---

22. T. W. Rhys Davids, *Dialogues of the Buddha*. London: Oxford University Press, 1910, 2.85.

의 중재자에 의해서 결정되었으며, 혹은 단순히 그 공동체 안의 다수결에 의해서 결정되기도 했다.

출가 공동체 안에서의 생활은 흔히 수행의 준칙, 즉 계율(vinaya)이라고 불리는 일련의 수도원 규칙에 의해서 주도면밀하게 규제되었다. 문자적으로는 비나야(vinaya)라는 말은 인도하는 것이라는 뜻이다. 대개 이러한 규칙들은 어떤 특정한 기회에 일어난 사건에 대한 붓다의 발언으로서, 판결로 간주되었다. 그러므로 불교 문헌의 기록자들은 계율 전체를 담고 있는 율장에서 그 계율의 제정 배경을 알려주는 이야기를 부가해 두어야 한다고 생각했다. 그리하여 그러한 판결이 근거했던 사실들을 알 수 있는 것이다. 그러한 이야기들은 종종 독자들을 혼란시킨다. 왜냐하면 그런 이야기들 중의 몇몇은 진실의 핵을 담고 있지만 어떤 것들은 그 계율과 아무 관련도 없으며 나중에 조작된 것들이 분명하기 때문이다. 그럼에도 불구하고 그러한 수행 준칙의 반포와의 관련을 떠나, 그러한 이야기들은 당시의 사회적·도덕적·지적인 분위기에 관한 정보로서 그들 자체의 어떠한 가치를 지니고 있다.

예컨대 정신을 혼미하게 하는 음료를 마시지 말라는 계율을 공포하게 되는 배경 이야기를 여기서 되새겨 보자: 시골에 사는 한 독룡이 독가스로 주변의 많은 새와 동물들을 죽이게 되자, 그곳에 사는 이들이 붓다에게 그 골치덩이를 좀 어떻게 해달라고 탄원하였다. 독룡을 제압하는 과제를 수행하기 위해 사가타(Sagata)라는 수행자를 불렀는데 그는 모든 이들 중에서 불을 가장 잘 다루는 전문가였다. 사가타가 독룡의 처소로 다가가자, 그 독룡은 분노를 터뜨리며 비, 우박, 칼, 창, 작살과 그밖의 무기들을 사가타에게 퍼부었다. 그러나 이 모든 것들은 사가타의 놀라운 힘에 의해 여러 가지 향기로운 꽃가루로 변해 버렸다. 그 독룡은 이러한 무기들에 의한 공격이 실패하자 다시 불과 연기로 공격하였다. 그러나 사가타는 자신의 몸을 불덩이로 변화시켜 응수하면서 독룡의 거처에 불을 질렀다. 독룡은 사가타의 이러한 불꽃 기술에 놀라 불타는 집으로부터 도망치려고 하였다. 그러나 모든 퇴로는 불길에 막혀 버리고 오로지 사가타의 주위만 조용하고 시원하였다.

독룡은 이제 속수무책이 되어 거기서 피신처를 찾을 수밖에 없었다. 그러자 사가타는 그 독룡으로 하여금 붓다에게 귀의하고 더 이상 악행을 저지르지 않겠다는 맹세를 하도록 했다. 이에 독룡은 기꺼이 따르기로 하였다.

그 지역에 살던 사람들은 독룡을 항복시키고 귀의시키는 이러한 업적에 대하여 사가타에게 뜨거운 감사를 느꼈다. 그래서 그 지역에 사는 바라문 중의 한 사람이 이 출가 수행자를 공양에 초대하였다. 사가타가 흔쾌히 수락하자 이 바라문은 굉장히 훌륭한 요리를 준비하였고 사가타는 이 요리를 맛있게 먹었다. 그런데 이 바라문은 사가타가 배불리 먹고 난 뒤에 소화를 돕겠다는 의도에서 사가타가 먹는 수프에다가 몰래 술을 조금 넣었다. 사가타는 식사가 끝나자 길을 떠났다. 그러나 사가타는 자신의 거처로 돌아오는 도중에 태양의 열기와 술의 취기를 이기지 못하고 땅바닥에 쓰러지고 말았다. 그때 붓다는 천리안의 신통력으로 사가타에게 일어난 이 모든 사태를 보고 사람들이 이 수행자의 불명예스런 모습을 보지 못하도록 신통력을 사용하여 취해 쓰러진 이 출가 수행자를 풀로써 덮어 주었다. 이리하여 붓다는 제자들이 모인 자리에서 정신을 혼미하게 만드는 음료는 마시지 말라는 계율을 제정하였다.

수행 규범의 핵심은 파티목카(patimokkha: 결속, 즉 결합시키는 것)라고 불리는 부분인데 현재의 팔리어 경전에서는 227개의 규칙으로 이루어져 있다. 그러나 중국의 율장은 250개, 티베트의 율장은 253개의 계율로 구성되어 있다. 이 파티목카는 출가 수행의 금계(禁戒)에 관한 세목의 열거와 분류로 구성된 단순한 종규(宗規)의 법전이라고 말할 수 있다. 이 법전이 규정되고 난 후로 그것은 매 초하루와 보름에 열리는 출가자들의 보름마다의 모임에서 암송되었다.

이 보름마다의 모임의 기원은 초기의 베다 문헌에서 발견된다고 할 수 있는데 그 당시 초하루와 보름은 제사를 드리기에 성스러운 날로 지켜졌다. 희생 제사를 바치는 사람은 준비 행위로서 음식과 여자의 접촉을 삼갔으며 의례가 치러질 가옥에 칩거하였다. 이와 같은 성스러운 날에 관한 준수는 불교로 들어와서 공동체의 집단생활의 표상이 되었다. 이 모임의 소집에 관해서는 엄격한 규율이 적용되었다. 모임의 장소가 공식적으로 정해지고 나면 그 특정 지역에 살고 있는 출가 수행자들은 물론이고 우연히 그곳을 들르던 출가 수행자까지 포함하여 그때 그곳에 있던 출가 수행자들은 모두 참여해야만 했다. 아주 화급한 승가의 업무를 맡은 이를 제외하고는 누구도 경내를 떠나는 것이 허락되지 않았다.

파티목카에 규정된 모든 계율의 암송과 함께 특정한 계율을 어긴 수행자들이 그 허물을 고백하기 위한 시간이 있었다. 여기서 다시 한번 강조되어야 할 것은 계율을 어김으로써 생긴 죄업이 이러한 고백에 의해서 소멸되지는 않는다는 사실이다. 그것은 단순히 그 수행자가 거듭해서 그러한 죄를 범하지 않겠다는 다짐을 의미할 뿐이다. 고백에 이어 처벌이 뒤따르는데 그것은 계율을 어긴 유형에 따라서 정해진다. 승가는 파계자(破戒者)들에 대해서 수행 규범에 의해 처벌함으로써 승가의 구성원들에 대한 사법권을 행사한다. 그리고 이것이야말로 파티목카의 준칙들이 사문화되어 버리는 것을 방지하는 승가의 권위였던 것이다.

현존하는 팔리어 경전에서는 파티목카의 227개의 계율들이 여덟 부분으로 구분되어 있다. 첫 부분은 네 가지의 중요한 파계인 여자와의 부정한 행위, 훔치는 행위, 사람을 죽이는 행위, 수행력의 과장에 관한 것으로서 이것을 어기면 승가에서 축출당한다. 앞의 세 가지는 일반적으로 모든 문명 사회에서 실제로 적용되는 것이다. 한편 성적 정결은 붓다가 생존했던 시대 이전부터 시작하여 그가 생존했던 시대까지 실제적으로 모든 종교 단체들이 이미 지키고 있었다. 물론 그것은 수행생활의 결과를 성취하기 위해서는 절제와 자기 통제가 필수적이라는 생각에 기초한 것이었다. 출가 수행자가 승가에 들어온 이상 그가 사용하는 모든 사물을 공동 재산으로 여기겠다는 서원을 세웠다는 사실에 비추어 볼 때, 훔치는 행위는 특히 중대한 파계로 간주되었다. 이 계율에 관하여 자세하게 논한 것을 보면 현대법의 정교한 점에 비견할 만큼 세밀한 점들이 있다. 예컨대 만일 가치가 다섯 단위 이상의 중요한 타인의 소유물이 있어서 그것을 훔치고자 하는 의사가 수행자에게 있다면, 그 수행자는 그것을 만지기만 하여도 악행의 죄를 짓는 것이며, 그것을 움직이게 하면 그는 중죄를 짓는 것이며, 그것을 다른 곳으로 옮긴다면 그는 교단에서 축출당하는 죄를 짓는 것이다. 이것은 훔치는 죄에 대한 세 단계의 처벌, 즉 축출, 중죄, 악행이 있다는 사실을 가리키는 것이라고 할 수 있을 것이다. 마지막 두 가지는 좀더 가벼운 처벌이 가하여지는데 단순히 교단으로부터 일시적으로 추방당하거나 파계 사실에 대한 고백을 하는 것이다.

살인에 관한 계율은 매우 분명하다. 어떤 출가 수행자가 의도적으로 한 인간의 생명을 빼앗거나, 죽음을 찬양하거나, 죽음을 부추기거나 할 때마다, 그는 교단으로부터 축출당하는 처벌을 받는 죄를 범하는 것이다. 한때 여섯 명의 출가 수행자들이 병든 한 재가자의 아름다운 아내에게 반했는데, 그들은 모두 그 재가자가 이 세상의 삶을 빨리 포기하도록 재촉하기 위한 의도에서 죽는 것이 사는 것보다 훨씬 더 바람직한 상태가 될 것이라고 가르쳤다. 왜냐하면 그가 죽게 되면 그 자신의 선행으로 말미암아 천계의 한 곳에 다시 태어나 모든 감각적 쾌락을 지겹도록 즐기게 될 것이기 때문이라는 것이다. 이 견해에 이끌린 그 환자는 음식과 술을 실컷 먹고 마시고 죽어버렸다. 붓다는 이 사실을 전해 듣고는 그 여섯 수행자를 꾸짖고 교단에서 축출하였다. 왜냐하면 그들이 비록 그 재가자를 실제로 죽인 것은 아니지만 거기에는 그를 죽이고자 하는 의도가 개재되어 있었기 때문이다.

여자와의 부정한 행위, 훔치는 행위, 살인 행위의 세 가지 파계에 똑같이 이토록 엄중한 처벌이 가해져야 한다는 사실이 의아하게 느껴질 수도 있다. 그러나 이런 엄중한 처벌은 석가를 따르는 출가 수도승뿐만 아니라 다른 모든 은수자(隱修者)들에게도 마찬가지였다는 점이 기억되어야만 한다. 그러므로 이러한 처벌은 당시 인도 사회의 일반적인 정서가 반영된 것이다. 아주 최근까지 영국에서는 양 도둑과 미국 서부에서는 소 도둑이 교수형에 처해졌다는 사실을 회상해 보는 것이 좋을 것이다.

다음은 축출의 처벌에 해당하는 넷째 파계인데, 그것은 수행력을 과장하거나 초인의 품성이나 속성을 가졌다고 주장하는 것이다. 이 파계는 다른 세 가지의 파계와는 다른 관점에서 조망되어야 하는데, 수도 공동체가 지닌 대조적 가치관을 반영하는 것 같다. 여기에는 단순히 거짓말이나 헛자랑에 대한 비난뿐만 아니라 특정한 헛자랑, 즉 오랜 세월 동안의 수행을 거친 뒤에야 얻을 수 있는 정신적 단계에 도달했다고 하는 헛자랑이 포함되는 것이다. 석가를 따르는 출가자들이 그러한 헛자랑이 가장 심각한 파계라고 주장하는 것은 그들 자신이 추구하고 있는 그러한 정신적 계발의 단계를 최고의 것으로 평가한다는 사실과 실제로 그러한 단계를 얻지 못했는데도 얻었다고 자랑해서는 절대 안된다는 사실을 암시하는 것이다. 세상사에 관한 거짓말이나 헛자랑을 했을 경우에는 속죄를 위한 고백만 필요하지만 수행력의 획득에 관한 헛자랑은 교단으로부터 축출당하는 결과를 초래하는 것이다.

파티목카의 두번째 부분은 출가 수행자가 여자를 대하는 행위, 수행자 서로를 대하는 행위 그리고 재가 신자를 대하는 행위에 관한 열세 가지의 계율로 구성되어 있다. 이들 계율을 어기면 교단으로부터 일시적인 추방의 결과를 초래하게 되고 처벌 기간이 만료되면 그 수행자는 승가의 대중들 앞에서 재합류를 위한 허락을 간청해야 한다. 구족계의 나머지 부분들은 거짓말, 비방, 공공 장소에서 폐를 끼치는 행위, 술 마시기 등의 그리 중하지 않은 파계에 관한 것인데 이에 관한 속죄는 단순한 고백에 의해서 얻을 수가 있다.

출가 수행자들의 행동을 다스리는 그러한 계율을 반포해야 할 필요가 있었다는 사실은 승가의 구성원들이 그러한 죄악을 범했다는 증거라고 비난을 받아왔다. 특히 중국의 배불론자(排佛論者)들이 그러한 비난을 강조했는데 그들의 주장에 의하면 인도 사람들은 천성적으로 여자와의 부정한 행위, 훔치는 행위 그리고 살인과 같은 죄악에 탐닉한다는 것이다. 틀림없이 불교의 승가에는 그러한 배신자들이 들어와 있었을 것이다. 그러나 우리 종교사학자들은 이들 타락자들에게 많은 빚을 지고 있다. 왜냐하면 그들의 나쁜 행실들이 초기 불교의 승가에 관해서 너무나 많은 사실들을 알려주고 있는 파티목카 계율을 유산으로 남겼기 때문이다. 그러나 이러한 몇 안되는 악행자들 때문에 죄많은 도반(道伴)들의 나쁜 행실에 관해서 부끄러워하고 한탄하는 깨끗하고 덕높은 다수의 수행자들을 잊어서는 안된다.

아난다(Ananda)와 세존의 계모였던 마하파자파티(Mahapajapati)의 간절한 열망에도 불구하고 처음에는 여성은 교단에 들어올 수가 없었다. 그러나 법의 가르침 아래서 여성이 종교적 삶의 결과를 성취할 수 있느냐 없느냐는 아난다의 물음에 대하여 붓다는 긍정적인 답변을 했고, 그에 대해 아난다는 만일 여성도 자격이 있다면 어째서 그들을 교단으로부터 제외하는가를 추궁하였다. 이러한 논리에 직면한 붓다는 태도를 누그러뜨리고 동의를 표하였다. 그러나 교단에 들어온 여성이 승낙해야만 하는 여덟 가지 조항을 특별히 제정하였다.

(1) 여성 출가자인 비구니는 비록 여든 살을 먹었다 할지라도 방금 계를 받은 남성 출가자인 비구를 만나면 일어나서 인사하고 공손하게 맞이하며 존경심을 가지고 행동해야 한다.
(2) 비구니는 비구가 없는 곳에는 어떠한 곳이라도 머물러서는 안된다.
(3) 비구니들은 비구들이 정한 날짜에 좇아 보름마다의 모임에 따라야 한다.
(4) 비구니들은 우기의 결제(結制)가 끝날 때에 양쪽 대중(大衆) 모두에게 비판을 자청해야 한다.
(5) 만일 비구니가 중한 파계의 죄를 지었을 때는 양쪽 대중 앞에서 보름 동안의 참회를 해야만 한다.
(6) 여성 초심자는 수행 계율을 2년 동안 실천한 뒤에야 양쪽 대중 앞에서 계 받기를 청할 수가 있다.
(7) 비구니는 어떠한 경우에도 비구를 욕하거나 비난할 수 없다.
(8) 비구니들은 같은 비구니를 질책할 수 없으나 비구는 비구니를 질책할 수 있다.

더욱이 전하는 바에 의하면 붓다가 말하기를 만일 비구니를 교단에 받아들이지 않는다면 정법(正法)이 천 년 동안 계속되겠지만, 만일 이제 그들을 받아들인다면 단지 오백 년밖에 계속되지 않을 것이라고 했다고 한다. 이러한 조건들의 전체 기조는 사캬족의 성자가 여성들이 교단에 들어오는 것을 달가워하지 않았다는 사실과 그들이 들어온 뒤에도 남성 출가자들과 동등하게 여기지 않았다는 사실을 가리키는 것으로 보인다.

초기 불교에서 종교적 수행의 목표는 아라한과 열반이었다. 그런데 이 둘 모두 세속생활과는 양립할 수 없는 정신적이고 영적인 맹렬한 수행을 필요로 했기 때문에 재가 신자들은 그러한 목표를 추구하는 데 참여할 수가 없었다. 가족과 사회와 직업이 걸려 있고 사랑하는 것들에 대한 집착으로 특징지어지는 재가생활은 종교적 목표를 추구하는 사람들이 실천해야 하는 엄격한 생활에는 적합하지 않다고 생각되었다. 그러나 붓다가 자신의 가르침을 주로 승가의 구성원들에게 베풀었다고는 하지만 출가자들을 부양하기 위해서 보시를 하는 헌신적인 재가 신자들이 있었기 때문에 출가 집단은 물질적인 생활을 염려하지 않은 채 그들의 수행생활에만 온 정신을 쏟을 수 있었던 것이다. 율장에는 붓다가 왜 재가자들을 교단에 받아들였는가 하는 또 다른 이유가 나타나 있다. 불교의 수행자들은 아내를 과부로 만들고 아들과 딸들을 고아로 만들며 젊은 청년들을 집에서 유혹해 내기 때문에 사회 공동체의 정상적인 삶을 파괴한다고 하는 비판이 일어났다고 한다. 이러한 비판에 대하여 붓다가 제시한 대안이 불교에 헌신적이지만 여전히 재가생활을 하면서 사회의 기능을 수행하는 재가의 제자들이었다.

재가의 제자들이 불교에 받아들여지기는 했지만 그들은 불교의 가르침에 숙달하거나 승가의 활동에 참여하기를 요구받지는 않았다. 그러나 출가 수행자의 생계가 재가자들에게 달려 있었기 때문에 이 두 집단 사이에는 우호적인 관계가 성립되어 있었다. 예를 들자면 출가자들은 재가 가문에 불명예가 될 만한 일을 하는 것이 금지되었으며, 재가자들을 성가시게 하거나 괴롭히지 말고 그들의 후원을 받아야 한다고 했다.

붓다의 초기 재가 제자들 중에서 두 사람은 승가에 끼친 공헌들 때문에 언급할 만한 가치가 있다. 한 사람은 "고독한 사람들에게 보시를 베푸는 자"라는 뜻의 아나타핀다다(給孤獨, Anathapindada)인데 그는 붓다가 생존한 동안에 가장 넉넉한 승가의 후원자였다. 그는 자신의 집에 한꺼번에 500명의 출가자들을 공양할 수 있는 충분한 음식을 항상 준비하고 있었다고 한다. 그가 승가에 바친 가장 엄청난 시물(施物)은 사바티(舍衛, Savatthi) 성(城)의 제타바나(祇陀林, Jetavana) 동산을 살 수 있는 돈이었는데, 그는 이 제타바나 동산을 붓다에게 바쳐서 붓다가 여생 동안 이곳을 상시(常時) 거주처로 쓸 수 있도록 하였다. 또 다른 재가 신자는 지바카(Jivaka)였는데 그는 마가다(Magadha)의 국왕인 빔비사라(Bimbisara)의 어의(御醫)였으며 동시에 붓다와 출가자 공동체의 의사였다. 그가 시행한 절개술(뇌수술) 및 개복술(복막수술)과 같은 몇몇 외과수술 행위는 정말 유명하다. 외과 의사로서의 그의 기술 때문에 그가 치료할 수 없을 만큼 많은 환자들이 몰려들었지만 그는 결코 승가를 소홀히하지 않았다. 그래서 결국은 많은 환자들이 단지 그에게서 치료를 받기 위하여 승가에 들어왔다. 이러한 사실을 안 그는 붓다에게 병환을 앓고 있는 사람은 출가 수행자가 될 수 없도록 하는 계율을 정하도록 조언하였다.

어떤 한 사람이 붓다의 재가 제자가 되는 공식적 절차는 매우 간단했다. 그가 해야만 하는 것은 "부처님께 귀의합니다. 가르침에 귀의합니다. 승가에 귀의합니다"라고 하는 세 가지 귀의에 관한 신조를 토로하는 것이 전부이다. 그러므로 구제자로서 붓다를 믿고, 참된 길로서 가르침을 믿고, 가르침의 상징으로서 승가를 믿는 믿음이 가장 중요한 요소였다. 공식적으로 재가 제자가 되고 나면 원하는 경우 그는 보름마다의 모임의 의례에 참여할 수도 있었다. 그러나 그가 의례에 참여하는 것을 허락받기 위해서는 장식이나 화장품으로 치장을 해서는 안되며, 오락을 즐기러 가서는 안되며, 육식을 하거나 여자와 접촉을 해서는 안되며 금식 기간을 준수해야만 했다.

재가 제자들을 받아들이게 되자 그들을 위해서 특수한 목표를 제시하는 것이 필수적이었다. 왜냐하면 그들은 아라한이나 열반을 열망하는 것이 허락되지 않았기 때문이다. 재가 제자들의 목표는 천상의 한 곳에 신으로 태어나는 것이며 이러한 목표를 이루기 위해서는 먼저 다섯 가지의 주요한 계율, 즉 죽이지 말 것, 훔치지 말 것, 부정한 성생활을 하지 말 것, 거짓말하지 말 것 그리고 정신을 혼미하게 하는 음료를 마시지 말 것 등의 계율을 지켜야 했다. 또한 재가자는 신심을 가지고 승가에 보시를 실천해야 하고, 분노를 참아야 하며, 자비로운 생활을 해야 하고, 연장자를 공경해야 하며, 무기 거래, 인신 매매, 육류 판매, 흥분제 거래, 독약류 판매 등의 직업을 가지면 안된다. 그는 자신의 출생, 재산, 신분을 자랑해서는 안되며 현명한 사람을 친구로 삼아야 한다.

 재가 제자들은 오로지 천상에서 신으로 태어나는 것을 바랄 수밖에 없었음에도 불구하고 경전에는 재가 제자들이 아라한의 목표를 성취한 예들이 여러 차례 언급되고 있다. 그런 경우에는 그 재가자가 아라한을 성취하는 바로 그 날로 노란 법의(法衣)를 입어야만 하는 것이 전통이었다. 그렇지 않으면 그는 죽게 된다는 것이다.

 이제 신으로서의 환생이 마련되자 불자들은 곧이어 그러한 신들에 관해서 당시에 널리 알려진 인도의 종교와 신화로부터 신들의 전체적인 위계(位階)를 만들어 내고는 불자들의 필요에 따라 적당하게 변형시켰다. 불교에서의 그러한 신들은 이미 알려졌거나 아직 알려지지 않은 세계들의 주인이 아니라 과거의 선업으로 인해서 그들의 삶과 행복을 누리는 존재들로서 도덕적 성격을 지녔으며, 통상적인 인간들이 겪을 수밖에 없는 불행으로부터 자유로웠다. 신들은 평화스럽고 행복한 생활을 누리며, 잘 생겼고 광채가 나며, 키가 크고 우아하며, 때가 묻지 않으며, 아무런 방해도 받지 않고 한 세계로부터 다른 세계로 옮아갈 수 있다고 한다. 불자들은 그러한 신들에 관해서 감각적 쾌락의 세계[欲界]의 신들, 형상의 세계[色界]에 사는 신들, 형상마저 없는 세계[無色界]에 사는 신들이라는 세 가지 주요 범주를 만들어 내었다. 맨 처음의 가장 낮은 범주에서는 여섯 부류의 신들이 모두 여섯 가지의 감각 기관을 가지고 인간들처럼 감각의 즐거움을 누린다. 그들은 결혼을 해서 아내들과 즐거움을 누리며 종종 소마(soma) 쥬스의 환각적 효능을 즐긴다. 두번째 범주인 형상의 세계에 사는 신들은 미각, 촉각, 후각이 없다. 이들은 대개 브라흐마(Brahma) 신들이라고 불리는데 선업을 통해서 그들의 위상(位相)을 성취하고 인간 세상을 주기적으로 방문하여 인간사에 개입한다. 그러나 그들의 위상은 아직 아라한보다 낮다. 왜냐하면 그들의 지식은 한계가 있고 여전히 윤회를 할 수밖에 없기 때문이다. 이 점을 설명해 주는 재미있는 이야기가 경전에 실려 있다.

한 출가 수행자는 "아라한이 열반에 들 때 지, 수, 화, 풍의 4대 요소는 아무런 흔적도 남기지 않고 어디로 가는가?"라는 문제로 곤란을 겪고 있었다. 그는 먼저 가장 낮은 곳에서부터 출발하여 감각의 세계에 사는 신들에게로 가서 사방의 주요한 네 왕들에게 그 질문을 던졌다. 그러나 그들은 모른다는 대답과 함께 그들의 위에는 자신들보다 능력이 뛰어나고 더 현명한 신들이 있는데 그들은 해답을 알 것이라고 말했다. 그래서 그 출가 수행자는 첫번째 범주의 여섯 부류의 신들을 모두 차례대로 방문했으며, 이어서 형상의 세계에 사는 신들을 방문했고, 드디어 마지막으로 그 범주에 속한 최고의 신, 즉 대범천(大梵天, Great Brahma)에 이르렀다. 질문을 받은 대범천은 말했다. "형제여, 나는 대범천이며, 지고자이며, 위대한 자이며, 모든 것을 보는 자이며, 지배자이며, 모든 것의 주이며, 통치자이며, 창조자이며, 모든 것의 우두머리로서 모든 것을 각자의 자리에 정해 주며, … 현재 존재하는 것과 앞으로 존재하게 될 모든 것의 아버지이니라." 그러자 그 출가 수행자가 대답했다. "친구여, 나는 그대에게 지금 그대가 대답하는 것에 관해서는 진정 물은 적이 없소. 나는 그대에게 4대 요소가 어디로 가는가를 물었소." 대범천은 두번째 물음에도 세번째 물음에도 똑같은 대답을 했다. 그러나 대범천은 세번째 물음이 끝나자 그 출가 수행자의 팔을 잡아 끌며 말했다. "도반(道伴)이여, 브라흐마의 시종들인 이들 신들은 내가 알지 못하는 것은 없으며 내가 이해하지 못하는 것은 없으며 내가 깨닫지 못하는 것은 없다고 생각한다. 그러므로 나는 그들의 앞에서는 대답을 할 수가 없었다. 형제여, 나는 그 4대 요소들이 어디로 아무런 흔적도 남기지 않고 없어지는지 알지 못한다. 그러므로 그대가 세존(世尊)을 무시하고 그대 이 질문에 대한 대답을 찾기 위해서 엉뚱한 사람들 속에서 오랫동안 찾아 헤맨 것은 잘못이다. 자, 이제 가시오. 세존에게로 돌아가서 그에게 묻고 그가 대답하는 바를 해답으로 받아들이시오.[23]

마지막으로 세번째 범주의 형상도 없는 세계의 신들에게는 단지 의식만이 남아 있다. 이들은 형상이 없는 네 가지 선정(禪定)을 수행해 온 신들이다.
  불교는 그러한 신들로 태어나 천상에서 사는 것이 신심깊은 재가 신자들에게 주어지는 보상이라고 가르친다. 교단이 그들의 생계를 의존하는 재가자들은 일반적으로 인도의 신전에 모셔진 다양한 신들을 떠받드는 숭배자들이었기 때문에 불자들은 그 재가자들의 욕구를 만족시켜 주기 위해서 자신들의 가르침 속으로 그러한 신들을 받아들이는 것이 필수적이라는 사실을 깨달았다. 불교는 인드라(Indra)와 브라흐마(Brahma) 같은 신들을 받아들임으로써 새로 입문한 재가자들로 하여금 결국 그들이 생소한 가르침에 합류한 것이 아니라 아주 편안하게 느낄 수 있는 가르침에 합류했다고 느끼도록 할 수 있었다. 또한 불교 자체로서는 이들 신들을 받아들이고 나자 더 이상 출가 수행의 가르침으로서만 남지 않게 되었으며 천당과 지옥을 수용하는 종교로 변화되었다. 게다가 불교는 인드라와 브라흐마 같은 신들을 아라한과 붓다보다도 열등한 존재로 만듦으로써, 새로 귀의한 사람들에게 불교의 권위를 심어 주었고 또 불교의 스승과 교사들은 자신들이 이전에 위력있고 현명하다고 생각했었던 존재들보다도 훨씬 더 위력있고 현명한 존재라는 고양된 위상을 인상지어 주는 데에 성공했다.

---

23. *Op. cit.*, 1.281-2.

남성 출가자인 비구, 여성 출가자인 비구니, 남성 초심 수행자인 사미(沙彌), 여성 초심 수행자인 사미니(沙彌尼), 재가 남성 신자, 재가 여성 신자로 된 불교 공동체의 구성은 초기 불교가 시작된 이래로 상좌(上座, Theravada)불교 국가에서는 변함이 없었다. 다음은 스리랑카에서 준행되고 있는 출가(pabbajja: 재가생활을 떠나 초심 수행자가 되는 것)와 구족계(具足戒)를 받는 의례(upasampada: 온전한 혹은 마지막 수계식)에 관한 기술이다.

이 의례를 거행하기 위해서는 구족계를 받은 최소한 열 명의 출가 수행자가 있어야 하고, 계율을 받은 지 십 년이 지난 한 사람의 출가 수행자가 이 의례를 주관해야 한다. 출가 의례를 거치고자 하는 지원자는 재가자의 복장을 한 채로 양손에 출가 법복(法服)을 받들고 그에게 계율을 줄 스승과 동행하여 나타난다. 지원자는 의례의 주관자에게 경의를 표한 다음에 무릎을 꿇고 초심 수행자로서 그를 교단에 받아줄 것을 세 차례 간청한다. 그는 이 세 번의 청원을 세 차례 거듭하여 모두 합쳐 아홉 차례를 반복한다. 그러면 의례의 주관자는 지원자로부터 법복을 받아든다. 그러고 나면 지원자는 의례의 주관자에게 그 법복을 주기를 간청하며 그래야 그가 번뇌를 쳐부수고 열반을 얻기 위해 힘쓸 수 있으리라고 한다. 세 번에 걸쳐 이 간청을 하고 나면 의례의 주관자는 지원자에게 법복을 돌려주면서 동시에 머리카락, 손톱, 피부, 치아 등 신체의 모든 부위들은 결국 소멸되고 만다는 것에 관련된 신조를 외운다. 그러면 지원자는 일어나서 물러가 재가자의 옷을 벗고 법복을 입는다. 그는 법복을 입는 동안에 치장하기 위해서가 아니라 오로지 신체를 폭풍우와 곤충으로부터 보호하기 위해서 그것을 입으리라 다짐한다. 이제 법복을 차려 입은 그는 다시 자신에게 계율을 줄 스승의 옆에 서서 의례의 주관자에게 삼귀의(三歸依)와 십계(十戒)를 줄 것을 간청한다. 의례의 주관자는 삼귀의와 십계를 암송하고 지원자는 그것을 따라 반복한다. 암송이 끝나고 지원자가 일어서면 출가의 의례는 완결된다.

이제 초심 수행자는 영적 스승으로부터 계율과 법(dhamma)에 대한 가르침을 받고 그 대신 그에게 개인적인 시자(侍者)로서 봉사한다. 이 초심 수행자가 정식으로 자격을 갖추게 되면 구족계를 받기 위해서 자신의 계사(戒師)와 함께 출가 수도자 대중들 앞으로 나아간다. 그는 의례의 주관자에게 비구가 되도록 받아주고 지원해 달라고 간청한다. 이것이 받아들여지면 그는 대중(大衆)들의 발치로 물러나서 발우(鉢盂)를 받아 등에 멘다. 그리고 나면 그는 대중들 전면의 의례 주관자 앞으로 인도되고 거기서 스승과 다른 출가 수도승들에 의해서 시험을 치른다. 그들은 맨 먼저 이름을 묻고 다음에는 가사(袈裟)와 발우를 가졌는가를 묻는다. 그는 그렇다고 대답을 하고 나서 대중들의 한 켠으로 물러간다. 이제 그의 교수사(教授師)들이 합류하여 그에게 문제를 설명하고 시험을 치른다. 그들은 질문을 하기 전에 어떤 것도 숨기지 말며 또 머뭇거리지 말고 대답하라고 그를 훈계한다. 그리고 그가 나병, 종기, 가려움증, 결핵, 혹은 간질병을 앓고 있지는 않는지 묻는다. 만일 그가 그러한 질병이 없다고 대답하면 이제는 그가 자유로운 사람, 즉 빚이 없는지, 병역의 의무를 마쳤는지, 그리고 부모의 허락을 받았는지를 묻는다. 교수사들이 모든 점에 만족하게 되면 그들은 의례의 주관자에게 나아가 이 지원자를 시험했고 그를 받아들여도 좋다고 보고한다. 그리고 나면 이제 대중들이 그를 받아들여야 할 차례이다. 대중들은 그 지원자를 불러서 나오게 한다. 지원자는 앞으로 나와 계를 줄 것을 계사들과 함께 대중들에게 간청한다. 그는 이러한 간청을 세 번에 걸쳐 반복한다. 그의 계사들도 대중들 앞에서 그들이 조금 전에 했던 것과 같은 질문을 그에게 한다. 그가 적절한 대답을 하고 나면 계사들 중의 한 사람이 이 지원자는 교육을 받았고 시험을 치렀으며 모든 자격을 갖추었다고 대중들에게 보고한다. 그러고 나서 그 계사는 대중들에게 이 지원자의 수계를 동의해 달라고 청한다. 이러한 청원을 세 번에 걸쳐 반복한다. 이 지원자의 수계를 동의하는 사람은 침묵을 지키고 반면에 동의하지 않는 사람은 입을 열어 말하기를 요청받는다. 세 번의 요청이 있을 때까지 대중들이 끝내 침묵을 지키면 이 지원자는 이제 완전한 구족계를 받아 드디어 본격적인 출가 수도자가 된 것으로 간주되는 것이다.

수계식이 끝나면 새로 계를 받은 수도승은 한 장로 수도승으로부터 말씀을 듣는다. 그는 누더기로 기운 법복을 입고, 성행위를 하지 말며, 훔치지 말고, 생명을 해치지 말고, 인간적 완성 이상을 자칭하지 말도록 훈계받는다. 이러한 가르침이 끝남과 함께 수계식을 위한 모임도 해산된다.[24]

새로 계를 받은 수도승의 삶은 그가 생활하는 수도원에서의 생활 방식과 밀접하게 관련된다. 스리랑카, 미얀마, 태국 등의 상좌불교 국가의 수도원 생활 방식은 상당히 흡사하다. 그러므로 우리는 태국 수도원에서의 생활에 관한 다음과 같은 묘사를 불교 수도원 생활의 한 예로 삼을 수 있을 것이다.

수도자들은 새벽 네시에 종소리와 함께 기상한다. 몸을 씻고 난 뒤 법복을 입고 불단에 촛불을 켜고 그 앞에 무릎을 꿇고 세 번 절한다. 그리고 나서 무릎을 꿇은 자세로부터 옆으로 앉는 자세로 바꾸어 앉아 삼귀의(三歸依)를 반복하고 대중적인 몇몇 경전을 암송한다. 암송이 끝나면 가부좌(跏趺坐)로 앉아서 잠시 동안 명상에 든 뒤 아침 운동을 위해 경내를 떠나 수도원 주변을 산책한다. 그들은 대개 짝을 지어 걸으면서 지난번 고백 이후에 범한 계율의 모든 위반 사실들을 서로 고백한다. 이 모든 활동들은 전부 해가 뜨기 전에 이루어진다. 이들 활동이 끝나면 수도승들은 휴식을 위해 거처로 돌아온다.

해가 뜨면 수도승들은 법복을 입고 발우를 들고 아침 공양을 걸식하러 나선다. 아침 7시 30분쯤이면 수도원으로 돌아와 아침 공양 준비를 한다. 아침 공양이 끝나면 비구 수도승들과 초심 수행자들은 8시 15분에 아침 독경을 위해 법당에 모인다. 수도승들은 연령에 따라 연장자들은 앞에 앉고 젊은이들은 후미에 앉는다. 그리고 수도원장의 선도에 따라 삼귀의와 몇몇 유명한 경전들을 독송한다. 수도승들과 초심 수행자들은 문자를 해독하지 못

---

24. Warren, *Buddhism in Translations*, 395-401.

함에도 불구하고 팔리어로 독송을 진행한다. 9시쯤에 수도원장은 계율과 법에 따라 새로 수계한 수도승들에게 30분쯤 설법을 한다. 설법이 끝나면 새로 수계한 출가 수도승들은 그들의 스승에게 시자(侍者)로서의 의무를 다하기 위해서 스승의 처소로 간다. 그들은 11시부터 11시 30분 사이에 그날의 주식을 먹는다. 모든 식사는 정오 이전에 끝마쳐야만 한다. 그러고 나서 휴식 시간이 있고 휴식이 끝나면 나머지는 독경 시간이다. 오후 6시에 또다시 법당에 모인다. 수도승들은 여기서 다시 법복을 입고 집단으로 짝을 지어 아침 고백 시간 이후에 저지른 모든 파계 사실들을 서로 고백하는 모임을 가진다. 이것이 끝나면 전 대중이 독경 모임에 참여한다. 이 의례는 대개 45분 정도 걸린다. 새로 수계를 한 수도승들은 저녁에 법과 계율과 붓다의 일생에 관한 또 다른 설법회에 참여해야만 한다. 이 법회가 끝나면 그들은 또 다른 법회를 위해서 연세 높은 수도승을 참방하거나 혹은 수업 준비를 위해서 자신들의 거처로 돌아가 쉰다. 수도승들은 밤 10시 잠자리에 들기 전에 불상에 절을 올리며 몇 구절의 경전을 암송하거나 잠시 동안 명상에 든다.

수도원에 살고 있는 모든 수도승들은 보름마다의 모임인 포살(布薩, uposatha)에 참여해야만 한다. 이 의례가 시작되기 전에 모든 수도승들은 삼귀의의 신조를 암송한다. 이것이 끝나면 특별한 수련을 쌓은 한 명의 수도승이 설법단에 올라가 227개조의 계율(patimokkha)을 암송한다. 전부를 암송하는 데 대개 45분 정도가 걸린다. 나머지 대중들은 암송이 끝날 때 다함께 찬동의 탄사를 합창한다.[25]

우리는 여기서 이 파티목카의 암송이 초기 불교의 관습과는 약간 달라진 점을 알 수가 있다. 원래 이 227개조의 계율은 하나하나 암송되었고 각 하나의 계율마다 수도승들이 그 특정한 계율에 관한 위반 사항을 고백할 기회가 주어졌었다. 태국의 수도원에서 시행되는 이 의례에서는 그러한 고백의 기회가 없는 대신 수도승들 서로간에 고백을 한다.

---

25. Richard Gard, *Buddhism*. New York: George Braziller, 1951, 179-85.

승가(僧伽) 공동체의 기본 성격과 목적은 언제나 같았음에도 불구하고 불교가 여러 지역으로 전파되어 감에 따라 승가의 구성과 관습에 있어서 다양한 양상이 생겨났다. 우리가 지금까지 살펴본 것처럼 상좌불교 국가의 승가는 비구, 비구니, 그리고 남성·여성 초심 수행자〔沙彌, 沙彌尼〕, 남성 재가 신자, 여성 재가 신자의 여섯 부류로 구성된다. 중국에 승가 공동체가 구성됨에 따라 불교가 한창 인기를 끌던 중세 중국의 승가는 적절한 단어가 없어 남녀 수습 행자(行者)라고 할 수밖에 없는 두 집단을 앞의 여섯 부류에 더하여 여덟 개의 집단으로 구성되었다. 티베트 수도원에도 마찬가지로 초심 수행자보다 지위가 낮은 게넨(dge-bsnyen)이라고 불리는 집단이 있다. 중국 사람들은 지원자들이 곧장 초심 수행자가 되는 것이 아니라 1년 정도의 수습 기간을 거쳐야 한다고 생각했다. 수습 행자는 다섯 가지 주요한 계율을 준수해야 했지만 머리를 깎아서는 안되며 세금과 노동의 의무에서 면제되지도 않았다. 수습 행자는 일 년간의 수련을 거친 뒤에 초심 수행자가 될 수 있는 자격이 있는지 어떤지 시험을 치를 수가 있었다. 이 시험은 대개 유명한 경전의 몇 장을 암송하는 것인데 남성 수습 행자는 일정 시간 안에 150장을, 여성 수습 행자는 100장을 암송해야만 했다.

과거 인도나 상좌불교 국가에서 승단에 입문하는 것은 관습적으로 한 개인의 일로서 가족이나 개인 자신의 의사에 달린 것이었다. 그러나 중국에서는 승단에 입문하여 수도승이 되는 것은 중국 역사의 여러 기간 동안 국가의 통제를 받아야만 하는 일이었다. 중앙 정부는 때때로 승가의 인원 수를 제한하였으며 또 지원자가 승단에 입문할 자격이 있는지의 여부를 결정하는 시험을 감독하기도 했다. 지원자는 성공적으로 그 시험에 통과해야만 정부 당국으로부터 수계증을 받을 수 있었으며 그래야만 승가의 대중들 앞에서 수계식에 참여할 수 있었던 것이다.

중국에서는 시험 제도 외에도 두 가지 방법, 즉 황제의 은사(恩賜)나 수계증의 구매를 통해서 출가 수도자가 될 수 있었다. 황제의 탄신일(誕辰日)이나 새로 건립한 사원에 황제가 방문하는 날과 같은 특별한 기회가 있을 때면 어떤 사원의 주지(住持)는 계를 받을 자격이 있는 수습 행자들의 명단과 그들이 계를 받을 수 있게 해달라는 청원서를 지방 관청에 제출한다. 지방 관청이 동의를 하면 수계식이 거행되고 이것은 황제의 은사로 이루어진 수계식으로 알려진다. 두번째 방법인 수계증의 구매에 관해서 말하자면 정부는 재정적으로 곤란에 직면한 동안에 대중들에게 수계증을 팔고 그러한 수계증을 산 사람들은 수계식에 참여할 수가 있었다. 이것은 승가에 들어가는 참으로 손쉬운 방법이었다. 왜냐하면 필요한 것이란 불교가 요구하는 지식이 아니라 수계증을 살 수 있는 돈뿐이었기 때문이다.

중국에서 중앙 정부의 힘이 강력했던 기간에는 국가 권력이 출가 수도승의 수계만 침해한 것이 아니라 승가의 운영마저 감시했다. 중앙 정부에는 출가 수도승들의 숫자와 수계의 통제를 담당하는 관청이 있었다. 어떤 왕조에서는 황제에 의해서 임명된 출가 수도승들 중의 수장(首長)이 승가의 제반 업무를 관리 감독하도록 조직된 관청이 있었다. 이러한 임명의 덕택으로 출가 수도승들의 수장은 황실 관리의 일원이 되었으며 국가 권력이 종교적인 것보다 우위에 있음을 인정하였다. 불교가 절정기를 누리던 때인 당나라(7~10세기)는 수도에 공덕사(功德使)라는 관리를 두었는데 그 관리의 임무는 불상을 조성하거나 사찰과 암자를 짓는 등의 공덕을 쌓는 일에 관련된 것이었다. 이 자리를 차지한 관리들은 출가 수도승이 아니라 강력한 권력을 쥔 환관들이었다. 지방에는 정부가 임명한 승관이 있어서 지역 사암들을 관장하였지만 이들은 대개 지방 관리들의 관리 감독 밑에 놓여 있었다. 승가의 일원이 되면 재가자(在家者)에게 경의를 표해서는 안된다는 불교적 금계(禁戒)에도 불구하고, 중국의 출가 수도승들은 모든 다른 신하들과 마찬가지로 황제에게 충성을 바쳐야만 했다. 또 어떤 때에는 정부는 승가의 바람직스럽지 못한 존재들을 숙청하고 숙청당한 수도승들을 강제로 환속(還俗)시킴으로써 출가 수도승들의 숫자를 줄이는 가혹한 조치를 취하기도 했다.

중국의 불교 종파 중의 하나인 선종에서는 출가 수도승은 걸식에 의해서 생활해야 한다는 계율을 무시하였다. 그래서 이 종파의 구성원들은 하루를 일하지 않으면 하루를 먹지 말라는 기치(旗幟)에 따라서 논밭을 경작하여 양식을 조달했다. 마찬가지로 일본 불교의 가장 대중적 종파인 진종(眞宗)은 성직자도 결혼할 수 있고 가족도 가질 수 있도록 허용하였다.

일반적으로 우리는 대승불교가 승가의 토대를 넓혔다고 말할 수 있다. 소승불교에서는 붓다는 주로 출가 수도자에게 가르침을 폈으나, 대승경전들에서의 붓다는 붓다와 보살, 신들과 악마들, 재가 신자와 신령들과 같은 수많은 청중들에게 설법을 했다. 보살은 서원을 행한 한 승가에 들어올 필요가 전혀 없다. 게다가 대승불교의 기본 교설에 따르면 출가 수도자나 재가 신자 모두가 붓다의 성품을 가지고 있으므로 출가 수도승이 재가 신자보다 우월하다고 주장할 필요가 없다. 결과적으로 수도원에서의 생활을 위해서 가정생활을 포기하는 것이 중시되지 않은 것이다. 이렇게 승가를 더 폭넓게 해석한 것이 아마도 중국과 일본에서 출가 수도승들의 행동에 관한 계율을 이완시키는 결과를 초래했을 것이다.

이상과 같은 것이 공동체는 법, 즉 진리의 구체화로서 간주되는 불교의 승가이다. 승가의 목적은 두 가지, 즉 그 구성원들의 영적 성장을 위한 가장 최선의 조건을 제공하기 위한 것 그리고 진리를 인류에게 가르치기 위한 것이다. 한편 법에 있어서 "작은 탈 것"이라는 의미의 소승(小乘)과 "큰 탈 것"이라는 의미의 대승(大乘) 사이에 나중에 분열이 일어났지만, 수도 공동체에 있어서는 그러한 분열은 없다. 다만 하나의 보편적인 승가가 있을 뿐이다. 결론적으로 심지어 티베트와 중국에서 발전한 대승불교의 종파들에서도 비구, 비구니들의 행동을 규제하던 계율들은 소승 종파들이 따르던 것과 똑같았다. 그러므로 몇몇 작은 예외는 있지만 보름마다의 모임을 통해서 티베트와 중국의 출가 수도승들이 암송하는 파티목카의 계율들은 스리랑카와 미얀마의 상좌불교 출가 수도승들이 암송하는 것들과 유사하다. 애당초부터 불교의 출가 수도승들은 단 하나의 보편적인 승가만을 인정했다. 그래서 나중에 법에 관한 상충된 해석 때문에 불교 안에서 여러 가지 종파가 생겨났을 때에도 상이한 집단에 속한 출가 수도승들은 여전히 같은 수도원에서 살며 수행생활을 했던 것이다. 인도에서 아직도 불교가 강력한 힘을 가지고 있을 때 인도를 여행했던 중국 출신의 출가 수도승들이 남긴 기록들에서 이러한 사실에 관한 예증들을 널리 발견할 수가 있다. 인도에서의 중국 출가 수도승들의 경험과 당나라 때 중국에서의 일본 출가 수도승들의 경험 역시 승가의 보편성을 예증해 주고 있다. 왜냐하면 그들은 고국을 떠나 먼 낯선 땅을 여행했지만 그들은 법을 배울 적합한 처소를 찾는 것뿐만 아니라 숙소를 찾는 데에 있어서도 어려움을 겪지 않았기 때문이다. 수많은 차이점들이 아시아의 사람들을 갈라놓고 있는 오늘날에조차도 붓다에게 귀의한다고 하는 서원은 여전히 사캬족의 성자의 후손들을 공동의 형제단으로 묶는 하나의 고리 역할을 하고 있다. 위대한 스승 그분은 열반 속에서 어떠한 의식을 갖고 있는지 모르지만 그가 2,500여 년 전에 세운 수도 공동체가 그토록 여러 나라에서 아직도 이렇게 활발하다는 사실에 참으로 행복해할 것은 틀림없다.

제 6 장

상좌불교의 전파

불교가 생겨난 후 처음 2세기 동안은 주로 동부 인도의 간지스 계곡에 한정되어 퍼져 있었다. 기원전 3세기 중엽에 이르러 불교는 새로운 지역의 전교를 위하여 남쪽으로는 바다를 건너 스리랑카, 북서쪽으로는 북서부 인도의 간다라와 카슈미르 지역으로 범위를 넓혀 나갔다. 이러한 불교 전파의 주된 원동력은 인도 역사상 가장 위대한 군주 중의 한 사람으로서 기원전 274년에서 236년까지 재위한 아쇼카 왕의 종교적 열정이었다.

아쇼카 왕과 불교
　우리가 아쇼카 왕에 대해서 알 수 있는 모든 것은 두 가지 주요한 자료에서 나온다. 하나는 그와 관련된 불교적 설화이고 다른 하나는 그의 거대한 왕국 전체에 걸쳐 산재했던 왕의 칙령이 새겨진 돌기둥이다. 이들 두 자료에서 나타나는 아쇼카 왕에 대한 묘사는 매우 현격한 차이가 있다. 전자에서 묘사된 아쇼카 왕은 출가 승단의 적극적인 후원자인 반면, 후자는 주로 재가 신자들에게 관심이 있었음을 보여주고 있다. 또 전자는 교리상의 차이점들을 해결하기 위하여 그가 결집 회의를 소집했다고 말하고 있으나 후자는 그러한 결집 회의에 관해서는 아무런 언급도 없다. 전자에 의할 것 같으면 아쇼카 왕은 왕좌를 차지하기 위하여 형제들을 죽인 폭군이지만, 후자의 기록에 의하면 그의 통치 기간중에도 그의 형제들이 생존해 있었음을 알 수 있다. 우리는 돌에 새겨진 기록이 갖는 권위와 신빙성을 감안해서 아쇼카 왕과 그의 업적에 관한 정보는 주로 그것을 따르고자 한다.
　아쇼카 왕의 재위 초기는 불교에 귀의하기 전이었으므로 사냥의 쾌락에 탐닉하거나 축제나 음주 등의 환락을 즐기는 인도의 여러 군주들과 마찬가지의 생활을 하면서 나라를 다스렸음에 틀림없다. 그는 재위 9년째 되던 해에 그때까지도 독립을 유지하고 있던 인도 동부 해안의 칼링가 지역을 정복하기 위해서 원정대를 파견하였다. 원정대에 의해서 10만여 명이 살육당하는 참사를 겪은 그는 양심의 가책을 느낀 나머지 불교로 귀의할 생각을 하게 된다. 그 이후로 그는 더 이상 전쟁을 하지 않음은 물론 남은 여생을 불교의 보호와 전도에 바치게 된다. 그는 후손들에게 자신의 유시(諭示)를 길이 전하기 위해서는 돌기둥이 가장 적합하다고 생각했으므로 이때부터 돌기둥에 조칙(詔勅)을 새기는 작업을 시작했다.

아쇼카는 불교에 귀의한 뒤부터 모든 백성들의 부(富)와 행복을 위해서 자신의 직무를 다하리라고 마음먹었다. 그가 내린 칙령 중의 하나에 다음과 같은 말이 있다.

> 모든 이가 다 나의 자식이다. 그러므로 나는 나의 자식이 이 세상과 저 세상에서 온갖 부와 행복을 누리기를 바라는 것과 마찬가지로 모든 이들이 그렇게 되기를 바란다.[26]

그는 이러한 목표를 달성하기 위해 여행자들과 동물들에게 물을 공급할 수 있도록 사람들이 많이 다니는 길 옆에 우물을 팠으며, 모든 생물들을 치료해 줄 수 있는 시설들을 갖추었으며, 치료를 위해 유용한 약초들을 보급했고, 먹기 위해 동물을 도살하는 것을 제한하는 금령을 내렸으며, 공사(公私)를 막론하고 지나친 의례를 금지시켰고, 사냥이나 휴일의 행락 대신에 교훈적 볼거리나 경건한 종교적 회합을 갖게 했다. 바로 이러한 점들에서 아쇼카 통치 시대의 독특한 특징이 드러난다. 인도 역사상 군주가 백성들의 편에서 사회 복지 계획을 시작한 것은 이 때가 처음이다. 모든 중생들을 향

---

26. R. C. Majumder (ed.), *The Age of Imperial Unity*. Bombay, 1951, 76.

한 대자대비의 종교인 불교에로의 귀의가 아쇼카 왕으로 하여금 이러한 길로 들어서게 했음이 틀림없다.

그는 단순히 이러한 목표들을 선언하는 데서 만족한 것이 아니라 목표의 실행을 위한 조치들을 취했다. 그는 이러한 목적을 계획대로 실행하기 위해서 법대관(法大官)이라고 하는 특별 관리들을 임명하였다. 이들은 서로 다른 카스트들의 관계를 원만하게 만들고, 노쇠한 이들을 돌보아주고, 각기 다른 종파의 신봉자들을 화해시키고, 왕실이 내놓은 시물(施物)들을 종교 공동체들에게 나누어주고, 보시행(布施行)을 장려하고, 재난과 악을 구제하는 일을 맡았다. 이들 법대관들은 부처님의 가르침을 진흥시키고 펼치는 임무를 수행하기 위해서 전국 방방곡곡을 순회하게 되어 있었다.

아쇼카는 불교를 향한 그의 열망을 분명히 하기 위해서 불교의 성지를 향해 순례를 떠난다. 그는 붓다의 탄생지를 방문하고 그곳을 기리기 위해서 돌기둥을 세웠는데 거기에는 다음과 같은 글이 새겨져 있다.

> 이곳은 석가모니 붓다께서 탄생하신 곳이므로 자비로운 성왕 폐하 아쇼카는 재위 20년에 몸소 여기에 와서 경배하노라. 세존께서 이곳에서 탄생하셨음을 표시하기 위하여 그림이 새겨진 바위와 함께 돌기둥을 세우노라.[27]

돌기둥에 새겨진 내용으로 볼 때 아쇼카 왕이 옹호했던 불교의 성격은 어떠한 것이었을까? 그가 내린 수많은 칙령에서 나타나는 것을 보면 다음과 같은 덕목들이 반복해서 강조된다. 선량함, 타락으로부터의 벗어남, 자비, 베품, 진실함, 순수함, 온유함 그리고 아량이다. 이러한 것들이 행동으로 옮겨지게 될 때는 동물에 대한 살생의 금지, 생명체들에게 위해를 가하지 않음, 부모와 형들에 대한 순종, 스승의 존경, 친구와 친지들에 대한 너그러움, 그리고 다른 신조를 가진 사람들에 대한 관용으로 귀착된다. 동물들의

---

27. R. Mookerji, *Asoka*. London, 1928, 201-2.

살생 금지에 관한 것을 예로 들어 보자. 그의 재위 초기에는 동물들은 요리와 희생 제의를 위해서 대량으로 도살되었지만 그가 불교로 귀의하고 난 뒤부터는 두 마리의 공작과 한 마리의 영양으로 제한되었다. 재위 13년부터는 왕실의 요리를 위한 동물의 살생이 일절 금지되었다. 동시에 그는 도성에서 동물 희생 제의를 금지시켰으며 쾌락을 위한 왕실의 사냥도 폐지했다. 나중에는 모든 계층의 사람들에게 동물의 도살이나 절단을 규제하는 세세한 항목들을 지키도록 하였다. 예를 들어 소나 양이나 닭을 거세하는 행위는 불법이 되었다. 이러한 모든 것들은 그가 불교의 가르침대로 생명의 신성함을 깊이 깨닫고 있었다는 사실을 말해 준다. 그가 보여준 관용의 정신은 각각의 신조와 신앙을 지닌 모든 사람들에게 보시를 베푼다는 의미로 받아들여졌다. 직접적인 예를 들어 보면, 그는 나체 고행자들을 위한 석굴의 조성과 바라문들의 사원을 복구하기 위해서 많은 돈을 희사했다. 그러나 그는 백성들에게 행한 그의 가장 큰 보시 행위는 붓다의 가르침을 주는 것이라고 생각했다. 법대관을 임명한 것도 이러한 붓다의 가르침을 가능한 한 널리 펴기 위한 것이었다. 그의 종교적인 관용에 대해서는 그의 칙령의 하나가 충분히 표현해 주고 있다. 거기서 그는 백성들에게 다른 종교의 가르침에도 귀를 기울일 것을 권고하고 있다. 그는 이렇게 함으로써 각각의 신조들이 세부적으로는 다르다 하더라도 중요한 점에서는 일치한다는 것을 사람들이 보게 되는 효과를 가져오리라고 생각한 것이다. 그러면 사람들의 관심이 모든 종교의 본질적인 것이자 일치점들에 쏠리게 될 것이기 때문이다. 또한 그는 사람들이 다른 집단의 가르침에 귀를 기울임으로써 많은 것을 배우고 박식하게 되며, 만족스런 방식으로 자신의 종교 체계를 발전시켜 나아갈 수 있으리라고 생각했다. 게다가 다른 신조들에 관한 지식을 갖게 되면 다른 신조를 가진 사람들의 비판을 자제하게 될 것이며, 다양한 신조들 속에서 일치의 느낌을 증진시키는 데 도움이 될 것이다.

  아쇼카 왕의 불교가 갖는 성격은 모든 비구와 재가 신자들이 배워서 기억하도록 그가 천거한 일곱 개의 경전을 언급한 칙령에서도 찾아볼 수 있을 것이다. 우리는 이들 경전의 내용으로부터 아쇼카 왕이 어떤 종류의 불교에 매료되었는가에 대한 실마리를 찾을 수가 있다. 그가 관심을 가졌던 것은 의례나 의식 또는 규제 조항 등과 같은 종교의 외부적 요소가 아니라 내적 성장과 자아 실현 및 종교적 삶의 계발이었다. 불자들은 간편한 의복, 소박한 음식, 검소한 거주지, 명상의 기쁨과 같은 것에 만족해야만 한다. 불자는 매일매일의 행위 속에서 몸과 마음과 입으로 짓는 자신의 모든 행위를 주의깊게 돌아보아야 한다.

그렇다면 불교적 실천이 추구하는 목표는 무엇인가? 흥미롭게도 아쇼카는 불교적 실천의 목표는 아라한이나 열반이 아니라 불교적 천상 세계의 한 곳에 환생하는 것이라고 주장한다. 그리고 중생들의 복지를 위한 행업(行業)의 실행을 통해서 선업을 쌓음으로써 그곳에 태어날 수 있다는 것이다.

아쇼카 왕이 강조한 목표와 가르침의 단순성은 많은 불교 학자들을 당혹시켰으며, 심지어 어떤 사람들은 아쇼카는 결코 불자가 아니라 단지 인도의 모든 평범한 신조들이 갖는 이상을 가르치고 인도의 왕들에게 부여되는 의무를 수행한 진실한 인도의 군주였을 뿐이라고 생각한다. 그들은 이러한 주장을 뒷받침하기 위하여, 돌기둥의 어느 기록에도 사성제, 팔정도, 연기(緣起), 열반 등과 같은 불교의 근본 교설에 관한 어떠한 언급도 없음을 지적한다. 그러나 그러한 결론이 증거로써 정당화되는 것은 아니다. 아쇼카는 한 칙령에서 불법승 삼보에 귀의한다고 선언하고 있으며, 다른 한 곳에서는 그리하여 신실한 재가 신자가 된 지 2년이 넘었으며 1년 이상 수도 공동체에서 살면서 적극적으로 일한다고 말하고 있다. 그 이외에도 아쇼카 왕이 불자였다고 하는 증거는 그가 불교의 성지들을 순례하였고, 코끼리(붓다의 수태를 의미함), 말(위대한 출가를 의미함), 법륜(전도를 의미함)과 같은 불교적 상징들을 숭모한 것에서도 드러난다. 이러한 불교적 상징들은 아쇼카 왕의 돌기둥에 눈에 띄게 사용되었다. 그런데 만일 그가 불자였다고 할 것 같으면 왜 불교와 일반적으로 관련되는 근본 교설에 대해서 언급을 하지 않았을까? 가장 그럴듯한 설명은 아쇼카 왕의 시대 상황에서 나타난다. 당시의 불교는 이미 비구들을 위한 출가 승단과, 붓다의 가르침을 좇기를 원하지만 출가 수도승이 되기를 원하지 않는 재가 신자들의 두 가지 부류의 집단을 갖는 종교로 발전해 있었던 것이다. 아쇼카는 그의 생애의 대부분을 돈독한 재가 신자로서 보냈다. 그래서 그는 단순히 재가 신자들에게 수용될 수 있고 들어맞을 수 있는 불교적 측면들을 강조했을 뿐이다. 출가 승단을 위한 주된 가르침은 사성제, 팔정도, 열반이 되겠지만 재가 신자들을 위해서 강조되어야 할 것은 일상의 생활 속에서 실천이 가능하며 천상에 환생하려는 목표와 관련되는 덕목들이어야 하는 것이다.

아쇼카 왕이 불교로 귀의해 불교를 진흥시킨 결과로서 그의 제국의 윤리적 기풍은 의심할 여지 없이 개선되었다. 생명에 대한 대단한 경외심이 생겨났다. 관용에 대한 강조는 인도 사람들 사이에 강력한 세계 동포주의와 인도주의를 불러일으켰다. 불교 사가(史家)들에게는 불교가 인도 내부의 여러 곳뿐만 아니라 세계의 다른 여러 곳으로 영역을 넓혀 나가는 데 공헌한 그의 역할이 훨씬 더 중요하다. 돌기둥에 새겨진 한 칙령에 의하면 아쇼카 왕은 지중해 지역의 나라들인 시리아, 키레네, 마케도니아, 이집트, 에피루스 등지에 포교사들을 파견하였다. 어떤 사람들은 포교를 위한 인도로부터의 그러한 노력에 관해서 그리스 쪽에서 기록한 아무런 정보도 발견되지 않았다는 사실에 근거해서, 헬레니즘 세계에 포교사를 파견하였다는 사실에 의구심을 품어 왔었다. 그럼에도 불구하고 그러한 사실이 생각만큼 그렇게 믿지 못할 일도 아니다. 아쇼카 왕은 그리스의 몇몇 왕들과 폭넓은 외교적 관계를 맺고 있었다. 메소포타미아 지역의 셀로이시드(Seleucid) 왕국과 이집트의 프톨레미에서 파견된 그리스의 사절들이 아쇼카 왕의 수도에 머물고 있었다. 헬레니즘 세계의 먼 곳으로 떠나는 외교 사절들을 따라서, 그 사절들을 위해서는 물론이요 만일 필요성이 생길 경우 현지인들에게도 설법을 하기 위하여, 불교의 포교사들이 함께 동행했을 가능성이 충분히 있는 것이다.

불교의 전파에 있어서 더욱 중요한 사실은 포교사들이 먼 지중해 지역으로가 아니라 인도의 인접 지역으로 나아간 것이다. 포교사들이 불교를 인도의 북서 지역과 인도 남부 그리고 스리랑카에 알려준 것도 아쇼카 왕의 통치 기간중이었다. 스리랑카가 불교로 귀의하게 되는 것은 아쇼카 왕의 아들인 마힌다(Mahinda)와 딸인 상가미타(Sanghamitta)에 의해서이다. 드디어 불교는 인도의 북서부로부터 중앙아시아를 거쳐 결국에는 극동 지역의 문명국가들인 중국과 한국 그리고 일본에 전해졌으며, 남부 인도와 스리랑카로부터는 동남아시아의 미얀마와 태국 그리고 캄보디아로 퍼져 나갔다.

스리랑카

스리랑카의 연대기에 의하면 스리랑카의 왕인 티사(Tissa)는 친교를 맺기 위해서 아쇼카 왕에게 특사를 파견하였다. 아쇼카는 응답으로서 선물을 보냈을 뿐만 아니라 이것을 불교 전파의 호기로 생각하여 불교에 대한 찬사와 함께 스리랑카도 불교를 받아들일 것을 제의하였다. 아쇼카는 자신의 제의에 대한 티사의 회신이 오는 것을 기다리지도 않고 아들 마힌다를 스리랑카를 위한 포교사로 보내었다. 그의 누이인 상가미타도 곧 그의 뒤를 따라 합류해서 둘은 함께 협력해 스리랑카의 왕과 왕실의 여인들을 불교로 귀의하도록 만드는 데 성공했다. 상가미타는 보리수 나뭇가지 하나를 가지고 갔는데 지금 현재 아누라다푸라(Anuradhapura)에서 소중히 보호되고 있는 보리수가 그때 바로 그 가지로부터 자라난 것이라고 믿어지고 있다.

서력 기원전 3세기 중엽에 스리랑카에 전해진 불교는 기원후 5세기까지 풍요와 평화의 나라에서 성장과 발전의 역사를 거듭했다. 사원의 웅장함과 전국에서 벌어지는 축제의 화려함에서 불교의 번영을 알 수가 있다. 5세기 초에 스리랑카에 왔었던 중국의 여행가 법현(法顯)은 당시의 불교의 번성과 화려함을 생생하게 증언하고 있다. 예를 들어 그의 기록에 의하면 스리랑카에는 6,000여 명의 출가 수도승이 있었으며, 왕은 언제라도 5,000여 명의 출가 수도승을 공양할 수 있는 충분한 준비를 항상 갖추고 있었으며, 공양을 하고 싶을 때 출가 수도승이 해야 할 일은 발우를 가지고 정해진 장소에 가서 원하는 만큼 가져가는 것이 전부였다고 한다.

불교는 6세기부터 11세기에 걸쳐서 내부에서는 정치적 분쟁이 일어나고 외부에서는 남인도로부터 타밀족이 침입함으로써 쇠퇴의 기간을 맞이한다. 12세기부터 14세기 사이에 일시적인 부흥을 하지만 불교는 일차로 타밀족의 재침과 연이어 포르투갈(대략 1540~1658년), 네덜란드(1658~1795년), 영국(1795년 이후)으로 이어지는 유럽 열강들의 지배에 의해서 쇠퇴의 길을 걷는다. 포르투갈은 스리랑카 국민들을 가톨릭으로 개종시키려는 목적으로 사원과 도서관과 사원의 보물들을 무차별적으로 파괴하고 법의(法衣)를 걸친 모든 출가 수도승들을 처형하는 정책을 추진하였다. 포르투갈이 쫓겨나게 되었을 때, 스리랑카에는 완전한 계(戒)를 받은 출가 수도승이 전국을 통틀어서 다섯 명밖에 남아 있지 않았다. 승단을 재건하고 수계식(受戒式)을 복원시켜서 유효하게 만들기 위해서는 미얀마로부터 출가 수도승들을 초빙해 와야만 했다.

네덜란드는 포르투갈과 다른 정책을 추구했다. 그들은 상거래와 이윤 추구에 훨씬 관심이 많았기 때문에, 스리랑카 사람들을 개종시키려고 하지도 않았고 스리랑카 국민들의 종교적·교육적 복지 후생에도 거의 관심을 보이지 않았다. 그럼에도 불구하고 네덜란드 사람들과 친근한 관계를 유지하려는 많은 스리랑카 사람들이 개신교로 개종하려고 하였다. 그리고 이러한 경향은 불교 승단의 운명에 아주 해로운 방향으로 작용하였다. 시민으로서의 지위와 명예를 확보하기 위하여 그리스도교로 개종하는 이러한 사태는 영국의 지배하에서도 계속되었다. 그 결과 소위 관제 그리스도교도가 양산되었다. 영국 식민지 시대에 있어서 불교에 가장 위험했던 요소는 종교의 자유를 부르짖으면서 스리랑카로 쏟아져 들어온 그리스도교 선교사들의 무리였다. 이들 선교사들이 세운 학교들은 스리랑카 사람들에게 "우상숭배의 숨은 과오를 논증하고, 불교의 어리석음을 노정(露呈)시키고, 그리스도교적 삶의 개화적 영향을 실감하게" 하려고 하였다.[28]

---

28. G. P. Malalasekera, *The Pali Literature of Ceylon.* London: Royal Asiatic Society of Great Britain and Ireland, 1928, 295.

스리랑카의 불자들은 그리스도교 선교사들의 맹공격에 맞서서 그들의 전통적인 불교 유산을 보존하기 위하여 19세기 후반에 반격을 시작했다. 그 첫번째 운동을 주도한 사람은 모호티바테 구나난다(Mohottivatte Gunananda)라는 이름의 재능있는 스리랑카의 젊은 출가 수도승이었다. 그는 뛰어난 두뇌의 소유자로서 그리스도교의 경전들과 서양에서 그리스도교에 대해 합리적 이성으로 비판한 저술들을 공부할 수 있었다. 이러한 반그리스도교적 논법으로 무장한 구나난다는 선교사들에게 설법을 하고 사람들에게 불교로 다시 돌아올 것을 호소하면서 방방곡곡을 돌아다녔다. 엄청난 정력과 강력한 매력의 인품을 가진 그는 가는 곳마다 수많은 청중들을 끌어모았다. 이러한 성공에 용기를 얻은 그는 그리스도교 선교사들에게 불교와 그리스도교의 상대적인 장단점에 관해 논쟁을 하자고 도전하였다. 그의 도전에 따라 1866년과 1871년, 그리고 1873년에 걸쳐 일련의 논쟁이 벌어졌다. 구나난다는 홀홀단신으로 당시 몇몇의 일류 그리스도교 선교사들을 상대하여 자신의 신념을 변호해 내었다. 이러한 일련의 논쟁은 불자들 사이에 강렬한 관심을 끌었다. 그리고 적어도 그들에게 있어서 그 논쟁에서의 승자는 그들의 투사인 구나난다였다.

멀리 미국 땅에서는 헨리 올코트(Henry S. Olcott)라는 미국인이 이러한 논쟁들에 관한 글을 읽고서 호기심을 느끼게 되어 불교를 배우기 위해 스리랑카로 왔다. 그는 인간이 만든 종교 중에서 불교가 가장 탁월함을 확신하고서 1880년에 불교 신지학회(神智學會, Buddhist Theosophical Society)를 결성하였다. 이 학회의 목표는 불교를 가르치기 위해서 스리랑카 전국 각처에 학교를 건립하려는 것이었다. 이 학회가 후원하는 사업들은 스리랑카 국민들에게 불교에 관한 관심을 일깨우고 넓혀 나아가는 데 공헌하였다.

이들 외에도 세번째 인물로서 불교를 개혁하고 소생시키는 데에 공헌한 다르마팔라(Dharmapala)가 있다. 구나난다의 활동에 감명을 받은 다르마팔라는 자신의 동포들을 위하여 무엇인가를 해야겠다는 갈망을 품었다. 그는 이러한 목적을 위하여 출가 수도승으로서 수계를 하였음에도 불구하고 승원에서 생활하지 않고 세속에서 살기로 결정하였다. 왜냐하면 그렇게 해야만 불교의 가르침을 그의 동포들에게 전할 수 있다고 믿었기 때문이었다. 그는 자신의 이러한 계획을 성취하기 위하여 1891년에 대각회(大覺會, Mahabodhi Society)를 창립하였다. 이 모임의 목적은 다음과 같다.

(1) 붓다의 오묘한 가르침을 전세계에 알리고 널리 보급한다.
(2) 스리랑카에서 불교적 종교 교육을 일으키는 데 조력한다.
(3) 해외로 불교를 널리 전파시킬 수 있도록 청정한 성품의 젊은이들을 훈련시킨다.
(4) 베나레스나 캘커타 등지에 대학과 사원을 건립하여 인도에서 불교를 소생시킨다.

그는 스리랑카의 대각회 회원들에게 해야 할 가치가 있는 일은 적극적으로 실행하자고 강력히 권고하였다. 왜냐하면 그가 이해한 불교는 수동적인 종교가 아니라 애욕과 탐욕과 성냄과 자만심에 적극적으로 대처하는 등 실천을 특징으로 하는 종교이기 때문이다. 그는 승원에서 게으름과 무관심의 삶을 살고 있는 스리랑카의 출가 수도승들을 비판하였다. 그리고 중생의 행복과 복지를 위하여 그들을 찾아가 설법하라고 제자들에게 간곡히 당부하셨던 부처님의 뜻을 실현하지 않는 것을 비난하였다.
  불교는 이러한 사람들과 이들이 만든 모임의 활동에 의해서 스리랑카에서 최고의 자리를 되찾았다. 1953년의 통계에 따르면, 힌두교도가 150만 명이고 그리스도교도가 70만 명이며 이슬람교도가 55만 명인 데 비하여 불교도는 500만 명이 넘는다고 한다.
  불교는 스리랑카의 역사가 시작되는 바로 그 시점부터 스리랑카 왕국의 국교였으며 오로지 불교도만이 왕국을 다스리는 왕이 될 수 있었다. 스리랑카 사람들은 불교가 외부의 침입자들을 쫓아버림으로써 섬을 지키는 수호력을 발휘한다고 믿는다. 그리고 왕은 불교적 조직체 중에서 세속의 우두머리로 간주된다. 스리랑카의 왕들 중의 한 사람은 10세기에 붓다의 발우(鉢盂)와 가사(袈裟)를 수호하는 것이 자신의 임무라고 선언했다. 붓다의 돌아가심을 지칭하는 데 사용되는 말인 반열반(般涅槃, parinibbuta)이라는 용어가 때때로 왕의 죽음에 적용되기도 하였다. 왕은 붓다의 가르침이 오염되고 부패할 때마다 그러한 상황을 정화하는 운동을 일으켰다. 또한 수도 공동체인 승가(僧伽) 안에서 일어날지도 모르는 논란을 해결하는 것도 그의 의무였다. 그러나 만일 왕의 결정이 출가 수도승들의 바람에 적합하지 못할 경우에는 때때로 그들에 의해서 무시되기도 하였다.

불교는 국교였기 때문에 스리랑카의 출가 수도승들은 초기 시대부터 정치에 관여할 수 있는 이점을 가지고 있었다. 그들은 왕위를 이을 정통성이 없는지라 그들이 선호하는 후보자가 선출될 수 있도록 종종 막후에서 조작하기도 하였다. 어떤 시대에는 승가의 힘이 너무나 막강해져서 승가가 국민의 의사를 대변하는 기관이라고 주장하기도 하였고 왕위에 즉위하기 위해서는 승가의 동의가 필수적인 때도 있었다. 승가의 영향력을 의식한 왕은 출가 수도승들의 환심을 구했고 때로는 왕의 즉위식을 불교의 사원에서 거행하기도 하였다.

특권층들의 몫인 불교 사원들은 성직의 서열에 의해서 향유(享有)되었다. 사원의 재산은 신성불가침으로 간주되었다. 그래서 사원의 재산을 훔치거나 파손하게 되면 사형에 처해질 수도 있었다. 사원들은 대개 세금과 벌금으로써 국가의 지원을 받았다. 부처님의 발우, 치아, 머리카락 그리고 붓다가야에 있는 성스러운 보리수의 가지에서 잘라와서 심은 보리수도 또한 국가의 재산으로 간주되었다.

불자들이 국가의 사무에 관여해 온 오랜 역사는 어째서 심지어 왕정이 무너지고 난 후에도 출가 수도승들이 정당을 결성하거나 정치 선전을 펴는 등 그토록 깊이 정치 활동에 참여하고 있는지를 알게 해준다. 스리랑카가 영국으로부터 독립하게 된 1956년에 하나의 불교 정치 단체가 창당되었다. 이 불교 정당은 다른 두 정당과 연합으로 연립 정부를 수립하여 반다라나이케

(S. W. R. D. Bandaranaike)를 수상으로 선출했으며 국제 정치 사회에서는 중립 정책을 표방하고 국내에서는 스리랑카 민족 불교를 옹호하였다. 1959년에 연립 정부 안에서 분열이 일어나자 권력을 유지하기 위하여 복잡한 행로를 택한 수상은 불교 쪽의 당원들 중의 몇몇을 소외시키게 되었다. 그러자 증오의 대상이었던 타밀족과 모종의 타협을 시도하려는 수상의 태도에 화가 난 한 광적인 출가 수도승이 1959년 8월 25일에 수상을 암살하고 말았다. 그 출가 수도승은 1962년에 처형되었으나 그는 처형당하기 직전에 그리스도교인으로서 세례를 받았다. 그의 말에 의할 것 같으면, 불교적 교의(敎義)로는 도저히 용서받을 수 없었지만 그리스도교인으로서 세례를 받음으로써 그는 용서를 구할 수가 있었다는 것이다.

스리랑카에서 가장 유명한 불교 유물은 말할 필요도 없이 칸디(Kandy)에 보관되어 있는 세존의 치아이다. 불교의 전승에 따르면 붓다의 다비식(茶毘式)이 끝난 뒤 네 개의 치아를 포함한 일곱 개의 유골이 타고 남은 재 속에서 발견되었으며, 이 일곱 개의 유골은 여덟 도시들이 다투어 나눠 가진 유물에서 제외되었다고 한다. 이 네 개의 치아에 관한 좀더 후기의 역사는 아주 흥미진진한 이야기를 전하고 있는데 역사적 사실과 함께 꾸며낸 이야기가 묘하게 뒤섞이고 거기에다가 국가적 이해가 더해져서 논쟁의 불길을 당기게 되었다. 한 예로 중국의 전승에 의할 것 같으면 네 개의 치아 중의 하나는 천상에 모셔지고, 다른 하나는 용궁에 모셔졌으며, 또 하나는 스리랑카에 있고, 마지막 나머지 하나는 중국으로 가게 되었다. 이것은 나중에 중국에서 발견되었다고 하며 현재 북경에서 전시되고 있다. 이 치아는 전시를 위해서 1955년에는 미얀마에, 그리고 1961년에는 스리랑카에 빌려주었다. 그후 극동 지역 전체의 수많은 사원들이 이 치아를 모시고 있다고 주장하게 되었다. 만일 그러한 주장에 따라서 치아의 숫자를 합친다면 네 개의 몇 배수가 될 뿐만 아니라 한 사람의 치아 숫자의 몇 배수에 이를 것이다.

스리랑카의 전승에 따르면 그 유명한 붓다의 치아는 다비장(茶毘場)의 장작불 속에서 발견되어 인도의 동부 해안에 있는 칼링가의 왕에게로 보내어졌으며, 왕은 그것을 단타푸라(Dantapura)에 있는 한 사원에 봉안(奉安)하였다. 4세기 중의 한때 단타푸라에 대한 공격이 임박하게 되자 치아는 스리랑카로 보내지고, 스리랑카의 왕은 넘치는 존경심에서 이 치아를 수도의 한 사원에 봉안하였다. 이 치아는 매년 한 번씩 밖으로 모셔져 거리를 행진하게 된다. 중국 출신의 출가 수도승이며 여행가인 법현에 의하면 그는 413년경에 이 행진을 목격했는데, 화려하게 치장한 코끼리의 등에 올라탄 사람이 그 날부터 열흘 뒤에 행진이 시작될 것이라고 외치면서 시내를 돌아다녔다. 약속한 날이 되자 수도의 주요 거리는 깨끗하게 치워지고 꽃으로 뒤덮였다. 그리고 길 양켠에는 부처님의 오백 전생을 담은 그림들이 펼쳐졌다. 그 축제는 90일 동안이나 계속되었으며 출가 수도승들은 물론 재가 신자들도 이 유골을 경배하는 의식에 참여하였다.

이 치아는 스리랑카에 도착하는 날부터 국가를 위한 길조(吉兆)를 나타내는 상징으로 간주되었다. 왕실이 수도를 옮길 때마다 이 치아 역시 항상 함께 옮겨졌으며 종종 왕의 거처보다도 더 장엄한 장소에 봉안되었다. 이 치아는 7세기에 중국의 한 출가 수도승이 훔쳐가려고 시도한 사건이 일어난 후부터 항상 더욱 치밀하게 보호되었다. 스리랑카 사람들은 이 중국 출가 수도승을 훌륭하게 환대했으나 어느 날 그의 소지품 속에서 치아가 발견되자 그를 체포하였다. 이 사건 이후 이러한 사건이 다시는 재발하지 않도록 보장하기 위해서 가장 치밀한 예방 조치가 취해졌다.

스리랑카에서 이 치아와 관련한 후기의 역사는 음모에 얽힌 분규로 점철된다. 14세기 초엽에 타밀족들의 침입에 의해서 국외로 반출되었고, 포르투갈 사람들이 스리랑카에서 불교를 말살하려는 운동의 일환으로 그것을 발견하자마자 박살내고 말았다는 말도 있었다. 그러나 스리랑카의 왕권에 도전한 두 경쟁자는 포르투갈 사람들이 부순 것은 가짜이고 진짜는 자신들이 보존하고 있다고 주장했다. 치아를 박살내려는 포르투갈 사람들의 시도는 성공하지 못한 것이다. 1952년에 칸디에 보전되어 있던 치아가 진품으로 받아들여진다.

옛 수도인 아누라다푸라(Anuradhapura)에 있는 마하비하라(大寺, Mahavihara)와 아바야기리(無畏山, Abhayagiri)의 두 사원은 스리랑카의 불교 역사와 밀접하게 관련되어 있다. 마하비하라는 마힌다(Mahinda)의 권고에 따라 티사(Tissa) 왕이 창건하였다. 이 절은 그 후 수세기 동안 상좌불교(上座部, Theravada)의 공인된 본거지였다. 여러 불교 국가들로부터 수많은 학자들이 이곳으로 몰려들었는데 그 중에서 가장 유명한 사람이 서력 기원후 5세기 때의 붓다고사(佛音, Buddhaghosa)이다. 그는 상좌불교 전통 전반에 통달했으며 그곳에서 그의 권위있는 주석서들을 저술하였다.

마하비하라가 창건된 뒤 대략 200년쯤 지났을 때 이 절에서 살고 있던 출가 수도승들 사이에서 하나의 아주 사소한 문제에 대해서 논란이 일어났는데, 그것은 출가 수도승들이 재가 신자들의 가정을 방문할 수 있느냐 없느냐는 문제였다. 이 문제에 대해서 다수의 출가 수도승들이 반대의 의사를 표했고 신자들의 가정을 방문했던 출가 수도승들을 쫓아내게 되었다. 여기서 우리는 마하비하라의 출가 수도승들이 가진 보수주의와 엄격한 정통주의에 대한 태도의 적나라한 일단을 보게 된다. 축출당한 출가 수도승들은 자기네들끼리 아바야기리라고 하는 새로운 사원을 형성하게 되었고, 이 수도원은 그 중요성과 재산과 위상(位相)에 있어서 급속한 성장을 함으로써 얼마 안가서 마하비하라와 필적하게 되었다. 법현이 스리랑카에 머물던 당시인 5세기 초반의 연간에는 마하비하라에는 3,000명의 출가 수도승들이 있었는 데 비해서 아바야기리에는 5,000명의 출가 수도승들이 있었다. 이 두 조직에 관한 후기의 역사는 이들 사이의 팽팽한 경쟁 관계를 말해 주고 있는데, 통치자를 자신들의 의향대로 설득하게 되었을 때마다 상대편의 건물과 재산을 훔치고 약탈하곤 하였다.

10세기에 타밀족이 수도인 아누라다푸라를 침입하여 점령함으로써 이들 두 사원을 철저히 유린하였다. 천 년 이상 스리랑카 불교의 중심지였던 이 두 곳은 침략자들에 의해 조직적으로 파괴되고 말았다. 그 결과 한때 종교적으로 학문적으로 그리고 사회적으로 위대했던 불교의 아성에서 5년 동안이나 출가 수도승들의 수계식이 거행되지 못했다. 1071년에 스리랑카에서 침략자들을 몰아내는 데 성공한 뒤 그들은 본격적으로 마하비하라의 재건에 착수하였고 결국 얼마 안 가서 다시 한번 지도력을 되찾게 되었던 것이다. 그 이후 스리랑카의 불교는 부침을 거듭하긴 했지만 마하비하라가 상좌불교의 중심지로서 탁월한 위치를 계속 유지해 오고 있다. 마하비하라가 이러한 위치를 유지하게 된 것은 스리랑카에 불교를 맨 처음 전한 마힌다가 이 사원의 창건에 관련되어 있다는 점에 기인하는 바가 크다. 마힌다는 인도에서 수계를 받았고 마하비하라에 수계식을 도입하였기 때문에, 스리랑카의 출가 수도승들은 마하비하라만이 정통 법맥을 이을 수 있으며 수계식도 마하비하라의 출가 수도승들에 의해서 베풀어져야만 타당하다고 믿는 것이다.

미얀마

전통에 의하면 미얀마에 불교가 전래된 것은 아쇼카 왕 때였다고 한다. 이 전통은 수반나브후미(Suvannabhumi), 즉 소위 "황금의 땅"을 미얀마와 동일시하는 데 의거하지만 사실 이러한 동일시는 전혀 믿을 만한 것이 못된다. 우리는 적어도 기원후 5세기 이후부터라야 미얀마의 불교에 대해서 확실한 근거를 가지고 말할 수가 있다. 1926년에 팔리 문자가 새겨진 여러 장의 황금판이 미얀마에서 발견되었다. 그런데 그 황금판에는 널리 알려진 불교의 법구(法句)인 "대성인이신 붓다께서 말씀하신 법의 발생과 원인에 관한, 그리고 법의 소멸에 관한 법"이라고 적혀 있다. 그외에도 불전에서 따온 여러 문구들이 인용되어 있다. 5세기까지 소급될 수 있는 이 명문(銘文)과 동시대의 몇몇 불교 조각품들은 남부 미얀마에 불교 공동체가 번성하고 있었다는 사실과 그 공동체의 구성원들이 상좌불교 전통에 속해 있었다는 것을 알려 주고 있다. 7세기 후반 중국의 여행가인 의정(義淨)에 의하면 미얀마에 불자들이 있었다는 또 다른 증좌를 알 수가 있다.

상좌불교는 11세기 중엽까지 남미얀마에서 번성하였다. 그러나 11세기에 북미얀마의 갑작스런 침입에 의해서 이 지역의 평화는 깨어지고 남미얀마는 북미얀마로 흡수되고 말았다. 우리는 당연히 북미얀마가 이러한 정벌을 감행하게 된 배경에 대해서 생각해 보아야 할 것이다. 북미얀마에는 대승적 성격을 띠었으며 밀교에 속했을 가능성이 많은 또 다른 형태의 불교가 유행하고 있었다. 이러한 계통의 불교를 신봉하는 자들은 아리(Ari)라고 불리었다. 그런데 그 지역의 연대기에 의하면 이 종파는 붓다의 가르침을 거부했고, 주문을 암송함으로써 업장(業障)에서 헤어날 수 있다고 믿었으며, 혼전에 출가 수도승들에게 처녀를 보내는 관습을 가지고 있었다고 한다. 또한 이 지역에서는 관세음·미륵·문수와 같은 대승의 보살들이 발견된다. 어떤 사원의 벽에는 배우자를 포옹하고 있는 신들의 그림이 발견되는데 이것은 밀교적 성격의 불교가 실천되었음을 의미하는 또 하나의 증거인 것이다.

　북미얀마가 남미얀마를 침범하기 시작했을 때인 11세기에는 이들 두 종파, 즉 북쪽에는 밀교가 있었고 남쪽에는 상좌불교가 있었다. 북미얀마가 남미얀마를 침범하게 된 데는 종교적인 문제가 뿌리깊이 개입되어 있었다. 그리고 그 사건에서 상좌불교의 신 아라한(Shin Arahan)이라는 출가 수도승이 결정적인 역할을 하게 된다.

　신 아라한은 북미얀마의 왕인 아노라타(Anawrahta)를 교화하기 위하여 북미얀마로 가기 전에는 유명한 남미얀마의 성직자였다. 상좌불교의 교의를 듣고 난 북미얀마의 왕은 아리의 가르침보다 상좌불교의 교의가 우수함을 확신하고서 그것을 수용하였다. 그리고는 그가 새롭게 터득한 가르침을 전 왕국에 전파시키기로 마음먹었다. 하지만 상좌불교의 경전이 없었기 때문에 포교가 불가능했다. 신 아라한은 왕에게 남미얀마에 많은 불전이 있으니 남미얀마의 왕에게 그 불전들을 좀 나눠 달라고 하자고 제안했다. 그러나 남미얀마의 왕은 불전들을 자신이 계속 소장하고 있기를 열망한 나머지 그 요청을 거절해 버렸다. 화가 난 아노라타는 남미얀마를 정벌해서 수도를 함락시키고 왕을 사로잡았으며 약 30질의 경전을 빼앗아 와 버렸다. 아노라타는 빼앗아 온 상좌불교의 경전들을 가지고 아리들의 반대를 꺾고서 열정적으로 상좌불교의 가르침을 펴게 되었던 것이다.

북미얀마의 남미얀마 정벌은 미얀마 역사에 있어서 하나의 중대한 사건이었다. 왜냐하면 그것은 두 지역이 하나의 지배자 아래서 통일된 것으로서 진정한 미얀마의 역사가 시작된 것을 의미하기 때문이다. 신 아라한은 아노라타에 의해서 불교의 최고 지도자가 되었고 미얀마는 상좌불교의 중심지로서의 명성을 누리게 되었던 것이다. 불자들은 아노라타에 의해서 처음 시작된 왕조의 불교 후원에 힘입어 수도인 파간(Pagan)에다가 수천 개의 사원들을 건립하였다. 그 중에서 가장 유명한 것이 미얀마 건축의 걸작품인 아난다(Ananda) 사원이다. 이들 사원들은 국민들로부터 마을과 토지와 동물들과 심지어는 노예들까지 헌납받았다.

　아노라타의 통치 기간중에 성직의 계승에 대한 논란이 일어났다. 오래된 상좌불교의 한 학파가 아쇼카 왕이 보낸 포교사들을 통해 자신들이 인도의 법을 직접 전수받았기 때문에 결국 자신들이 온당한 수계식에 대한 권위를 가진 유일한 공동체라고 주장하고 나섰다. 한편 스리랑카에 가서 수계를 한 또 다른 일단의 미얀마 출가 수도승들이 있었는데, 그들은 마힌다로부터 직계의 법을 이었기 때문에 자신들이 정통 단체라고 주장했다. 이 논쟁은 거의 300여 년 동안이나 계속되다가 담마체티(Dhammaceti) 왕이 스리랑카 전통을 편듦으로써 끝이 났다. 담마체티 왕은 수세기 동안 오염되지 않고 순수하게 전통을 지켜온 상좌불교의 유일한 중심지는 마하비하라였다고 믿은 것이다.

　마하비하라 전통과의 이와 같은 유대는 미얀마 불교의 성향을 확고하게 정립시켰다. 앞에서 살펴본 바와같이 마하비하라는 정통주의와 생활 및 품행의 청정함과 엄격한 수도원 생활을 표방했다. 미얀마의 불자들은 전적으로 이러한 보수주의에 전념했다. 따라서 미얀마 사람들은 형이상학적 통찰에 관심을 가지기보다는 엄격하게 계율을 지키는 데 몰두했다. 모든 주요한 개혁 운동이나 공동체 안에서 일어난 모든 논쟁들은 여하간에 계율 문제와 관련되어 있다. 미얀마 사람들은 아무런 의심 없이 상좌불교 전통을 받아들였고 엄격하게 경전의 자구에 집착했다. 때때로 계율을 수지(受持)함에 있어서 이완된 징후들이 나타나곤 했지만, 수도 공동체의 청정함을 회복하기 위한 개혁 운동이 언제나 즉각적으로 일어났다. 그리고 그러한 개혁 운동은 예외없이 통치권의 후원을 받았다. 불교가 미얀마에 들어온 이래로 불교적 수도원주의는 거의 변하지 않았기 때문에, 동남아시아의 불교 국가들 중에서 미얀마가 테라바다 불교를 가장 순수한 형태로 간직하고 있다고 자신있게 말할 수 있다.

미얀마에서 지배적 세력을 형성한 불교는 미얀마 역사에 엄청난 영향을 미쳤다. 그 첫번째 역할로서 불교는 위대한 문화 형성의 힘을 떨쳤다. 그 결과 조야하고 미개한 국민들을 고도의 문화 국민으로 바꾸어 놓았다. 미얀마 사람들은 불교 문화의 총체적인 흐름에 동참했고 불교에 관해 가장 권위있는 해석들을 창출해 내었다. 둘째로 불교는 다양한 종족적 집단들을 하나의 통일 국가로 묶어 주는 촉매 역할을 수행했다. 불교는 세번째 역할로서 교육의 확충에 조력했다. 읽고 쓰는 법을 가르치고 사원에서 학교를 운영한 것이 바로 출가 수도승들이었다. 미얀마의 모든 소년들은 최근까지도 초심 수련자로서 일정 기간 동안 승원에서 지내야 했다. 그러한 과정을 거치고 나야 비로소 성인으로 간주되는 것이다. 불교가 미얀마 사회 전체에 걸쳐서 엄청난 영향을 끼치게 된 것은 무엇보다도 이러한 교육 과정의 덕택이었다. 미얀마 사람들은 불교가 강조하는 도덕적 규범에 따라서 생활하려고 애썼다. 그래서 그들은 평화적이고 정직했으며 자기들끼리는 물론 이방인들에게까지 친절했다. 동물을 학대하는 행위는 경멸당했으므로 무자비한 행동은 거의 볼 수가 없었다. 마지막으로 불교는 미얀마 사람들의 일상생활에 야외극과 색채와 다채로움을 제공해 주었다. 사원에서 일 년 내내 이어지는 수많은 불교의 축제들은 미얀마의 국민들로 하여금 춤과 노래로 자신들을 표현할 기회를 제공함으로써 그들에게 쾌활함과 재미를 가져다 주었다.

상좌불교 국가들 사이에서 미얀마가 갖고 있는 지도력은 제6차 세계 불교도 대회를 미얀마가 개최함으로써 분명하게 과시되었다. 이 회의는 2년 동안 랑군에서 열렸는데 붓다가 열반하신 지 2,500주년이 되는 1956년 5월에 끝났다. 미얀마 사람들은 이 회의를 소집하면서, 온 인류의 정신적·도덕적 행복을 위해서 탐심과 성냄과 어리석음의 모든 자취를 불식해 버릴 모종의 조처를 강구하는 과업에 동참하자고 전세계의 불자들을 초청했다. 그들이 주장하는 바에 따르면 탐심과 성냄과 어리석음이 세상의 모든 폭력과 파괴의 뿌리라는 것이다. 미얀마 정부 또한 이 회의가 불교학의 중심 역할을 할 수 있는 대규모 불교 대학을 설립하여 전세계에 불교의 지혜와 진리와 정의를 펴 나갈 수 있게 되기를 바랐다. 그러나 이 회의의 주된 과업은 여러 상좌불교 국가들에서 발견된 문헌들을 미얀마어, 힌디어, 영어와 같은 현대의 언어로 번역할 요량으로 재검토하고 대조해 보는 일이었다.

태국

현재의 태국(Thailand)이 자리잡고 있는 이 지역은 타이(Thai)라는 국가가 건국되기 전인 7세기 이전부터 이미 남부 미얀마로부터 뻗쳐나던 불교적 영향력 아래 놓여 있었다. 11세기에 아노라타(Anawrahta) 왕은 상좌불교를 받아들인 후, 북타이를 침입하여 정복하였고 정복지에다가 그가 새로 접한 종교를 전파하였다. 그러므로 몽골족인 타이 사람들이 중국 남서 지역인 운남(Yunnan)에서 쫓겨나 12세기와 13세기에 걸쳐 지금의 태국에 정착했을 때는, 이미 불교에 의해서 강력한 영향력을 받은 바 있는 지역으로 들어갔던 것이다. 그들은 이미 확립되어 있는 종교를 수용했고 그들이 1238년에 타이 왕국을 세웠을 때는 불교를 국교로 받아들였다.

불교는 13세기에 수코타이(Sokhotai) 왕국이 흥기하면서 번성하기 시작하였고, 특히 수도인 아유치아(Ayuthia)에는 붓다에게 봉헌된 아름다운 건축물과 조상(彫像)들로 가득 찼다. 1360년경에 왕은 사절을 스리랑카에 파견하여 수계식을 관장하고 비준할 수 있도록 태국에 스리랑카의 장로 스님을 보내 줄 것을 요청하였다. 이러한 일이 성취되자 타이의 출가 수도승들도 직접적인 법통을 마힌다에게까지 잇댈 수 있다고 주장했다. 그리고 그렇게 함으로써 마하비하라(Mahavihara) 전통을 정통으로서 인정했다.

타이 왕국은 불교를 국교로서 지지했음에도 불구하고 그들은 여러 기회에 걸쳐서 불교 정신에 위배되는 모험들을 감행하였다. 이웃하고 있는 미얀마와 캄보디아가 군사적으로 취약한 것을 틈타 타이 군대는 13세기와 14세기에 걸쳐서 이들 두 나라를 반복해서 침범하였다. 그리고 캄보디아의 장엄한 도시인 앙코르 와트(Angkor Wat)를 파괴할 수 있는 데까지 파괴해 버렸다. 그러나 응보의 날은 결국 오고야 말았다. 16세기에 미얀마의 군대가 최초로 침입하는 사건이 일어났던 것이다. 그러나 이때는 그렇게 큰 손실을 입지 않았다. 1766년에서 1767년에 걸쳐서 미얀마 군대는 태국을 재침하였는데 이때의 미얀마의 정복군은 여느 침략군과 똑같이 행동하였다. 왜냐하면 그들은 아유치아를 함락시킨 뒤에 자신들과 같은 신앙을 간직한 사원을 체계적으로 파괴하였고, 아름다운 불상들을 산산조각으로 짓이겼으며, 불상을 녹여서는 가지고 갈 수 있는 금이란 금은 모조리 가져가 버렸다. 1782년에 타이 국민들이 수도를 수복했을 때 그곳은 너무나 완전히 파괴되어 버렸기 때문에, 그들은 이곳을 단념하고 현재의 수도인 방콕에 새 수도를 세웠다.

상좌불교는 현재도 여전히 태국의 국교이다. 1959년 현재 태국에는 여느 동남아시아 국가들 중에서 가장 많은 숫자인 21,380개의 불교 사원과 약 250,000명의 비구와 수련자들이 있다. 왕은 불자여야 한다. 그리고 그는 교단을 유지하는 모든 문제들에 있어서 최고의 권위자이다. 왕은 청년시절에 일정한 기간 동안 수도원에서 지내는 것이 관습이다. 이러한 개인적인 경험이 그를 불교에 밀착시킨다. 공식적으로 태국의 모든 젊은이들은 역시 수학을 위해 수개월 동안 사원에서 지낸다. 그러나 이러한 관습이 여전히 시행되고 있음에도 불구하고 예전만큼 널리 퍼져 있는 것은 아니다.

대체로 태국의 출가 수도승들은 국민들 사이에서 훌륭한 평판을 누리고 있다. 그들은 청정하고 도덕적인 생활을 하고 있으며 수행의 규율을 충실하게 지킨다. 그들은 또한 그들의 교육 수준을 향상시키기 위하여 열심히 노력하고 있다. 그들은 수계를 하기 전에 일정한 수준까지 경전을 숙지해야 하며 수계를 하고 난 뒤에도 여전히 더 높은 수준의 시험에서 자격을 얻기 위하여 더 깊은 수업을 하도록 고무된다. 최근 수년 사이에 태국의 모든 젊은이들에게 군복무를 요청하는 법안이 통과되자 젊은 남자들이 갑작스레 수도원으로 몰려들었다. 그러자 국가 당국은 제1차의 9단계 시험을 통과하지 못하면 출가 수도승들도 병역 의무를 면제받지 못하도록 하는 또 다른 특별 법안을 통과시켰다. 이 제1차 시험은 간단한 일이 아니다. 왜냐하면 연속되는 4일 동안 불교 교리, 예절바른 생활의 규칙, 붓다의 일생, 수행의 계율 등에 관한 네 가지 시험을 치러야 하기 때문이다.

태국이 현대적 교육 체계를 갖추기 전에는 불교 사원이 그 근처에서 살고 있는 소년들에게 교육을 베풀었다. 현대적 교육 체계가 처음으로 확립되자 수도원과 사원들은 교실을 제공해야만 했고 출가 수도승들은 교사가 되어야만 했다. 모든 학년에 쓰여질 불교 윤리와 교리에 관한 교재의 제공과 함께 여전히 모든 학교에서 종교 교육이 마련되고 있다.

캄보디아

한편 캄보디아(Cambodia)의 현재 불교 형태는 상좌불교이지만 이것은 그리 오래된 것이 아니다. 왜냐하면 아주 일찍부터 이 지역에 영향을 준 것은 힌두교와 대승불교이기 때문이다. 1세기에서부터 7세기 사이의 것으로 연대가 추정되는 것으로서 캄보디아에서 발견되는 유적들은 힌두교의 영향을 강하게 받았음을 보여주며 또 이 시기의 왕들은 산스크리트 이름을 지니고 있다. 캄보디아는 800년에서 1400년까지 인도차이나(Indo-China)에서 가장 강력한 왕국이었다. 그리고 앙코르 와트의 예술과 건축의 그 걸작들을 만든 사람들도 캄보디아인들이었다. 이 전설적인 도시의 사원과 유적들은 거개가 힌두교와 대승불교의 신들에게 봉헌된 것들이었다.

14세기 이후부터 하나의 변화가 일어나기 시작했다. 13세기에 이웃한 타이 왕국이 확립되어 캄보디아의 종교적 역사에 영향력을 행사하기 시작했다. 13세기가 끝났을 때는 이미 중국 여행가인 주대관(Chou Ta-kuan)이 캄보디아를 방문하여 소승불교가 대승불교를 점차적으로 대체하고 있다고 보고했다. 타이의 캄보디아 침입과 정복은 이러한 과정을 더욱 재촉했다. 왜냐하면 캄보디아 사람들은 전승국인 타이를 대대적으로 모방하였기 때문이다. 앙코르 와트가 타이에게 함락되자 캄보디아는 적군에게 떨어진 이 도시를 포기하였고, 타이 군대가 떠나간 후에는 정글이 이 도시를 뒤덮었다. 14세기부터 19세기까지 이 도시의 영광에 관한 비밀은 정글 속에 숨겨져 있었다. 19세기 중반에 희귀 식물을 채집하던 프랑스의 한 식물학자가 우연하게도 이 터를 발견하게 되었고, 놀랍게도 캄보디아 사람들이 그들 역사의 절정기 동안에 창출했었던 빛나는 건축과 조각들의 유적을 발견했던 것이다. 그때부터 정글의 넝쿨로부터 그 훌륭한 불교의 건축물과 불상과 회랑과 법당과 수도원을 복구하는 침착하고도 끈질긴 과업이 신속하게 진행되었다. 그래서 우리는 이제 그 유적을 찾아가 캄보디아의 국력이 절정에 달했을 때 그들의 유산을 찬탄할 수 있게 되었다.

오늘날 캄보디아 사람들은 전 국민의 99%가 상좌불교도이고, 약 2,800개의 수도원과 82,000명의 출가 수도승들 및 초심 수도자들이 있다고 주장한다. 불교는 왕족으로부터 전폭적인 후원을 받고 있는데, 그들은 전국에 걸쳐 불교 학교나 도서관의 건립에 풍족한 공헌을 하고 있다.

베트남

베트남(Vietnam)은 지리적으로는 동남아시아에 속해 있지만, 불교와 관련해서는 상좌불교의 전통보다는 중국 대승불교와 훨씬 밀접한 연관을 가지고 있다. 그러므로 엄격하게 말하면 베트남 불교에 관한 이 짧은 논의는 중국 불교에 관한 장(章)에 포함되어야 한다. 그러나 베트남 불교는 상좌불교가 아님에도 불구하고, 지리적인 점을 감안하여 결국 이 장에서의 논의에 집어넣기로 결정하였다.

이미 기원후 1세기가 되었을 때에는 불교가 해로를 통해서 베트남에 들어와 있었다. 2세기 말에는 이미 번성하는 불교 공동체가 실재했었다는 사실이 이 지역에 살고 있는 한 중국인 귀의자에 의하여 증명되고 있다. 그의 기록에 의하면 출가 수도승들은 삭발을 하였고, 노란색의 법의를 입었으며, 하루에 한 끼만 먹었고, 자신의 감각 기관들을 방호하는 생활을 하였다고 한다.

기원후 1000년경에 이르러 베트남은 중국의 지배 아래 놓이게 되었다. 그리고 독립을 성취한 후에도 여전히 이웃한 대국의 문화와 제도를 찬탄의 눈으로 바라보았다. 중국 문화의 영향력은 베트남 사람들의 삶에 주도적인 요소였다. 베트남 사람들 가운데서 불교의 출가 수도승들이 중국 언어와 문헌을 주도면밀하게 연구한 유일한 대집단이었는데, 그것은 주로 엄청난 양의 한역 불교 경전에 접하기 위한 것이었다. 결과적으로 국가의 지도자들은 주로 교육받은 불교의 출가 수도승들 계층에서 뽑혔는데, 그들은 중국 언어에 능숙하였고 그래서 결과적으로 중국의 학문 전체를 획득할 수 있었던 것이다.

중국 문화가 지배하던 이 기간 동안에 중국 불교의 선종(禪宗)이 이 나라에 들어왔고 선종의 세 종파가 발전하여 번성하였다. 최근 몇 년 동안에 정토종이 신자 확보에서 얼마간 빠른 진전을 보이고 있음에도 불구하고, 선종은 현재까지 지배적인 위치에 남아 있다.

오늘날에는 베트남 사람의 약 75%가 불자인 것으로 추정되고 있다.

자바

자바(Java)에는 더 이상 불교가 실행되고 있지 않지만, 이 섬의 지난 역사 중에는 대승불교가 지배 왕조와 일반 국민의 존경과 관심을 얻었던 때가 있었다. 7세기부터 9세기까지 다스렸던 사일렌드라(Sailendra) 왕조 때의 대승불교는 자바 사람들의 지배적인 종교였다. 그리고 사일렌드라의 왕들은 신앙의 가시적 징표로서 보로부두르(Borobudur)의 불교 예술과 건축의 걸작들을 건립하였다. 그것들은 오늘날까지도 아시아의 예술적 불가사의 중의 하나로 여전히 우뚝 서 있다.

인도에서의 불교의 쇠퇴

불교가 동남아시아 여러 나라로 퍼져나가고 있었음에도 불구하고 자신의 고향 땅에서는 서서히 그 빛을 잃고 있었다. 인도에서는 7세기에 중관 학파(中觀, Madhyamika)와 유식 학파(唯識, Vijnanavada)의 대가들의 죽음에 따라, 불교는 힌두교의 압도적인 세력 아래서 점차 침잠의 길을 걸었다. 어떤 면에서는 이러한 과정이 불교도 자신들에 의해서 촉진되었다. 그 이전 수세기 동안 대승불교는 일반 대중들 사이에서 신봉자들을 얻기 위하여 많은 힌두교의 신들을 불교의 법당으로 혼입시켰던 것이다. 힌두교와의 이러한 절충주의는 많은 힌두교도들로 하여금 불교를 단순한 하나의 힌두교 교파로 생각하게끔 만들었다. 그래서 붓다는 이 세계의 보호자이고 유지자인 비쉬누(Vishnu) 신의 수많은 화신 중의 하나로 간주되었다. 11세기의 무슬림(Muslim)들의 침입은 불교에 가해진 마지막 강타였다. 무슬림들은 1001년에 처음으로 북서부 인도에 침입하여 그곳을 석권하였는데, 이때 그 지역의 불교 사원과 도서관과 경전들과 불상들을 파괴해 버렸다. 1193년에는 인도 불교의 심장부인 마가다(Magadha)가 함락되었다. 이 지역의 불교 시설들이 파괴됨으로써 종교적이고 지적인 세력으로서의 불교는 인도에서 사라지고 말았다.

제 7 장

중국의 불교

아시아의 인구 대국인 인도와 중국은 각기 자신들의 지역에서 문명을 건설한 이후로, 1962년에 국경 분쟁이 일어날 때까지 수천 년 동안 서로간에 평화로운 관계를 누려 왔다. 눈의 집이라는 뜻의 높이 솟은 히말라야(Himalayas) 산맥으로 갈라진 두 나라는 대조적인 삶의 이상과 생활 양식을 발전시킴으로써 각자의 길을 걸어 왔다. 중국의 철학자들은 어떻게 인간 관계를 개선시키며, 어떻게 사회 제도를 안정시키며, 어떻게 정당하고 지속적인 정치 체제를 창출할 것인가 하는 등의 이 세상의 세속적인 삶의 문제들에 강한 관심을 가졌다. 그들의 세계는 그들이 현재의 삶에서 경험한 한계 안에서 아주 제한되어 있었다. 중국 사회의 특징은 놀라울 정도로 신분 상승이 가능하다는 것이다. 하나의 산적이 능력과 정벌에 의해서 새로운 왕조의 창업자나 황족의 우두머리가 될 수가 있으며, 한편으로는 농부의 아들이 교육에 의해서 국가의 수상이 될 수가 있다. 중국의 사상가들은 건강한 육신을 가진 모든 남녀는 결혼을 해서 자식을 낳아야 하며, 다른 이들이 쓰고 누릴 수 있는 물건을 생산하는 일정한 직업에 종사해야만 한다고 주장한다. 이 세상의 삶은 선한 어떤 것이며 끝까지 살 만한 가치가 있는 것이다. 반대로 인도의 철학자들은 초월적이고 비인격적인 우주의 창조자에 관한 본성이라든가, 인간과 그 창조자가 합일하는 지혜라든가, 이원성을 극복하는 초월적 지혜에 관한 물음이라든가 하는 등과 같은 마음과 정신에 관한 문제들에 관해서 주로 관심을 가졌다. 그들은 기발한 발상과 신비스런 통찰 속에서 이 우주를 무수한 세계들로 채웠고, 연속되는 환생을 통하여 개인의 삶의 기간을 확장시켰으며, 이 세상의 삶에만 묶여 있던 중국 사람들은 꿈도 꾸어 보지 못한 천상과 지옥의 세계를 만들어 내었다. 사회는 네 카스트(caste)와 불가촉 천민(outcast)들로 분류되었다. 삶은 불행과 고통으로 성격지어졌고 이 고통과 불행으로부터 벗어나는 것이 삶의 목적이었다. 금욕주의와 탁발생활이 최고의 생활 이상으로 찬양되었다. 붓다가 가르친 사랑과 자비 그리고 인류의 하나됨의 이 숭고한 종교는 너무나 서로 다른 이들 두 거대 문명 사이에서 거의 수천 년 동안 하나의 가교 역할을 하였다.

중국에 불교가 도입되도록 만든 최초의 원동력은 남인도와 스리랑카에 불교가 들어갔었던 상황과 동일한 것이었다. 즉, 그것은 아쇼카 통치 시대의 포교 활동이었던 것이다. 이러한 포교 활동은 북서 인도의 간다라(Gandhara)와 카쉬미르(Kashmir)에 불교를 전파시키게 되었다. 이 지역은 기원을 전후로 한 1세기 동안에 인도-유러피언 계통의 스키타이인(Scythians)으로 알려진 한 종족에 의해서 시작된 강력한 쿠샨(Kushan) 왕조의 지배 아래 놓여 있었다. 이 거대한 제국을 통치했던 쿠샨의 왕들 가운데서 가장 유명한 사람이 카니시카(Kanishka) 왕이다. 그는 기원후 1세기 혹은 2세기에 걸쳐 살았는데, 그가 불교로 귀의한 사실은 금석문과 고화폐의 증거품들에 의해서 증명된다. 불교의 포교사들은 간다라와 카쉬미르에 확립한 토대를 딛고서 그들의 종교를 중앙아시아의 여러 왕국들로 전파시키기 위하여 널리 퍼져 나아가기 시작했다. 그들이 사람들이 북적거리는 동쪽의 중국 제국에 도달하는 것은 이제 단지 시간 문제였을 뿐이었다.

당시에 인도에서 중국으로 건너가는 통로를 찾던 여행자들은 대개 북서 인도로부터 출발했다. 그들의 여행은 아프가니스탄(Afghanistan)을 거쳐서 힌두쿠시(Hindukush) 산맥을 넘게 되고 파미르 고원(Pamirs Plateau)을 지나 카쉬가르(Kashgar)에 닿게 된다. 이 지점에서 휴식을 취하며 이제부터는 어느 통로를 택해야 할지를 결정하게 된다. 여행자들은 타클라마칸(Taklamakan) 사막의 북쪽 가장자리를 따라 나아가는 북쪽 통로를 택할 수도 있고, 사막의 남쪽 가장자리를 따라가는 남쪽 통로를 택할 수도 있다. 이들 두 통로는 중국의 북서 변경에 있는 전초 기지인 돈황(Tunhuang)에서 만난다. 별로 사용되지는 않았지만 이 중앙아시아의 공로(公路) 외에도 두 개의 육로가 더 있었다. 하나는 아삼(Assam)과 북미얀마를 거쳐서 중국 서남부의 운남으로 통하는 길이고, 다른 하나는 네팔(Nepal)과 티베트(Tibet)를 거쳐서 중국의 서부로 통하는 길이다. 또한 해로를 거쳐서 여행하는 것도 가능했는데, 말레이 반도(Malay Peninsula) 주위의 해변을 바싹 따라서 중국의 남부로 통하는 길이었다.

대상(隊商)들은 기원을 전후로 한 1세기쯤이면 이미 중앙아시아의 사막을 건너서 사람들이 북적대는 동쪽의 중국 제국으로의 모험적인 여행을 했던 것 같다. 얼마간의 출가 수도승들이 이들 대상들의 자취를 따라서 뒤좇아 갔던 것이다. 결국 그들 중의 몇몇만이 중국에 도달하여 인류 역사에서 그에 비견하는 유례를 찾을 수 없는 문화적 교류와 전환을 이룩한 선구자가 되었던 것이다.

불교가 중국에 들어온 시기를 아주 정확하게 알 수는 없다. 일반적으로 불자들이 역사적 사실로 주장하는 것이며, 또한 가장 널리 통용되기도 하는 견해 중의 하나는 한(漢)의 명제(58~75 A.D.)가 꾼 꿈에 의해서 이 인도의 종교가 중국에 들어오게 되었다는 것이다. 그러나 이 꿈 사건 이전에 이미 어떤 불교 공동체가 중국 동부에 존재하고 있었다는 증거가 있다. 게다가 기원전 2세기에 이미 한 스키타이인에 의해서 붓다의 가르침이 한 중국인들에게 구전(口傳)되었다고 한다. 우리는 기원후 1세기경에는 이미 불교가 중국 사람들에게 알려졌다고 자신있게 말할 수 있을 것이다.

당시의 중국은 기원전 206년에 창업한 한(漢) 왕조가 통치하고 있었다. 한의 황제들이 견지한 이념은 고대 중국의 성인들이 남기고 기원전 6세기에 살았던 공자가 체계화하여 일련의 고전으로 집성시킨 정치적이며 윤리적인 교육 체계로서의 유교였다. 이 체계에 의하면 통치자는 천명(天命)에 따라서 지배하는 천자(天子)였다. 이 천명은 천자로 하여금 국민의 복지를 위하여 통치함으로써 국민들이 평화와 번영과 질서와 정의를 누리도록 요구한다. 만일 천자가 국민의 복지를 위하는 통치를 하지 못하게 되면, 그는 천명을 잃게 됨으로써 국민들은 그에 항거하여 일어나서 그 자리에 다른 통치자를 앉히는 것이 정당화된다. 지배자의 통치를 돕기 위하여 유교 경전을 숙지하고 있는 일단의 관리들이 선출된다. 이러한 학자 출신의 관리들은 모든 사회 구성원들이 따라야만 하는 적합한 행동 규준에 관한 전문가들이었다. 사회의 각 구성원들이 자신의 위상에 주어진 의무를 수행하는 한 질서 있고 안정되고 조화로운 정부가 힘을 발휘한다. 공자는 한때 임금이 임금답고 신하가 신하다우며 어버이가 어버이답고 아들이 아들다우면 나라의 질서가 설 것이라고 말한 적이 있다. 통치자와 관리들의 의무는 다스리고 이끄는 것이며 일반 국민의 의무는 따르고 복종하는 것이다. 지배 계층은 말과 행동으로써 국민들에게 무엇을 믿을 것이고 어떻게 행동해야 할지를 보여주어야만 한다.

불교가 중국에 들어왔을 때는 이 유교가 지배적인 이념이었다. 그래서 이 새로운 종교는 중국인들에게 어느 정도 수용되기 위해서는 또 다른 토착 체계인 도교와 손을 잡아야만 했다. 도교는 한(漢) 왕조에서 이미 철학적인 도교와 종교적인 도교의 두 양상으로 전개되었다. 철학적인 도교는 우주의 자연적 법칙인 형이상학적 도(道)에 관심을 가졌다. 도는 모든 사물을 존재하게 하고 그들의 모든 움직임을 다스린다. 도교 철학자들의 목적은 도와의 합일을 성취하는 것인데, 도는 영원하고 불멸하며 불변하는 것이므로 이 도와의 합일을 성취한 사람도 영원함을 성취한다. 반면에 종교로서의 도교는 이 육신의 불사(不死)를 성취하는 데에 관심을 가진다. 이 목적을 달성하기 위해서 도사(道士)들은 육류와 곡물을 금하고 명상을 수련하며 호흡을 조절하고 수은 황화물(黃化物)인 진사(辰砂)의 정수를 마신다.

불교와 종교적 도교와의 결연은 둘 사이의 어떤 외적인 유사성에 의해서 촉진되었다. 예컨대 두 체계는 모두 희생 제의가 없고 명상을 수련하며 호흡 수련에 몰두한다. 도교가 동해에 신선으로 태어날 수 있다고 가르치는 것처럼, 불교는 수많은 천상 세계에 가서 환생할 수 있다고 가르친다. 이와 같은 유사성은 불교에게 대단히 중요한 유리함을 가져다 주었다. 왜냐하면 그것은 중국 사람들이 외래 종교에 대하여 품었던 어떠한 편견을 피할 수 있도록 해주었기 때문이다. 그러나 아직도 불교는 중국 땅에서 이제 겨우 불확실한 발판을 유지하는 데 불과했다. 한 제국 전체를 통틀어 오직 세 군데의 불교 공동체만이 있었으며 출가 수도승들은 거의 없었고 귀의자들은 더더구나 없었다.

 기원후 220년에 한 왕조가 몰락하면서 불교의 양상은 변화되었다. 중국은 이때부터 분열의 시대로 들어가서 589년에야 수(隋) 왕조로 재통일되었다. 이 3세기 동안에 걸쳐서 두 개의 중국이 존재했다. 하나는 대체로 황하 유역에 자리잡은 북조이고 다른 하나는 양자강 유역에 자리한 남조이다. 북조는 외래 민족들에 의해서 점령되어 통치되었다. 반면에 남조는 짧고 허약한 중국 왕조들이 계승하면서 다스렸다.

 일반적으로 터어키족이거나 티베트족인 북조의 외래 민족 통치자들은 유교의 경전이나 이념의 압박으로부터 자유로웠다. 그래서 한족이든 외래 민족이든 자신의 신하들에게 불교를 수용하고 진흥시키도록 권장했다. 반면에 남조의 통치자들은 전통적인 생활 방식의 지지자라고 자임하면서도, 유교적 이념이 국가를 다시 통일하고 오랑캐들로부터 북쪽 땅을 다시 수복할 수 있는지에 관해서 때때로 회의에 사로잡히곤 했다. 그들은 유교적 원리에 따라 건설된 강력한 중앙집권제의 한(漢) 왕조가 허무하게 무너지는 것을 보았던 것이다. 그리하여 불교와 같은 하나의 다른 삶의 방식이 그들에게 어떤 해답을 제시하지나 않을까 생각했다. 남조의 일부 지식인 관료들은 이러한 분위기 속에서 불교의 가르침에 관심을 가지고서 불교의 출가 수도승들과 사귀기 시작했다. 그리하여 유교는 쇠퇴하고 강력한 중앙 정부도 존재하지 않던 이 3세기 동안, 중국은 지성적으로 그리고 종교적으로 불교가 발전하기에 적합한 환경이 마련되었다.

 그런데 불교의 발전은 남과 북 두 지역에서 서로 다른 경향을 보여준다. 남조에서 발전한 불교는 흔히 귀족 불교라고 한다. 남조의 불교는 불교적인 동시에 중국적인 학문, 철학적 통찰, 문학적 활동 그리고 고승들과 중국 사회의 식자들 사이의 친밀한 유대 관계를 중시한다. 일반적으로 승가는 자신들의 독립적인 위상(位相)과 국가 권력으로부터의 면책을 주장했다. 이러한 주장이 가능했던 것은 일반적으로 이 지역에서 황실의 수명이 짧고 권위가 부실했기 때문이었다. 북조에서의 승가는 정부의 통제하에 놓여 있었으며, 매우 자주 국가 정책을 수행하는 기구로서 이용되었다. 당시의 탁월한 출가 수도승들은 정치적·군사적 자문에 유능했고, 미래의 일들을 잘 예측하는 능력이 있었다. 그들은 이러한 능력을 가졌기 때문에 종종 통치자들의 자문역에 임명되곤 했다. 남조 불교에서는 지혜와 학식이 높이 평가되었던 데에 반하여 북조에서는 신앙이 강조되었다. 이제 이러한 발전과정을 좀더 면밀하게 살펴보기로 하자.

남조의 불교

3세기와 4세기에 걸쳐서 이민족들이 중국 북부 지역으로 침입해 들어오게 되자 그 지역의 지식층과 관료들은 양자강 남부 지역으로 이주하여 갔으며 거기서 중국 왕조를 세우고 통치하는 데에 조력하였다. 그러나 그들이 세운 왕조는 매우 허약했으며 통치할 지역도 좁았기 때문에 그들이 관리로서 정상적으로 봉사할 기회가 극히 제한되어 있음을 깨달았다. 이러한 상황 아래서 그들 중의 많은 사람들은 세상사의 현실적인 문제들을 외면하고 시와 술과 철학적 도가(道家)의 통찰들에서 위안을 찾으려 하였다. 아마도 그들이 살았던 불안한 고통의 시대 상황이 그들로 하여금 그러한 길로 들어서는 결정을 내리도록 영향을 끼쳤던 것 같다. 꾸밈없는 자연스러움이라는 도가적 교의는 그들이 찾던 위안과 위로였다. 그들이 믿는 바에 의하면, 인간적인 삶을 위해서 모든 사람은 그가 원하는 대로 자유롭게 행동하고 말할 수 있어야 하며 유교적 관습들의 제약으로부터 자유로워야 한다. 그들은 이 자연스러움에 관심을 가지고서 모든 신비 중의 신비, 즉 현상 세계의 이면에 있는 궁극적 원리에 대하여 깊이 생각하였다. 그들은 규칙적인 계절의 변화와 질서정연한 생물계, 어김없이 뜨고 지는 태양과 달, 때가 되면 저절로 피어나는 꽃과 나무 등에 대하여 깊이 통찰한 끝에, 이러한 우주적 조화의 이면에는 틀림없이 어떠한 일정한 원리가 존재한다고 결론지었다. 그들이 궁극적으로 생각하게 된 원리는 무(無)였다.

> 위대한 하늘과 땅이 아무리 만물을 풍족하게 낳을지라도, 아무리 천둥과 바람을 휘몰아치더라도, 아무리 천만 가지 변화를 운용할지라도, 그 모든 것의 원천은 무언(無言)과 지고(至高)의 무(無)이다.[29]

이 무와 완전한 일치를 이룩한 사람이 바로 성인이다. 성인이 된 사람은 나와 너, 삶과 죽음, 옳음과 그름의 차별을 잊어버린다. 그리고 그러한 차별을 잊음으로써 우주와 하나가 되며 우주가 존재하는 한 죽지 않는다.

남조의 학자들과 지식층이 그러한 도가적 성찰에 몰두해 있을 때 남조 불교의 학승(學僧)들은 대승불교의 반야부(般若部) 계통의 경전들에 몰입되어 있었다. 불교 쪽의 이러한 관심이 당시 중국의 학자층에 널리 유행한 위와 같은 지적 분위기에 의해서 부분적으로 자극을 받았으리라는 주장은 아주 그럴듯하게 들린다. 반야부 경전들의 주요한 교의는 다름아닌 공(空)이었다. 연기설에 입각한 소승불교의 가르침에 따르면, 모든 존재는 선행(先行)하는 원인과 조건에 의해 생겨나고 그 선행하는 원인과 조건의 소멸에 의해서 사라진다. 이제 반야부 경전들의 가르침에 따르면, 모든 존재는 어떤 다른 존재에 의존함으로써 생겨나기 때문에, 그리고 어떤 다른 존재에 의존하여 생겨난 존재는 자성(自性)을 가지지 못하며 자의(自意)에 따라 존재하지 못하기 때문에 그러한 존재는 공이다. 그러므로 공(sunyata)은 모든 존재에 있어서 최고의 진리이다. 그리고 이 최고의 진리를 획득하는 것이 바로 지혜의 깨달음이다.

기원후 3세기와 4세기에 걸쳐서 남조 불교의 학승들 사이에는 반야부 경

---

29. Fung Yu-Lan, *History of Chinese Philosophy*. Princeton: Princeton University Press, 1953, 2.181.

전들에 대한 관심이 최고조에 달했다. 동시에 도가의 무에 대한 개념은 식자층들 사이에서 주요한 성찰의 주제가 되었다. 이들 두 그룹이 서로 만나서 대화를 시작하게 되었을 때, 그들은 자신들의 사상이 상대방의 사상과 놀랄 만한 유사성을 가지고 있는 것을 발견하였다. 도가(道家)의 철학자들은 모든 존재는 무를 존재의 근원으로 삼고 있다고 주장하였고, 한편 불교의 학승들은 모든 존재는 본성적으로 공이라고 믿었던 것이다. 불자들에게는 공이 최고의 진리였고, 한편 도가의 철학자들에게는 무가 궁극적인 원리였다. 도가의 성인은 무와 일치를 이룬 사람이고, 마찬가지로 붓다는 최고의 진리인 공을 깨달은 사람이었다. 도가의 성인이나 붓다는 모두 마찬가지로 영원하며 또한 모든 차별을 초월한 사람으로 간주되었다. 일단 상호간의 이러한 유사성이 발견되자, 아주 자연스럽게 두 그룹간의 만남은 증가하였으며 상대방의 경전과 사상에 대하여 더욱더 크고 깊은 관심을 가지게 되었다. 이 도가와 불교간의 대화는 중국 불교사상에 있어서 가장 중대한 사건이었다. 왜냐하면 이러한 계기에 의해서 불교의 학승들이 중국 사회의 엘리트들인 유명한 지식인 및 학자들과 비로소 서로 자연스럽게 어울리며 친밀한 관계를 수립할 수 있었음을 의미하기 때문이다. 또한 이것은 불교의 경전이 중국인 학자들에 의해서 처음으로 정식 연구의 대상이 되었음을 의미하는 것이며, 이러한 사건은 불교의 보급에 유익되게 기여하였던 것이다. 이러한 유익됨의 구체적인 증거는 남조의 가장 강력한 관료 가문들 중 여러 사람들이 출가 수도승으로서 승가에 몸담거나, 아니면 경건하고 헌신적인 재가 신자로서 불교를 후원하였다는 사실들에서 잘 나타난다.

 기원후 4세기쯤에는 남조에서 승가 공동체가 점차 대중적 인기를 모으고 명성을 누리게 됨에 따라 민감한 문제들이 야기되었는데, 그것은 승가 공동체와 국가 수장(首長)간의 관계에 관한 것이었다. 인도의 승가 공동체는 승가의 자체 규율에 의해서 다스려지는 자치 공동체였다. 그러나 황제가 최고의 통치자로 인식되어 있는 중국에 이러한 질서의 개념이 소개되자 좀 곤란한 문제가 야기될 수밖에 없었다. 이러한 문제는 출가 수도승들이 통치자에게 경의를 표해야만 하는가 안해도 좋은가 하는 문제로 구체화되었다. 유교 관료들은 출가 수도승들도 모든 신하들과 마찬가지로 황제에게 큰절로 경의를 표해야만 한다는 입장을 고수했음에도 불구하고, 불교쪽에서는 출가 수도승들은 세속을 떠났으며 세속사에 관여하지 않기 때문에 세상의 일반적인 법률에 구애받을 필요가 없다는 자신들의 논지를 성공적으로 관철시켰다.

중국 사회의 전통주의자들은 불교의 꾸준한 성장과 인기에 대하여 더욱 강력한 반발을 보였다. 불교에 대한 반발로서 제시된 주장들은 일반적으로 민족주의적·이론적·경제적·정치적인 네 가지 방향으로 구분될 수가 있을 것이다.

민족주의적인 입장은 「이하론」(夷夏論)이라는 제목의 소책자에서 가장 잘 드러난다. 이 책의 저자에 의하면 불교는 중국 사람들이 아니라 오랑캐들에게나 적합한 외래의 종교라는 것이다. 삭발, 헐렁한 가사, 화장(火葬)과 같은 불교의 풍습들은 중국인들에게는 따를 만한 것이 못되었다. 그는 또 인도 사람들은 본성적으로 사악하고 거칠기 때문에 그들을 억제하기 위해서 붓다가 오계를 제정할 수밖에 없었다고 비난한다. 그러므로 불교는 인도 사람들에게나 적합할 뿐, 본성적으로 선하고 온화하여 억제할 수도 규칙 같은 것이 필요없는 중국 사람들에게는 맞지 않는다는 것이었다.

불교에 대한 이론적인 논박은 유명한 유학자인 범진(范縝, 450~515년)에 의해서 제기되었는데, 그는 주로 불교의 업설(業說)과 신불멸론(神不滅論)에 대하여 비판하였다. 유교는 업의 작용을 부정하며, 국가와 인간의 운명은 인간으로서는 거의 또는 전혀 관여할 수 없는 천명(天命)에 의해서 통제된다고 본다. 범진보다도 앞선 어떤 사람은 인간은 태어나면서부터 자신의 본성이 이미 결정되며, 인간이 이 세상에서 행한 모든 행위는 그를 선하게 만들 수도 없고 악하게 만들 수도 없다고 쓰고 있다. 예컨대 어떤 사람은 평생 동안 악행을 저질러도 처벌받는 일이 없는 반면에, 어떤 사람은 인정 많고 정의로운 일만을 해왔는데도 목숨을 잃어버리는 수가 있다고 주장한다. 또 다른 어떤 유학자는 인간은 신령스런 지능을 갖고 있으며 천부의 재능을 타고났기 때문에 다른 동물이나 물고기들과는 비교될 수 없으며, 결과적으로 그것들을 음식으로 잡아먹는다 하더라도 악업(惡業)이 될 수가 없다고 주장한다.

둘째로 신불멸론은 중국 불교의 독특한 개념이다. 불교가 중국에 소개되었을 때 중국 사람들은 불교의 기본 교설인 무아(anatta) 사상을 이해하기 매우 어려웠다. 그들은 계속적으로 윤회하면서도 그 계속되는 삶에 깃든 어떤 영혼 혹은 신명(神明)이 없다고 하는 생각을 이해할 수가 없었다. 그래서 중국 사람들은 그러한 어려움을 해소하기 위하여 계속되는 윤회의 주체인 영혼 혹은 신명이라고 하는 어떤 실재에 대한 개념을 만들어 내었다. 중국의 불교인들은 불멸하는 신명에 관한 이와 같은 개념이 전혀 이상한 것이 아니라고 주장하였다. 왜냐하면 중국 고유의 저술들 속에서도 이와 같은 개념이 역시 발견되기 때문이었다. 예컨대 불자들은 중국의 관습상 사람이 죽으면 한 사람이 지붕에 올라가 세상을 떠난 사람의 신명을 불러온다는 사실을 지적했다. 그것은 육체는 죽었지만 신명은 여전히 살아 있어서 부르는 소리를 알아듣는다는 사실을 지적하는 것이다. 그들은 또한 육체가 흩어질 때에도 영혼은 변하지 않으며 이 불변의 영혼은 변화하는 육체를 이용하여 끝없는 변화를 계속한다는 구절을 도가의 문헌 속에서 효과적으로 지적해 내었다. 그러나 유교는 불교가 영혼들이 끝없는 윤회를 통해서 환생을 거듭한다고 가르치는 것은 잘못이라고 본다. 왜냐하면 사후의 삶과 같은 문제는 우리들이 보고 들을 수 있는 범위를 초월해 있으므로 합당하게 논의될 수 없기 때문이라는 것이다.

유가인 범진의 불교에 대한 공격은 당시를 휩쓸던 공공연한 불교 지향적 정서 때문에 촉발되었던 것이 틀림없다. 그는 사람들이 출가 수도승과 붓다를 기쁘게 하기 위해서 그들의 재산을 탕진하며, 처자 권속(眷屬)을 버리고 대(代)를 이을 후손을 끊어버린다고 쓰고 있다. 그는 불교의 기본 교의인 업설과 신불멸론을 논박함으로써 불교에 대하여 결정적인 일격을 가할 수 있으리라 생각했던 것이다.

범진은 이러한 목적으로 삶과 죽음, 부귀와 가난이 자연적 절차에 의한 것이며 인간의 권한을 초월하는 요소에 의해 결정된다고 주장하였다. 그는 인간의 삶을 같은 나무에서 피어나는 꽃잎에 비유하였다. 어떤 꽃잎들은 바람에 날려 융단이나 이불 위에 떨어지는데 이런 꽃잎들은 사회의 엘리트를 의미한다. 또 다른 꽃잎들은 담장에 막혀 거름더미에 떨어진다. 이러한 꽃잎들은 비천한 사람들이 된다. 그는 신불멸론에 반대하는 입장을 취하였기 때문에, 육체는 영혼과 동일하며 어느 한쪽은 오직 다른 한쪽에 의해서만 존재한다고 주장했다. 육체는 영혼의 바탕인 반면에 영혼은 육체의 작용이다. 이 둘은 서로 분리될 수 없다. 이러한 주장을 고수하기 위해 그는 종종 명석한 유추에 의존하였다. 그의 책에 의하면 기능으로서의 영혼과 육체의 관계는 날카로움과 칼의 관계와 같고, 육체와 영혼의 관계는 칼과 날카로움의 관계와 같다. 날카로움이 없이 칼은 있을 수 없으며, 칼 없이 날카로움이 있을 수 없다. 그는 칼이 없이 날카로움이 있다는 소리를 들어 본 적이 없는데 육체가 흩어진 뒤에 어떻게 영혼이 있을 수 있느냐고 반문한다.

불교에 대한 가장 신랄한 공격은 6세기 초의 순제(荀濟)라는 인물에 의해서 가해졌다. 그는 당시 분열된 왕조의 혼란과 무질서에 대한 모든 책임이 부모와 자식, 남편과 아내, 군주와 신하의 온당한 관계를 허물어 버리는 불교에 있다고 가차없는 통렬한 언사로써 공격했다. 그는 또한 불교는 불길한 징조라고 주장했는데, 왜냐하면 불교는 불교를 신봉한 모든 왕조의 수명을 단축시켰기 때문이라는 것이다. 그러나 그가 편 공격 중에서 가장 날카로운 것은 경제와 정치에 관한 것이었다. 경제적으로 불교는 국가의 재정을 고갈시킨다고 했는데, 왜냐하면 출가 수도승들은 땅을 경작하지도 않고 베를 짜지도 않으면서도 여전히 먹고 입기 때문이라는 것이었다. 한마디로 말해서 그들은 사회의 기생충이라는 것이었다. 게다가 그들의 독신생활 때문에, 국가는 황실의 군비를 충당하고 부역에 종사할 상당한 인적 자원을 잃게 만든다는 것이다. 정치적으로 그는 불교를 반역적이라고 비난하면서 다음과 같이 그의 고발을 예증했다. 첫째, 불교는 황실을 본뜬 승원(僧院)을 짓는다.

둘째, 선동적인 혐의가 있는 저술들을 번역한다. 셋째, 사람들을 지옥으로부터 구제한다고 하면서 벌금과 형벌의 황실 특권을 침범한다. 넷째, 왕조의 달력과 달리 자신들의 단식 및 축제의 날짜를 정한 다른 달력을 제정한다. 다섯째, 불교적 천당의 평화와 행복을 묘사함으로써, 당시의 왕조가 이 세상에서 평화와 번영을 유지하지 못하는 것을 간접적으로 비난한다. 여섯째, 기장과 기드림으로써 황실의 기치를 모방한다.

그러나 이러한 공격이 통렬하고 강력한 것이었으나 그럼에도 불구하고 언쟁(言爭)의 수준에 머물렀다는 것은 꼭 지적되어야 한다. 유교가 가지고 있는 온건의 미덕이 힘에 의해 의견의 차이를 해결하려는 어떠한 시도도 억제되도록 영향을 끼쳤을는지도 모른다. 게다가 하나의 외래 종교에 불과했던 불교가 이제는 중국 명문들 중 상당수에 의해 지지를 받게 되었다는 사실도 무시할 수 없는 요소였을 것이다.

북조의 불교

중국 북부 지역의 불교는 일련의 전혀 다른 정황을 맞이하고 있었다. 앞서 이미 지적했었던 것처럼 이 지역의 통치자들은 한족(漢族)이 아니었다. 그래서 불교를 받아들이는 데 반대하는 토착적 유교의 보수주의에 방해를 받지 않았으며, 많은 통치자들이 불교를 수용하고 후원하였다. 불교는 중국 고유의 종교가 아니라 외래의 종교라는 바로 그 사실 때문에, 이민족 통치자들과 국민들은 호의적인 시선으로 불교를 바라보게 되었던 것이다.

하나의 한족 왕조에 의해서 통치되던 남조와는 달리 4세기의 북중국은 일련의 이민족들이 지배권을 다투던 각축장이었다. 정치적·군사적 통치권을 위해 투쟁을 일삼던 시대가 흔히 그러하듯이, 정벌 전쟁의 결과나 동맹국들의 신의와 충성 및 왕조의 운명에 대한 예언 능력을 갖춘 인물들이 특별한 환영과 평가를 받았다. 당시의 북중국에는 그러한 재능을 갖춘 다수의 출가 수도승들이 있었는데, 이들은 이러한 재능을 가지고 통치자들에게 봉사함으로써 군사적·외교적 자문 역할을 맡았다. 그러한 봉사가 불교를 포교하는 데에 직접적인 관련은 별로 없었으나 간접적으로는 많은 도움이 되었다. 왜냐하면 통치자들은 그들의 자문 역할에 대한 보답으로 종종 불교에 귀의하곤 했기 때문이었다.

북조에서 그러한 역할을 담당했던 가장 전형적인 인물은 불도징(佛圖澄, 232~348년)인데, 그는 중앙아시아 태생의 출가 수도승으로서 4세기 초엽에 북중국에 도착하였다. 북중국의 불안정한 정황이 포교 활동에 도움이 되지 않는다는 것을 깨달은 그는 신장(神將)을 사자(使者)로 부리거나 이쑤시개로 마른 우물에서 물을 솟구치게 하거나 물그릇에서 연꽃을 피워내는 등의 신비한 기적을 연출함으로써 한 소왕국의 이민족 통치자의 믿음을 샀다. 일단 그 통치자의 신뢰를 얻은 그는 20년 이상이나 자문 역할을 맡으면서 군사적·정치적 전략가로서 봉사하였다. 이러한 방식으로 그는 출가 수도승이 국사에 참여하는 정책을 처음으로 수립하였다. 또한 그는 미개한 통치자들의 행동 방식을 개화시키는 데 어느 정도 영향력을 행사하였다.

북조의 여러 통치자들은 공식적으로 불교를 후원하였는데 국가의 지원 아래서 경전을 번역하는 관청을 설치하고 번역하는 출가 수도승들을 황실 경내에 머물게 하였다. 불경을 번역한 출가 수도승들 중에서 가장 유명한 구마라집(鳩摩羅什, Kumarajiva)이 성취해 낸 그 위대한 역경(譯經)사업도 이 관청의 지원 아래서 이루어졌다. 이 걸출한 출가 수도승은 관청에 소속된 수천 명 출가 수도승들의 지원 아래서, 5세기 초의 약 10년이라는 짧은 기간 동안에 소승과 대승의 기본적인 경전들을 중국의 언어인 한자로 번역해 낼 수 있었던 것이다.

북조의 이민족 왕조들 중에서 가장 중요한 것은 단연 북위(北魏)이다. 북위는 그 지역의 소규모 왕조들을 점차적으로 모두 흡수하여 440년경에는 북중국 전반을 모두 포섭하는 하나의 왕조를 건설하여 통치하였다. 북위는 중국에서 최초로 대규모 불교 박해를 수행하였고 또 운강(雲剛)과 용문(龍門)의 그 거대하고 놀라운 석굴 조각을 남겼다는 사실로 인하여 특별히 우리들의 관심을 끈다.

그 불교 박해는 446년에 시작되었다. 그 사건은 대체로 한 명의 도사(道士)와 또 다른 한 명의 유가(儒家)인 두 사람의 음모에 의해서 계획되었는데 그들은 목적하는 바는 서로 달랐지만 마음 속에 품었던 적수는 같은 대상이었다. 도사는 자신이 최고의 도사 지도자가 되어 도교의 후원 아래서 지상에 신성한 제국을 건설하려 하였고, 유가는 이상적인 유교 국가를 건설하여 미개한 북위의 국민들을 중국화시키려고 하였던 것이다. 그러한 유교 국가는 공자에 의해서 이상화되었던 봉건 사회가 될 것이며, 모든 국가 권력은 지식 계층이 독점하는 한편 다수의 민중은 충성스럽지만 무지한 상태로 남아 있게 될 것이었다. 불교는 이민족의 종교이며, 또한 모든 계층의 평등과 통합을 옹호하며, 사회로부터 도피와 독신주의를 주창하기 때문에 심하게 배척되어야만 하는 것이었다. 이 두 사람의 영향을 받아 북위의 황제는 서서히 불교를 억누르는 입장을 취하기 시작했다. 드디어 황제는 446년 3월 치명적인 칙령을 내려서 모든 사원과 경전과 불탑과 회화들을 파괴하고 모든 출가 수도승들을 처형하라고 명령했다. 얼마나 많은 출가 수도승들이 처형당했는지는 결코 알 수가 없다. 그러나 그 칙령이 온전하게 수행되지 않았던 것만은 틀림없는 사실이다. 왜냐하면 불과 몇 년 안 가서 황제와 두 사람의 책동가들이 죽임을 당했으며 곧이어 출가 수도승들이 등장하여 불교를 재건하였기 때문이다.

운강의 예술적 걸작품의 창조는 446년의 이 불교 박해와 밀접한 관련이 있다. 이 걸작품을 계획하고 창출해 낸 주요 책임자는 담요(曇曜)였는데 그는 460년에서 464년 사이에 걸쳐서 북위의 출가 수도승들의 총수인 사문통(沙門統)이 되었다. 이 사문통의 직책은 북위의 왕조가 북중국 전체의 승가 공동체를 행정적으로 통제하기 위하여 창설한 것이었다. 이 직책에는 황제가 선택한 출가 수도승이 임명되었으며 사문통은 수도에서 전국 각지에 있는 지방 승관(僧官)들을 임명하고 감독하였다. 황제가 사문통을 임명하는 그러한 통제 체제는 황제로 하여금 전국의 승가 공동체를 면밀하게 감독하는 것을 가능하게 해주었다. 한편 강력하고 진취적인 사문통은 중앙 정부의 권력과 위광(威光)을 누릴 수가 있었기 때문에 그것은 불교의 활동을 진작시킬 수 있는 수단이 되기도 하였다. 담요가 바로 그러한 수단을 이용한 인물이었다.

담요는 불교의 박해와 재건에 대해 생각이 미치자, 불교의 번영과 왕조의 이해 관계를 연결시키려는 과감한 계획을 세운 끝에 운강의 석굴 벽에다 불상과 보살상을 새기기로 하였다. 이러한 계획은 이중의 목적을 갖는 것이었다. 하나는 황실이 불교를 후원하고 있다는 사실을 과시할 뿐만 아니라 446년의 박해를 참회한다는 표시이기도 하였으며, 다른 하나는 불교의 부흥을 영원히 기념하고자 하는 일이었다. 단단한 석벽에 새겨진 이 영구적인 조상(彫像)들은 불교의 진리가 갖는 영원한 불멸성을 상징하게 될 것이며, 미래의 통치자들로 하여금 불교의 진리를 보호하는 데 힘써야겠다는 생각을 갖도록 해줄 것이다. 나무와 진흙과 금속으로 만들어진 불상들이 얼마나 쉽게 파손되는지를 목도하고 난 담요는 오로지 돌로 만들어진 상징들만이 파괴를 견딜 수 있다고 생각했던 것이다. 그의 계획은 통치 당국의 승인을 받아냈으며, 국가의 공식적 후원과 승가의 재능과 기술을 결합시킴으로써 운강의 당당하게 늘어선 석굴들과 불상이 창출되었던 것이다.

운강에서 가장 주목할 만한 것은 거대한 다섯 구의 불상인데 여러 석불들 중에서 가장 큰 것으로서 높이가 70피트나 된다. 황제는 붓다의 현신(現身)이어야 한다는 불교적 이상에 따라, 북위의 국민들은 그들의 첫 다섯 황제를 다섯 분의 붓다로 간주하였다. 이 불상들은 아프가니스탄의 바미얀(Bamiyan)에 있는 거대한 불상을 모델로 삼은 것이 거의 틀림없는 듯하다. 다음으로 중요한 것은 붓다의 온 생애에 관한 설화를 벽면에 묘사한 동굴들이다. 여기에는 붓다의 탄생, 젊은 시절의 신체 단련, 궁중에서의 호화 생활, 네 가지 징표들과의 조우(遭遇), 출가, 숲속에서의 고행, 그리고 끝으로 깨달음에 관한 장면들이 담겨 있다.

북위의 조정과 승가 공동체는 왕조의 말기인 대략 495년에서 530년까지 낙양 근처 용문에서 석굴을 조각하는 공동의 노력을 계속했다. 북위의 예술가들은 이 새로운 장소에서 계속해서 크고 작은 불상들을 조각하고, 단단한 바위 속으로 동굴을 뚫었으며, 그 동굴의 벽면에 헤아릴 수 없이 많은 감실(龕室)을 팠으며, 그곳에다 각각 불상을 안치하였다. 북위 사람들이 가장 널리 존경한 붓다는 석가모니불과 미륵불이었는데, 이것은 거기에 봉안된 불상들 중에서 이 두 붓다의 상이 가장 많다는 사실로부터 알 수 있다. 가장 압도적이고 장대한 동굴은 황실에서 후원한 것이었는데, 이 동굴에는 붓다와 보살들에게 경의를 표하고 있는 황제와 황후의 조상(彫像)들이 있다.

운강과 용문의 불상들에는 수없이 많은 명문(銘文)들이 새겨져 있어서 그 예술적 사업을 후원한 시주(施主)와 동기에 대하여 아주 훌륭한 정보들을 제공해 주고 있다. 우리는 그것들로부터 북위의 모든 사회 계층인 황실과 귀족과 출가 수도승들과 평민들이 그 사업에 공헌하였음을 알 수가 있다. 평민들은 종종 종교적 사회 단체를 결성해 가지고 불상을 새기는 데 필요한 자금을 조성하기 위하여 그들의 재원(財源)을 끌어모으곤 하였다. 그 명문들에 의하면, 불상 조성의 배경이 된 동기는 첫째, 깨달음을 얻기 위함, 둘째, 아미타불의 극락정토에 태어나기 위함, 셋째, 건강의 회복이나 어떤 사업의 완수 등과 같은 소망이 성취된 데 대하여 붓다에게 감사를 표시하기 위함, 넷째, 부귀, 장수, 건강, 권세, 명성 등과 같은 물질적 이익을 얻기 위함 등이었다.

그러나 더 중요한 것은 이러한 명문들이 북위의 통치 아래 불교가 처한 상황에 대해 많은 정보를 제공한다는 점이다. 첫째, 이러한 명문들을 통해서 알 수 있는 가장 중요한 것은 북위 사람들이 받아들여서 실천한 것은 대승불교라는 사실이다. 자비, 보시, 이타주의 등과 같은 대승의 미덕들이 강조되었으며 시주들은 그들이 귀족이든 평민이든 상관없이 거듭거듭 모든 중생들의 구제를 열렬히 기원했다. 그러한 분위기는 대승적인 보편적 구제에 대한 강조가 이미 널리 확산되어 있었다는 사실을 명백하게 지적해 준다. 둘째, 불교와 국가 사이에 긴밀하고 절친한 관계가 수립되어 있었다는 사실이다. 명문들은 종종 황실의 안녕과 장수 및 국토의 평안과 번영을 위한 기도를 담고 있다. 이러한 긴밀한 관계는 용문 석굴 중의 하나를 황실에서 후원했다는 사실에서 구체적으로 드러나는데, 거기에는 불교에 바치는 황실의 깊은 경의가 묘사되어 있다. 셋째, 불교가 점차적으로 중국화되어 가고 있음을 보여준다. 효도에 대한 잦은 언급은 불교가 중국에 들어와서 퍼진 이후로 불교 내부에 미묘한 변화가 일어나고 있음을 지적하는 것이다. 이러한 효도의 사상은 조상이 극락정토에 태어나서 청정한 삶을 누리기를 바라는 시주들의 기원문에 나타난다. 출가 수도승들은 모든 가족과 사회와의 유대 관계를 끊었음에도 불구하고 세상을 떠난 조상들의 안녕을 기도했던 것이다. 넷째, 일반 국민들이 실천한 불교는 주로 믿음과 귀의로 특징지을 수가 있다. 그들은 수많은 대승의 붓다와 보살들에게 귀의했으며, 붓다께서 자비심으로 우주의 모든 중생들을 구제한다고 믿었다. 오로지 이 견고하고 깊은 믿음만이 운강과 용문의 그렇게 막대한 수와 거대한 규모의 불상과 조상(彫像)들을 건립할 엄두를 낼 수 있게 하였던 것이다. 이러한 북조의 불교는 믿음과 귀의로 종교적 삶을 살아가는 것보다 대승불교의 심오한 교의에 관하여 학구적인 토론을 주로 강조하는 남조의 불교와 뚜렷한 대조를 보여준다. 마지막으로 우리는 북조가 통치하던 동안의 불교는 수많은 평민들의 관심을 사로잡고 묶어둘 수 있었다는 사실을 자신있게 말할 수가 있다. 폭넓은 대중적 지원을 받아서 운강과 용문의 조각품들을 성공적으로 이루어 낼 수 있었던 것은 오로지 하나의 종교뿐이었다. 암벽에 조상을 새기기 위한 목적으로 평민들이 많은 종교 단체들을 조직하였다는 사실이 이러한 점을 잘 지적해 준다. 그것은 또한 왕조의 말기에 출가 수도승들의 수(200만 명)와 사원의 수(3만 명)가 엄청나게 증가하는 데에도 영향을 미쳤다.

드디어 589년에 북중국과 남중국을 재통일한 수(隋)의 황제는, 불교가 그러한 폭넓고 뿌리깊은 후원을 누렸기 때문에, 한족(漢族)과 이민족들로 구성된 전 중국을 밀접하게 결합시키는 이념으로서 유용하다고 결론지었다. 수세기 동안 분열과 분열을 거듭하여 겪고 난 뒤였으므로, 그는 중국이 정치적으로뿐만 아니라 이념적으로도 역시 통일되었다는 사실을 환기시키기 위해서 어떤 상징적인 연출이 필요하다고 생각했다. 이러한 연출로서 붓다의 사리(舍利)를 안치하는 행사가 채택되었다. 그는 30과(顆)의 사리를 조심스럽게 사리함에 봉안(捧安)한 뒤, 601년에 이 사리를 모신 30명의 출가 수도승을 각 지방의 중심지로 파견하였다. 이 사리를 안치할 탑이 이들 각 지방 중심지에 세워졌고 601년 10월 보름날에 모든 사리가 각지에서 동시에 탑 속에 봉안되었다. 그날은 국가적인 공휴일로 선포되었으며 모든 관리와 국민들이 이 의식(儀式)에 참여하여 지켜볼 수 있도록 관청은 문을 닫았다. 같은 시각에 황제는 황궁에서 정성들인 의식을 거행했다. 이러한 상징적인 연출은 두 차례나 반복되었는데 602년에는 51과의 사리가 더 봉안되었고 604년에는 30과의 사리가 다시 더 봉안되었다. 황제는 이 사리들을 여러 각 지방 중심지에 봉안하여 제국의 모든 국민들이 사리를 경배함으로써 선업을 쌓을 기회를 가지기를 바랐던 것이다. 사리가 봉안된 탑은 황실이 불교를 후원한다는 구체적 상징이었고, 관리들과 평민들과 승가 공동체가 동시에 참여하여 거행된 봉안 의식은 전 제국이 불교의 후원으로 통일되었다는 인식을 심기 위한 것이었다.

    불교는 외형적인 면에서 엄청난 성장과 더불어 내적으로도 급성장을 하게 되었다. 남북조의 초기에는 아주 극소량의 경전들만이 번역된 데다가 이들마저도 단편적이거나 하찮은 것들로서 번역도 형편없는 수준이었다. 그러나 때마침 중국으로 들어오는 외국인 출가 수도승들이 늘어났으며 그들과 함께 계속적으로 증가하는 많은 양의 경전들이 들어왔다. 이들 외국인 출가 수도승들이 더욱더 많은 불교 신자들을 만듦에 따라서, 언어적 재능이 뛰어난 사람들을 엄청나게 끌어모았으며 그들과 힘을 합쳐서 역경(譯經) 사업을 펼쳐 나갈 수가 있었다. 그 결과 정확하고 읽기 쉬운 많은 양의 경전들이 번역되었다. 초기의 역경 사업은 대개 외국인 출가 수도승이 중국인 조수의 도움을 받아서 해나가는 개인적인 작업에 의해서 이루어졌다. 그러나 훨씬 더 긴 경전들을 번역해야만 할 경우가 생기자 개인적인 작업만으로는 부족함을 느끼게 되었고 따라서 역경을 담당하는 관청이 생겨나게 되었다. 그러한 관청은 대개 황실의 후원을 받았으며 분업식으로 일을 떠맡는 많은 수의 출가 수도승들로 구성되었다. 경전을 번역하는 이 관청의 전형적인 직제(職制)는, 이 사업을 총괄적으로 주관하는 인물로서 이 관청의 총수이며 원전을 읽고 뜻을 강의하는 역주(譯主), 경전을 한문으로 옮기는 필수(筆受), 경전의 의미를 검증해 주는 증범본(證梵本), 경전의 번역문을 한문으로 베껴 쓰는 윤문(潤文), 원문과 베껴 쓴 한문 경전을 대조하며 확인하는 증의(證義), 한문 경전을 편집하고 교정하는 교열(校閱), 최종적인 검열을 맡은 감호(監護)로 이루어진다.

중국인 불자들의 불교 지식이 깊어짐에 따라 그들 중의 몇 사람들이 운명을 건 인도 여행을 결심하게 된다. 그러한 결심의 이면에는 몇 가지 동기가 있다. 어떤 사람들은 경전을 수집하여 중국으로 가져오기 위해 여행을 떠났고, 어떤 이들은 인도의 유명한 스승들 밑에서 수학함으로써 그들이 중국에서 풀지 못한 교의(敎義)상의 문제들을 해결하려고 여행을 나섰다. 몇몇은 붓다가 탄생한 룸비니 동산, 깨달음을 성취한 붓다가야, 처음으로 설법을 시작한 베나레스, 마지막으로 열반에 든 쿠시나라 등의 성지들을 탐방하려고 갔다. 또 다른 사람들은 인도의 스승들을 중국으로 초빙하기 위해서 인도 여행을 떠나기도 하였다. 이들 중국인 구법승(求法僧)들의 상당수는 다년간 인도에 머물면서 불교에 관한 지식을 완숙하게 익혔으며 인도의 언어를 숙달하였다. 그들은 중국으로 돌아와서 가지고 돌아온 경전들을 번역하는 데에 남은 여생을 바쳤다. 인도를 여행하고 돌아온 이들 중국인 구법승들은 중국어와 인도어 양쪽을 모두 갖추었기 때문에 불교의 경전들을 널리 전파시키는 데에 뛰어난 장점을 지녔으며 결정적인 공헌을 할 수 있었다.

이러한 중국인 구법승들은 불교 이외에도 나중에 역사학이나 고고학에 엄청난 가치를 지니는 또 다른 공헌을 남겼다. 그들이 인도에서 중요한 역사적 사건들이 일어났던 기간에 그곳을 여행했고 그들이 보고 들은 것을 하나하나 주의깊게 기록했다는 사실은 역사학자들에게 있어서 참으로 다행스런 일이다. 그들이 중국으로 돌아와서 남긴 여행 기록은 인도 역사의 일련의 사건들을 밝히는 데 역사학자와 고고학자들에게 도움을 주고 있다.

399년에서 414년에 걸쳐 인도를 여행하고 돌아온 최초의 구법승인 법현(法顯)이 남긴 기록은 그가 겪은 공포와 고난과 위험들을 생생하게 보여주고 있다. 사막을 건너면서 그는 다음과 같이 쓰고 있다. "사막의 수많은 악령과 타는 듯한 바람은 마주치는 사람들을 죽음으로 몰고간다. 하늘엔 새 한 마리 날지 않고, 땅 위엔 짐승 하나 보이지 않는다. 갈길을 찾아 아무리 둘러보아도 어느 길로 가야 할지 아무도 모른다. 다만, 널브러진 마른 해골들만이 이정표일 뿐." 신속한 대중 교통 수단을 이용하는 요즈음의 우리들이 중앙아시아의 흔적 없는 사막길을 터벅걸음으로 걷거나 천년설에 뒤덮인 인적미답의 준령들을 한발 한발 기어오르며 맞이했던 이들 외로운 구법승들의 고난과 역경을 상상한다는 것은 참으로 쉬운 일이 아니다. 오로지 붓다의 자비로운 구제에 대한 믿음과 종교에 귀의하는 마음만이 그들로 하여금 불교의 성지를 향해 구법(求法)의 길을 떠나도록 고무할 수 있었을 것이다.

당나라의 불교

대담무쌍했던 이들 중국인 구법승(求法僧)들과 외국인 출가 수도승들의 번역 활동에 의해 거의 모든 경전들이 한문으로 옮겨졌다. 이들 번역된 성전들의 내용이 보급되고 가르쳐짐에 따라 결국 불교는 7세기와 8세기에 걸쳐 중국에서 전성기를 이루게 되었다. 당나라는 중국 본토는 물론이고 중앙아시아의 일부까지 포함하는 제국을 통치할 때도 있었다. 정치적으로 당나라의 황제들은 강력한 권력을 가지고 있었지만 종교적으로는 관용적인 정책을 썼으므로, 불교뿐만 아니라 네스토리우스파의 그리스도교, 이슬람교, 마니교, 조로아스터교 등 모든 외래 종교들에게도 똑같이 전교(傳敎)의 기회를 주었다. 불교는 이미 매우 널리 퍼져 있었기 때문에 아주 자연스럽게 이러한 상황으로부터 이득을 보았으며 통치자들의 긴밀한 후원을 업고서 넘볼 수 없는 최고의 위치로 부상하였다. 불교가 이처럼 강력해질 수 있었던 원천은 주로 황실, 귀족, 권문세가, 평민 등 중국의 모든 사회 계층에게 도움을 줄 수 있었던 능력 때문이었다. 불교가 제공하는 도움은 여러 가지였다. 황실은 제국의 정신적 안녕을 보호하고 진작시킬 의무를 가지고 있었고, 불교의 조직은 그러한 황실을 위해서 일종의 정신적 통치 기구의 역할을 해줄 수가 있었다. 출가 수도승들은 불보살들의 가피력이 황제와 그의 가족들에게까지 미치도록 해주거나 국정(國政)에 있어서 영적(靈的) 재난이 일어나지 않도록 보장해 주는 적절한 수단을 가지고 있었다. 그러한 수단 중에는 사찰에서 황제의 생신을 축하하거나 돌아가신 황제들을 추모하는 의식 등이 포함된다. 한편 전국 각지에는 국가에서 관리하는 관사(官寺)가 건립되었는데 중앙 정부가 그곳에 거주하는 출가 수도승들의 생계를 떠맡았다. 또한 귀족과 권문세가들을 위해서 불교는 일 년 내내 계속되는 여러 차례의 축제를 통하여 대중들에게 보석과 장신구로 치장한 아름다움을 과시하는 기회를 제공했다. 그러나 이 권문세가들에게 있어서 더 중요한 것은 불교 사찰이 종종 제공하는 경제적 유리함이었다. 사찰이 소유한 토지는 세금을 면제받았기 때문에, 권문세가들은 겉으로는 토지를 사찰에 희사하였지만 실제로는 여전히 소유권을 가지고 있음으로써 사찰을 종종 경제적 도구로 이용하는 편법을 썼다. 그러한 편법 중의 하나가 대개 가문의 묘에 원찰(願刹)을 세우는 일이었다. 원찰은 무엇보다도 자신들의 가문이 세웠기 때문에 원찰과 그에 딸린 토지는 여전히 가문의 개인적인 재산으로 간주되었다. 일반 대중들을 위해서 불교의 축제는 도시와 마을의 군중에게 오락과 유희를 제공했다. 한편 꽃과 나무들로 가득 찬 사찰의 넓은 마당은 이들에게 일종의 놀이터 구실을 하였다. 이들 일반 대중들은 사찰에서 베풀어지는 연극과 이야기와 설법을 통해서 불교에 대한 기초 지식을 얻을 수가 있었던 것이다.

당나라의 불교 사찰은 순수한 종교적인 기능 외에도 경제, 상업, 사회사업과 같은 많은 세속적 활동을 떠맡아 했다. 불교 사찰이 소유한 토지에 대해서는 이미 앞에서 언급했지만, 사실 불교 사찰은 당나라의 거대한 토지 소유자 중의 하나였다. 사찰의 토지는 황실과 권문세가들이 순수하게 희사한 것과 매입에 의해 획득한 것이 있었다.

사찰은 또 헌신적인 불자들로부터 시주(施主)를 받았다. 신자들로부터 받는 시주는 수도 공동체가 생활상 필요로 하는 것보다 훨씬 많은 경우가 다반사였다. 그래서 쓰고 남은 많은 양이 점차적으로 축적되어 갔다. 마찬가지로 사찰이나 수도 공동체가 소유한 토지로부터 생산되는 산물의 수입도 출가 수도승들이 먹고 입는 데에 늘상 충분하고도 남아서 역시 축적되어 갔다. 원래 수도 공동체의 규율은 출가 수도승들의 개인적인 이로움을 위해 축적된 시물(施物)을 파는 것을 금하고 있지만, 팔아서 생긴 수입을 불교의 확장을 위해서 사용하기만 한다면 파는 것이 허용되었다. 불교는 축적된 시물을 처분하기 위하여 무량재(無量財)라는 독특한 기구를 설립했는데, 그곳은 축적된 잉여 시물을 자본으로 해서 상거래를 행했다. 대중들에게는 금전을 빌려주었고 농부들에게는 곡물을, 상인들에게는 상품을 빌려주면서 거의 모든 경우에 꽤 많은 이윤을 남겼다. 무량재는 곧 사업을 확장해서 전당포와 같은 금융사업도 했다. 그러나 반드시 지적되어야만 하는 것은 이러한 상업적인 활동의 동기는 순전히 종교적이었다는 사실이다. 시물과 토지는 무엇보다도 선업(善業)을 쌓기 위해 희사되었고, 축적된 시물의 처분 역시 불교의 진리를 널리 펴려는 목적에서 이루어진 것이다.

당나라의 불교는 물레방아를 이용한 방앗간과 기름집과 같은 산업 활동에도 또한 손을 댔다. 농부들은 곡물을 도정(搗精)하거나 가루로 빻을 때 약간의 이용료를 내고 사찰에 희사된 방앗간을 이용했다. 한편 기름을 짜는 데 사용되는 기름집은 아주 절실하게 필요한 것이었다. 게다가 사찰은 목욕탕과 숙박업까지 운영하였다. 남부와 달리 물을 얻기가 쉽지 않은 중국 북부 지역에서는 목욕탕이 특히 필요하였다. 숙박업은 먼 길을 가는 상인들, 새로운 임지로 부임하기 위하여 여행을 해야 하는 군인들과 관리들, 과거시험을 치르기 위해 도시로 가야 하는 지원자들에게는 지극히 중요한 역할을 했다.

당나라의 사회가 아주 풍요로웠던 데다가 불교 사찰은 그러한 수지맞는 산업과 상업적 사업 활동을 했기 때문에 시물은 계속적으로 쌓여 갔다. 따라서 불교 사찰과 수도 공동체가 거대한 부와 기술을 가진 집단이 된 것은 당연한 일이다. 당시의 몇몇 불교 사찰은 장대함과 위풍당당함에 있어서 황실의 궁전과 맞먹는 건축상의 걸작으로 기록되며, 그 규모가 너무나 거대하여 수천 명의 출가 수도승이 함께 거주할 수 있었다고 한다. 사찰의 기둥과 벽에는 당시의 명망높은 예술가들의 그림과 조각들이 장식되었고, 불단(佛壇)에는 황금으로 도금한 불상과 보살상들이 안치되었다. 한편 황금, 백은, 홍옥, 청동으로 만들어진 의식(儀式)에 쓰이는 집기들은 축제일에 그것들을 보는 대중들을 눈부시게 했다. 이처럼 사찰과 수도 공동체의 울타리 안으로 부가 집중되자, 필연적으로 유교의 도덕주의자들이 분노를 터뜨렸다. 그들은 그러한 재화들을 쓸모없이 사장(死藏)시켜 둘 것이 아니라 국가의 번영을 위해서 생산적인 곳에 투입해야만 한다고 생각하였다. 또한 유가들은 세금을 내지 않는 다수의 성직자들과 면세의 혜택을 누리는 불교 사찰의 토지가 증가함에 따라 황실이 재정 수입의 손실을 겪게 되었다고 불평하였다.

  도교와 불교간의 사상적 투쟁은 9세기 초반에 불교에 경제적 이유로 반대하는 생각들을 심화시켰으며, 몇몇 도사(道士)들은 황제를 부추겨서 강력한 불교 억제 정책을 택하게 하였다. 조정의 당파싸움도 반불교적 회오리 바람을 몰아왔다. 학자 출신의 관료들은 황제의 편을 들어 불교를 반대하는 편에 섰고, 반대로 환관들은 불교를 옹호하는 편에 섰다. 이같은 일들이 결국 845년에 이르러 대규모 불교 박해 사건을 일으켰다. 이 사건은 중국에서 일어난 불교 법난(法難) 중에서 가장 대규모적인 것임에 틀림없다. 황제의 포고령에 따라서 법난의 결과를 총괄해 보면 4,600개 이상의 수도 공동체 사찰과 40,000개 이상의 암자와 사탑이 파괴되었고, 260,000명 이상의 출가 수도승이 환속(還俗)당했으며, 사원의 모든 토지는 몰수되었고, 금은동옥으로 만들어진 모든 조상(彫像)들은 정부로 귀속(歸屬)되었다. 이 법난은 중국 불교에 가해진 치명타로 간주되기 때문에 중국 역사상에 일어난 대단히 중요한 사건 중의 하나가 된다. 왜냐하면 이 사건이 중국에서 불교가 절정을 이루었다가 그 끝에서 쇠퇴의 길을 걷는 출발점이 되기 때문이다.

불교는 이 쇠퇴에 앞서 일련의 종파들을 세움으로써 중국의 사상계를 자극했다. 우리는 이제 중국의 여러 불교 종파들에 대해 살펴보아야겠다.

중국 불교의 종파

우리는 앞에서 인도의 대승불교에서 발전한 중요한 두 학파인 중관(中觀) 학파와 유식(唯識) 학파에 대해서 이미 언급한 적이 있다. 중관 학파의 교의는 5세기 맨 처음의 10여 년간에 걸쳐서 구마라집의 번역을 통해 중국에 소개되었다. 중관 학파는 복잡한 형이상학적 통찰에 강조점을 두기 때문에 중국의 대중들에게는 깊은 인상을 주지 못했다. 다만 6세기와 7세기에 걸쳐서 얼마 안되는 지식인 출가 수도승들이 이 학파에 관심을 가졌고 길장(吉藏, 549~623년)이 이끄는 일단의 지적인 경향을 가진 출가 수도승들 사이에서 이 학파의 기본적인 경전들이 인기를 끌었다. 유식 학파의 기본적인 경전들은 6세기에 인도 출신의 출가 수도승인 진제(眞諦, 499~569년)가 처음 한문으로 번역하였다. 그러나 이 학파를 세우고 진흥시킨 중요한 인물은 인도 구법(求法)으로 유명한 현장(玄奘, 596?~664년)과 그의 제자 규기(窺基, 632~682년)로서 이들은 모두 7세기의 인물들이다.

현장은 아주 젊은 시절부터 유식 학파의 교의를 배웠지만 많은 문제들이 풀리지 않자 불교의 발상지로 가서 그곳에서 해답을 찾기로 결심하였다. 그는 이러한 목적을 가슴에 품고 629년에 중국을 출발하여 중앙아시아를 거쳐 인도로 갔다. 그는 인도에서 약 15년 동안이나 머물면서 불교의 성지들을 순례했고 산스크리트어를 배웠으며 그 유명한 날란다(Nalanda) 대학에서 불교 사상을 배웠다. 그는 중국으로 돌아온 645년부터 가지고 돌아온 엄청난 양의 경전들을 번역하는 데에 여생을 바쳤다. 그가 번역한 경전들은 거의 모든 대승경전을 망라하고 있지만 그는 주로 유식 학파의 가르침에 대하여 관심을 가졌다. 유식 학파는 학파로서는 중국 사회에서 한정된 추종자들만을 가졌는데 아마도 마음과 의식에 대한 세세한 분석이 실제적인 심성을 가진 중국사람들의 관심을 끌지 못한 때문이었을 것이다.

이들 두 학파는 중국에 소개된 인도 불교의 학파였다. 반면에 중국에서 발전된 다른 종파들은 중국인들의 심성이 낳은 결과물이자 인도 불교에 대한 중국인들의 반응을 대변하는 것들이다. 그런 의미에서 이들 종파들은 중국에 소개된 인도의 체계가 아니라 중국 불교의 종파들이다. 그것들은 많은 경우 중국의 출가 수도승들이 불경을 연구한 뒤에 그 중에서 불교의 대요(大要)를 담고 있는 경전 하나를 가려뽑은 데서 나온 성과이다. 그 중에서 우리가 가장 먼저 고찰해야 할 종파는 6세기에 발전한 삼계교(三階敎)이다.

삼계교

법화경에 의하면 붓다의 가르침은 3단계의 주기로 변한다고 한다. 첫번째 단계는 정법(正法) 시대이고, 두번째 단계는 상법(像法) 시대로서 이때는 정법보다도 정법의 겉치레만 따르는 것이 활개를 치고, 세번째 단계는 말법(末法) 시대로서 붓다의 가르침이 악평을 받고 소멸해 가게 되는 시기라는 것이다. 첫번째 두 단계의 기간에 대해서 열띤 논쟁이 벌어졌는데 중국에서 가장 널리 받아들여진 것은 정법은 500년 동안이고 상법은 1,000년 동안이라는 주장이다. 6세기에 살았던 중국의 불자들 역시 자신들이 말법 시대의 초기에 살고 있다고 믿었는데 이러한 믿음은 6세기 중반에 중국에 만연된 혼란과 타락과 부패와 쟁투의 사회 현상에 근거한 것이었다.

붓다가 입멸한 후부터 6세기 중반 사이에 1,500년이 흘렀다고 보는 중국 사람들의 이러한 시대 구분은 약간의 설명이 필요하다. 만일 우리가 붓다는 기원전 480년에 입멸했다고 하는 일반적인 연대 기준을 받아들일 것 같으면 붓다가 입멸한 후의 1,500년은 기원후 약 1000년이 되어야 할 것이다. 그러나 중국 사람들은 당시에 이러한 연대 기준을 받아들이지 않았다. 대신에 그들은 일반적으로 붓다의 입멸 연대를 기원전 949년으로 잡았다. 이러한 이상한 연대 기준을 잡게 된 이유는 남북조 시대의 불교와 불교 비판자들 사이에 벌어졌던 논쟁에서 찾아볼 수가 있다. 불교 비판자들은 여러 가지 비난 중에서 불교는 불길한 징조이며 여러 왕조들의 수명을 단축시켰다고 비난했다. 불교측에서는 이러한 비난에 대한 대응책으로서 교묘한 설명을 꾸며대었는데 그것은 불교가 붓다가 입멸한 직후인 기원전 949년, 즉 주(周, 기원전 1100~250년)나라 때에 중국에 들어왔다는 것을 증명하려는 시도였다. 주나라는 중국 역사상에서 가장 장수한 왕조였으므로 불교측에서 그들의 비판자들을 논박하기에 필요한 바로 그 점을 제공해 주었던 것이다.

삼계교(三階教)의 신봉자들에 따르면 말법 시대의 사람들은 정법을 모르고 옳음과 그름을 판별하지 못하며 계율을 지키지 않고 이단을 믿는다고 한다. 삼계교는 이 시대의 악을 바로잡기 위해서는 모든 붓다들을 똑같이 숭배해야 한다는 일종의 범신론을 주장하였다. 모든 사람들은 이승의 어떠한 신분에 상관없이 모두 불성을 가지고 있는 존재들이다. 그러므로 모든 사람들은 미래의 붓다로서 받들어 존경되어야만 한다. 이 종파는 보시와 이타적 실천을 권장했고 계율의 엄격한 준수를 요구했으며 금욕생활을 강조했다.

여러 다른 불교 집단들이 곧바로 삼계교에 대한 반발을 제기했다. 그들은 삼계교가 말법 시대에 구제받기 위한 유일한 신앙이라는 그들의 주장을 비난했다. 또한 통치 왕조에서 볼 때 말법 시대에는 국민들이 존경할 만한 정부가 존재하지 않는다는 삼계교의 견해는 도저히 보아넘길 수 없는 괘씸한 주장이었다. 따라서 당의 황제들이 삼계교를 이단이자 국가의 이익에 해를 끼치는 종파라고 비난하고 나선 것은 너무나도 당연한 이치였다.

정토종

정토종(淨土宗)은 일반 민중의 관심을 끄는 데 있어서 삼계교의 가장 강력한 경쟁자였다. 정토종 역시 붓다의 가르침이 3단계의 주기로 변하며 6세기가 말법 시대의 초기라고 하는 이론을 받아들였다. 그러나 정토종은 말법 시대의 해악에서 구제되는 길은 정토를 주재하는 붓다인 아미타불에게 귀의하는 것이라고 가르쳤다. 경쟁 상대였던 삼계교가 왕권에 의해서 진압당하자, 그들이 독무대를 이루었고 곧이어 중국 불교에서 가장 인기있는 종파 중의 하나로 발전하였다.

정토종을 탄탄한 토대 위에 올려놓는 데에 주도적인 역할을 했던 두 지도자인 도작(道綽, 562~645년)과 선도(善導, 613~681년)는 아미타불을 향한 신앙이 가장 중요한 필수 조건이라고 생각했다. 아무리 타락하고 사악한 인물이라 할지라도 아미타불의 무한한 자비심에 의해서 구제받을 수가 있다. 끊임없이 정신을 아미타불에게 집중하고 "아미타부처님께 귀의합니다"〔南無阿彌陀佛〕라는 염불을 끊임없이 반복해서 외우면, 아무리 죄지은 자라 하더라도 청정함을 얻으며 죽어서는 아미타불의 정토에 태어나게 된다. 신자들은 자신들이 외우는 염불의 숫자를 헤아리기 위해서 콩을 사용하기도 했다. 어떤 출가 수도승은 이레 동안에 백만 번을 외웠으며 또 다른 비구니는 열다섯 말 정도의 콩을 헤아렸다.

사원의 벽에 그려진 서방정토의 그림들은 정토종이 대중들의 인기를 모으는 데에 일조(一助)를 하였다. 실제로 이와 같은 그림들은 당시의 예술가들이 가장 즐겨 다룬 주제 중의 하나였다. 그리고 8~9세기에 그려진 그와 같은 그림들의 상당수가 아직까지 보존되어 오고 있다. 사원을 찾은 사람들이 정토의 기쁨과 행복을 묘사한 그림들을 보고서 더욱더 이 종파의 가르침에 이끌리게 되는 것은 너무나도 당연한 일이었다. 특히 이러한 극락 세계에 태어날 수 있는 방법이 너무나도 간단하고 쉬웠기 때문에 더욱 그러했던 것이다.

천태종

천태종(天台宗)의 기본적인 교의를 체계화하여 완성해 낸 인물은 이 종파의 창시자인 지의(智顗, 538~597년)였다. 지의가 지금의 절강성에 있는 천태산에 머물렀었기 때문에 이 종파를 천태종이라고 부르게 되었다. 우리는 이 종파가 제시한 교의(敎義)의 분류 방식에서 조화를 끌어내는 중국인 특유의 천재적인 재능의 표본을 보게 될 것이다.

지의가 등장할 무렵에는 이미 어마어마한 양의 불교 경전들이 한문으로 번역되어 있었다. 이러한 엄청난 양의 경전들을 읽고 난 중국인들은 소승불교와 대승불교의 차이점에 대해서 혼란을 느끼게 되었다. 그리고 어떻게 그토록 다양하고 많은 내용들을 담고 있는 수없는 경전들을 단 한 사람이 가르칠 수 있으며, 또한 교의상의 상충되거나 차이지는 내용들을 어떻게 설명해 낼 수 있을까 하는 의문을 가지게 되었다. 지의 이전에 이미 다른 출가 수도승들이 시대적 구분에 따라서 경전을 분류해 내는 방식을 고안했었지만, 그러나 모든 자세한 내용들까지 완벽하게 분류해 내는 작업은 지의가 해내었다.

지의는 붓다가 가르친 모든 경전들을 다섯 단계의 가르침으로 분류할 수 있다고 보았다. 붓다는 깨달음을 얻고 난 직후에 곧바로 심오한 깊이와 의미를 지닌·유심론적인 경전인 「화엄경」(華嚴經, *Avatamsakasutra*)을 가르쳤다. 그러나 청중들은 귀머거리나 벙어리마냥 그가 가르치는 내용을 전혀 이해하지 못하는 듯하였다. 따라서 붓다는 사람들이 아직 그의 심오한 가르침에 준비가 되어 있지 못하다고 판단하고 강조하는 내용을 바꾸어야겠다고 결심하였다. 이것이 첫번째 단계의 시기, 즉 화엄경의 시기로서 화엄경 전체를 가르치는 데에 3주일이 걸렸다.

두번째 단계의 시기는 12년이 걸렸는데 사성제(四聖諦), 팔정도(八正道), 연기설(緣起說)과 같은 교의가 담긴 소승경전들을 가르쳤다. 붓다는 능력의 수준이 낮은 사람들이 이해할 수 있는 이러한 교의를 가르침으로써 그의 제자들을 지적으로나 정신적으로 고양시킨 뒤에 제3의 단계로 나아가게 할 수 있기를 바랐던 것이다.

붓다는 세번째 단계에서 청중들에게 말하기를 소승경전이 완전하고 궁극적인 진리는 아니지만 그러나 해탈을 얻기 위해서는 깨달아야만 하는 한층 높은 진리라고 하였다. 8년이 걸린 이 세번째 단계에서 붓다는 대승에 비교할 때 소승이 낮고 열등하다는 사실을 지적하는 기본적인 대승경전들을 주로 가르쳤다. 소승의 이상인 아라한은 아직도 자만과 자기 만족에 사로잡히기 쉬우며, 다른 이들을 구제하는 것을 주된 목표로 삼는 보살의 이상을 완수하지 못했다고 비판되었다.

붓다는 이 세번째 단계를 지나면서 청중들이 한층 진전된 대승경전들을 받아들일 준비가 되었다고 느꼈다. 그래서 네번째 단계에서는 22년 동안 반야부(般若部)의 경전들을 가르쳤다. 그는 드디어 최고의 절대적 진리가 갖는 본성에 대해서 가르쳤는데, 그것은 모든 속성을 초월하고, 정의할 수 없으며, 절대적인 것이기 때문에 바로 공(空)이라고 하였다. 그러므로 현상세계 안에서 우리가 볼 수 있는 모든 차별적인 모습들은 환상의 산물이며 객관적인 실재성을 갖지 못한다.

그는 이 네번째 단계에서 차별상(差別相)의 부재(不在)를 가르쳤다. 붓다는 자신의 생애중에서 맨 나중의 8년이 걸린 다섯번째의 마지막 단계에서 모든 차별적인 것들의 절대적 동일성을 강조하였다. 해탈로 가는 모든 길은 「법화경」(法華經)에서 가르치는 하나의 길, 즉 일승(一乘)으로 통합된다. 따라서 「법화경」이 붓다의 가르침 중에서 최고의 정점이 된다.

천태종의 이 분류법은 모든 다양한 형태의 불교를 한곳으로 모으기 위한 통합의 원리를 세우려는 중국인들의 시도를 대표한다. 천태종의 교상판석(敎相判釋)은 모든 불교 경전들을 포괄한다. 그리고 그 경전들은 붓다가 자신의 청중들이 지적으로나 정신적으로 점점 고양되어 가는 것을 확인하면서 점차적으로 가르쳐 준 것이라고 여긴다. 천태종은 소승의 정당성을 부정하지 않을 뿐만 아니라 소승과 대승을 결코 대립적으로 보지 않는다. 다만 소승은 낮은 단계의 상대적인 차원의 진리이지만 더 높은 단계인 대승경전의 진리로 나아가기 위해서는 반드시 터득해야만 하는 것으로 간주한다.

교의상에 있어서 조화를 모색하려는 천태종의 정신은 공(空), 가(假), 중(中)의 세 가지 진리 체계의 정립에 잘 드러난다. 모든 사물은 자기 혼자 독립적으로 존재하지 못한다. 왜냐하면 모든 사물이 존재하기 위해서는 원인과 조건에 의존하기 때문이다. 이것을 두고 공의 진리라고 한다. 지의는 이 진리를 체계화함에 있어서 다만 용수(龍樹)와 반야(般若) 경전들이 보여주는 공의 개념을 따랐다. 그러나 공의 개념이 무(無)나 비존재를 의미하는 것은 아니다. 왜냐하면 사물은 공이지만 동시에 변화하는 세계 속에서 하나의 현상으로서 임시적인 존재를 누리기 때문이다. 이것이 가(假)의 진리이다. 이것은 감각으로 포착할 수 있는 현상의 임시적 존재를 인정하는 것이다. 공과 가의 종합, 달리 표현하면 사물은 공이면서 동시에 임시적 존재라는 사실을 두고서 중(中)의 진리라고 하는 것이다. 중이란 공과 가의 중간에 위치한 어떤 것이 아니라 이 둘을 포괄하면서 동시에 초월하는 것이다.

지의는 이 세 가지 진리를 정립하여 전체성과 상호 일치성, 즉 현상과 절대는 일치한다는 사상을 강조하였다. 천태 지의 대사의 말에 따르면, 모든 붓다가 한 톨의 모래알에서 드러나며 한 생각이 바로 삼천 세계이다. 종교적 삶의 측면에서 표현하자면 현상적 삶은 부정되는 것이 아니라 절대의 한 양상으로서 긍정되는 것이다. 그러므로 평범한 세속인의 일상적 삶이 바로 붓다로서의 삶의 일부분이다. 즉, 생사윤회가 바로 열반인 것이다.

현상과 절대의 일치에 대한 것은 천태종의 일심(一心)의 교의에서도 나타난다. 이 일심은 청정(淸淨)과 염오(染汚)의 두 가지 본성을 가지고 있다고 한다. 청정한 본성으로부터 붓다의 속성이 나오고 염오의 본성으로부터 현상 세계의 뭇 사물들이 나온다. 천태 지의 대사는 이 청정한 마음을 체(體)와 용(用)이라는 중국적인 개념의 용어로써 분석한다. 체의 입장에서 보면 절대는 하나이고 무차별(無差別)이다. 그러나 용의 입장에서 보면 그것은 다양함이고 특수함이다. 그러나 이러한 다양성에도 불구하고 모든 현상은 절대적인 마음인 일심으로 통합된다. 사람들이 이 세계의 사물을 서로 각각 차별된 존재로 고집해서 본다면 그것은 환상일 수밖에 없다. 그러한 견해는 선정(禪定)과 지혜에 의해서 결국 깨뜨려지고 만다. 선정[止]을 통해서 우리는 모든 현상적 존재들이 자성(自性)이 없으며 실체로서의 존재를 누릴 수 없다는 사실을 깨달을 수 있다. 그것들이 실재하는 것처럼 보이는 것은 우리의 망상 때문인 것이다. 지혜[觀]를 통해서 우리는 이 세계의 뭇 사물들이 실재하는 존재가 아니지만 마음에 의해서 만들어지고 임시적으로 존재하며 어떤 중요한 기능들을 수행하고 있다는 사실을 깨달을 수 있다. 현상적 존재는 꿈이나 마술사가 만들어 낸 요술 인간에 비유되기도 하는데, 실제로는 존재하지 않지만 겉으로는 존재하는 것처럼 보인다.

  천태종의 교의 체계는 불교가 중국에서 철학적으로 발전하는 과정에서 나온 산물 중에서 가장 세련된 것으로서 간주된다. 천태종이 수립한 종합적 체계 안에서는 소승과 대승, 절대와 현상의 이분화는 더 이상 존재하지 않는다. 모든 것이 절대의 일심 안에 통합된다.

화엄종

  중국에는 천태종 외에도 지성에 호소하는 또 하나의 종파로서 화엄종이 있다. 이 종파의 기본 경전은 「화엄경」인데 붓다가 깨달음을 성취한 직후에 곧바로 이 경전을 설하였다고 여겨진다. 화엄종이야말로 순수한 중국의 불교 종파이다. 왜냐하면 인도에 이 종파의 선조가 존재한 적이 없기 때문이다. 이러한 사정 때문에 주된 핵심이 된 것은 체(體)와 용(用), 절대와 현상이라고 하는 해묵은 문제였다. 이 종파는 「화엄경」의 내용에 기초를 두고서 두 가지 기본적 원리를 창안하였는데, 첫째는 절대와 현상은 서로 융합한다는 것이고, 둘째는 모든 현상들은 서로 관련되어 있다는 것이다. 첫번째 원리에 따르면 현상 세계의 모든 사물과 사건은 절대의 온전하고 완벽한 현현이다. 화엄종은 이러한 원리를 하나가 바로 여럿이고 여럿이 바로 하나이다〔一卽多多卽一〕라는 표어로 표현한다. 종교적인 용어로 바꾸어 말하자면, 불성이 우리들 모두에게 있으며 우리들 모두가 불성을 가지고 있다라는 뜻이 된다. 모든 현상은 절대의 현현이기 때문에 각각의 개별적 현상은 모든 다른 현상들과 관련되어 있다. 화엄종 종사들 중의 한 사람은 이러한 상호 관련의 원리를 설명하기 위해서 교묘한 솜씨를 발휘했다. 그는 여덟 방위(方位)에 여덟 개의 거울, 그리고 위아래에 하나씩 하여 전부 열 개의 거울을 배치하였다. 그리고 그 한가운데에 불상을 하나 안치하고 불을 밝혔다. 이렇게 하고 보니까 그 하나의 불상이 열 개의 거울에 각각 비칠 뿐만 아니라 각각의 거울에 비친 불상들이 다른 모든 거울에 다시 비쳤다. 그리고 그러한 비침은 거듭거듭 반복되어서 끝이 없었다. 이러한 원리를 이 세계의 살아 있는 존재들에게 적용시켜 본다면, 모든 존재는 불성을 가지고 있기 때문에 각각의 존재는 모든 다른 존재들과 관련되어 있다는 것을 의미하게 된다. 그러므로 모든 생명의 일체성(一體性)과 보편성이 긍정되는 것이다.

선종

 한자의 선(禪)은 산스크리트어 디야나(dhyana)의 음역(音譯)으로서 마음을 제어하여 한곳에 집중시키는 명상법을 의미한다. 그러한 명상 수련은 언제나 인도에서 실천되어 왔다. 그러나 이러한 명상 수련은 계율의 준수, 성전의 연구와 독송, 불상(佛像)의 경배와 같은 불교적 수행의 다른 면모들과 필연적으로 결합될 수밖에 없었다. 중국의 선종은 여전히 명상 수련을 강조하기는 하나 한편 불보살을 향해 경배를 드리지 않거나 문자와 의례를 거부함으로써 불교의 전통적 수행법을 무너뜨렸다. 선종의 명상 수련은 일종의 직관적인 정신 수련을 의미하는 것으로서 개별적 차이들을 넘어서서 모든 존재의 바탕에 존재하는 근원적인 통일체로서의 마음, 즉 불성을 발견하려는 것을 목표로 삼는다. 이 불성은 생각으로써는 알 수 없으며 문자로써 나타낼 수도 없는 것이기 때문에 선사들은 종종 부정이나 침묵으로써 그것을 표현한다. 그것은 직관적으로 혹은 직접적으로, 그리고 즉각적으로 깨달아질 수 있을 뿐이다. 그것을 깨닫기 위해서는 마음이 고요해야 하며 의식적인 생각으로부터 자유로워야 한다. 의식적인 생각은 주관과 객관의 구분을 야기하며 외부의 객체에 집착을 낳는다. 경전을 외우고 불상을 경배하고 의례를 행하는 것과 같은 의식적인 노력들은 우리들 내면의 불성을 깨닫는 것과 관련해서는 아무런 의미가 없다. 그러므로 그런 노력들은 포기 또는 무시되어야 한다. 이러한 무시는 신랄하며 인상적인 언어로써 표현된다. 예컨대 어떤 선사는 붓다를 만나면 붓다를 죽이고 보살을 만나면 보살을 죽여야 한다고 말한다. 한편 또 다른 선사는 석가모니나 문수 보살과 같은 성인을 두고서 똥치는 인부라고 부르기도 한다. 이같이 강력한 언어를 사용하는 목적은 수행자의 마음에 충격을 가하고 전통적인 생각과 실천 방식에 매달리는 것을 깨뜨림으로써 그 결과 그의 마음이 자유롭게 되어 불성, 즉 최고의 실재를 자연적으로, 직접적으로 그리고 즉각적으로 깨닫게 하려는 것이다.

불성은 모든 중생의 안에 있는 것이지 소수의 엘리트에게만 있는 것이 아니기 때문에 그것의 깨달음이 수도 공동체에 입문한 사람들에 제한되는 것은 아니다. 누구든 세속적 삶을 살면서도 정신적 수련을 실천함으로써 깨달음을 이룰 수가 있다. 예컨대 선종의 6대 조사가 된 혜능(慧能) 선사와 같은 사람은 진리를 보는 지혜의 눈을 떴을 때까지 사원의 천한 머슴이었다. 많은 사람들이 승가에 합류하는 것은 사원에서의 고요한 명상적 생활이 정신 수련을 실천하는 데 훨씬 도움이 되기 때문이다. 대개 그러한 수련은 스승과 제자 사이에 직접적으로 가르침을 주고받는 방식으로 이루어지는데 스승은 하나의 수수께끼와 같은 문제를 제자에게 주고 제자는 그것을 곰곰히 반추하게 된다. 그런 문제들 가운데 한 예를 든다면 "한 손으로 치는 손뼉 소리는 어떠한가?"와 같은 지적으로 풀 수 없는 것이 대부분이다. 이러한 문제를 논리적으로나 개념적으로 풀어내려고 한다면 그럴수록 진리로부터 점점 멀어져 간다. 그리고 종종 그러한 노력에 대한 대가는 선사로부터 받는 발길질 혹은 주먹질, 아니면 고함소리뿐이다. 만일 논리나 이성이 장애가 되기 때문에 다른 방식에 의존해야 한다는 것을 깨닫는다면 상당한 진전을 이룬 것이다. 때때로 참선 수행자가 한 사원의 한 스승에게 머물러서는 안되겠다고 느끼면 다른 스승을 찾아 나선다. 그는 여러 곳을 여행하면서 온갖 부류의 사람들을 만나 여러 가지 경험을 한다. 그러한 경험을 통해서 더욱 지혜를 쌓아 나가다 보면 아무런 진전의 낌새가 없다가도 어느 날 드디어 한 줄기의 빛이 쏟아지면서 모든 의심이 사라지고 문제가 확 풀려버린다. 이른바 선에서 말하는 깨달음이라는 것을 체험하게 되는 것이다. 그는 자신 안의 불성을 깨달았으며 드디어 모든 존재가 하나임을 인식하게 된 것이다. 모든 차별은 사라지고 그는 우주와 하나가 된다. 그러나 선사는 이것이 어떤 새로운 것의 획득을 의미하는 것이 아니라 다만 언제나 우리 안에 있었던 것을 깨달았을 뿐임을 지적한다. 그것을 깨닫지 못하도록 방해한 것은 우리 자신의 무지인 것이다.

중국에서 발전한 여러 불교 종파들 가운데서 845년의 법난(法難)에서 살아 남아 뒤이은 2세기 동안 활동을 계속할 수 있었던 것은 정토종과 선종뿐이었다. 정토종은 구제에 이르는 손쉬운 방법 때문에 중국의 대중들로부터 계속해서 대단한 호응을 받았다. 선종이 살아 남을 수 있었던 것은 두 가지 이유 때문이었다. 불상이나 성전(聖典)과 같은 종교의 외부적 요소에 의존하지 않았던 것이 그러한 외부적인 요소들이 파괴된 후에도 선종이 계속될 수 있도록 해주었다. 둘째로 선종은 사회의 기생충으로 낙인찍히지 않았다. 왜냐하면 선종의 출가 수도승들은 날마다 어떤 식으로든 생산에 참여하는 노동을 했기 때문이다. 하루 일하지 않으면 하루 먹지 않는다는 것이 그들의 가치였던 것이다.

중국 문화에의 공헌

불교는 아시아에서 위대한 문화적 영향력을 끼쳤다는 말을 자주 듣는다. 불교는 가는 곳마다 미개한 사람들에게 미술과 문학을 가르쳤을 뿐만 아니라, 다양한 인종 집단을 하나의 국가로 통합시키고 사람들의 관심을 전쟁으로부터 평화로 돌려놓을 수 있는 이념을 제공해 주었다. 불교는 중국에 도입되었을 때 이미 상당한 수준으로 진보된 문명과 충돌하게 되었다. 불교가 중국 사람들과 중국 문화에 끼친 영향이 스리랑카나 미얀마에 끼친 영향보다 클 수 없었다는 점은 충분히 이해가 간다. 그러나 그 영향력은 결코 작지 않았다. 우리는 앞으로 남은 지면에서 불교가 끼친 그러한 공헌을 지적하는 시도를 하고자 한다.

중국 사상사에 있어서 송대에는 신유교(新儒敎)라고 하는 하나의 새로운 사상 운동이 일어났다. 그것은 교육받은 중국 지성인들의 관심을 불교로부터 유교와 유교 경전으로 되돌려 놓으려는 시도였다. 신유교의 학자들은 유교 경전에 담겨 있는 어구에 그들의 생각을 기초하였지만 한편으로는 불교의 두드러진 몇몇 개념들을 터득하는 가운데서 이러한 어구들을 해석하였다. 예컨대 송대의 철학자들이 인(仁)을 두고서 하늘 아래의 모든 것을 포괄하는 것이라고 해석한 것은 생명의 보편성과 모든 존재를 향한 보살의 자비라고 하는 불교의 개념에 영향을 받은 것이 틀림없다. 마찬가지로 마음이 불성이며 이 마음은 본성적으로 옳고 그름을 분별할 줄 안다는 선불교의 가르침은 신유교의 심학자(心學者)들이 가졌던 생각에 틀림없이 얼마간의 영향을 주었을 것이다. 불교와 신유교는 둘 다 마찬가지로 정신 집중과 명상 그리고 마음의 평정을 강조하는 정신적 수련을 옹호한다. 결국 감정을 극복하고 욕망을 절제할 수 있는 성인에 대한 신유교의 정의는 보살이라고 하는 대승불교의 이상적 인간상에 대한 대응임이 틀림없는 듯하다.

신유교 외에도 도교 역시 여러 방면에서 불교의 영향을 받았다. 도교는 경전, 조상(彫像), 교의의 구성과 조직 등 여러 분야에서 폭넓게 불교를 원용(援用)하였다. 그렇게 원용한 것들 가운데서 가장 두드러진 것은 도교의 경전인데 도교는 거의 모든 불교 경전들을 적절하게 이름을 바꾸어 자신들의 경전에 포함시켰다. 그들은 가능한 한 많은 경전들을 편입시키는 데 급급한 나머지 때로는 주의를 게을리하게 되었고, 그 결과 일부 도교의 경전에서는 이 세상에서 붓다의 가르침이 최고이며 일련의 신선들과 도교의 성인들이 붓다의 길을 깨달았다는 의미를 담은 문장마저 볼 수가 있다. 노자의 전기는 때때로 붓다의 전기를 거의 글자 그대로 베끼고 있다. 도교는 불교의 보살을 모방하여 하늘에 사는 거룩한 신선들인 천선(天仙)이라고 하는 일단의 초월적 존재들을 만들어 내었다. 마찬가지로 도교는 불교의 업설과 윤회설도 받아들였다. 그래서 우리들은 도교의 경전 속에서 도교의 성인들이 그들이 전생에 쌓은 선업(善業)으로 인하여 그러한 지위를 얻었다는 이야기를 찾아볼 수가 있다.

중국의 문학 분야를 볼 때 중국 소설 작가들이 그들의 작품에서 시와 산문을 적절하게 섞어서 쓴 것은 불경 번역가들의 모델을 따른 것이 틀림없다. 불교가 중국 사람들에게 가져다 준 것 중에서 훨씬 더 중요한 것은 상상력이다. 유교의 문헌들은 거의가 실제적이며 형식적이고 폭이 좁으며 신화적인 것과는 아무런 관련이 없다. 천당과 지옥에 관한 다양하고 기발한 묘사를 담은 상상력이 넘치는 대승불교의 문헌들을 접했을 때 중국인들은 마음을 빼앗겨 버릴 정도로 매혹당했다. 그러고는 얼마 안 가서 그들도 능란한 이야기꾼의 명수가 되어 버렸다. 이러한 능란함을 가장 잘 설명해 주는 예가 바로 길고도 흥미진진한 소설인 『서유기』(西遊記)와 『봉신전』(奉神傳)과 『수호지』(水滸誌)이다. 『서유기』는 불교의 출가 수도승이 원숭이와 돼지의 비상한 공로로 모든 난관과 위험을 극복하는 모험과 여행을 서술한 것이다. 『봉신전』은 고대 중국의 두 왕조가 여러 신들이 가장 교묘한 무기들로 도와 주는 가운데 양편으로 나뉘어 싸우는 가상의 전쟁 이야기이고, 세번째의 『수호지』는 일단의 의적(義賊)들이 벌이는 거짓말 같은 힘자랑과 의협심에 관한 긴장감 넘치는 이야기이다.

언어는 문학과 밀접한 관련이 있다. 불교가 만들어 낸 수많은 용어들이 중국어의 일부로 수용되었다. 그리고 그러한 용어들이 이제껏 너무나도 폭넓게 사용되어 왔기 때문에 그것들이 외래어라는 사실을 짐작할 수 있는 사람들은 거의 없다. 보디사트바(bodhisattva)에서 온 보살, 투파(thupa)에서 온 탑, 그리고 승가(sangha)에서 온 승(僧)과 같은 것들은 우리가 중국어로 수용된 인도 말을 생각할 때 즉각적으로 떠오르는 용어들이다.

우리는 중국 문화에서 찬란하게 피어난 선의 정신을 풍경화 속에서 찾아볼 수 있을 것이다. 중국의 선사들은 불성이 모든 사물, 즉 인간은 물론이고 모든 자연의 사물에도 발견된다고 주장한다. 풍경화를 그리는 화가는 침묵의 명상 속에서 시간을 보내다가 그의 정신적 영감의 정수가 떠오르게 되면 가능한 한 짧은 시간에 자유롭게, 신속하게 그리고 즉각적으로 자연의 사물들을 그려낸다. 그는 영감의 힘에 떠밀려 단 한 번의 심사숙고나 머뭇거림 없이 자동적으로 그림을 그린다. 예컨대 어린 학생이 아무런 준비된 생각도 없이 선생님의 질문에 거리낌없이 즉각적으로 손을 드는 것과 똑같다. 풍경 화가들은 산이나 나무를 그릴 때 그 외형을 묘사하는 것이 아니라 그에게 떠오르는 영적인 의미를 찾아서 표현하려고 한다. 대승의 핵심적 교의인 공, 즉 모든 현상의 가현(假現)적 존재를 드러내기 위해서 산은 마치 먼 운무 속에 떠 있는 것처럼, 그래서 실재가 아닌 것처럼 그려진다. 한편 드넓은 수면은 떠 있는 배와 한두 줄기의 물결만으로 표현된다.

과학 분야에 대해서 볼 것 같으면 불교는 천문학, 역법(曆法) 연구 그리고 의학에 관해서도 공헌을 끼쳤다는 사실을 알 수가 있다. 당나라의 불교 출가 수도승들은 인도의 천문학에 관한 논문을 한문으로 번역했으며 인도의 역법 전문가들은 황실의 천문학 관리로서 봉사하였다. 이들 전문가들은 당나라가 사용할 달력을 만들기도 하였다. 의학상에 있어서는 복막 제거 수술이나 뇌 수술 혹은 백내장 수술과 같은 일종의 외과 기술들이 인도의 의학 기술로부터 영향을 받았다. 당나라에서 가장 위대한 의사 중의 한 사람은 불교의 의학에 관하여 아주 능통했으며 자신의 의학 논문에서 훌륭한 의사가 되기 위해서는 불교에서 강조하는 자비심과 평정한 마음의 효능을 이해해야만 한다고 쓰고 있다. 의사는 그러한 이해를 가져야만, 자신의 환자가 부유하든 가난하든, 아름답든 추하든, 적이든 친구이든, 중국 사람이든 이민족 사람이든 최상의 평등심을 가지고 그 환자를 치료할 수 있으며 자신의 친한 친구를 대하는 것과 똑같이 그를 치료할 수 있는 것이다.

그러나 불교는 종교적 삶에 있어서 가장 위대한 공헌을 끼쳤다. 그리고 그것은 너무나도 당연한 사실이다. 중국인들의 종교적 삶은 자비로운 붓다와 보살들의 숭배와 그러한 숭배에 따르는 다양한 야외극과 의례들을 통하여 더욱 풍부해지고 심화되었다. 한편 중국 사람들의 종교적 지평은 모든 생명의 통일성, 모든 신조들에 대한 관용성 그리고 구제의 보편성과 같은 불교의 가르침에 의해서 넓게 확장되었다. 중국 사람들은 세상의 문제들 때문에 너무나 무거운 짐을 지고 있었을 때 위호(衛護)와 영적인 위안을 주는 관세음 보살에게 귀의할 수 있게 되었다. 중국 사람들은 관세음 보살의 인도에 따라 정토에 태어나서 천상의 내세를 누릴 수도 있게 된 것이다.

인도의 종교인 불교는 중국에 들어온 이래로 스스로 중국의 환경에 적응했고 인도적이기보다는 중국화되었기 때문에 이러한 중요한 공헌을 할 수가 있었던 것이다. 천태, 선, 정토, 화엄과 같은 중국의 불교 종파를 창시한 것이 그러한 적응을 분명하게 예증해 주고 있다. 중국의 승가는 국가의 이익과 밀접한 일체감을 느꼈으며 사원의 당당한 후원자인 국가의 안녕을 빌어주는 종교적 의례를 실천하였다. 또한 불교는 국가의 출가 허락 제도, 국가 관리들에 대한 사원 업무 관리자들의 예속, 관청의 출가 수도승 등록철 관장 그리고 국가의 승가 규모 제한 등과 같은 조치들을 통해서 국가의 통제와 감시를 받을 수밖에 없었다. 또한 어떤 보살들은 중국적인 겉모습을 띰으로써 훨씬 더 쉽게 받아들여졌다. 미래의 붓다인 미륵은 사원을 찾아오는 사람들을 상냥한 웃음으로 맞이하는 뚱뚱한 인물로 변했고, 관음 보살은 득남을 기원하는 어머니들로부터 기도를 들어주는 여신이 되었다. 마지막으로, 불교는 중국에서 반사회적이고 반가족적인 특성을 의도적으로 포기하고 유교의 핵심적 덕목인 효의 사상을 수용하였다. 불교의 효 사상은 돌아가신 조상들을 추모하기 위해서 사원과 탑을 희사하는 형태로 구현되었다. 이처럼 불교는 중국의 환경에 적응함으로써, 그리고 중국인들의 종교적 열망을 충족시켜 줌으로써 중국에서 가장 강력한 종교적 세력으로 발전하게 된 것이다.

제 8 장

일본의 불교

남북조(3세기에서 6세기까지) 시기 동안 중국에서의 불교 전파 과정과 아시아 대륙과 섬나라 일본 사이에 있었던 접촉을 감안해 볼 때, 불교가 결국은 바다를 건너서 일본으로 향하게 되었다는 사실은 놀랄 일이 못된다. 매우 이른 시기에, 아마도 기원 이전부터 일본의 식민지가 이미 한반도의 남단에 건설되어 있었는데(일부 일본 학자들의 견해로서 사실이 아니다 — 역자 주), 그곳은 급속하게 빠른 속도로 중국 문명의 영향력을 받고 있었던 지역이었다. 불교는 5세기 초반에 이미 한반도에 들어와 있었다. 불교는 한국과 중국의 이주자들에 의해 한반도로부터 일본으로 들어왔는데 그들은 이 섬나라에 중국 문명의 다양한 여러 요소들을 소개하는 매개 역할을 하였다. 불교와의 이러한 초기의 접촉이 얼마나 광범위한 것이었는지는 알 수가 없다. 왜냐하면 역사상 거의 그 흔적이 남아 있지 않기 때문이다. 불교가 공식적인 첫발을 내딛게 된 것은 기원후 538년인데, 이 해에 백제의 왕자는 경전, 기치, 불상과 같은 성물(聖物)을 가진 불교 출가 수도승들로 구성된 대표단을 일본 조정에 파견하였다. 백제의 왕자는 이러한 성물과 함께 한 통의 서신을 보냈는데 그는 거기서 모든 종교 중에서 불교가 가장 뛰어나며 터득하기는 매우 어렵지만 실천하기만 하면 끝없는 축복은 물론 결국에는 깨달음까지 얻을 수 **있다고** 하였다.

　이것은 한 종족이나 한 국가만이 아니라 모든 민족들의 안녕을 바라는, 아름답고 정교한 의례로써 경배받는 성인들로 된 종교를 일본 사람들이 알게 되었다는 첫 암시이다. 불교의 인상이 고귀하고 아름다웠음에도 불구하고 일본 사람들은 이 새로운 종교를 쉽게 받아들이지는 않았다. 불교에 대한 반응은 갖가지였다. 호의적인 사람들도 있었고 반대하는 사람들도 있었다. 표면상으로 문제가 된 것은 새로 들어온 불교의 불보살들을 숭배할 경우 일본 사람들이 국가의 수호신으로 섬겨온 토착신들이 분노하지나 않을까 하는 것이었다. 그러나 실제로는 정치적인 지배를 노리는 두 가문의 경쟁 관계 때문에 불교에 대한 반대가 제기되었다. 불교에 반대하는 측은 대륙에서 들어오는 어떠한 새로운 제도도 거부하는 군벌 가문이었는데 이들은 토착종교 사제들의 지지를 받았다. 불교를 새로운 신앙으로 수용하는 측은 외교관들과 정부 관료들이었는데 그들은 대륙의 강력한 이웃으로부터 무엇인가를 배워야 할 필요를 인정하였던 것이다.

이러한 내부의 논란이 계속되는 동안에도 대륙의 불교 포교사들은 서적과 천문학과 의학 등의 여러 가지 예술과 학문들을 계속해서 들여왔다. 이러한 새로운 학문 분야의 영향과 증가하는 포교사들의 활동이 불교가 반대파를 극복하는 데 성공하도록 해주었다. 6세기 말에 이르자 불교는 드디어 일본 사람들 사이에서 받아들여지기 시작했다. 바로 이 중요한 시점에서 지혜와 통찰을 가지고 이 새로운 종교를 인도하여 공고한 기반을 마련해 준 인물이 있으니 불교는 이 사람으로부터 힘입은 바가 실로 막대하다. 그가 바로 593년에 열아홉 살의 나이로 왕국의 섭정이 되었던 쇼오토쿠(聖德) 태자이다.

쇼오토쿠 태자와 불교

쇼오토쿠 태자가 실천한 최초의 시행 가운데 하나는 불교를 국교로 선언한 것이었다. 그는 이러한 목적을 위해서 사원, 보호원, 병원, 시약소(施藥所)의 네 가지 기관을 설립하도록 하였다. 사원은 종교 의례의 중심지일 뿐만 아니라 불교를 연구하는 교육의 중심지 역할을 하였다. 그러므로 애초부터 쇼오토쿠 태자는 이 새로운 종교로 하여금 종교적 역할뿐만 아니라 교육적 역할과 자선사업적 활동까지도 맡도록 한다는 생각을 했던 것이다. 또한 그는 중국과 외교 관계를 수립하였고 사절단과 함께 출가 수도승과 학생들을 파견하여 중국의 예술과 학문과 종교를 배우도록 하였다. 태자는 성공적으로 개혁의 설계를 실현하게 되자 17조의 헌법이라는 문서로 그의 근본 원칙을 천명하였는데 그는 이 헌법에서 정치적·도덕적·종교적 이상들을 주도면밀하게 결합시켰다. 그는 이 헌법의 제2조에서 다음과 같이 말하고 있다.

> 독실히 "삼보"(三寶)를 공경하라. 삼보란 붓다와 진리와 승가로서 모든 존재의 마지막 의지처이며 모든 이들을 위한 지고의 신앙 대상이다. 어느 시대의 어떤 사람들이 이 진리를 존중하지 않겠는가? 극도로 사악한 사람은 드물다. 적절하게 가르치기만 한다면 누구든 진리를 깨달을 수 있다. 삼보에 의지하지 않고서 어떤 사악함을 바로잡을 수 있겠는가?[30]

우리는 이러한 진술로부터 태자가 불교의 가르침을 모든 국가 생활에 적용시키려 했다는 것을 알 수 있다. 그는 이후 곧이어 궁중과 사원에서 백성들에게 불교의 경전을 강의함으로써 이 헌법의 내용을 실행에 옮겼다. 그가 가장 좋아한 경전은 「법화경」과 「유마경」이었는데 그에 관한 그의 강의가 현재까지 전해 내려오고 있다. 그는 이 설법에서 모든 중생의 보편적 평등성에 대한 사상과 중생의 구제를 위한 헌신적인 삶을 강조하였다. 그처럼 폭넓고 보편적이며 또 인간적인 이상은 결코 지금까지 일본 사람들에게 제시되어 본 적이 없었다. 불교의 이러한 이상은 일본 사람들로 하여금 인간의 삶에 대하여 훨씬 더 깊이 느끼고 이해할 수 있도록 영감을 불어넣어 주었다.

쇼오토쿠 태자가 성취한 또 다른 눈부신 업적은 불교의 예술 분야이다. 일본의 예술가들이 그의 지도 아래서 탄생시킨 예술은 불교를 향한 경외심을 주입시키는 데 가장 효과적인 의례와 건축에 기초를 두고 있다. 벽화로 장식되었을 뿐만 아니라 지붕과 처마와 박공과 기둥들의 조화를 염두에 두고 지어진 사원에서 음악이 수반된 의례들을 거행하는 것은 일본 사람들을 불교로 귀의시키는 강력한 힘으로 작용했음에 틀림없다.

---

30. M. Anesaki, *History of Japanese Religion*. London: Kegan Paul, Trench Trubner, 1930, 61.

쇼오토쿠 태자의 노력에 힘입어 불교의 철학이 연구되고, 승단이 건립되었으며, 아름다운 사원들이 건축되었고, 음악·의식·춤과 같은 다양한 예술들이 일본 사람들에 의해 촉진되었다. 글자 그대로 전 국토가 그가 후원하는 불교의 문화적 영향력 아래 변모되었다. 후세의 일본 사람들이 때때로 그를 자비의 보살인 관세음의 화신이라고 생각한 것도 놀랄 일이 아니다.

불교는 쇼오토쿠 태자의 노력에 힘입어 다음 몇 세기 동안 쇠퇴하지 않고 발전을 계속할 수 있었다. 문명이 진보하고 국가가 통합됨에 따라서 일본 사람들은 710년에 나라(奈良)에 중국의 장안을 본뜬 수도를 세울 수가 있었다. 대륙과 활발한 접촉을 계속함에 따라서 중국에서 발전한 불교의 모든 최신 성과들이 속속 일본으로 들어왔다. 이러한 방식으로 중국의 출가 수도승들이 발전시킨 불교의 다양한 종파들이 일본에 소개되었다. 이 당시 일본에서 가장 탁월한 종파는 법상종(法相宗)이었다. 일본에서 법상종을 창시한 사람은 도오쇼(道昭, 629~700년)였는데 그는 7세기에 활약한 불교 지도자 중에서 가장 뛰어난 인물이었음에 틀림없다. 도오쇼는 중국으로 가서 유명한 현장 법사에게 수학하였고 그에게서 유식학을 터득하였다. 그는 일본으로 돌아와서 법상종을 세웠는데 그를 뒤이어 여러 일본 출가 수도승들이 중국으로 가서 유식학을 배웠다. 유식학의 교의는 7세기와 8세기 동안에 일본 불교 교리의 표준으로 받아들여졌었다.

법상종의 근본 교의 가운데 하나는 모든 중생이 불성을 갖는 것은 아니라는 것이다. 이 종파는 불성과 그것의 깨달음은 오로지 소수의 선택된 이들만이 성취할 수 있다고 주장했다. 이러한 주장은 당시의 귀족 정부로 하여금 쉽게 유식학을 받아들일 수 있도록 해주었다. 그러나 이러한 조정의 귀족들과 승단의 결연 관계는 얼마 안 가 바람직하지 못한 결과를 낳게 된다.

불교가 일본에서 가장 두드러진 세력이 된 8세기 동안에도 토착 신앙인 신토(神道)는 일반 민중들에게 여전히 상당한 영향력을 가지고 있었다. 그러나 드디어 중요한 변화가 일어났다. 신토는 애초에 씨족 신앙이었으며 지방의 신들을 숭배하고 있었다. 그러나 불교의 영향력 밑에 놓이게 되면서 그 사상과 시각을 확장시키기 시작하였다. 신토의 최고신이며 신토가 주장하는 일본 사람들의 조상인 태양의 여신은 대광명이라는 뜻의 마하비로자나 불의 현현이라 불리었으며, 또 다른 신토의 신으로서 전쟁의 신인 팔번신 (八幡神)은 팔정도의 상징이라고 일컬어졌다.

종교적으로 이러한 변화들이 일어나고 있는 동안에 귀족과 고위 성직자들 사이의 동맹은 승단에 부패를 야기시켰다. 이러한 부패는 주로 매입이 아니면 저당권의 몰수를 통해서 획득한 토지의 형태로써 사원에 엄청난 부가 축적된 결과 생겨나게 되었다. 재화가 증가함에 따라서 불교의 성직자들은 세속의 권력을 탐내게 되었고 심지어 어떤 이는 왕실의 권좌를 넘보기까지 하였다. 신토의 사제들도 불교의 지도자들에게 협력하거나 추종하면서 부와 권력을 좇는 대열에 나섰다. 통치자들은 권력에 굶주린 불교 성직자들이 국가의 운명을 위협하고 있다는 사실을 깨달았다. 그래서 조정은 8세기 말에 수도를 나라에서 교토로 옮겼다. 이 천도는 일본 역사의 한 시대인 나라 시대의 마감과 또 다른 한 시대인 헤이안(平安) 시대의 시작을 의미한다. 헤이안 시대는 대략 800년에서 1200년까지 계속되었다.

새로운 수도에서 새로운 출발이 시작되자 각기 다른 불교 종파들 사이의 경쟁과 적대 관계를 청산할 하나의 새로운 종합의 형태로 새로운 출발이 필요하게 되었다. 종합을 이루어 내려는 이러한 과업은 두 사람의 걸출한 불교 지도자에 의해서 시도되었다. 그들은 불교의 중심지를 건설하여 중앙 조정의 지원을 받아내고자 했다. 이들 두 사람이 바로 사이쵸(最澄, 767~822년)와 구우카이(空海, 774~835년)이다. 이들 두 사람의 가르침과 조직은 다음 수세기 동안 일본의 불교를 좌우하였다. 그러나 그들이 세운 두 조직 간의 경쟁으로 인해 그들은 목적을 달성하지는 못했다.

사이쵸와 천태종

사이쵸는 중국에서 건너온 사람의 후예로서 나라에 있는 승가에 입문했다. 그러나 그는 곧 그 지역의 상황에 실망하여 그의 고향인 히에이산(比叡

山)으로 돌아가 홀로 살았다. 조정은 교토로 수도를 옮긴 후 사이쵸가 히에이산에 세운 절에 풍족한 시주를 했다. 그리하여 정치 권력과 종교 집단 사이에 긴밀한 협조 관계가 조성되었다. 사이쵸는 조정의 이러한 후원을 딛고서 불교의 새로운 중심지를 세우려는 그의 계획을 실행에 옮기기 시작했다. 절과 대학과 성소(聖所)들이 히에이산에 건립되었다. 그리고 이러한 종교 단지를 진호국가도량(鎭護國家道場)이라고 불렀다.

　사이쵸는 804년에 불교를 연구하기 위하여 중국으로 갔다가 경전들과 함께 천태종의 가르침을 담은 전적(典籍)들을 가지고 이듬해에 돌아왔다. 이러한 성과는 히에이산의 권위를 높였으며 얼마 안 가서 히에이산은 일본 불교학의 가장 강력한 중심지가 되었다. 그를 반대하는 이들은 법상종의 추종자들이었는데, 앞에서 살폈던 것처럼 그들은 불성이 선택된 소수만의 독점물이라고 주장하였다. 반면에 천태종은 가장 사악한 자라 할지라도 불성이 없을 수 없다고 하는 구원의 보편성을 역설하였다.

　사이쵸의 가르침을 보면 그가 중국에서 배웠던 것과 크게 다르지 않다. 이러한 가르침은 중국 불교를 다룬 앞장에서 이미 어느 정도 논의되었다. 그러나 사이쵸는 수계식(受戒式)에 대해서 약간 새로운 해석을 제창하였다. 천태종의 근본 교의 가운데 하나는 불지(佛地)에 들어가는 것이다. 사이쵸는 불지에 들어가는 것은 삼보에 귀의하고 계율을 지키겠다는 서원을 하는 전통적인 방법에 의해서가 아니라, 오로지 붓다와 보살들 앞에서 출가 수도승으로서 살겠다는 서원을 세우는 것에 의해서만 가능하다고 주장하였다. 우리 모두가 불성을 가지고 있기 때문에 사이쵸에게 있어서 붓다 앞에서 서원을 세우는 것은 그들 자신의 가장 내면에 자리한 자아에 하는 것을 의미한다. 믿음과 열정에 가득 찬 서원을 세움으로써 우리는 우리들의 내면에 잠자고 있는 가장 심오한 지혜와 힘을 불러일으킬 수가 있다. 그러므로 이 입문 의례는 내면의 불성을 깨닫는 수단인 것이다. 사이쵸는 이 입문식을 수행하기 위해서 이 지역에 세워져 있는 유사한 제도로부터 독립적으로 수계식을 할 수 있는 건물을 히에이산에 창건할 수 있도록 허락해 달라고 조정에 청원하였다. 이 운동은 법상종의 지도자들로부터 강력한 반발을 불러일으켰으며 사이쵸는 그들과 다투느라고 상당히 많은 시간을 허비하였다. 이러한 논란이 그의 건강을 해친 듯 결국 그는 822년에 세상을 떠났다. 그가 죽은 지 일주일이 채 못 되어 조정은 독립적으로 수계식을 치를 수 있는 건물을 짓도록 해달라는 그의 청원을 허락하였다.

사이쵸의 가장 위대한 공적은 수많은 절들과 학교들과 선방(禪房)들과 성소들이 딸린 거대한 불교 단지를 히에이산에 조성했다는 점에 있다. 이 중심지는 후세에 퇴락한 뒤에도 일본 불교의 진로에 막대한 영향력을 미쳤다.

구우카이와 진언종

구우카이도 사이쵸와 마찬가지로 당시의 여러 불교 종파들을 하나로 통합해 내려는 목적을 꿈꾸었다. 그는 일찍부터 유교와 도교를 기웃거렸지만 만족을 얻지 못하다가 결국 불교를 만나 곧 귀의하게 되었다. 그는 804년에 중국으로 건너가 밀교를 배웠다. 중국에서 2년을 보낸 뒤 일본으로 돌아와 교토 남쪽으로 약 80킬로미터 떨어진 고야산(高野山)에 절을 지었다. 그는 뒤이은 15년 동안 몇 명 안되는 제자들과 함께 수행에 전념했다. 822년에 사이쵸가 죽자 그는 즉각 전면에 부각되어 교토 동대사(東大寺)의 주지로 임명되었고 또 황궁 안에 설치한 진언원(眞言院)의 주지를 맡기도 하였다. 그는 자신의 명성이 절정에 달해 있던 835년 자신이 좋아하던 고야산에서 깊은 선정에 잠긴 채 스스로를 산 채로 매장하게 했다.

구우카이가 옹호한 불교는 본래 밀교의 형태를 띠었으며 일본에서는 진실한 말이라는 뜻의 진언종(眞言宗)이라고 일컬어졌다. 진언이란 신비한 음절이라는 뜻의 만트라(mantra)를 일본말로 옮긴 것인데 밀교적 불교에서 매우 두드러진 요소이다. 밀교는 고도의 혼합적 체계로서 대승불교, 힌두교 그리고 심지어 어쩌면 페르샤의 종교들에서 보이는 특성들까지 포함하고 있다. 밀교 사원의 법당에서는 일군의 불보살들과 수호신장(神將)들을 볼 수 있는

데 이 모든 것들은 법신불인 비로자나불의 화신으로 간주되며 범어 알파벳의 그림이나 글자로 나타내기도 한다. 이들 불보살들이 가진 신비한 힘을 불러일으키기 위해서 신체의 자세, 손과 손가락의 움직임, 신비한 발음들로 구성된 정교한 의례를 실행한다. 이 모든 것들은 엄격하게 규정되어 있다.

　진언종은 불보살들의 위상을 체계화하고 통일하기 위한 시도로서 신비한 원으로 된 두 개의 만달라(mandala)로 우주를 표현하고 있다. 우주의 이상적인 모습은 번개로 구성된 금강계 만달라의 원으로 상징되며 그 한가운데는 비로자나(Vairocana)불이 모셔져 있는데 그는 흰 연꽃 속에 앉은 채 깊은 선정 속에 잠겨 있다. 지고의 근원적 붓다인 비로자나불은 우주의 원천이고, 불보살, 사람, 동물, 수호신장, 지옥 중생들과 같은 여타의 존재들은 그의 힘이 현현된 것으로 간주된다. 비로자나불은 이 만달라 속에서 여러 상(像)과 상징들로 표현된 그의 현현들로 둘러싸여 있다. 우주의 역동적인 모습은 자궁으로 구성된 태장계 만달라의 원으로 상징되는데 여기서는 불보살들과 모든 존재들이 그들이 대변하는 힘에 따라 배열되어 있다. 진언종의 의례에서 이 두 만달라는 상단에 놓여진다. 그리고 그 상과 상징들에 존재하는 신비스런 힘은 경배자들이 행하는 적절한 신체의 자세, 손 동작 그리고 신비한 주문의 암송이라는 수단에 의해서 불러일으켜진다. 자세와 동작 그리고 연꽃이나 번개와 같은 상징들은 비로자나불의 몸으로 간주되는 한편 의례에서 행하는 발음이나 신비스런 주문은 비로자나불의 말로 간주된다.

　구우카이의 공헌은 정교한 의례와 상징들을 일관성있게 부합되는 체계로 조직화하는 데에 성공했다는 점이다. 시대적으로 구우카이와 진언종에게 유리하게 작용한 여러 요소들이 있었다. 당시의 일본 사람들은 여러 종파들 사이에 계속되어 온 경쟁적인 교리 논쟁에 식상해 있었다. 그래서 그들은 진언종에서 실행되는 화려하고 호화로우며 신비스럽기까지 한 인상적인 의례에 매력을 느꼈다. 사원과 궁중에서 시행되는 주문의 암송, 등불의 공양, 향불의 연기, 그림과 빛의 조화와 같은 이 모든 것들이 사람들의 마음을 빼앗았을 뿐만 아니라 신비스런 볼거리를 선사했던 것이다. 그들은 또한 같은 인간들에게 고통을 줄 수도 있고 구제도 줄 수 있도록 사용되는 만트라의 신비스런 힘에 깊은 인상을 받았다. 진언종은 일정한 몸짓과 발음을 적절하게 실행할 것 같으면 누구든 지고의 붓다인 비로자나불과 하나가 될 수 있다고 가르침으로써 인간들의 종교적 열망을 충족시켜 주었다. 그리하여 진언종은 일본 사람들에게 엄청난 인기를 누리게 되었으며 지금까지도 일본에서 숫자상으로 가장 큰 종파로 남아 있는 것이다.

진언종이 인기를 모으자 고유의 신토 신앙 안에 재미있는 현상이 전개되었다. 진언종은 여전히 신토의 신앙에 영향을 받고 있는 일반 민중들의 생각과 생활 속에 좀더 그 역할을 확대시키려는 시도로서, 과감하게 한 단계 더 나아가 불보살들은 영원히 존재하는 실재인 반면 신토의 신들은 불보살들이 세속의 현상 세계에 나타난 것이라고 선언하고 나섰다. 그리하여 신토의 모든 신들은 불보살들의 화현으로 간주되었다. 이러한 조치는 우주적 생명의 두 측면을 말하는 진언종의 사상에 의해 쉽게 정당화되었다. 료오부 신토(兩部神道)라고 알려진 이 혼합주의적 종교는 고유 전통과의 습합은 물론 불보살들이 신토의 신들로까지 확장된 전형적인 예이다.

헤이안 시대 불교의 외면적 영화의 이면에는 타락과 부패의 징조들이 늘어나고 있었다. 나라(奈良) 시대에 시작된 사원의 대규모 부동산 획득의 풍조가 이 시기에 더욱 고조되었다. 탐욕스런 성직자들은 개인과 자신들의 사원을 위해 부를 축적하기로 작정하였으며 종종 그들의 마술적인 힘을 이러한 목적을 성취하기 위해서 사용하기까지 하였다. 사원들은 그들의 토지와 여타의 재산을 보호하기 위하여 출가 수도승들을 승병(僧兵)으로 조직했다. 그러나 방어를 목적으로 했던 이들 군대는 얼마 안 가서 공격을 위한 군대로 전환되어 더 많은 부를 끌어모으는 데 사용되었으며 심지어 조정을 협박하기까지 하였다. 권력을 위한 투쟁, 살인, 음모, 질시와 같은 것들이 이 시대의 두드러진 특징들이었다. 그러한 상황 속에서 일본의 불자들은 중국의 불자들이 오백 년 전에 그랬던 것과 꼭같이, 말법 시대가 도래했으며 아미타불의 극락 세계에서 귀의처를 찾아야만 한다고 믿게 되었다. 일본 사람들은 정법 시대가 1,000년 동안 계속되었다고 믿었기 때문에, 말법 시대의 개념이 6세기에 중국에 들어왔던 것과는 달리 일본에는 11세기에 도입되었다.

정토종

아미타(Amitabha)불에 대한 신앙이 널리 퍼지게 된 이유는 말법 시대가 도래했으므로 나약하고 죄많은 사람들은 오로지 아미타불의 명호(名號)를 불러야만 구제받을 수 있다는 믿음 때문이었다. 아미타불을 신봉하는 사람들에게 있어서 불교는 신비스런 의례나 명상이 아니라 경건한 헌신의 종교였다. 불교는 은총의 길이었고 죄많은 사람들에게 구제를 베푸는 손쉬운 길이었다. 붓다의 은총을 통해 구제를 받는 손쉬운 길에 토대를 두고서 새로운 종파를 창시한 이는 호오넨(法然, 1133~1212년)이었다. 그가 창시한 종파는 정토종(淨土宗)이라고 불리었다.

호오넨은 한 지방 수령의 아들로 태어났다. 그의 부친은 그가 여덟 살 나던 해에 강도에게 살해당했다. 그러나 그의 부친은 죽어가면서도 그의 아들에게 복수 같은 것은 아예 생각도 하지 말라고 당부했다. 왜냐하면 복수는 또 다른 복수를 낳기 때문이라는 것이었다. 그의 부친은 아들이 출가 수도승이 되기를 원했다. 아들은 아버지의 유언에 따라 수행생활을 위해서 히에이산(比叡山)으로 들어갔다. 그는 그곳에서 모든 종파의 불교를 배웠고 아주 지위 높은 출가 수도승이 되었다. 그러나 그는 명예나 권위 이상의 무엇을 열망했으며 마음의 평정을 찾던 끝에 아미타불을 신앙하게 되었다. 그는 아미타불의 구제의 은총에 절대적인 신앙을 바치기 위해 "아미타불께 귀의합니다"〔南無阿彌陀佛〕라는 일종의 신앙고백문을 외웠다. 무한한 아미타불의 구제의 힘 때문에 아미타불을 향한 신앙은 모든 죄와 함께 구제의 길에 놓인 모든 장애를 소멸케 해준다. 그의 가르침은 세상의 죄악과 부패에 구토를 느끼고 의미없는 형식적 의례주의에 넌더리가 난 당시의 사회로부터 즉각적이고 신속한 반응을 받았다. 그의 명성이 너무나도 빨리 퍼져나아가자 그에게 경쟁심을 가진 출가 수도승들이 질투를 느낀 나머지 그를 추방하려는 운동을 벌였다. 그는 일흔네 살이 되던 1207년에 귀양을 가게 되었다. 4년 뒤에 풀려나긴 했으나 돌이킬 수 없을 만큼 건강을 잃었기 때문에 풀려난 뒤 얼마 안 가 그는 세상을 떠났다.

호오넨의 종교는 신앙에 근거한 단순한 것이었음에도 불구하고 그의 추종자들 가운데서 여러 가지 다른 주장들이 제기되었다. 그 가운데서 가장 심각한 것은 이 신앙이 아미타불의 은총에서 오는 조건없는 선물이냐 아니냐, 즉 인간의 의사나 능력과 무관한 것이냐 아니냐 하는 것이었다. 이 신앙은 우리들 자신의 의사나 능력에서 비롯하는 것인가, 아니면 전적으로 아미타불이 우리들에게 주는 선물인가? 그것은 우리들의 신앙이긴 하지만 자신의 행동이나 앎에 의한 것이 아니라 아미타불의 선물일 뿐이라고 주장하고 나선 한 무리의 집단이 있었다. 이 집단은 정토의 참된 가르침이라는 뜻의 정토진종(淨土眞宗)으로 불리었는데 신란(親鸞, 1173~1263년)이 그 중에서 가장 유명한 대표자였다.

신란이 호오넨에게 귀의한 것은 히에이산에서였다. 그는 6년 동안 제자로서 수학하였는데 호오넨이 귀양을 가게 되자 시골로 옮겨다니면서 승복을 벗어버리고 평범한 사람이 되어 시골 사람들을 위해서 가르침을 폈다. 그는 결혼까지 했고 가족을 부양하였다. 그는 자신의 이러한 행동을 정당화하는 말로서 독신생활은 아미타불에 대한 신앙이 결여된 증거라고 하였다. 왜냐하면 어떠한 죄도 아미타불의 구제의 은총에 장애가 될 수 없기 때문이라는 것이었다. 이것은 불교에 있어서 하나의 중요한 변화였다. 왜냐하면 이것은 한 사람이 세속인으로서 살아가면서도 동시에 훌륭한 출가 수도승일 수 있다는 것을 의미하기 때문이다. 그리고 이 변화는 신란이 세운 정토진종이 일본에서 그처럼 인기를 끌면서 현재까지 숫자적으로 가장 큰 종파가 된 주요한 이유 중의 하나임에 틀림없다.

호오넨은 한때 "악한 사람도 불국토에 태어날 터인데 하물며 선량한 사람이랴"라고 한 적이 있었다. 그러나 신란은 이 말에 만족할 수가 없었다. 그래서 그는 "심지어 선량한 사람도 불국토에 태어날 터인데 하물며 악한 사람이라"라고 하였다. 여기에는 탕자의 비유나 백 마리의 양 가운데 길 잃은 한 마리의 양에 관한 예수의 비유에 표현된 사상과 너무나도 흡사한 점이 많다. 신란에게 있어서는 지혜나 어리석음이나, 미덕이나 악덕이나 그런 것은 아무런 상관이 없다. 가장 중요한 것은 아미타불을 향한 신앙이다. 이 신앙은 아미타불이 우리들에게 주는 조건없는 선물이다. 호오넨의 정토종의 가르침에 따르면 아미타불의 이름을 외우고 선량한 행위를 하면 선업(善業)을 쌓고 길을 닦게 됨으로써 결국 정토에 태어나게 된다는 것이다. 그러나 신란은 선업을 쌓는 것과 같은 생각들을 모두 내팽개치고 오로지 염불에 의지할 뿐이다. 그리고 그 염불은 어떤 바람을 위해서가 아니라 오로지 신뢰와 감사를 표시하기 위해서 행해져야만 한다. 결국 신란은 자신의 스승보다도 훨씬 더 전통 불교의 실천에서부터 멀어져 갔다. 따라서 일반 민중들의 일상적인 생활에 더욱 밀접하게 다가가게 되었던 것이다.

일련종

호오넨이 단순하고 순수한 경건성을 가졌던 것과는 대조적으로 니찌렌(日蓮, 1222~1282년)은 깊은 종교적 열정과 열렬한 개혁 정신의 소유자였다. 또 한편 호오넨은 조용하고 평화로운 일생을 살았던 것에 반해 니찌렌의 일생은 모험과 위난(危難)으로 가득 찬 것이었다. 그는 아주 일찍부터 불교의 순수한 교의는 과연 무엇인가 하는 문제에 깊은 고뇌를 느꼈다. 이 문제를 풀기 위하여 히에이산으로 들어갔고 그곳에서 10년 동안 연구에 몰두하였다. 그는 서른 살이 되던 해에「법화경」의 가르침이 붓다의 참다운 가르침이라는 사실과 이 가르침은 말법 시대에 관한 정황들을 감안한 견지에서 해석되어야만 한다는 마지막 확신에 도달하였다. 그는 이러한 모든 가르침들을 "법화경에 귀의합니다"〔南無妙法蓮華經〕라는 하나의 단순한 신앙고백문으로 집약시켰다. 그는 이 고백문이 법화경에 담겨 있는 모든 진리를 체현(體顯)한 것이라고 생각했다. 누구든 이 신앙고백문을 외움으로써 깨달음을 성취하게 되는 것이다.

이러한 결론에 도달하고 난 니찌렌은 자신의 고향으로 돌아가서 당시의 기존의 불교를 정화하기 위한 운동을 시작했다. 그러나 그의 노력에 대한 즉각적인 반응은 그를 추방시켜 버리는 것이었다. 그는 자신의 고향으로부터 당시 정부가 자리잡고 있던 가마쿠라(鎌倉)로 나아갔다. 당시 그곳은 지진, 전염병, 기아, 태풍과 같은 일련의 천재지변에 휩싸여 있었다. 니찌렌은 이러한 천재지변은 거짓된 가르침들이 횡행한 탓으로 붓다가 이 나라를 수호해 주지 않게 된 징조라고 간주했다. 그는 자신의 이러한 생각을 『입정안국론』(立正安國論)이라는 한 권의 책으로 썼다. 그는 이 책에서 호오넨을 지옥의 귀신이라고 몰아붙이며 정토 불교를 향하여 신랄한 공격을 폈다. 뿐만 아니라 그는 모든 불교 종파들을 깡그리 공격했으며 각 종파의 지도자들을 위선자며 매국노라고 비난하였다. 오직 모든 종파들을 억누르고 전 국민을 「법화경」의 가르침으로 귀의시켜야만 국가의 질서와 안녕이 회복될 수 있다고 하였다.

물론 그러한 강력한 도전적 언사들이 그의 적대자들에게 곱게 들릴 리가 없었다. 그들은 조정을 설득하여 그를 평화를 해친 자로 낙인찍고 외딴 섬으로 추방해 버렸다. 그는 귀양살이를 하는 동안 자신의 삶을 뒤돌아보면서 그가 한 모든 일이 「법화경」으로 정당화될 수 있다는 것을 깨달았다. 이러한 확신 속에서 그는 다음과 같은 결론에 도달하였다. (1) 자신의 종교는 「법화경」의 독특한 가르침에 토대를 둔다. (2) 말법 시대의 중생은 복잡한 교리가 아니라 단순한 표현들에 의해서만 가르칠 수 있다. (3) 말법 시대에는 「법화경」의 가르침만이 유일하게 참된 교리이다. (4) 일본은 참다운 불교가 전파될 땅이다. 그리고 불교는 이곳으로부터 전세계로 퍼져나갈 것이다.

니찌렌은 추방되었지만 그의 가르침은 그의 제자들에 의해서 널리 확산되었음에 틀림없다. 왜냐하면 그가 3년간의 귀양살이를 마치고 돌아왔을 때 예전보다 훨씬 더 많은 신봉자들이 그를 따르고 있었기 때문이다. 이러한 사실이 그를 더욱 완고하게 만들었고 그의 적대자들도 더욱 가차없는 태도를 취하였다. 결국 조정은 이 불 같은 혁신주의자를 제거하기 위하여 또다시 귀양을 보내기로 하였다. 그러나 실제 의도는 귀양길에서 그를 죽여 없앨 심산이었다. 니찌렌 역시 조정의 진정한 심산이 무엇인지를 알았음에 틀림없었으며 순순히 죽음을 받아들일 준비가 되어 있었다. 망나니가 막 칼을 내리치려는 순간 갑자기 한 덩어리의 불길이 하늘에 번쩍였다. 놀란 망나니는 칼을 떨어뜨렸고 나머지 병사들도 겁에 질렸다. 이것은 하늘이 보여주는 징조가 틀림없다고 생각한 그들은 그를 살해하려는 것을 그만두고 본래대로 귀양을 보냈다.

눈앞에 닥쳤던 죽음에서 다시 살아난 니찌렌은 이 해부터 두번째의 인생을 산다고 생각하고 나머지 인생을 더욱 열렬한 포교 활동에 바쳐야겠다고 마음먹었다. 이러한 확신이 귀양살이의 쓰라린 세월을 견뎌낼 수 있게 해주었다. 그가 귀양살이로부터 풀려나게 되었을 때 조정은 그가 다른 종파들을 공격하지 않는다는 조건을 지킨다면 그의 포교활동을 기꺼이 공식적으로 인정해 주려 하였다. 그는 스스로를 예언자로 간주하면서 이 조건을 거부했다. 그러나 그도 말년에 이르자 더 이상 불 같은 혁신주의자는 아니었다. 대신에 그는 전세계에 불교를 포교할 수 있는 본거지를 건설하는 데에 관심을 기울였다. 그는 전세계를 불교로 전향시키기 위해 붓다가 자신을 사자로 보냈다고 굳게 확신하였다. 그러나 귀양살이에서 겪었던 고난이 이 예언자의 건강을 너무나 해쳤기 때문에, 후지산 기슭에 그 스스로 터를 골랐던 본거지가 건설되는 것을 보지 못하고 세상을 떠났다.

니찌렌의 전투적인 태도는 무사계급의 호의를 샀다. 그들은 니찌렌의 인품과 가르침에서 애국심과 무사 정신을 위한 종교적 버팀목을 발견했다. 19세기와 20세기의 일본의 정책을 특징짓는 국수주의와 군국주의는 니찌렌의 호전적 태도와 정신에서 어느 정도 그 근원을 더듬어 볼 수가 있는 것이다.

선종

선불교는 중국에서의 영광의 역사가 끝나갈 즈음인 12세기에 에이사이(榮西, 1141~1215년)에 의해 일본으로 도입되었다. 그는 히에이산의 현학적인 경향에 실망을 느끼고 중국으로 건너가서 정신 수련의 새로운 방법을 연마하였다. 그러나 일본 선종의 가장 유명한 지도자는 도오겐(道元, 1200~1253년)이다. 왜냐하면 창의성을 가지고 선종을 튼튼한 초석 위에 올려놓았으며 또한 선에다가 독특한 일본의 정취를 불어넣은 사람이 바로 그이기 때문이다.

도오겐은 일찍부터 하나의 곤혹스런 문제로 고민을 느끼고 있었다. 만일 우리가 이미 불성을 가지고 있다면 도대체 깨달음을 위해서 종교적 삶을 실천할 이유는 무엇인가? 도오겐은 본래적인 깨달음〔本覺〕과 수행의 결과로 얻어지는 깨달음〔始覺〕 사이의 관계에 대한 이러한 의문을 풀기 위해서 이 절 저 절을 찾아 다녔다. 그러던 끝에 그는 결국 중국으로 건너가 보기로 작정했다. 그는 그곳에서 또다시 이 스승 저 스승을 찾아다니던 끝에 훌륭한 스승을 만났고 그의 지도 아래서 깨달음을 얻었다.

도오겐은 스승으로부터 좌선법을 배웠다. 그는 이것이 불교의 진정한 전통을 따르는 것이라고 느꼈다. 왜냐하면 붓다와 선종의 첫 조사인 보리달마가 좌선을 통해 깨달음을 성취하였기 때문이다. 좌선을 실천하는 수행자는 결가부좌(結跏趺坐)를 하고 곧추앉아서 외부의 사물을 향한 모든 집착과 모든 욕망과 모든 생각들로부터 마음을 자유롭게 만든다. 그는 심지어 어떻게 붓다가 될 것인가 하는 생각마저 버려야 한다.

깨달음이란 바로 좌선 그 자체에 있다는 도오겐의 주장에 이 마지막 말의 의미를 풀어주는 열쇠가 있다. 그에게 있어서 수행과 깨달음은 하나이며 동시적이다. 그 둘 사이에 분리란 있을 수가 없다. 좌선을 실천하는 것이 본래의 깨달음을 체현하는 것이다. 그리고 좌선을 실천하는 수행자는 외부가 아니라 자신의 내면에서 불성, 즉 절대적 실재를 발견하게 될 것이다. 우리는 여기서 도오겐이 자신의 곤혹스런 문제를 풀기 위해서 찾아낸 해답을 볼 수가 있다. 그는 본유의 불성과 불성을 획득하기 위한 수행은 하나이며 동시적인 것이어야 한다고 생각했다. 그러므로 좌선은 형이상학적 절대와 일상적 현상을 모두 포괄하며 모든 불교의 정수인 것이다. 참선 수행자들이 좌선을 수행하는 것은 어떤 새로운 것을 획득하기 위해서가 아니라 "수행 그 자체에 현존하는 깨달음을 지속적으로 드러내기 위하여" 하는 것이다.[31]

선불교는 역사상 아주 유리한 시점에서 일본에 들어왔다. 권력을 잡고 있던 무사들과 관료들은 정신적인 굳건함과 단호한 행동을 뒷받침해 줄 수 있는 종교가 필요했다. 이들은 일본의 전통적인 불교 종파들은 너무 유약하거나 지나치게 복잡하고 신비적이라고 생각했다. 그들은 아주 지극히 단순한 실천을 위주로 하는 종교를 선불교에서 발견할 수가 있었다. 즉, 좌선은 아무데서나 할 수가 있으면서도 정신적 평정을 가져오는 강력한 힘을 충분히 지니고 있는 것이다. 그러므로 선은 무사들에게 영적 갈망과 무사적 훈련을 조화시킬 수 있는 수단을 제공해 주었다. 이런 이유로 인하여 선불교는 무사계급인 사무라이들에게 대단한 인기를 끌게 되었다.

무사들의 마음은 단순하고 직접적이다. 마찬가지로 선의 수련도 단순하고 직접적이다. 공격의 순간 무사는 적을 꺼꾸러뜨려야 한다는 자신의 목적을 향해서 일심이 된다. 신체적이든 감정적이든 지적이든 어떠한 머뭇거림에 흔들려서도 안된다. 마치 좌선중의 선 수행자가 모든 분리된 마음과 의심으로부터 자유로우며 자신의 목적에 일심전력하는 것과 똑같다. 검은 무사의 주된 무기이다. 그런데 선은 검도와 상당한 관련이 있다. 검술과 관련이 있다기보다는 검사의 정신적 태도와 관련이 있다는 말이다. 이 정신적 태도는 무아(無我)라고 하는 불교의 교리에 기초하고 있다. 검사가 자아라는 관념에 매달려 있는 한 그는 자아와 상대를 이원적 분리 상태로 보는 것이다. 그는 외부의 요소에 정신을 빼앗기고 그것들에 의해서 감정적으로 동요하게 된다. 이런 상태에서는 의심과 망설임에 휩싸이게 되고 이러한 망설임은 상대에게 당할 수 있는 틈을 주게 된다. 그러나 검도의 달인은 완전한 자기 포기의 태도를 취한다. 즉, 모든 생각과 계산에서 자유로워지는 것이다. 그는 어떠한 계산이나 생각으로부터도 방해를 받지 않고 자유롭게, 무의식적

---

31. H. Dumolin, *History of Zen Buddhism.* New York: Random House Inc., 1963, 168.

으로 그리고 저절로 자신의 칼을 움직이는 것이다. 그곳에서는 행위하는 자와 행위와의 사이에 완벽한 일치가 이루어진다. 이러한 면에서 검도는 공안(公案)의 참구(參究)와 흡사한 점이 있다. 공안을 참구함에 있어서 스승이 문제를 내면 제자는 어떠한 심사숙고나 망설임도 없이 즉각적으로 대답을 해야만 하는 것이다.

일본의 출가 수도승들은 선불교를 일본으로 도입하고 난 뒤에도 여전히 간헐적으로 중국으로 건너가서 중국의 스승들에게서 종교적 가르침을 구했다. 이들 출가 수도승들은 중국에 머무는 동안에 자신들의 종교에만 관심을 둔 것이 아니라 중국 문화의 전반에 걸쳐서 관심을 가졌다. 그들은 고국으로 돌아올 때 그림, 서예, 도자기, 옥, 옻칠, 자수와 그밖의 여러 가지 중국의 예술품들을 가지고 돌아왔다. 많은 선불교의 사원들이 이러한 예술품들로 인하여 예술적 창작의 중심지가 되었다. 이러한 예술적 창작 가운데는 조경(造景) 예술도 포함될 수가 있을 것이다. 일본에서 가장 유명한 선 예술의 정원은 교토의 료안지(龍安寺)에 만들어진 것으로서 그 시기는 1499년까지 거슬러 올라간다. 이 정원은 가로 102피트, 세로 50피트의 직사각형 모양으로서 오로지 모래와 다섯 개의 무더기로 배열된 열다섯 개의 돌들, 그리고 그것들을 덮고 있는 이끼뿐이다. 그곳엔 길도 없고 모래 속에 박혀 있는 징검다리도 없다. 아무도 그곳을 걸어다니지 않기 때문이다. 짐승도 그리고 식물도 없다. 이 정원은 어떠한 의식적 생각도 존재하지 않는 순수한 마음을 나타내는 선의 상징이다. 선이 끼친 또 다른 예술적 공헌 가운데는 다도(茶道)가 있다. 다도 속에 흐르고 있는 조화, 경건, 순수, 평정의 정신은 선원(禪院)의 본질과 똑같은 것이다.

중국에서는 지난 천 년 동안 오로지 두 개의 불교 종파만이 활동을 계속해 왔다. 반면에 일본에서는 불교를 하나로 통합하려는 수많은 지도자들의 노력에도 불구하고 종파적 분열이 계속되었다. 그리고 일본에는 서로 상충하는 불교 종파들이 그 어떤 다른 나라들보다도 많다는 사실을 발견하게 된다. 한편 일본에는 신도 수 400만 명을 주장하는 정토종과 1,000만 명을 주장하는 정토진종이 정토 불교의 두 주류를 형성하고 있다. 두 종파는 모두 신앙을 강조하지만 진종은 한 걸음 더 나아가서 이 신앙이 아미타불로부터 주어진 것이라는 점을 극력 주장한다. 진종의 출가 수도승들에게 있어서 독신주의는 벗어던져야 할 멍에일 뿐이다. 그들의 영적 목표는 일상적인 세속적 삶을 추구하면서도 평화로운 만족을 느끼는 데에 있다. 일련종의 군사적인 호전성은 이러한 만족과는 대조적인 것으로서 그 신봉자들은 일본이 세계의 정신적 중심지라고 믿는다. 니찌렌은 종교적 열정가였으며 자신의 주장이 갖는 진리성을 확신하면서 여타의 주장들에 대해서는 비관용적이었다. 대조되는 것은 이밖에도 아직 또 있다. 우리가 선원을 방문한다면 간단한 법의(法衣)를 걸치고 허리를 곧추 편 채 열을 지어 가부좌(跏趺坐)를 하고 앉아서 자신들의 화두에 정신을 집중하고 있는 선 수행자들을 발견하게 될 것이다. 이러한 단순성과 내핍성의 환경 속에 발견되는 지배적인 분위기는 평정과 적정(寂靜)이다. 그러나 선원에서 진언종 사찰로 옮겨가 보면 우리는 또 다른 하나의 세계를 보게 된다. 우리는 즉각 불단과 존상(尊像)과 회화와 번기(蕃旗)와 상징적 도구들이 널려 있으며 모든 의례들을 행할 준비가 갖추어져 있는 뜰로 안내된다. 종소리, 징소리, 음악소리들이 뜰과 건물들에서 울려 퍼진다. 절로 들어서자마자 최고로 화려한 법복을 걸치고서 손가락으로 교묘한 모습을 연출하면서 신비한 주문을 외우는 출가 수도승들을 보게 된다. 한편 이러한 모든 의례들이 진행되는 동안에 타오르는 향불의 연기가 휘감아 돌면서 청중들을 몽롱한 도취감 속으로 몰아간다. 그리하여 성스러운 의례들의 신비는 더욱더 신비감을 자아내게 되는 것이다. 이러한 다양한 실천과 교의들은 일본의 불교가 실로 어떤 근본적인 믿음들에 의해 묶여진 한 거대한 체계를 이루고 있다는 사실을 깨닫게 해준다. 즉, 인류의 구세주인 부처님에 대한 믿음, 모든 중생들의 평등성에 대한 믿음, 생명의 보편성에 대한 믿음 그리고 다양한 길을 통하여 완전함을 획득하는 것에 대한 믿음들이다.

제 9 장

티베트의 불교

티베트 사람들은 불교가 들어오기 전에는 본(Bon)이라는 일종의 무속 신앙을 믿고 있었다. 이 원시 신앙에 대해서는 알려진 것이 많지 않다. 본에 대해 티베트와 중국의 빈약한 기록들로부터 우리가 알 수 있는 것은 그 세계는 선신(善神)과 악령들로 가득 차 있다는 사실이다. 그러한 신령들은 산과 골짜기를 배회하기도 하면서 나무나 바위에 깃들어 살고 있다. 그들은 비위를 맞추어 주면 우호적으로 되지만 박대하거나 괴롭히면 적대적으로 되어 사람들에게 역질과 같은 돌림병을 보내거나 심지어 아이들을 잡아먹기까지 한다. 이들 본교의 신령들을 비위맞추기 위한 일단의 무속과 사제들이 있는데 이들은 반드시 몰아경에 빠진 상태에서 신령들과 통교한다. 일정한 때마다 동물 희생 제사가 치러지는데 이때 신의를 지키겠다고 맹세하고 계약을 맺기도 한다. 중국의 연대기에 의하면 티베트 사람들은 양·개·원숭이·말·소·당나귀 그리고 심지어 사람까지도 희생 제물로 바쳤다고 한다. 희생으로 바쳐질 사람은 먼저 손발을 묶고는 가슴을 쪼개어 심장을 도려낸다. 그런 다음 피와 살을 사방으로 흩뿌린다. 참가자들은 신의를 맹세하면서 만일 맹세를 깨뜨릴 경우에는 그들의 신체가 이 희생물들처럼 갈가리 찢길 것이라고 경고한다. 이와 같은 것들이 7세기에 처음으로 불교가 티베트에 들어갈 때에 토착 종교인 본이 갖고 있던 신념과 의례적 실천들이었다.

제1기

당시의 티베트는 송첸감보(Srong-btsam-sgam-po) 왕이 통치하고 있었는데 그는 티베트 전역을 동맹체로 만들기 위해서 이미 세 명의 티베트 출신

공주들과 결혼을 한 상태였다. 그는 티베트 전역을 통합하고 나자 인도로 눈길을 돌렸고, 사자를 보내어 네팔의 암슈르바르만(Amsurvarman) 왕의 딸인 티첸(Khri-can) 공주와도 결혼하였다. 티베트 사람들에 의하면 이 공주가 티베트로 올 적에 몇 구의 불상을 가지고 왔으며 이런 식으로 그녀가 이 나라에 불교를 전하게 되었다고 한다. 송첸감보는 네팔과 결연을 맺고 나자 다시 중국으로 눈길을 돌렸다. 그는 터어키족들이 중국의 공주와 결혼할 것을 요청하여 성사시켰다는 소문을 들었다. 그래서 자신도 똑같은 대우를 해줄 것을 당나라의 황실에 요구하였다. 당나라의 황제는 처음에는 거절하였지만 결국 이 요구를 들어주기로 하고 641년에 황실 집안의 문성(文成) 공주를 티베트 왕에게 주었다. 티베트의 전거(典據)에서는 그녀의 위신을 높이기 위해서 그녀를 황제의 딸이라고 기록하고 있다. 어떤 기사(記事)는 이 중국의 공주가 불상을 가지고 왔으며 이로 인하여 티베트 왕이 처음으로 불교를 접하게 되었다고 주장하고 있다. 그러나 이 주장은 신빙성이 없다. 왜냐하면 네팔의 티첸 공주가 문성 공주보다도 먼저 티베트에 도착하였고, 게다가 빠르면 632년 아니면 그 직후에 송첸감보 왕은 불교를 더욱 자세히 알기 위해서 쫑미 삼보타(Thon-mi Sambhota)를 사자들과 함께 카시미르에 파견하여 인도의 문자 체계를 배우게 한 적이 있기 때문이다. 이러한 역사적 사건으로 미루어 볼 때 송첸감보 왕은 당시 학문의 중심지였던 카시미르에 대해서 이미 알고 있었으며 그 지역과 벌써 전부터 접촉을 가졌었다는 사실을 짐작할 수가 있다. 4년 여 동안의 카시미르 체류를 마치고 티베트로 돌아온 쫑미 삼보타는 인도의 문자 체계를 본따 30개의 티베트 문자를 발명하였다.

　티베트의 연대기에서는 이 새로운 종교가 송첸감보 왕의 통치 기간 동안에 엄청난 발전을 이루었다고 한다. 이 왕은 전국에 사원을 건립하고 불교를 국교로 삼았으며 티베트 사람들에게 불교의 가르침을 따를 것을 종용하였다고 한다. 그러나 그러한 이야기들은 후세의 티베트 기자(記者)들이 왕의 공적을 높이려는 생각에서 지어낸 과장된 기사이다. 불교가 도입되던 초기 동안에는 불교적 활동이 최소한에 그쳤다는 것이 사태의 진상이다. 송첸감보 왕은 티베트 문화에 초석을 놓았고 국가를 통일했으며 예술과 학문의 기초를 다졌다. 그가 죽고 난 뒤에 한동안 이 새로운 종교에 관해서 거의 알려진 것이 없다가 다음 세기가 된 710년에 또 다른 티베트의 왕이 중국의 금성(金成) 공주와 결혼을 했다. 그녀는 중국 출신의 출가 수도승들뿐만 아니라 여러 가지 중국 문화의 산물들을 함께 가지고 왔다.

왕실에 대한 불교의 영향력이 증대하게 되자 얼마 안 가 귀족들의 반발이 일어났다. 그들은 새로운 종교의 확산을 막기 위해서 토착 종교인 본의 사제들과 제휴를 했다. 740년과 741년 사이에 돌림병이 전국을 휩쓸었고 왕궁에 벼락이 떨어졌으며 홍수가 나서 가을 추수를 망쳐 버렸다. 이러한 모든 불행들은 불교의 침입 때문에 본의 신령들이 노한 징조라고 생각되었다. 그리하여 이러한 불행한 사태들은 귀족들로 하여금 불교에 반대하는 운동을 벌이게 하는 구실이 되었다. 티베트의 왕은 불교에 호의적이었지만 귀족들의 반대를 막을 수가 없었다. 그래서 그는 당시에 티베트에 와 있던 인도 출신의 출가 수도승인 산타락시타(Santarakshita)에게 어떻게 해야 할지 자문을 구하는 수밖에 없다고 생각했다. 이 인도 출신의 출가 수도승은 밀교(密敎)의 고승인 파드마삼브하바(Padmasambhava)를 티베트로 초빙해서 분노한 본의 신령들을 제압하자고 제안하였다. 이 제안이 받아들여져 파드마삼브하바는 747년에 티베트에 도착하였다.

파드마삼브하바는 역사적 인물임에 틀림없다. 그러나 티베트 사람들은 그에 관해서 받아들일 수 없는 수많은 전설들을 만들어 내었다. 그는 어려서 인도 북부의 우드야나(Udyana) 왕에게 양자로 들어갔다. 왕은 이 아들이 자라서 성인이 되자 왕위에서 은퇴하고 자신의 양자에게 왕국의 통치를 맡겼다. 그러나 파드마삼브하바는 통치자로서 살아가기를 원하지 않았기 때문에 자신의 고국을 떠나 불교의 출가 수도승이 되었다. 그는 밀교에 전념하였고 얼마 안 가 모든 비밀스런 교의들과 그 방면에 관한 신비스런 힘을 터득하였다. 그는 티베트에 도착한 뒤 이 힘을 사용하여 불교에 적개심을 가진 본의 신령들을 제압하였다. 그가 이 지방의 신령들을 제압한 업적 중에서 본의 산신령을 눌러 이긴 승리를 예로 들 수가 있다. 이 산신령은 흰 야크(yak)의 모습을 한 채 언덕 위에 우뚝 서서 입과 코로부터 눈보라를 몰아쳤다. 파드마삼브하바는 쇠갈고리가 달린 입으로 그를 잡아서 올가미와 쇠사슬로 묶어 버렸다. 그리하여 이 산신령은 밀교의 고승에게 충절의 맹세를 선언할 수밖에 없었다. 항복을 선언한 이 지방의 신령들은 티베트 불교의 불전(佛殿)에 포함되어 불교의 수호신이 되었다. 파드마삼브하바는 도합 18개월 정도 동안 티베트에 머물렀다. 그러나 어떤 기사들은 그가 15년 동안이나 머물렀다고 과장해서 말하고 있다. 그는 수도인 라사(Lhasa)에서 꼭 30마일 떨어진 삼예(Samye)에 대사원을 지었는데 이 사원은 그때부터 지금까지 계속 건재하고 있다.

파드마삼브하바가 본의 지방 신들을 굴복시킨 사건은 불교가 티베트의 토착 종교를 극복한 것을 의미한다는 해석이 일반적이다. 그러나 본의 사제들과 그들의 동맹자인 귀족들의 저항이 한동안 잠잠했음에도 불구하고 이들 두 집단이 영원히 조용해진 것은 결코 아니었다. 왜냐하면 그들의 반대가 여전히 수시로 불교를 괴롭혔기 때문이다.

불교의 주요한 발전이 이제 산타락시타가 주지(住持)로 있던 삼예 대사원을 중심으로 일어났다. 그의 주관으로 최초로 일곱 명의 티베트 사람들이 출가 수도승이 되었다. 인도의 고승들이 초청되어 산스크리트 경전을 티베트어로 번역하고 티베트 젊은이들을 불교를 포교할 수 있도록 훈련시켰다. 파드마삼브하바가 밀교의 고승이었기 때문에 삼예의 출가 수도승들은 밀교에 대단한 호감을 가졌다. 그러나 티베트 사람들은 해골을 바가지로 사용하고 다리 뼈를 트럼펫으로 사용하며, 사람의 뼈를 뿌려서 성스러운 장소를 표시하고 사람의 뼈로 장식한 화관을 쓰고 춤을 추는 등의 밀교적 특성들은 거부했다. 그들은 불교를 인도에서 티베트로 들어온 해악이라고 비난했다.

8세기의 티베트에는 인도 출신의 역경승들 외에도 상당수의 중국 출신 출가 수도승들 역시 역경 활동에 참여하고 있었다. 대부분 중국 선종의 선불교를 신봉하는 중국 출신 출가 수도승들은 중국의 공주가 티베트의 왕에게 시집올 때 함께 티베트로 왔던 사람들이었다. 중국 출신 출가 수도승들이 출현하면서 카말라실라(Kamalasila)의 지도 아래서 산타락시타를 추종하던 사람들과 이들 중국 선종 출신 출가 수도승들 사이에 역사적인 논쟁이 일어났다. 이 논쟁은 8세기 말에 티베트 왕의 면전에서 벌어졌다. 카말라실라에 대항하여 논쟁 상대가 되었던 중국 불교의 지도자는 티베트어로는 화상(Hva-shang)으로 그리고 중국어로는 대승, 즉 마하연(Mahayana)으로 불리었다.

선종의 대표자인 화상은 깨달음은 점진적이 아니라 즉각적으로 그리고 직관적으로 성취되는 것이며, 깨닫기 위한 의식적인 노력은 아무런 소용이 없으며, 모든 의도적인 행위들을 포기하고 무행(無行)에 의존해야만 한다고 주장하였다. 카말라실라는 완전히 아무런 행위도 하지 않는다는 것은 불가능한 일이라고 주장하였다. 무행에 의존하겠다는 바로 그 결정이 이미 그 자체로서 마음의 행위이다. 생각이나 의도적인 행위의 완전한 부재란 오로지 의식을 잃었거나 술에 만취된 상태에서만 있을 수 있다. 또한 카말라실라는 깨달음을 단박에 이룬다는 것은 불가능하며, 도덕적 개선을 위한 점차적인 노력이 반드시 필요하며, 누구든 오로지 적절한 단계를 밟은 끝에 깨달음을 얻을 수 있다고 주장하였다. 그 논쟁에 참여한 인도 출신의 출가 수도승들은 카말라실라의 주장을 지지했다. 논쟁과 관련한 티베트의 기사에 따르면 화상은 패배를 자인할 수밖에 없었으며 그와 그의 추종자들은 티베트에서 쫓겨나고 말았다.

이 논쟁과 중국 불교의 패배는 티베트 불교의 발전에 있어서 대단히 중요한 의미를 가진다. 이 논쟁의 결과 티베트 사람들은 이때부터 중국이 아니라 인도적 색채를 띤 대승불교를 실천하게 되었다. 밀교 외에도 용수(龍樹, Nagarjuna)가 제창하고 산타락시타와 카말라실라가 티베트에 소개한 중관(中觀) 사상이 이 나라에서 가장 우세하였다. 이 사상은 초기의 발전 과정에서부터 반야부 경전들과 설일체유부(說一切有部, Sarvastivadin) 논서들의 사상을 상당히 내포하고 있었기 때문에, 티베트 사람들 역시 이 분야의 불교 문헌에 상당히 많은 관심을 기울였다. 밀교는 파드마삼브하바에 의해 도입된 이후 토착 종교의 저항을 극복하기 위해서 본에서 신앙하는 여러 신령들과 의례들을 수용하였다. 밀교와 대승불교와 본의 이러한 혼합 때문에 티베트 종교를 흔히 라마교(Lamaism)라고 부른다. 라마(lama)란 티베트 말로 뛰어난 자라는 뜻이다.

불교는 9세기 초반 817년부터 836년까지 통치한 렐파첸(Ral-pa-can) 왕의 강력한 후원을 받았다. 이 왕은 주로 티베트어 역경(譯經)의 체계화와 표준화를 위한 공로자로 기억된다. 불교가 들어온 이후부터 엄청난 양의 문헌들이 산스크리트어, 코탄어, 나아가 중국어와 같은 일련의 외국어로부터 티베트어로 번역되었다. 각기 다른 전통과 문화적 배경을 가진 번역가들은 불교의 전문 용어들을 다양한 표현을 사용하여 번역하였다. 역경상의 실수 역시 흔한 일이었다. 소박한 티베트어는 상당수 불교 철학의 미묘한 개념들을 표현하기에는 역시 융통성이 모자랐다. 왕은 문체와 전문 용어의 효과적인 개선을 위한 과업을 인도와 티베트 학자들의 권한에 맡겼다. 이들 학자들은 모든 번역가들이 따를 표준 용어의 체계를 확립하였으며 기존의 많은 양의 문헌들을 검토하여 형식 및 용어상의 필요한 수정을 가했다.

이 왕은 불교 문헌의 변혁을 진작시키는 외에도 또한 전국의 일곱 가문들이 연대하여 한 사람의 출가 수도승을 후원하도록 하는 법령을 통해서 불교를 장려하였다. 출가 수도승들을 공직에 임명하였으며 귀족들은 불교의 의례와 신조를 따르도록 요구하였다.

렐파첸 왕의 이러한 불교 진흥 정책은 귀족들의 강력한 반발을 불러일으켰다. 그들은 음모를 꾸며서 왕을 살해하고 불교를 탄압하는 지도자를 왕위에 앉혔다. 이 랑다르마(Lang-dar-ma) 왕은 836년부터 842년까지 통치했는데 그가 통치한 기간은 불교를 탄압하는 데에 모든 목적을 둔 일련의 조처들을 마련한 시대로 특징된다. 사찰과 수도원들은 파괴되었고, 그곳에 보존되었던 고귀한 그림들은 불태워졌으며, 고명한 불경 번역가들은 살해되었고, 출가 수도승들은 강제로 환속당하여 결혼하였다. 랑 다르마 왕은 결국 한 광신적 출가 수도승에 의해 살해되고 말았다. 그는 자신이 왕을 죽인 것은 자비심 때문이라고 했다. 왕으로 하여금 불교를 탄압함으로써 악업을 짓는 죄를 더 이상 범하지 못하도록 막기 위해서 죽였다는 것이다.

랑 다르마 왕의 불교 박해는 티베트 불교의 지도력에 심대한 타격을 주었다. 그래서 한때는 불교가 티베트 역사의 현장에서 사라지는 것처럼 보였다. 그러나 얼마간의 티베트의 출가 수도승들은 가까스로 중국의 국경 지대로 도망할 수가 있었다. 그들은 상황이 호전되자 티베트로 돌아와서 불교의 부흥에 힘썼다. 그럼에도 불구하고 11세기의 초엽에 인도의 출가 수도승인 아티샤(Atisha)가 티베트로 초청될 때까지 불교의 부흥 운동은 별다른 진전을 보지 못했다. 아티샤는 1042년에 티베트에 왔는데 그가 온 시점으로부터 티베트 불교 역사의 새로운 시대가 시작된다.

제2기

아티샤는 1053년 세상을 떠날 때까지 적극적으로 불교를 재건하는 데 힘썼다. 그의 노력이 결실을 보게 되어 불교는 초석을 굳혔고 뒤이어 현저한 팽창을 이루었다. 그는 탄트라 불교의 신봉자였지만 종교적인 계율과 신비주의와 탄트라 불교의 의례 사이에 적절한 균형을 유지하려고 애썼다. 그는 가는 곳마다 제자들에게 신비스런 입문식을 베풀었으며 경전을 번역하고 절을 지었다. 티베트에 60년을 주기로 하는 역법(曆法)을 도입한 것도 아티샤의 공로였는데 이 역법에서는 첫 주기의 첫해를 기원후 1027년에 맞추었다.

11세기의 티베트의 출가 수도승들 중에서 가장 두드러진 인물 중의 한 사람은 마르파(Marpa)였다. 그는 결혼을 했고 심지어 만트라(mantra)를 숙달해서 부를 축적하였음에도 불구하고 보살로 간주되었다. 부유하고 영향력있는 티베트 사람들로부터 10온스의 금을 받고 악령들의 세력을 막아주기도 했다. 이로 말미암아 그는 해마다 엄청난 수입을 불려나갔다. 그는 아내 외에도 여덟 명이나 되는 여제자를 거느리고 있었는데 그들을 자신의 종교적인 배우자로 생각했다. 그는 가족을 부양했을 뿐만 아니라 농경 사업에도 관계했다. 그는 일반 사람들에게는 세속적인 삶을 사는 사람으로 비쳤다. 그러나 그의 제자들에게는 탄트라 불교의 스승이었다. 왜냐하면 그는 기회 있을 때마다 "입시"(入屍)라고 하는 시술을 통해서 자신의 영혼을 시신에 주입하여 그 시신을 자신의 소유로 삼았다고 알려졌기 때문이다. 이 실천법은 탄트라 불교의 의식 중에서 가장 어려운 기술이었다.

　마르파에게서 배운 수많은 제자들 중에서 1040년부터 1123년까지 살았던 밀라레파(Milarepa)가 가장 유명하다. 그는 일곱 살 되던 해에 아버지를 잃었다. 그의 부친은 죽기 전에 그의 가족을 동생에게 맡기면서 밀라레파가 나이가 찰 때까지 그의 재산을 돌보아 주라고 부탁했다. 그러나 그의 동생은 밀라레파의 재산을 가로채 버렸고 밀라레파와 밀라레파의 어머니와 여동생을 노예처럼 부려먹었다. 밀라레파의 어머니가 재산을 돌려달라고 요구하자 이 무도한 시동생은 재산이 본래 자신의 것이었으며 다만 밀라레파의 아버지에게 빌려주었을 뿐이라고 주장했다. 그리고는 이 과부와 두 남매를 내쫓아 버렸다. 결국 이들은 자신들의 힘으로 살아갈 수밖에 없었다. 이들은 이러한 처사에 너무나도 분개한 나머지 복수를 할 계획을 세웠고 밀라레파는 마법사가 되기로 하였다.

　오랜 세월 동안의 수련 끝에 능숙한 기량을 가진 마법사가 된 밀라레파는 사악한 삼촌과 그의 가족을 파멸시키기 위해서 그가 살고 있는 마을로 돌아왔다. 삼촌이 아들의 결혼식을 치르는 것을 발견한 밀라레파는 자신이 터득한 흑주술의 비법을 실행하여 지붕을 무너뜨림으로써 그곳에 참석한 모든 사람들을 죽여 버렸다.

　복수를 하고 난 밀라레파에게 전향이 일어났다. 터득한 에너지와 힘을 사악한 목적을 위해서 쓰는 대신에 선량한 목적을 위해서 써야겠다고 그는 마음먹게 된 것이다. 일단 이러한 결심을 하고 난 그는 자신에게 새로운 인생을 가르쳐 줄 스승을 찾아 나섰다. 그가 찾아낸 스승이 바로 마르파였던 것이다. 마르파는 밀라레파가 가진 엄청난 잠재력을 한눈에 파악해 내었다.

그러나 그는 먼저 호된 시련으로 밀라레파를 시험했다. 밀라레파는 두들겨 맞았고 속임을 당했으며 욕설을 뒤집어썼고 집을 지었다가는 다시 부수도록 명해졌으며 여행을 떠났다가는 뚜렷한 이유도 없이 다시 돌아오라는 명을 받았다. 밀라레파는 두 번이나 스승에게서 도망을 쳤다가 다시 돌아왔다. 마침내 그는 스승이 가르쳐 줄 수 있는 모든 것을 배웠다.

　탄트라 불교의 수련을 완성한 밀라레파는 어머니를 만나야겠다는 기대를 가지고 고향으로 돌아왔다. 그러나 어머니 대신 그가 만날 수 있었던 것은 무너져버린 집과 흩어진 몇 개의 해골뿐이었다. 누이동생 역시 떠나가고 없었다. 그리하여 세상의 모든 것을 잃어버린 밀라레파는 한 동굴 속에 은신처를 마련하고 그곳에서 그의 일생을 고행에 바쳤다. 그는 동굴 근처에서 찾을 수 있는 것만 먹었고 거의 나체로 지냈다. 그의 산발한 더벅머리는 마치 귀신처럼 보였지만 그러나 그는 세속을 떠난 사람으로서 초연했다. 그는 마음 속에서 깊은 평화를 느낄 수가 있었다. 마침내 그의 누이동생은 비참한 몰골을 하고 있는 오빠를 찾아냈고 고행생활을 청산하라고 설득했다. 그러나 아무런 소용이 없었다. 계속된 수년 동안의 외로운 고행생활 끝에 그는 자기 마음대로 몸을 변화시킬 수가 있었고 신체의 온기를 끌어낼 수가 있었기 때문에 심지어 혹한 속에서도 얼지 않았다. 한편 명상이나 고행을 수련하지 않을 때에는 시를 짓고 노래를 불렀다. 그는 이 시와 노래를 통하여 세속을 떠나 붓다에게 귀의한 신비가의 지고한 기쁨을 노래했다.

　아티샤와 마르파와 밀라레파와 그밖의 11세기에 활약한 많은 사람들의 활동은 불교에 대한 새로운 열정을 불러일으켰다. 그 결과 티베트 사람들은 탄트라 불교의 주술이나 축귀(逐鬼)만이 아니라 불교에 관하여 더 심오하고 진정한 관심을 가졌다. 이제 이 나라에 거대한 승원들이 건립되었고 다양한 종파들이 창시되었다. 귀족들은 점차적으로 수도복을 입는 데서 오는 힘과 특권을 인식하게 되었다. 그래서 그들 중의 많은 사람들이 대승원의 원장이 되기를 원했다. 그들은 수도원장이 되고 난 후에도 여전히 세속의 권력을 보지(保持)하고 있었으며 그 권력을 이용해서 경쟁 사찰을 흡수하며 세력을 확장해 나아갔다. 어떤 사찰들은 실질적으로 요새였다. 그곳으로부터 원장들은 결국은 군대로 변한 승병을 이끌고 이웃 기관들을 정복하기 위해 출병하였다. 몽고족이 등장할 때쯤인 13세기에 이르면 이러한 쟁투는 살아 남은 몇 개의 강력한 사찰들 사이의 싸움으로 좁혀졌다. 그 중의 하나가 사캬(Saskya) 대승원이었다.

사캬 대승원

   사캬 대승원은 1073년에 아티샤와 동시대 인물인 독미(hBrog-mi)라는 티베트 사람이 세웠다. 이 승원의 원장은 결혼이 허락되었고 법통은 세습되었다. 사판(Sa-pan)이라는 이름으로 더 잘 널리 알려진 사캬 판디타(Saskya Pandita, 1182~1251년)가 이 승원의 원장들 중에서 가장 유명했다. 그 이유는 그가 티베트를 몽고의 지배 아래 복속시키는 결과를 낳은 협상을 맡았었기 때문이다. 그는 학식이 높은 출가 수도승으로서 인도의 언어에도 능통했으며 문수 보살의 화신으로 간주되었다.

   1239년에 고단(Godan)이 지휘하는 몽고 군대가 티베트로 밀고 들어와서 수도인 라사의 북쪽 끝 지점을 공격한 뒤 퇴각하였다. 몽고군이 퇴각한 것은 티베트의 정복을 포기함을 의미하는 것이 아니라 단지 티베트 사람들에게 전쟁의 무익함을 강하게 인식시킨 뒤 협상에 임하고자 함이었다.

   티베트 사람들은 사판을 사캬 대승원의 원장으로 뽑아서 협상에 임하게 하였다. 1246년에 사판과 고단과의 만남이 중국 북서 지역의 서량(西涼, Lan-chon)에서 이루어졌다. 티베트 역사가들의 주장에 의하면 몽고의 장수는 자신의 고질병을 사판이 치료해 줌으로써 불교에 호의적으로 기울게 되었다고 한다. 그러나 이러한 호의적인 태도는 사판이 만트라(mantra)를 외울 때 시현되는 신비스런 힘에 고단이 두려움을 느낀 결과라고 보는 것이 더욱 그럴듯해 보인다.

   사판은 협상이 끝난 후 티베트의 국민과 종교 당국에 편지를 써서 몽고의 칸(Khan)을 높이 찬양하면서 그를 불교에 깊은 신앙심을 가진 보살이라고 칭송하였다. 그는 티베트 사람들이 몽고와의 복속 관계를 유지하도록 설득하기 위해서 몽고군의 숫자는 셀 수 없이 많으며 전세계가 몽고의 지배 아래 놓이게 되었다는 사실을 말했다. 반대로 몽고는 사판에게 귀중한 특권을 주었는데 그에게 티베트에서 몽고의 부섭정 역할을 할 수 있게 했던 것이다. 사판의 일은 그의 조카인 곽파(hPhags-pa)에 의해 완수됐다. 그는 몽고로부터 사캬 대승원의 원장이 티베트의 모든 세속적 종교적 사안들을 통괄할 수 있다고 하는 확고한 인정을 받아냈다. 그리하여 종교적 인물이 승단과 국가의 지도자가 되는 독특한 티베트의 전통이 13세기 사캬 대승원의 원장으로부터 시작된 것이다. 몽고에게는 이러한 제도가 만족스런 합의였다. 왜냐하면 티베트에 정복군을 주둔시켜야 할 필요가 없어지는 한편 동시에 사캬 원장의 공권력으로 티베트를 확실하게 통치할 수 있었기 때문이다.

몽고인들에게는 불행하게도 그들의 희망이 완전하게 실현된 것은 아니었다. 티베트의 다른 강력한 승원의 원장들은 너무나 엄청난 권력이 사캬 원장의 수중에 집중되는 것이 불만이었다. 그래서 그들은 사캬 대승원의 원장이 내리는 명령에 따르기를 거부했다. 그들은 여러 차례 폭동을 시도했지만 번번히 몽고군에게 제압당하고 말았다. 중국에서 몽고 왕조가 멸망함에 따라서 사캬 원장의 권력도 점차 쇠퇴되어 갔다. 뒤이어 중국에서 권력을 잡은 명나라는 티베트와 계속적으로 우호 관계를 유지하기를 원했다. 그러나 중국은 하나의 사찰하고만 우호 관계를 맺는 대신에 중요한 사찰의 원장들을 모두 승인했다.

14세기를 통해서 서로 다른 승원들이 정치적·종교적 대권을 다투었지만 그들이 한 일에는 하나의 공통점이 있다. 이들 승원의 원장들과 출가 수도승들은 좀더 많은 세속적 권력과 부를 획득하는 데에 온 관심을 쏟았다. 그들의 마음은 온통 사찰의 재산과 세속적 욕망에만 집중되어 있었다. 사태가 이렇고 보니 종교적인 수련은 해이해지고 출가 수도승들은 결혼생활과 술에 빠지고 나태와 자기 만족이 판을 치게 되었다. 승단은 붓다가 가르친 순수한 종교적 삶을 사는 것보다는 세속적인 일에 휩쓸리거나 욕락을 유지하는 데에 더욱 신경을 썼다. 교계를 정화하고 승단에 만연한 퇴폐풍조를 막아낼 개혁가가 나타날 시기가 무르익었다. 1357년부터 1419년까지 살았던 쫑카파(Tsong-kha-pa)가 바로 그러한 개혁가였다.

황모파와 달라이 라마

쫑카파는 일곱 살 나던 해에 절에 들어가 행자(行者)가 되었다. 그는 열여섯 살 때부터 인도 고승들의 저술을 체계적으로 배우기 시작했다. 그리하여 그는 용수(龍樹)의 중관 사상으로부터 시작해서 논리학, 반야 사상, 논장(論藏)들을 차례로 배웠고 마지막으로 율장(律藏)을 익혔다. 율장에 대한 연구는 결과적으로 티베트의 성직자들이 형편없는 퇴폐와 해이함 속에 빠져 있다는 사실을 깨닫게 해주었으며 나아가 그로 하여금 승단을 개혁할 수 있는 방도를 생각할 수 있도록 암시해 주었다. 그는 비구계를 받을 즈음인 스물다섯 살이 되었을 때에는 이미 의학이나 수학과 같은 세속적인 분야뿐만 아니라 불교학의 여러 분야에도 통달하고 있었다. 그의 학문적 업적은 엄청난 양의 저술을 통해서 구체화되었다. 그 중에서 가장 유명한 것이 『보리도차제』(菩提道次第)라는 제목의 책인데 이것은 1403년에 완성되었다.

얼마 안 가 수많은 제자들이 쫑카파의 위대한 학문적 능력과 순수한 종교적 삶에 매료되어 몰려들었으며 그들은 새로운 종파인 겔룩파(dGe-lugs-pa)를 형성했다. 겔룩파는 1409년에 자신들의 최초의 대승원인 간덴(dGah-ldan)사를 창건했고 그후 10년이 채 못된 1416년에 데풍(hBras-spung)사를, 1419년에는 세라(Se-ra)사를 지었다. 쫑카파는 독신, 금주, 금육(禁肉) 그리고 엄격한 수도원 생활과 같이 율장에 기록된 전통적인 불교적 생활 방식으로 복귀할 것을 주장했다. 그는 또한 탄트라 불교의 실천들 중에서 어떤 것들은 엄격하게 하기도 하고 어떤 것들은 완화시키도록 하였다. 그는 몇몇 티베트 불교의 구파들을 적대시했음에도 불구하고 대중들의 즉각적이고도 폭넓은 지지를 얻었다. 티베트의 대중들은 구파 신봉자들 사이에 만연해 있는 해이함과 타락에 진저리를 느꼈고 새로운 종파의 신선한 사상과 종교적 열정에 고무되었던 것이다. 사람들은 이 신봉자들이 노란 천으로 된 모자를 썼기 때문에 이 새로운 종파를 황모파(黃帽派)로 불렀다.

1419년에 쫑카파가 죽자 그의 대제자들이 이 종파를 이끌었다. 1438년에 쫑카파의 조카로서 제3대 계승자인 게둔 룹파(dGe-ldun-grub-pa)가 지도자가 되었다. 그는 황모파의 위상을 강화시키는 중요한 역할을 했다. 그는 엄격하게 준수해야만 되는 준엄한 교의(敎義)인 화신(化身)설을 처음으로 전개한 인물임에 틀림없다. 이 이론에 따르면 이 종파의 지도자는 죽고 난 다음에 새로 태어나는 어린 아기의 몸으로 다시 환생한다. 그래서 승단이 해야 할 과업은 이 아기를 찾아내어 확인하는 일이다. 나아가 종파의 지도자인 대 라마는 이 교의에 따라서 티베트의 수호신인 관세음 보살의 화신으로 선언된다. 드디어 게둔 룹파는 황모파의 초대 대 라마로 불리어졌다.

황모파의 급격한 성장은 구파들의 반발을 야기했다. 그 중에서 가장 강력한 종파는 홍모파(紅帽派)였다. 이 홍모파는 당시 티베트에서 가장 강력한 지역인 짱(Tsang)의 왕으로부터 후원을 받았다. 반대에 직면하게 된 황모파의 지도자들은 어느 곳이든 자신들을 지원해 줄 세력을 찾던 끝에 결국 몽고와 손을 잡았다. 몽고는 이전에 한때 사판과 그의 조카 팍파에 의해서 라마교로 전향했었다. 그러나 이러한 귀의는 계속되지 않았기 때문에 그것을 위한 과업이 다시 이루어져야만 했다. 1578년에 황모파의 제3대 대 라마가 몽고의 알탄 칸(Altan Khan)의 조정에 도착했다. 그것은 몽고에 신앙을 전파하기 위해서일 뿐만 아니라 또한 그들과 동맹을 맺기 위해서였다. 칸은 500온스의 은으로 만들어진 만달라와 보석으로 가득 찬 그릇과 같은 소중한 선물들을 대 라마에게 주었고 대 라마는 그 보답으로 몽고 사람들에게 살생의 관습을 버리고 불교에 귀의하라고 가르쳤다. 그러자 칸은 이 고승에게 달라이 라마(Dalai-lama, 달라이는 몽고말로 大海를 의미함), 천둥 번개를 가진 자[持金剛者]라는 칭호를 주었다. 한편 제3대 대 라마는 이에 대한 보답으로 칸에게 신들의 통치자이며 진리의 왕[法王大梵天]이라는 칭호를 주었다. 그러므로 우리들의 귀에 너무나도 익숙한 달라이 라마라는 칭호는 황모파의 제3대 대 라마로부터 비롯되었다. 그는 제3대 달라이 라마가 되었다. 이 칭호는 선대의 두 지도자들에게까지 소급되어 바쳐졌던 것이다.

이러한 전교(傳敎)의 결과로 몽고는 라마교로 귀의하였고 그때부터 황모파의 열광적인 신봉자가 되었다.

제3대 달라이 라마는 죽어서 알탄 칸의 손자로 환생하였다. 이 제4대 달라이 라마가 몽고 사람으로 태어났다는 사실은 아마도 어느 정도의 계략이 개재되었을 것이다. 이 계략은 결국 어떤 목적을 달성하는 데 이바지를 한 셈이다. 왜냐하면 몽고와 황모파가 맺은 동맹 관계가 더욱 밀착되었기 때문이다. 제5대 달라이 라마의 출현과 더불어 황모파와 몽고의 동맹 관계는 최종적인 결론에 도달했다. 홍모파와 짱의 왕으로부터 점증하는 반대에 직면한 제5대 달라이 라마는 1641년에 자신의 동맹자인 몽고에게 티베트에 개입해 줄 것을 요청했다. 곧이은 몽고의 원정군은 티베트군을 순식간에 격파해 버리고 짱의 왕을 죽였다. 몽고의 구스리 칸(Gusri Khan)은 전 불교 공동체의 종교적 수장으로서 제5대 달라이 라마를 옹립하는 한편 자신은 스스로 티베트 왕의 칭호를 가졌다. 이 두 사람은 후원자와 성직자의 관계였다. 후원자는 성직자의 종교적 지위를 보장해 주었고 한편 성직자는 후원자의 세속적 지위를 지지해 주었다. 이들 두 사람 사이에 정확한 우열 관계를 정할 수는 없었다. 1655년에 구스리 칸이 죽자 그의 후계자는 티베트의 경영에 거의 관심을 보이지 않았다. 그 결과 강력하고 단호한 성격의 소유자였던 제5대 달라이 라마가 모든 권력을 틀어쥐게 되었다. 드디어 이제 티베트는 신정(神政) 국가가 되었다. 달라이 라마는 정신적인 지도자일 뿐만 아니라 전국을 다스리는 세속적 통치자이기도 했다. 이러한 상태는 1959년에 중국 공산당이 쳐들어와 티베트를 복속시킬 때까지 지속되었다.

제5대 달라이 라마는 그가 행한 다른 두 가지 업적으로 기억되기도 한다. 그는 포탈라(Potala)라고 하는 위풍당당한 궁전을 세웠는데 이 궁전은 그를 계승한 모든 달라이 라마들의 거주처로 사용되었다. 이 궁전은 13층이나 되는 어마어마한 규모로 지어졌다. 이 건물의 중앙 부분에는 의례를 집전하는 강당과 법당이 있으며 또 죽은 모든 달라이 라마들의 영묘(靈廟)가 있는데 모두가 황금과 보석으로 덮여 있다. 서편으로는 175명의 출가 수도승들이 잘 수 있는 숙소가 있고 동편으로는 국회 회당, 정부 공관, 공무원을 위한 학교가 지어져 있다. 달라이 라마의 방은 맨 꼭대기 층에 있다. 또한 포탈라 궁에는 엄청난 창고가 있는데 티베트 역사를 천 년이나 거슬러 올라가며 가치를 따질 수 없는 보물들이 방마다 가득 차 있다. 과거의 왕과 라마들의 상징물들, 몽고와 중국의 황제들로부터 받은 선물들, 과거의 병사들이 사용하던 무기와 갑옷들, 종교적인 그림과 두루마리들 그리고 종려나무 잎에 씌어진 경전들, 이 모든 것들이 포탈라에 간직되어 있다. 어떤 경전들은 금·은·철·동·자개·청옥 또는 산호의 가루로 만든 잉크로 씌어졌으며 각각의 줄이 각기 다른 잉크로 씌어진 것들도 있다. 지하의 곳간에는 병사와 사원과 관리들에게 나누어 줄 버터와 차와 천들이 가득 차 있다. 한 곳에는 중죄를 지은 죄인들을 가두는 감방도 있다.

제5대 달라이 라마가 이룩한 공적 중에서 기억될 만한 또 다른 것은 라사의 서편 시가체(Shigatse)에 위치한 타시룬포(Tashilunpo) 사원의 원장을 제2의 대 라마로 인정하는 것이었다. 그는 제5대 달라이 라마의 스승이었으며 그의 후계자 역시 달라이 라마와 똑같은 방식으로 선출되어야만 했다. 또한 그는 아미타불의 화신으로 선포되었으며 판첸 라마(Panchen-lama)라는 칭호가 부여되었다. 이 판첸이라는 칭호는 산스크리트어와 티베트어의 합성어로서 "판"(pan)은 지혜로운 자라는 뜻의 "판디타"(pandita)에서 파생되었고 "첸"(chen)은 위대하다는 뜻의 "첸포"(chen-po)에서 왔다. 그리하여 대 라마가 둘이 존재하게 되었다. 한 사람은 최고의 정신적 지도자이며 동시에 세속 국가의 통치자인 달라이 라마이고 또 한 사람은 한 승원의 정신적 지도자인 판첸 라마이다.

이룩한 공적의 견지에서 본다면 달라이 라마의 지위에 올랐던 모든 이들 중에서 제5대 달라이 라마가 아마도 가장 위대한 인물일 것이다. 티베트 사람들은 그를 "위대한 제5대"로 부름으로써 이것을 인정하고 있다. 그는 티베트의 내분을 종식시켰고 국가를 통일했으며 다른 종파들을 누르고 황모파의 승리를 이루었다. 그럼에도 불구하고 몽고의 내정 간섭을 요청한 그의 행위는 전혀 예상밖의 결과를 초래하고 말았다. 일단 한번 티베트가 외국의 후원자에게 티베트 내정을 간섭할 수 있는 권리를 내어주자 그때부터 그들 스스로 티베트 외부의 변화하는 정치적 변화에 휘말려드는 꼴이 되고 말았던 것이다. 이어진 몇 세기 동안 청나라, 중화민국 그리고 마지막으로 중국 공산당까지 합쳐 이 모든 중국이 티베트의 정치에 그들의 영향력을 행사하였다.

이 위대한 제5대 달라이 라마는 1682년에 죽었다. 그러나 그는 죽기 전에 자신의 아들을 섭정으로 지명했다. 섭정의 자리에 오른 아들이 포탈라 궁을 완성할 때까지 인부들을 잡아두기 위해서 달라이 라마의 죽음에 관한 발표를 지연시켰다는 것은 널리 알려진 사실이다. 이러한 상황으로 인해서 제6대 달라이 라마가 1696년에 즉위했을 때는 이미 세상의 욕락에 물들어 버린 장성한 청년이 되어 있었다. 그는 심지어 달라이 라마로 선포되고 난 뒤에도 사랑의 시를 썼으며 변장을 하고 감각적 쾌락에 탐닉하기도 했다. 그의 옳지 못한 처신에도 불구하고 티베트 사람들은 여전히 그를 받아들였다. 그의 행동을 정당화해 주려는 그들의 설명에 의하면 세속적 욕락을 즐기는 그 사람은 진정한 달라이 라마의 인격이 아니고 다만 그의 환영일 뿐이라는 것이다. 이러한 설명은 법신불이 수많은 화신으로 인간들 속에 태어나서 사람들과 똑같이 행동한다고 하는 대승불교의 교리와 일치한다. 이 방탕한 제6대 달라이 라마를 제5대 달라이 라마의 진정한 화신으로 대접하려 들지 않았던 청의 강희 황제는 티베트 사람들의 강력한 반발을 샀다. 결국 강희제도 티베트 사람들의 생각을 받아들이고 말았다.

달라이 라마가 선발될 때에는 언제나 미성년이었기 때문에 조정의 업무는 전대 달라이 라마가 죽기 전에 선택하거나 혹은 국가적인 회의를 소집하여 선출한 섭정의 손에 맡겨졌다. 그러므로 티베트에서의 섭정 제도는 틀이 잡힌 관례였다. 섭정이 고결한 인물일 경우에는 달라이 라마가 성년이 될 때까지 신망과 공명정대함을 가지고 나라를 다스렸다. 그러나 야망과 권력욕에 사로잡힌 섭정들의 예는 수도 없이 많았다. 그들은 영구 집권을 위해서 어린 달라이 라마를 비밀리에 해치워 버렸다. 약 1세기 반에 걸치는 1750년에서 1895년 동안에 달라이 라마가 실제로 권력을 행사할 수 있었던 기간은 단지 7년에 불과했다. 제8대 달라이 라마만이 성인이 될 수 있었던 유일한 사람이었다. 그러나 그는 세속사에 관심이 없었기 때문에 섭정이 통치를 계속했다. 제9대와 10대는 성인이 되기도 전에 죽었는데 9대 달라이 라마는 살해당했고 10대 달라이 라마는 의심스런 주변 상황 속에서 죽었다. 제11대와 12대는 즉위하긴 했지만 그후 얼마 안 가서 죽었다. 현직에 있으면서 제 수명을 누린 이가 나오게 된 것은 1895년에 즉위한 제13대 달라이 라마에 이르러서야 가능했다.

티베트에 두 사람의 대 라마가 존재한다는 사실은 흥미로운 의문을 낳는다. 달라이 라마는 관세음 보살의 화신인 반면에 판첸 라마는 아미타불의 화신이다. 불교의 위계상에서 본다면 아미타불이 관세음 보살보다 더 상위에 있다. 만일 스승은 제자보다 항상 우위에 있다는 원칙을 따른다면 판첸 라마가 달라이 라마보다 더 우위를 차지해야 한다는 주장이 성립될 수가 있다. 그러나 그러한 주장은 티베트적 상황의 현실을 전혀 고려하지 못한 생각이다. 티베트 사람들의 주장에 의하면 아미타불은 오로지 영적인 영역에서만 존재하고 명상에 잠긴 불자의 마음 속에만 존재하며 결코 이 세상에서 붓다로서 살았던 분이 아니다. 그러므로 아미타불은 이 세상과는 아무런 관련이 없고 중생들을 구제하기 위해서 이 세상에 내려오는 이는 그의 부관격인 관세음 보살뿐이라는 것이다. 아미타불의 화신인 판첸 라마는 오로지 영적인 영역에만 머물러 있어야 자신의 본성을 충실하게 지키는 것이 된다.

두 사람의 대 라마가 존재한다는 사실은 외세가 손쉽게 작용할 수 있는 여지를 고스란히 마련해 주었다. 청나라는 1729년에 판첸 라마를 달라이 라마의 정치적 경쟁자로 앉혀서 티베트 중서부의 광활한 지역에 대한 통치권을 그에게 넘겨주려는 일을 꾸몄다. 그러나 판첸 라마는 이 일에 개입하기를 거부했다. 만주족이 시작했던 정책을 중국 정부가 반복했고 영국은 20세기 초에 인도에서 똑같은 정책을 썼다. 그 결과 제6대 판첸 라마와, 강건하고 단호한 인물로서 자신의 정치적·정신적 힘을 강력하게 주장하는 제13대 달라이 라마 사이에 심각한 적대 관계가 조성되었다. 판첸 라마는 1923년에 어쩔 수 없이 티베트를 떠나서 남은 여생을 중국에서 망명생활로 보내야 했다. 그는 1937년에 세상을 떠날 때까지 중국인들이 꾸며내는 끊임없는 음모의 중심이었다. 그들은 이 판첸 라마가 중국 군대의 지원하에 티베트로 돌아가도록 설득하려고 했다. 1937년에 그가 죽자 이 판첸 라마의 화신일 가능성이 있는 세 명의 아이가 뽑혔다. 한 사람은 아주 일찍 죽었다. 남은 두 사람 중에서 중국의 청해 지방에서 태어난 이가 대륙에서 물러나기 직전의 중화민국 정부에 의해서 진짜 화신으로 선포되었다. 1950년에 공산주의자들이 이 지역을 점령하자 젊은 판첸 라마는 즉각 이 새로운 정권으로 넘어갔으며 중국 공산당은 그때부터 줄곧 달라이 라마에게 대항하는 반대 세력으로서 그를 내세웠다. 1959년에 달라이 라마가 인도로 망명을 떠나자 중국 공산당은 판첸 라마를 티베트의 정신적 지도자로 선포하였다. 그러나 달라이 라마가 살아 있는 한 언제나 바로 그가 티베트의 세속적·정신적 최고 통치자로서 간주되리라는 것은 말할 나위도 없다.

달라이 라마의 선출 방식

티베트 사람들은 선거가 아니라 세습적 계승에 의해서 달라이 라마를 선택한다. 대신에 그들은 이 세상에서 유례를 찾아볼 수 없는 방식을 따른다. 달라이 라마는 관세음 보살의 화신이다. 관세음은 모든 중생을 구제하겠다는 서원을 세운 자비로운 보살이기 때문에 자신의 구제 사업이 완수되지 않는 한 이 세상을 떠날 수 없는 것이 당연한 이치이다. 그럼에도 불구하고 달라이 라마는 그의 육신이 쇠잔하게 되면 하나의 평범한 인간 존재로서는 이 세상을 떠난다. 티베트 사람들에게 있어서 이 죽음은 단순한 임시 거주처였던 육체가 천계에 되돌아감을 의미할 뿐이다. 그렇지만 달라이 라마 자신은 자신의 서원을 충실히 지키기 위해서 새로운 육신을 거주처로 취하여 다시 돌아와 포교를 계속하게 된다. 결과적으로 티베트 사람들의 믿음에 의하자면 각기 다른 열네 명의 달라이 라마가 통치한 것이 아니라 동일한 영적 존재가 인류 속에 열네 번 연속적으로 출현하여 통치한 것이 된다. 또한 그들은 자신들의 선발 방식이 세습의 원칙과 선출의 방식의 장점을 동시에 충족시키는 것이라고 믿고 있다. 각각의 달라이 라마마다 새롭게 출발하기 때문에 그 결과 한 계층이나 한 가문이 권력을 잡고 그것을 독단적으로 행사할 위험이 없다. 그리고 새로운 달라이 라마는 어떤 가문에서든지 선발될 수 있기 때문에 전 티베트 국민이 이 선발 작업에 참여한다. 따라서 여기에는 하나의 민주적 절차로서의 요소가 내포되어 있다. 이 새로운 화신으로서의 새로운 달라이 라마를 어디서 어떻게 찾아내느냐 하는 것이 티베트인들의 점술 전체에 주어진 주요한 문제이다.

　달라이 라마가 죽자마자 전국의 가장 중요한 라마들이 모여서 수색을 시작했다. 그들이 해야 할 첫번째의 일은 죽은 사람이 남기고 간 말, 동작, 글, 또는 그가 지녔던 어떤 물건 등의 표식이나 흔적을 찾는 것이다. 제3대 달라이 라마의 경우 그가 임종을 맞이하게 되었을 때 아직도 몽고에 있었다. 그래서 그의 주변에 있던 몽고의 왕자들은 그에게 몽고 사람으로 다시 태어나서 포교를 계속해 달라고 간청했다. 제3대 달라이 라마도 동감을 표시했다. 그래서 그가 죽고 난 뒤 그의 화신은 몽고족의 가문 가운데서 선발되었다. 때때로 그러한 표식이 없는 경우에는 다른 수단에 의해서 믿음이 가는 사람을 뽑았다. 네충(Nechung) 사원에 있는 국사(國事)에 관한 신탁소(神託所)는 라사의 외곽에 있었는데 그곳 역시 수색의 초기 단계에는 참고의 대상이 된다. 그 신탁소에는 부모의 이름이나 선택될 아이의 집 모습이 계시되어 있는 수가 있었다. 부모들의 이름이 많은 것을 알려 주는 것은 아니다. 왜냐하면 많은 티베트 사람들이 같은 이름을 가지고 있기 때문이다. 참고가 되는 또 하나의 장소는 라사로부터 남쪽으로 약 5일 정도의 여행이면 도달할 수 있는 호수이다. 이 호수는 달라이 라마의 수호여신이 좋아하여 자주 출현하는 곳이다. 호수의 의견을 듣는 최적의 시기는 일 년 중의 네번째 달이며 그 중에서도 가장 상서로운 날은 보름날이다. 티베트 사람들은 호수의 수면에서 미래의 사태가 전개되는 모습을 볼 수 있다고 믿는다. 제13대 달라이 라마를 찾는 동안에 일단의 라마들이 호수 옆의 언덕 위에서 호수를 바라보면서 앉아 있었다. 그들은 처음에는 실망을 느꼈다. 왜냐하면 호수가 꽁꽁 얼어붙었기 때문이었다. 그러나 곧이어 한 줄기의 바람이 일어나서 호수 위의 눈을 쓸어가 버리자 거울같이 빛나는 얼음의 표면이 드러났다. 라마들의 주장에 따르면 그들은 호수의 얼음 위에서 한 채의 집과 꽃이 활짝 핀 복숭아 나무 한 그루를 보았다. 그날 저녁 라마들 중의 한 사람이 꿈을 꾸었는데 꿈속에서 한 어머니가 두 살쯤 된 아기를 팔에 안고 있는 것을 보았다. 라마들은 이러한 표식을 머리에 그리며 수색 작업에 나섰다. 그들은 드디어 어느 날 꽃이 필 계절이 아닌데도 불구하고 꽃이 활짝 핀 한 그루의 복숭아나무를 발견했다. 이 경이롭게 만발한 꽃은 상서로운 징조로 생각되었다. 그 나무의 바로 곁에는 한 채의 집이 있었는데 그 집 안에는 꿈속에서 보았던 대로 한 여인이 아기를 안고 있었다. 제13대 달라이 라마는 이렇게 해서 발견되었다.

제13대 달라이 라마가 죽은 지 2년째가 되는 1935년에는 제14대 달라이 라마를 찾는 일행들이 호수의 의견을 듣기로 결정하고 호수 위에 나타날 광경을 기다렸다. 이때 라마들은 먼저 "아카마"(ah-ka-ma)라는 세 마디의 음절을 보았고 이어서 금박을 입힌 지붕을 이고 청옥으로 타일을 붙인 3층짜리 절을 보았다. 절의 동쪽에는 휑댕그렁한 탑 모양을 한 언덕이 있는 곳으로 한 가닥의 길이 나 있었고 그 언덕 앞에는 독특한 처마가 있는 한 채의 집이 있었다. 라마들의 주장에 따르면 이 모든 광경이 호수의 수면에 나타났다고 한다. 박식한 라마들이 이 징조들의 의미에 대해서 오랫동안 토론을 한 끝에 결국은 화신이 라사의 동쪽에서 나타날 것이라는 결론을 내렸다. 이 결정은 얼마 안 가서 티베트 사람들이 즐겨 되새기는 불가사의한 이야기들 중의 하나에 의해 확증되었다. 미이라로 만들어진 제13대 달라이 라마의 육신은 특별 분묘가 만들어지기를 기다리면서 포탈라 궁에 안치되어 있었다. 시신을 지켜보고 있던 라마들은 본래 남쪽을 향하고 있던 시신의 머리가 여러 날을 계속해서 아침마다 동쪽을 가리키고 있다는 사실을 발견했다. 그러므로 수색대는 지시된 방면을 향하게 되었다.

  수색대는 이미 1937년부터 두 명의 후보자를 고려에 넣고 있었다. 첫번 후보는 자세한 조사를 해보기도 전에 죽었고 두번째 후보는 접근하던 라마 일행들을 보자마자 도망쳐 버렸다. 수색에 나선 일행들은 드디어 티베트 북동쪽 당시 중국 사람들의 통제 밑에 있는 곳까지 갔으며 마침내 쿰붐(Kumbum) 사원의 근처에 있는 마을로 들어갔다. 일행은 그 마을에서 청옥으로 지은 한 채의 집을 보았다. 일행 중의 지도자가 이 집에 어린 아이가 살고 있는지 여부를 물었고 두 살 난 아이 하나가 있다는 이야기를 들었다. 그러자 실제의 지도자는 지도자 행세를 하기로 한 후배 출가 수도승의 하인으로 변장을 했다. 그들은 집으로 들어가서 아이를 발견했는데 그 아이는 변장한 라마를 보자 그의 무릎에 앉으려고 하였다. 또한 그는 변장한 라마가 걸고 있던 염주를 달라고 했는데 그것은 돌아가신 달라이 라마가 소유하고 있던 염주였다. 변장한 라마는 만일 자신이 누구인지를 알아맞출 수가 있다면 그 염주를 주겠다고 약속했다. 그러자 그 아이는 그가 세라(Sera) 사원에서 온 라마라고 정확하게 대답했다. 그 라마는 온 종일을 아이를 지켜보면서 이제는 수색 작업을 끝낼 때가 되었음을 점점 더 확신하게 되었다. 일행이 떠나려고 하자 그 아이도 함께 떠나겠다고 떼를 썼다. 며칠이 지나자 결정적인 시험을 치르기 위해서 원로 라마들로 구성된 수색 본대가 도착했다. 이 시험에서 염주, 예배에 쓰는 북, 종, 금강저(金剛杵), 지팡이 등의 전대 달라이 라마가 사용하던 여러 물건들이 똑같은 복제품들과 함께 아이 앞에 놓여졌다. 그 아이는 고인이 실제로 사용했던 진짜 물건들을 집어냈다. 그 아이는 매번 진짜를 집어들었는데 마지막에 지팡이를 집을 차례가 되었다. 그는 처음에는 가짜를 집어들어서 수색대를 소스라치게 만들었다. 그러나 이윽고 멈칫 하더니 찬찬히 들여다보고 나서 결국 진짜를 집어들었다. 라마들은 뒤에 그의 멈칫거림에 대해서 의아심을 품었다가 그가 처음에 집어들었던 지팡이는 돌아가신 달라이 라마가 한동안 사용하다가 친구에게 주어버렸던 것이라는 사실을 알았다.

수면에 비친 문자에서 "아"(Ah)는 지역 이름인 암도(Amdo)에 위치하다로 해석되었고 한편 "카마"(ka-ma)는 마을 위의 산에 위치한 카르마 폴파이 도르제(Karma Polpai Dorje)의 절을 말하는 것으로 해석되었다. 제13대 달라이 라마는 수년 전에 이 절을 방문하여 묵은 적이 있었다. 이런 식으로 티베트 사람들은 호수의 수면에 나타나는 그림이 성취되는 것을 보는 것이다.

제13대 달라이 라마의 화신을 찾는 작업은 이제 끝이 났다. 이 새로운 화신은 전대 달라이 라마가 죽은 지 2년째가 되는 1935년에 유복한 농가에서 태어났다. 새로운 화신을 찾아냈음에도 불구하고 그의 고향을 떠나 라사로 가서 즉위할 수 있게 되었을 때는 거의 2년의 세월을 허비하고 난 뒤였다. 그 지역의 중국인 통치자가 그를 보내주는 대가로 30만 중국 달러를 요구했기 때문에 협상을 벌이느라고 그의 출발이 이처럼 지연되었던 것이다. 결국 협상은 타결되었고 1939년에는 라사를 향해서 떠날 수가 있었으며 1940년에는 포탈라 궁에서 즉위식이 거행되었다.

즉위식은 기도문의 낭송, 티베트의 성직자 및 평신도 관리들과 외국 사절들의 선물 증정, 까다로운 종교적 문제들에 관한 박식한 출가 수도승들 사이의 토론, 연극 공연, 춤, 모든 참석자들에게 내리는 달라이 라마의 축복, 그리고 옛날 행복했던 시절에 관한 역사적인 이야기의 암송으로 구성되었다. 예식이 전부 끝나려면 여러 시간이 걸렸음에도 불구하고 겨우 네 살 반밖에 안된 어린 소년은 모든 과정이 끝날 때까지 위엄스럽고 침착한 모습으로 앉아 있었다.

즉위식이 끝나자 달라이 라마의 교육이 시작되었다. 그는 티베트의 전통적인 교육 체계를 따랐다. 그것은 그가 산스크리트어, 변증법, 예술과 기예, 형이상학 그리고 철학을 배웠다는 것을 의미한다. 그의 철학 공부에는 반야 사상, 중관 사상, 논장 그리고 율장의 연구가 들어 있다. 탄트라 불교의 철학은 별도로 배웠다. 어린 학생은 처음에는 스승을 흉내내면서 읽고 쓰기를 배웠다. 정규 종교교육은 열두 살 때에 시작했다. 그는 반야경 중의 하나를 암기하기 시작했고 스승의 지도 아래서 논쟁에 참여하였다. 열세 살이 되자 정식으로 라사 근처의 드레풍(Drepung)과 세라(Sera)에 있는 수도원으로 들어갔으며 거기서 그는 반야경전들에 대한 공개 토의에 참여하기도 했다. 그는 이때부터 모든 시간을 불교 철학의 연구에 바쳤다.

그는 스물네 살이 되었을 때 라사에 있는 황모파의 세 수도원에서 예비 시험을 보았다. 그가 치른 모든 시험들은 여러 사람들이 참여하는 논쟁의 형태였다. 각각의 수험생들은 임의로 토론 주제를 선택한 여러 명의 상대방과 논쟁을 벌인다. 수험생은 어떠한 것을 막론하고 모든 것에 관해서 준비를 해야만 한다. 왜냐하면 이 시험은 진짜 난전(亂戰)의 형태로 이루어지기 때문이다. 상대방이 가장 즐겨 사용하는 방법은 붓다의 말씀과 인도나 티베트 고승들의 저술을 인용해서 수험생의 주장을 논박하는 것이다. 젊은 달라이 라마는 이 예비 시험에서 15명의 박식한 학자들을 상대로 그들의 주장을 논박해야 했을 뿐만 아니라 자신의 견해를 지켜내야만 했다. 일 년 후 그는 최종 시험을 치르게 되었다. 이 시험은 세 단계로 나뉘어서 치러졌다. 아침에는 30명의 학자들로부터 논리학 시험을 치른 다음 다시 변증법과 관계된 토론을 가졌다. 오후에는 15명의 학자들과 중관과 반야 사상에 관한 토론에 참여했다. 마지막으로 저녁에는 35명의 학자들로부터 율장과 논장에 관해서 시험을 치렀다. 각 단계마다 수백 명의 라마들이 참여하여 주의깊게 지켜보았다. 모든 시험이 끝나자 시험관들은 젊은 달라이 라마가 전 과목을 성공적으로 통과했으므로 그에게 철학석사(Master of Metaphysics)의 학위를 수여하기로 결정했다.

제 10 장

불교 문헌

상좌부(上座部, Theravada) 방면의 불교에 관해서 우리들이 갖고 있는 지식의 원천은 팔리어(Pali) 경전인데 이 팔리어 경전은 기원전 1세기에 스리랑카에서 문자로 기록되었다. 그러므로 붓다의 열반과 이렇게 문자로 기록된 시기 사이에는 대략 400년이라는 공백이 생긴다. 이 기간 동안에는 불교의 진리가 주로 말로 전승되었다. 스승의 입장에서 볼 때 이 구전(口傳)의 방법은 비범한 기억력을 가진 제자가 필요하다. 그러나 아시아의 여러 나라들에서는 그러한 비범한 재능을 가진 사람들이 없었던 적이 없으며 심지어 녹음기와 레코드가 있는 현대에 있어서도 여전히 그러한 사람들이 없지 않다. 인도, 중국, 스리랑카, 미얀마의 학자들은 역사의 초기 시대부터 그들의 고전들을 암기했고 필요가 생길 때마다 그것들을 암송했다. 예컨대 전통적 중국의 학자들은 모든 역사적 사실들과 서지(書誌)학적 자료들을 머리 속에 간직했다. 그래서 그들은 서구적으로 훈련된 학자들이 필요한 것을 찾기 위해 색인에 의존하는 것을 보면 안됐다는 듯이 바라본다. 미얀마 출신의 한 출가 수도승은 1955년에 최고의 학위인 "삼장법사"(三藏法師)의 자격을 획득했는데 그는 율장 전부를 외워버렸다. 이 율장은 현대식으로 인쇄된 책으로 각권 평균 300쪽으로 된 다섯 권의 분량이다.

스리랑카 사람들에 의하면 이 팔리어 경전은 기원전 3세기 중엽에 아쇼카(Asoka) 왕의 아들인 마힌다(Mahinda)가 스리랑카로 가져왔다고 한다. 더욱이 그들은 그때부터 이 경전을 보기 드문 충성심을 가지고 보존해 왔다. 이런 이유로 인하여 스리랑카의 불자들은 자신들의 경전이 붓다의 말씀을 충실하게 재현했으며, 또한 붓다 자신이 팔리어로 말씀했다고 주장한다. 그러나 이 두 주장에는 면밀하게 검토해 볼 점이 많다.

먼저 팔리어에 관한 의문을 검토해 보자. 팔리어란 어떤 언어인가? 그리고 붓다는 팔리어를 사용했었는가? 팔리어는 문어(文語)이며 불자들만이 독점적으로 이것을 사용했다. 팔리어는 문어로 발전하는 과정 속에서 아마도 인도의 여러 방언들이 합쳐져 생긴 일종의 혼합 언어였다. 팔리어 경전에 담겨 있는 언어 형태를 주의깊게 연구해 보면 아직도 팔리어에 남아 있는 외래어의 어형과 문법의 흔적을 찾아볼 수가 있다. 그러나 어떠한 문어든지 세력이 가장 큰 하나의 방언에 기초할 수밖에 없을 것이다. 그래서 학자들은 그 방언이 무엇이었느냐 하는 점을 확정하려고 무진 애를 썼다. 어떤 학자들은 마가다(Magadha) 왕국의 방언인 마가디어(Magadhi)라고 추정하는가 하면 한편 어떤 사람들은 우제니(Ujjeni) 지방에서 널리 사용되었던 중앙 인도의 방언이라고 주장하기도 한다. 그러나 지금까지도 분명한 결론은 나오지 않았다. 그리고 정확하게 맨 처음 언제부터 팔리어가 문어로서 사용되기 시작했는지도 확실하지 않다. 그럼에도 불구하고 기원전 3세기인 아쇼카 왕 시대 이후부터라고 추정하는 것이 일반적이다. 왜냐하면 아쇼카 왕의 명문(銘文)에 팔리어가 전혀 언급되고 있지 않기 때문이다. 만일 스리랑카의 불자들이 붓다가 팔리어로 말했다고 주장하려면 그들은 먼저 붓다가 마가디어로 말했다는 것을 보여주어야 하며 나아가 마가디어가 팔리어의 초석이 되었다는 사실을 증명해야만 한다. 이들 중의 어느 것도 분명하게 증명될 수가 없다. 상좌불교 불자들의 주장에도 불구하고 우리가 내려야 할 결론은 팔리어는 문어이기 때문에 붓다가 사용한 말이 아니라는 사실이다.

이것이 사실이라면 붓다가 사용했던 본래의 말은 도대체 어떤 것인가? 이 질문에 대한 대답 역시 분명하지 않다. 붓다는 동부 출신이었다. 즉, 다시 말해서 그는 간지스 유역의 동부 지역에서 살았다. 우리는 그가 말을 할 때 동부 지역 방언 중의 하나를 사용했다고 추정할 수가 있을 것이다. 그러나 현재의 자료를 가지고는 그 방언이 정확하게 어떤 것이었는가 하는 점을 결정하는 것은 불가능하다. 그의 제자들 역시 스승의 가르침을 암송할 때 자신들의 방언을 사용했다. 붓다가 여행하는 도중에 방문했던 주요 도시들에서 사용된 이 방언들은 상당 부분이 서로 같았기 때문에 방언을 쓰는 사람이 이것들을 바꿔서 사용하는 것이 그리 어렵지 않았을 것이 틀림없다. 그러므로 붓다는 십중팔구 팔리어 대신에 동부 인도 지역에서 널리 사용되던 여러 개의 지방 방언들을 사용했을 것이다.

상좌불교 불자들의 두번째 주장, 즉 자신들의 불경이 붓다의 가르침을 가장 충실하게 보지하고 있다고 하는 주장에 관해서는 불경이 스리랑카에 도입된 시점부터 팔리어로 기록되는 시점까지 대략 200년의 세월이 소요되었다는 사실이 지적되어야만 한다. 게다가 붓다의 시대부터 마힌다가 불경을 스리랑카에 가지고 올 때까지 역시 200여 년의 기간이 걸렸으므로 전부 합치면 불경이 팔리어로 기록되기까지에는 결국 400여 년 이상이 걸린 셈이다. 그만큼의 오랜 기간에 걸쳐서 입으로 전해져 온 불교의 전승 속으로 틀림없이 변화가 끼어들었다고 보는 것은 당연한 이치이다. 새로운 자료들이 계속 첨가되었으며 혹은 주석이 본문에 섞이기도 했다. 그래서 때로는 모순되는 내용이 발견되기도 하고 초기와 후기의 자료들이 함께 놓여 있는 경우도 종종 있다. 그럼에도 불구하고 팔리어 경전의 신빙성을 옹호하는 사람들은 이러한 불합리한 요소들을 대개 작은 결함으로 치부해 버리고 다음과 같은 증거들을 끌어다가 팔리어 경전의 신빙성에 대한 주장을 밀어붙인다.

그들이 제시하는 첫번째 증거는 아쇼카 왕의 한 명문(銘文)에 담겨 있는 내용인데 거기에는 일곱 개의 경전 제목이 연구를 위하여 추천되고 있다. 그 일곱 개의 제목 가운데서 여섯 개가 현존하는 팔리어 경전의 제목과 일치하는 것이다. 두번째 증거 자료는 중인도의 유명한 불교 예술 중심지로서 그 시기가 기원전 2세기까지 거슬러 올라가는 바르후트(Bharhut)와 산치(Sanchi) 대탑의 난간에 새겨진 명문이다. 이들 명문에서 "오부(五部)를 아는 자", "삼장(三藏)을 아는 자"라고 하는 경전 암송자의 별명이 발견된다. 이러한 사실은 기원전 2세기에 이미 삼장이라고 알려진 일군의 경전들이 존재했으며 그것이 다섯 개의 집합으로 분류되고 있었다는 것을 의미한다고 할 수 있다. 팔리어 경전의 옹호자들은 세번째의 증거로서 산스크리트어로 쓰어진 경전들의 내용을 든다. 이 산스크리트 문헌은 독립된 전통을 가지고 있다. 왜냐하면 그것은 팔리어 경전으로부터 번역된 것이 아니기 때문이다. 그럼에도 불구하고 또한 몇몇 산스크리트어 경전과 팔리어 경전을 비교해 보면 전체 문장이 똑같은 용어를 사용한다든가 똑같은 사상을 표현하는 등 두 문헌 사이에 일치되는 점들이 현저하게 드러난다. 팔리어 경전을 신봉하는 사람들은 이러한 점들이 자신들의 경전의 오래됨과 신빙성을 훌륭하게 지적해 주는 것이라고 주장한다.

　이러한 주장들이 흥미있고 중요한 것임에도 불구하고 팔리어 경전 옹호자들에게 제시된 반대 주장도 새겨들어 둘 필요가 있다. 팔리어 경전을 옹호하는 학자들에게 반대하는 사람들은 팔리어 경전이 기원전 1세기라고 하는 늦은 시기에 편집되었다고 하는 바로 그 점이 팔리어 경전의 오래됨과 신빙성을 의심하게 되는 강력한 증거라고 주장한다. 그리고 그들은 산스크리트어 불경에 호의를 가지고 더 많은 관심을 기울일 것을 주장한다. 산스크리트어 경전은 산스크리트 원어로 보존되어 있거나 아니면 한문이나 티베트어로 번역되어 있다. 산스크리트어 경전에 호의를 가진 학자들은 산스크리트어 자료의 풍부함과 다양함에 매력을 느낀다. 그들은 이 산스크리트어 자료들이 팔리어 경전과 마찬가지로 공통의 더 이른 전통으로부터 나왔다고 주장한다. 그들의 주장에 따를 것 같으면 팔리어 경전의 편집자들은 단지 자신들의 견해나 관습과 일치하는 초기 전통 부분만을 그들의 경전 속에 편입시키고 나머지 다양한 부분들은 무시했다고 주장한다. 따라서 팔리어 경전은 정연하고 체계적이어서 팔리 불교의 교학자들이 손질을 했다는 사실이 드러난다. 반면에 산스크리트어 경전 편집자들은 이리저리 돌아다니던 모든 전승들을 보존하려고 했다. 그 결과 산스크리트어 경전들은 놀랄 만큼 당황하게 만드는 불규칙성과 풍부함과 복잡성을 특징으로 가지게 되었다. 산스크리트어 경전은 자료에 대한 체계적인 조직이나 편집이 없다. 산스크리트어 경전의 편집자들은 가능한 한 멀리 그리고 넓게 그물을 던져서 초기의 자료이든 후기의 자료이든간에 모든 자료를 끌어모았던 것이다.

이러한 고려 사항 때문에 어떤 학자들은 드디어 팔리어 경전에 씌어진 불교와 붓다의 가르침 사이에 구별을 짓는 쪽으로 기울어진다. 이들 학자들은 팔리 불교를 출가 불교, 즉 팔리어 경전이 편집된 기원전 1세기에 팔리 불교의 교학자들이 결정하고 받아들인 불교라고 주장한다. 이에 대응하여 붓다의 근본 가르침은 원시 불교 또는 경전 이전의 불교라고 할 수 있을 것이다. 그럼에도 불구하고 붓다의 근본 가르침이 무엇이었나 하는 문제는 여전히 남는다. 그리고 이 문제는 불교 학자들의 발목을 잡는 가장 다루기 힘든 난제 중의 하나임에 틀림없다. 우리는 이 복잡한 문제 속으로 끌려들어감으로써 독자들에게 부담을 주기보다는 팔리어 경전에 관한 논의를 계속해야 할 것이다.

팔리어 경전

팔리어 경전은 지금 현재 계율에 관한 율장(律藏, Vinaya), 붓다의 가르침인 경장(經藏, Sutta), 진리에 대한 더 미묘한 문제들에 관한 논장(論藏, Abhidhamma)의 세 부분으로 구성되어 있다.

율장은 승단의 비구와 비구니의 행동거지를 통제하는 규율을 담고 있다. 계율은 비구와 비구니의 수계(受戒), 매일매일의 활동 사항, 우기 동안의 공동생활, 음식, 의복, 거주처 그리고 신도들과의 관계 등에 관한 지침들을 포괄하고 있다.

경장은 불교 진리의 최고의 원천이며 불교 문헌상 위대한 문헌적 자료들 중의 상당수가 이 경장에 들어 있다. 이 경장은 장부(長部), 중부(中部), 상응부(相應部), 증지부(增支部), 소부(小部)의 이름으로 된 다섯 부(部)로 나뉘어진다. 첫번째 장부에서는 각각의 경들이 긴 독립된 작품들로서 때로는 붓다의 가르침과 무관한 다양한 주제들을 다루기도 한다. 예컨대 한 경은 석가모니 당시에 유행했던 철학적 견해들뿐만 아니라 예술과 공예, 경기 그리고 사람들이 종사하던 직업 등에 관해서도 자세하게 논하고 있다. 또 다른 경은 카스트 제도에 관한 주제를 논하는 한편 어떤 경은 신도들의 의무에 관한 항목을 다루고 있기도 하다. 이 장부 중에서 가장 중요한 경은 아마도 붓다의 위대한 열반에 관한 경일 것이다. 이「대반열반경」(大般涅槃經)은 세존(世尊)이 이 세상에서 살았던 마지막 3개월을 묘사하고 있다.

그러나 불교의 진리인 담마(dhamma)의 연구를 위해서는 모든 교리상의 문제들을 계속적으로 반복해서 논하는 중부가 가장 좋은 자료이다. 셋째의 상응부에는 불자의 입장에 서서 각기 다른 범주에 따라 경들을 분류하려는 희미한 시도가 보인다. 이 경들은 교리의 주된 내용이나 일군(一群)의 신령들, 혹은 몇몇 대 제자 등에 따라 나뉘어졌다. 넷째인 증지부는 숫자의 범주에 따른 분류로 이루어져 있다. 다시 말하면 제1부는 오로지 하나만 존재하는 것을 다루는 경만이 있고 제2부는 두 개 존재하는 것들을 다루는 경만이 있으며, 이렇게 해서 제11부까지 계속된다.

아직도 다섯번째인 소부라는 이름의 경 모음이 있는데 이것은 잡다한 여러 개의 작품들로 이루어져 있다. 그러나 그 중의 몇몇은 작을 소(小)라는 형용사가 어울리지 않는다. 왜냐하면 그 중의 두 경전은 불교 문헌상 아마도 가장 초기의 것으로 생각되며 한편 붓다의 탄생 설화인「자타카」(Jataka)는 전체 경전 중에서 가장 긴 것이기 때문이다. 가장 초기의 것으로 생각되는 두 경은「법구경」(法句經)인「담마파다」(Dhammapada)와 경집(經集)인「수타니파아타」(Suttanipata)이다. 전자는 불자는 물론 비불자들까지도 지금까지 가장 자주 인용하는 경전이다. 왜냐하면 423연(聯)의 시구(詩句)로 된 이 경은 어떤 다른 문헌보다도 붓다의 정신을 훌륭하게 구체적으로 표현함으로써 모든 사람들을 열성적인 정신적·도덕적 수행생활로 인도하기 때문이다. 이런 이유로 인하여「담마파다」는 모든 동남아시아의 상좌불교 국가에서 가장 높게 평가되고 있으며 더 높은 단계의 수계를 바라는 모든 초심자들이 암송해야만 하는 교과서로 사용되고 있다.「수타니파아타」는 원시불교의 연구에 있어서 가장 소중한 경전이다. 왜냐하면 우리는 이 경전에서 수도원에서의 정착생활이 아니라 여전히 유행생활의 이상을 좇고 있는 은자

(隱者)나 수행승의 삶을 찾아볼 수 있기 때문이다. 여기에 나타나 있는 불교는 아직 확립된 수도원 체계가 아니라 다만 꾸밈없는 덕행의 삶을 강조하는 하나의 윤리적인 종교일 뿐이기 때문이다. 출가자는 도덕적 덕행을 추구해야 하고, 감각적 쾌락을 조복받아야 하며, 물질적 소유에서 떠난 마음을 가져야 하고, 금이나 은을 취급해서는 안되며, 오로지 절제해서 먹어야 한다. 간단하게 말해서 출가자는 완전히 정직하고 도덕적인 삶을 살아야 한다. 외뿔소처럼 혼자서 돌아다니라는 논지가 거듭거듭 반복된다.

모든 경전들 중에서 가장 긴 것으로서 붓다의 탄생 설화인「자타카」는 붓다의 전생에 관한 이야기들로 꾸며져 있다. 이 이야기들 속에서 붓다는 보살로 언급되고 있다. 왜냐하면 그는 아직 깨달음을 성취하지 못했기 때문이다. 그리고 그는 때로는 주인공으로 때로는 종속적인 인물로 또 때로는 단순한 관찰자로 묘사되기도 한다. 거기에 나오는 이야기는 대개 "보살이 이러이러한 때에 이러이러한 태중에 다시 태어났다"라는 문구로 시작된다. 그리고 이 문구는 어떠한 이야기든 그 안에 등장하는 인간이나 동물이나 신령들을 보살로 바꾸어 넣음으로써 그 이야기를 불교적 자타카로 바꿀 수 있게 한 것이다.

현재의 구성 체계대로 하나의 탄생 설화는 다음과 같은 부분들로 이루어져 있다.

(1) 도입부, 혹은 금생(今生)에 대한 이야기로서 해당 자타카를 설하게 된 계기를 말해 준다.
(2) 과거의 설화, 이것은 산문으로 되어 있으며 전생에 보살이 겪은 경험들을 하나하나 열거한다. 이것이 자타카에서 가장 중요한 부분이다.
(3) 시구(詩句), 이것은 과거 이야기의 한 부분에 해당한다.
(4) 짤막한 주해, 이것은 시구에 나오는 말들을 설명해 준다.
(5) 접속부, 여기서는 붓다가 과거의 인물들과 현재의 인물들이 같은 사람들임을 밝혀 준다.

547개의 자타카 중에서 아마도 절반 이상이 비불교적인 기원을 가지고 있을 것이다. 이 점은 실제로 불교의 출가 수도승들이 사회의 모든 계층에서 왔기 때문에 민중들 사이에 흩어져 있던 인기있는 일화나 우화나 동화들에 대해서 아주 친숙하게 알고 있었다는 사실로써 설명될 수 있을 것이다. 그래서 그들은 간단하게 이야기 속에 나오는 한 인물을 보살로 대치함으로써 이러한 이야기를 통해 대중들 속에 불교를 전파할 수 있을 것이라고 생각했던 것이다.

이들 설화들은 청중들을 즐겁게 해주는 교훈적인 이야기로서 능가할 수 없는 가치를 가질 뿐만 아니라 몇 가지 다른 이유로 인하여도 중요한 의미를 지닌다. 이들 이야기들은 기원전 인도의 정치적·사회적·경제적 상황뿐만 아니라 초기 불교의 역사에 관하여 가치있는 정보를 제공해 준다. 또 이 설화들은 중앙 인도의 바르후트와 산치에 위치한 탑을 장식하고 있는 조각의 수많은 정경들에 관한 영감을 제공해 주기도 했다. 마지막으로 이들은 세계 문학과의 관련에 있어서 중요하다. 왜냐하면 직접적으로든 간접적으로든 이들 이야기들은 많은 다른 민족들의 문학에 영향력을 끼쳤기 때문이다. 불교는 인도의 영역을 넘어서 세계 종교가 되면서 한편으로는 페르샤와 아라비아 그리고 동유럽과 서유럽까지, 그리고 다른 한편으로는 극동 지역의 여러 나라들까지 이 탄생 설화들을 널리 퍼뜨렸다. 여러 옷을 갈아입고 나타난 이들 이야기 중의 몇 개를 살펴보기로 하자.

자타카 67에는 남편과 아들과 동생이 처형당하게 된 여인에 관한 일화가 있다. 이 여인은 왕이 세 사람 중에서 한 사람의 생명을 건질 수 있는 기회를 주자 자신의 동생을 선택했다. 이 납득하기 힘든 선택에 대해서 질문을 받은 그녀는 자신은 아직 젊기 때문에 쉽게 남편을 다시 얻을 수 있고 아들도 낳을 수가 있지만 그녀의 양친은 이미 세상을 떠났으므로 동생은 결코 다시 얻을 수 없기 때문이라고 대답했다. 이와 똑같은 일화가 헤로도투스의 「세계사」(*History*)와 소포클레스의 희곡 「안티고네」(*Antigone*)에서도 발견된다. 헤로도투스에 의하면 페르샤의 다리우스 왕은 인타페르네스

(Intaphernes)와 그의 아들과 친족들을 잡아서 족쇄를 채우고 사형을 언도했다. 그러자 인타페르네스의 아내가 왕궁의 문 앞에 와서 비탄의 눈물을 흘리며 통곡했다. 다리우스는 그녀를 향한 동정심에 마음이 움직여서 친족 중의 한 사람의 생명을 사면해 주는 은전을 베풀기로 했다. 한동안 생각에 잠겼던 그녀는 왕이 오로지 한 사람의 생명만을 사면해 주기로 했기 때문에 그녀의 동생을 선택했다. 깜짝 놀란 왕은 왜 가장 사랑하는 남편과 아들을 선택하지 않았느냐고 물었다. 그녀는 인도의 자타카에 나오는 이야기와 똑같은 방식으로 대답했다. 이 대답에 너무나 감동을 느낀 다리우스는 그녀의 동생뿐만 아니라 큰아들의 생명까지 사면해 주었다.

자타카 546에는 한 현자의 판단에 관한 설화가 있다. 한 여인이 어린 아들을 데리고 냇가로 가서 목욕을 시키고 있었다. 그녀는 목욕을 끝낸 아들을 방둑에 올려놓고 자신의 몸을 씻기 위해 물 속으로 들어갔다. 그때 방둑으로 다가온 다른 한 여자가 그 어린이를 탐내어 유괴를 했다. 끝까지 쫓아간 아이의 어머니는 결국 그 여자를 붙잡았다. 그러나 이 유괴범은 그 어린 아이가 자신의 아들이라고 주장했다. 두 여인은 결말을 내기 위해 현자의 앞에서 싸움을 벌였다. 현자는 땅에다 금을 그어놓고 아이의 허리를 그 금에다가 걸쳐놓았다. 그리고는 두 여인에게 각각 양쪽에 서서 한 사람은 팔을 잡고 다른 한 사람은 다리를 잡고서 힘껏 잡아당기라고 명령했다. 두 여인이 서로 잡아당기자 아이는 비명을 질렀다. 그러자 한 여인이 즉각 아이를 놓았다. 현자는 아이를 그 여인에게 주면서 오로지 진짜 어머니만이 그토록 아이를 사랑하기 때문에 아이가 비명을 지를 때 놓아줄 수 있는 법이라고 말했다. 이 설화는 솔로몬의 지혜에 관한 성서의 이야기를 기억나게 해준다. 그리고 이 이야기는 중국에도 널리 알려졌다. 이 이야기는 중국에서 「분필로 그린 원」(*The Circle of Chalk*)이라는 연극의 주제가 되었다.

앞의 두 예화 중 첫번째 이야기에 관해 볼 때, 소포클레스와 헤로도투스가 불교의 탄생 설화를 알고 있었는지 전혀 확실하지 않다. 아마도 몰랐으며 불교 이외의 다른 원천으로부터 그들의 이야기를 가져왔을 가능성이 많다. 그러나 불교의 탄생 설화가 중세기에 아주 인기 있었던 그리스도교의 설화인 발라암(Barlaam)과 요아삽(Joasaph)의 이야기에 원천이 되었다고 하는 데는 의문의 여지가 없다.

　이 설화에 따르면 그리스도교의 박해자이며 적이었던 인도의 왕에게 한 아들이 있었는데 이 아들을 본 점성술사들이 그가 장차 그리스도교 신자가 될 것이라고 예언했다. 부왕은 아들이 그리스도교를 배우는 것을 막기 위해 외딴 곳에 화려한 궁전을 지어서 아들의 거주처로 주었다. 그리고 그의 주위 사람들에게 그리스도교에 관해서는 절대 아무것도 말하지 말라는 금령을 내렸다. 장성한 요아삽은 어느 날 외출을 하게 되었고 여행길에서 맹인과 문둥병 환자를 보았다. 그는 그들의 외모가 그렇게 된 이유를 물었고 그것이 병 때문이며 누구든 병을 앓을 수밖에 없다는 이야기를 들었다. 그는 두 번째 외출에서 노인을 목격하게 되었다. 그는 이 노인이 종국에 어떻게 되는가를 물었고 결국은 죽게 된다는 것을 알았다. 이러한 광경들을 보고서 극도의 충격을 받은 왕자는 드디어 깊은 명상에 잠기게 되었다. 그가 명상에 잠겨 있는 동안에 은자인 발라암이 변장을 하고 찾아왔다. 그는 발라암으로부터 그리스도교를 알게 되었고 얼마 안 가 개종을 했다. 요아삽은 발라암이 떠나고 난 후 궁전에서 은자의 삶을 살았다.

　아들의 개종 소식을 들은 왕은 즉시 아들을 그리스도교로부터 빼내올 수 있는 방도를 모색했다. 처음에는 협박을 했고 그런 다음에는 설득도 했다. 튜다스(Theudas)라는 마법사의 제안에 따라 미인계를 썼지만 왕자는 굳건히 모든 유혹을 물리쳤다. 오히려 그는 튜다스를 개종시켜서 새로운 신앙을 갖게 했다. 그리고 궁전을 떠나 발라암과 함께 숲에서 살았다. 그는 야밤에 시종과 함께 궁성에서 도망쳐 숲의 기슭에 도착하자 시종에게 말과 귀중품들을 주어서 돌려보냈다. 그러자 네 명의 천사가 그를 하늘로 데리고 올라갔으며 그는 거기서 더 높은 지혜를 얻었다. 그리고 다시 세상으로 내려와서 만나는 모든 사람들을 개종시켰다. 그는 총애하는 제자 아난드(Anand)에게 축복을 내려준 뒤 세상을 떠났다.

이 설화를 읽은 사람들은 이 요아삽에 관한 이야기가 다름아닌 붓다의 일생에 기초하고 있다는 사실을 즉각 알 수 있을 것이다. 점성가의 예언은 아시타(Asita)가 보살을 보고 난 뒤에 한 예언을 생각나게 한다. 두 경우 모두 왕이 젊은 왕자를 외부 세계로부터 격리시키려고 했으며 두 경우 모두 왕자가 똑같은 모습을 목격했다. 두 설화 모두 많은 나이, 주름살 투성이의 얼굴, 떨리는 무릎, 구부정한 허리, 흰 머리, 빠진 이 등의 늙은이를 묘사한 형용사가 거의 일치한다. 미인계로 왕자를 유혹한 튜다스의 시도는 마라(Mara)와 그의 딸들이 시도한 유혹에서 그 짝을 찾을 수가 있다. 설화에 사용된 이름들 역시 원본이 인도의 것임을 가르쳐 주고 있다. 요아삽의 시종은 한 각본에서는 자르단(Zardan)이고 또 한 각본에서는 잔다니(Zandani)인데 이것은 보살의 시종 찬다카(Chandaka)를 모방한 것이다. 튜다스라는 이름은 인도어 데바다타(Devadatta)에서 온 것인데 그것은 붓다의 사촌동생 이름이다. 아난드(Anand)는 요아삽의 총애하는 제자이며 한편 아난다(Ananda)는 붓다의 총애하는 제자이다. 그리스도교의 위인인 발라암과 요아삽 역시 인도에 기원이 있음을 무심코 드러내 보여준다. 발라암은 세존을 뜻하는 바가반(Bhagavan)에서 온 말이다. 한편 요아삽은 아랍어로는 요다삽(Jodasaph)이 되는데 그것은 다름아닌 보디사타(Bodhisatta), 즉 보살이라는 말이다.

중세기 동안에 이 설화는 붓다의 설화를 번안한 것임에도 불구하고 동·서양의 모든 그리스도교계에서 선풍적인 인기를 끌었다. 동양의 그리스도교 나라들에서 이 이야기는 대중화를 위한 방도로서 시리아어, 아랍어, 에티오피아어, 아르메니아어 그리고 히브리어로 번역되었고, 한편 서양의 그리스도교 나라들에서는 그리스어, 라틴어, 프랑스어, 이탈리아어, 독일어, 영어, 스페인어, 보헤미아어 그리고 폴란드어로 번역되었다. 이러한 인기 때문에 중세기의 사람들은 발라암과 요아삽을 실제로 한때 살았으며 설교도 했던 신앙 깊은 그리스도교인으로 생각하였다. 그리고 그들은 결국 동·서방의 그리스도교 교회에서 성인의 반열에 올랐다. 1370년에 만들어진 그리스도교 성인들의 명부인 피터 드 나탈리부스(Peter de Natalibus)의 「성인명부」(Catalogus Sanctorum)에도 이 두 사람의 이름이 포함되어 있다. 동방교회에서는 8월 26일을, 서방교회에서는 11월 27일을 이들 두 사람을 위한 성인의 날로 정했다.

또한 발라암과 요아샵의 이야기에 우물 속에 빠진 남자라고 하는 인도의 유명한 우화가 포함되어 있다고 하는 사실을 지적하는 것도 재미있는 일일 것이다. 이 우화에 따르면 사냥을 나선 한 사나이가 외뿔소에 쫓겨서 도망치다가 한 우물에 빠졌다. 그는 우물 속으로 떨어지다가 팔을 뻗어서 우물의 벽에서 자라고 있는 작은 나무를 붙잡았다. 그는 이제 안도의 한숨을 내쉬었다. 그러나 정신을 차리고 자세히 살펴보니 희고 검은 두 마리의 쥐가 그가 매달려 있는 가냘픈 나무의 뿌리를 쏠고 있었다. 아래를 살피자 괴물 같은 용이 그가 떨어지기를 기다리면서 아가리를 벌리고 있는 것이 보였다. 이번에는 그가 발을 붙이고 있는 곳을 살펴보았더니 네 마리의 뱀이 그를 둘러싸고 있었다. 그런데 그가 붙들고 있는 나무를 올려다 보았더니 한 나뭇가지에서 몇 방울의 벌꿀이 떨어지고 있었다. 그는 곧 외뿔소, 쥐, 용 그리고 뱀들을 깡그리 잊어버리고 오로지 그 꿀을 얻으려는 데에만 온 정신을 쏟았다.

인도 사람들은 이 우화를 다음과 같이 설명한다. 외뿔소는 죽음이고 깊은 우물은 이 세상이며, 작은 나무는 인간의 생명이고 뿌리를 쏠고 있는 흰 쥐와 검은 쥐는 낮과 밤이며, 용은 지옥의 입구이고 네 마리의 뱀은 육신을 구성하고 있는 네 요소(四大: 地, 水, 火, 風)이다. 인간은 이 모든 공포와 위험에 둘러싸여 있으면서도 이것들을 모두 잊어버리고 오로지 인생의 쾌락만을 생각한다는 것이다.

이처럼 재미있고 매력있는 불교의 설화와 우화들은 동·서양의 문학 속으로 뻗어나가서 이 이야기들을 듣거나 읽은 헤아릴 수 없이 많은 사람들에게 기쁨을 주었다. 때로는 그 이야기 자체보다도 그것이 인도의 외딴 마을로부터 동·서양 문명의 위대한 중심지까지 이동되어 간 이야기가 훨씬 더 재미 있다. 예컨대 학자들은 다양한 번역된 각본들을 하나하나 더듬어 가본 끝에, "떡줄 사람은 생각도 않는데 김칫국부터 마신다"(Don't count the chickens before they are hatched)라고 하는 격언의 기원이 젊은 왕자들을 가르치기 위해서 사용한 인도의 우화 모음집까지 거슬러 올라간다는 사실을 밝혀내었다. 이 우화와 그 이동 과정이 아무리 재미있긴 하지만 이것으로 그치고 경에 대한 우리의 논의를 요약해야만 한다.

우리는 불경을 읽을 때 세 가지 뚜렷한 특징에 주목하게 된다. 그 첫째는 반복이다. 경의 저자는 탁월한 불교의 진리에 너무나 기쁘고 감동한 나머지 지칠 줄 모르고 끊임없이 반복을 계속한 듯하다. 그리고 그러한 반복이 얼마나 지루하고 맥빠지는 것인지를 전혀 느끼지 못했던 것 같다. 우리는 초기 단계의 불교의 가르침이 오로지 입으로만 전해졌으며 끊임없는 반복을 통해서 듣는 사람들의 마음 속에 진리의 의미를 단단하게 심어 주었다는 사실을 잊어서는 안된다. 그러므로 그 반복은 음악의 작곡에서 주제를 반복하는 것과 흡사하다고 할 수 있을 것이다. 둘째, 불경은 주로 붓다와 다른 사람 사이의 대화의 형태로 이루어져 있는데 그 대화는 예의바르고 세련되었으며 능숙한 방법으로 진행된다. 붓다는 적대자를 대할 때에도 그의 견해를 직접적으로 공격하지 않고 능숙한 질문을 던짐으로써 그의 주장을 꺾는다. 셋째, 불교의 경전에는 넘치는 비유와 우화들이 있다. 비유는 논증은 아니지만 청중들의 마음에 탁월한 효능을 발휘한다. 따라서 붓다는 자주 비유와 우화에 의존한다. 세존은 한 설법에서 지고의 브라흐만(Brahman)과의 합일을 통해서 해탈을 얻는다고 하는 바라문들의 견해를 공격한다. 그는 어느 누구든 브라흐만을 본 적이 있는가고 그들에게 묻는다. 그리고 아무도 대답을 못하자 그들을 보고서 마치 눈먼 지도자를 따라가는 한 무리의 소경들과 같다고 한다. 또한 마치 한 여자를 사랑한다고 하면서도 그녀에 관해서 물으면 이름도 모르고 사는 곳도 모르며 가족들이 어떠한지도 모른다고 대답하는 것과 같다고 말한다. 더욱 유명한 하나의 우화는 소경들과 코끼리에 관한 것이다. 몇몇 바라문과 고행자들이 결정하기 어려운 문제에 관해서 다투고 있을 때 붓다가 이 사실을 듣게 되었다. 세존은 코끼리의 겉모습에 관해서 논쟁을 벌인 몇 명의 소경들에 관한 이야기를 들려주었다. 한 왕이 소경들을 소집해 놓고 그들 가운데에 한 마리의 코끼리를 갖다 놓으라고 명령했다. 그러자 각 소경들은 코끼리의 한 부분씩을 만져보았다. 만져보기가 끝나자 그들은 코끼리가 어떤 모습을 닮았느냐고 하는 질문을 받았다. 코끼리의 머리를 만진 이는 항아리 같다고 했고 귀를 만진 이는 바구니를 닮았다고 했으며, 어금니를 만진 이는 보습과 같다고 했고 다리를 만진 사람은 기둥 같다고 하며, 꼬리를 만진 사람은 빗자루와 같다고 하고 몸통을 만진 사람은 벽과 같다고 하였다. 모두가 각각 자신들의 주장을 폈다. 그 결과는 끝없는 논쟁으로 이어졌다. 붓다에 따르면 그 바라문과 고행자들은 한 부분만을 알고 전체를 모르는 이 소경들과 같다는 것이다.

　세번째 부류의 경전은 논장(論藏, Abhidhamma)인데 일곱 개의 독립된 책들로 구성되어 있다. 논장은 현상 세계에 대하여 관심을 가진다. 그리고 현상 세계를 묘사하기 위해서 사물을 분석하고 사물들간의 관계를 검토하는 두 가지 방법을 쓴다. 한 순간의 의식이라 할지라도 거기에는 다수의 수많은 요인들이 개입되어 있다는 사실을 보여주기 위해서 사물들의 관계가 아주 세세하게 다루어진다. 그러므로 의식의 한 순간이라도 그 모든 요인들과 기능들과 동력들, 그리고 뿐만 아니라 의식의 다른 순간들과의 외부적 관계들 속에서 고려된다. 지극히 짧은 의식의 한 순간이라 하더라도 복잡하게 얽힌 관계성의 연결망이 존재한다는 것을 보여줌으로써 세계가 고정되어 있다고 하는 관념을 깨뜨리고 무상(無常)함의 진리를 강조한다.

　그러나 우리는 또한 검토에 의해서 드러난 사물들이 고립된 또는 독립적인 존재가 아니라 오히려 다른 사물들의 조건이 되고 또 다른 사물들에 의해서 조건을 받는다고 하는 사실도 또한 배우게 된다. 모든 사물들은 끊임없이 모였다 흩어졌다 하는 일시적인 결합에 의해서 생겨난다. 그러나 해체는 모든 요소들의 완전한 소멸을 의미하지는 않는다. 왜냐하면 구성 요소의 일부는 항시 남아서 다시 다음 사물을 구성하기 때문이다. 이런 방식으로 생명의 흐름은 끊어지지 않고 계속해서 흐르는 것이다.

우리는 하나의 대상을 분석할 때 그 대상이 현재의 순간에 있는 대로 보고 있다. 그러나 잠깐만 성찰해 보아도 현재란 도저히 포착할 수 없는 어떤 것이라는 사실이 드러난다. 왜냐하면 우리가 하나의 사물이 현재한다라고 말하거나 생각하자마자 그 순간 그것은 이미 지나가 버리고 말기 때문이다. 그래서 우리는 생각이 현재가 아니라 과거의 대상을 상대한다라는 결론을 내려야만 한다. 그러므로 누구나 이러한 분석에 따라서 대상은 결코 고정되어 있지 않으며 오히려 끊임없이 과거에서 현재로 현재에서 미래로 움직이고 있다는 사실을 생각해야만 한다. 그 결과 우리는 현재의 순간을 고정적이고 실재하는 것으로 볼 것이 아니라 하나의 환상으로 보아야 한다는 사실과 오로지 움직임과 변화만이 실재라는 사실을 깨달아야만 한다.

논장의 칠론(七論) 가운데서 아마도 가장 중요한 것은 논사(論事)라고 번역되는 카타바투(*Kathavatthu, Points of Controversy*)일 것이다. 이 책은 팔리어 경전 중에 한 특정한 저자를 가지고 있는 유일한 책이라는 독특한 영예를 누리고 있으며 목갈리풋타 티사(Moggaliputta Tissa)는 아쇼카 왕 시대에 개최된 제3차 결집의 총수로서 타락한 이단 사상을 논박하는 저술을 쓰라는 임무를 맡았다. 이들 이단 사상들은 다음과 같은 교학 사상의 문제들과 관련되어 있었다.

>   실재적이며 절대적인 하나의 개별적 영혼(자아)이 존재하는가?
>   재가 신자도 아라한이 될 수 있는가?
>   붓다의 제자들도 붓다와 같은 신통력을 가질 수 있는가?
>   아라한도 다시 번뇌에 물들게 되는가?
>   동물들도 천상의 신들로 다시 태어날 수 있는가?

이 모든 물음에 부정적인 대답이 내려졌고 긍정적인 대답을 한 사람들은 이단으로 판명되었다.

지금까지 논의해 온 것이 상좌불교에 관해 우리들이 알 수 있는 지식의 원천인 팔리어 경전의 내용이다. 세 부분으로 구성된 이 경전이 우리가 흔히 삼장(三藏)이라고 부르는 트리피타카(Tripitaka)이다. 팔리어 경전에는 이 삼장 외에 정전(正典)이 아니면서도 대단한 평가를 받기 때문에 정전과 똑같은 권위를 누리는 두 가지 책이 있다. 그것은 「미란타왕문경」(彌蘭陀王問經, *Questions of Milinda*)과 「청정도론」(淸淨道論, *Path of Purity*)이다.

「미란타왕문경」은 아마도 처음에는 북인도 어디에서 산스크리트어로 씌어졌던 것 같다. 그러나 이 원본은 현재 산실(散失)되었고 지금 현존하는 것은 산스크리트어 원본의 팔리어 번역본으로서 초기에 스리랑카에서 만들어졌다. 원본 자체는 아마도 기원후 2세기까지 거슬러 올라갈 수 있을 것이다. 두 가지의 한문 번역본이 있지만 산스크리트어 원본에서 번역되었는지 팔리어에서 번역되었는지를 판정하는 것은 상당히 어려운 일이다.

「미란타왕문경」은 미란타 왕과 출가 수도승인 나가세나(Nagasena)의 대화의 형태로 되어 있다. 이 대화 속에서 나가세나는 불교에 대한 일련의 기본적인 문제와 모순들에 대해서 묻는 미란타 왕의 질문에 모든 대답을 제시하고 있다. 요나(Yona)의 왕인 미란타는 기원전 1세기에 북인도의 광활한 그리스-인도(Greco-Indian) 제국을 통치한 박트리아(Bactria)의 메난더(Menander) 왕과 동일한 인물로 알려져 왔다. 「플루타크 영웅전」(*Plutarch's Lives*)에서는 그가 죽자 인도의 여러 도시들이 그의 유골에 대한 분배를 둘러싸고 분쟁을 일으켰으며 결국 유골은 골고루 나누어졌고 각 도시들은 자기들의 몫을 가지고 한 개씩의 탑을 세웠다고 기록하고 있다. 이것은 일반적으로 그가 불교로 귀의했음을 의미하는 것으로 받아들여진다. 또한 메난더의 이름과 불교의 법륜(法輪)이 새겨진 동전들이 발견되기도 한다. 그의 거대한 제국을 감안할 때 분명히 군사적인 착취가 엄청났을 이 위대한 지배자가 인도의 문헌 전통 속에서 정복자로서가 아니라 종교적 진리를 추구한 사람으로서 기억된다는 사실은 대단히 흥미로운 일이다. 그의 대화 상대자인 나가세나는 참으로 믿기 어려운 재주를 가지고 석 달 만에 삼장을 터득해 버린 학덕 높은 출가 수도승으로서 소개되고 있다.

「미란타왕문경」은 사용된 언어의 우아함과 문체의 매력 때문에 팔리어 문헌 중의 위대한 걸작이라고 생각해도 좋을 것이다. 이 경의 몇몇 문장들은 전체 팔리어 문헌 가운데서 가장 생생한 표현을 담고 있다. 이 경은 독자의 관심을 불러일으키기 위해서 기술적으로 고안된 서막이 있는데 주요 인물인 두 사람의 전생에 관한 내용을 담고 있다. 주제에 관해서는 아마도 이 책의 본래의 부분을 구성하고 있었으리라고 생각되는 앞의 3권이 다루고 있는데 개체의 성격, 불교의 윤리적인 원리, 업의 성격, 업장(業障)의 소멸 그리고 해탈의 성취와 같은 항목들을 다루고 있다. 그러나 4권부터는 이 경전을 연구하는 학자들에게나 흥미가 있을 교의적 내용이다. 4권에서 7권까지는 붓다의 전지 전능, 열반의 기간과 시기와 장소, 과거 붓다들의 숫자, 아라한의 특성 그리고 재가 신자의 정신적 보상과 같은 문제들에 관해 미란타 왕이 직면했던 딜레마들을 다룬다. 이와 같은 후반부의 주제들이 전반부의 주제와 다르기 때문에 이 부분은 후기에 첨가되었을 것이라고 추정하는 것이 일반적이다. 이러한 추정은 4세기의 한역본에는 후반부의 이 부분이 빠져 있다는 사실 때문에 힘을 얻고 있다.

어떤 문제들이 미란타를 괴롭혔는가 하는 것을 꼭 밝히기 위해 몇 가지의 딜레마들을 고찰해 보는 것은 우리들에게 가치있는 일이 될 것이다. 미란타는 45번째의 딜레마에서 모든 생명체를 죽이지 않는다는 것은 불교의 중요한 교리인데 붓다는 한 전생에서 살아 있는 생명을 죽여서 제물로 바친 적이 있다고 말한다. 나가세나는 이것을 어떻게 설명할까? 그는 그 특수한 사건이 일어났을 때 보살이 한 여자를 향한 사랑에 빠져 있었기 때문에 일시적으로 정신이 나간 상태에 있었으며 따라서 생명체를 죽인 죄에 대한 책임을 질 수 없다고 대답한다. 우리가 이로부터 알아야 할 것은 일시적 정신 이상을 면책 사유로 삼는 현대의 법률가들에 의해서 만들어진 것이 아니라 이미 거의 2,000년 전에 불자들에 의해 제기된 것이라는 사실이다. 미란타는 52번째의 딜레마에서 여러 붓다가 가르치신 모든 교리들이 동일하다는 사실을 알았다고 말한다. 만일 이것이 사실이라면 붓다는 왜 이 세상에는 동시에 두 분의 붓다가 생존할 수 없다고 말했을까? 나가세나는 이 질문에 대해 이 세상은 두 분의 붓다가 동시에 생존하실 만큼의 덕을 갖지 못했다고 설명한다. 또한 만일 두 분의 붓다가 생존해 있으면 두 붓다를 따르는 신봉자들 사이에 논란이 일어나고 그 결과 불교의 진리에 재난이 닥칠 것이기 때문이다. 게다가 경전의 여러 곳에서 붓다를 인간 중의 어른이고 인간 중의 으뜸이며 비길 데 없는 분이라고 부르고 있다. 그런데 만일 두 분의 붓다가 있게 되면 그러한 모든 선언이 더 이상 진실일 수 없게 될 것이다. 63번째의 모순에서 미란타는 아라한이 죄를 범할 수 있는지 없는지에 대해 물었다. 나가세나는 범하지 않기도 하고 범하기도 한다고 대답한다. 그는 이것을 자세하게 설명하는 과정에서 죄에는 두 가지가 있다고 말한다. 첫째는 살생, 도둑질, 음행, 거짓말, 탐착, 악의와 같은 도덕적인 계율을 범하는 것이고, 둘째는 식사, 물놀이, 장신구의 사용과 같은 일상적인 행동 규율을 범하는 것이다. 아라한은 도덕적인 계율을 위반할 수는 없다. 그러나 일상적인 행동 규율을 범하는 죄는 지을 수도 있다. 모든 것을 아는 것은 아라한의 능력 밖이기 때문이다. 나가세나의 이 인정은 이제 아라한의 이상이 한때 그러했던 것처럼 더 이상 그렇게 고아한 것이 아니라는 점을 명백하게 지적해 주고 있다. 미란타는 또한 붓다는 사촌동생 데바다타(Devadatta)가 나쁜 계획을 품고 있는 줄을 알면서도 왜 그를 승단에 받아들였는지에 대해서 도무지 이해할 수가 없었다. 나가세나의 대답에 의하면 붓다는 데바다타가 자신의 업장 때문에 끝없는 고통을 겪을 줄 알았지만 한없는 자비심과 지혜를 가지고 그의 고통을 덜어주기 위해서 데바다타를 승단에 받아들였다는 것이다. 마지막으로 미란타는 붓다가 생존했었다는 것을 어떻게 알 수 있느냐고 물었다. 나가세나는 이에 대한 대답으로서 우리는 고대 왕들의 존재를 그들이 남긴 왕실 표식, 왕관, 혹은 실내화 등을 통해서 알 수 있다고 말한다. 마찬가지 방식으로 우리는 붓다의 존재를 붓다가 남긴 표식을 통해서, 그리고 그의 가르침의 주제가 된 아라한의 성품들을 통해서 알 수 있다고 말한다. 아름다운 도시의 광경으로부터 건축가의 능력을 미루어 짐작할 수 있는 것과 마찬가지로 붓다가 건립한 법(法)의 도시를 통해서 그의 존재와 능력을 미루어 알 수가 있다. 이리하여 학덕높은 나가세나는 미란타가 가졌던 의문들을 하나하나 풀어주었고 제시한 모순들을 너무나도 능숙하게 해결했기 때문에 결국 왕은 그를 스승으로 모시게 되었다.

「미란타왕문경」 외에 상좌불교 불자들의 마음 속에 뚜렷한 자리를 잡고 있는 또 하나의 정전(正典) 이외의 책은 「청정도론」(淸淨道論)이다. 「청정도론」은 모든 팔리어 주석가 중에서 가장 유명한 기원후 5세기의 인물인 붓다고사(Buddhaghosa)의 걸작이다. 그는 주석서들을 통해서 방대한 저술을 남겼음에도 불구하고 우리는 불행하게도 그 자신과 그의 삶과 그의 이력에 대해서 아는 것이 거의 없다. 그에 관한 빈약한 자료로부터 알 수 있는 것은 그가 바라문으로 태어나서 바라문으로서의 통상적인 교육을 받았지만 나중에 불교의 우월성에 대해서 확신을 갖게 해준 한 출가 수도승에 의해 불교로 귀의하였다는 사실이다. 그는 불교로 귀의한 뒤 불교의 진리를 가장 뛰어난 설득력을 가지고 해설했기 때문에 사람들은 그를 붓다의 말씀, 즉 불음(佛音, Buddhaghosa)이라고 불렀다. 그는 스리랑카로 가서 그곳에서 교리와 주석서들을 배웠다. 그는 불교의 진리를 터득했다는 확신이 서자 스리랑카 불교의 장로들에게 스리랑카 주석서들을 팔리어로 번역할 수 있도록 허락해 줄 것을 요청했다. 그는 자신의 능력을 장로들에게 보여주기 위해서 이 「청정도론」을 썼다. 이 책은 계율, 선정, 지혜의 삼학(三學)에 대한 가장 완벽한 해설서이다. 그래서 이 책은 상좌불교의 가장 훌륭한, 그리고 최고의 권위를 가진 개론서의 역할을 한다. 이 책을 읽고 난 장로들은 그가 성공적으로 시험을 통과했다고 인정하고 정식으로 수도에서 살도록 했다. 그는 그곳에서 주석서들을 팔리어로 옮기는 엄청난 과업을 수행했다. 그가 기울인 노력의 크기와 그 질을 생각해 볼 때 그는 수년 동안 방에만 틀어박혀서 천문, 지리, 문법, 역사, 인류학, 동물지, 식물지, 예절과 관습, 베다의 지식 그리고 인도의 역사에 대한 그의 엄청난 지식을 동원했을 것이 틀림없다. 그는 팔리어를 너무나도 잘 썼기 때문에 현대의 한 작가는 그의 공적에 대해서 다음과 같은 평결을 내리고 있다.

> 종래의 고풍스럽고 딱딱하며 때로는 머뭇거리는 경(經)의 어투, 거의 금욕적일 정도로 엄격한 단순성, 이런저런 방언을 사용하는 사람들의 마음 속에 당시로서는 선명했던 관념과 개념들을 표현하는 단어의 부족으로 인하여 종종 더듬는 어투 대신에, 붓다고샤는 그의 저술 속에 풍부한 어휘, 용법의 유연성, 구조의 우아함, 어투 구성상의 정교함을 지닌 그리고 당시 인간의 마음이 생각했던 모든 개념들을 표현할 수 있는 언어를 남겼다. 여운을 남기면서 길게 굽이치는 문장들이 직접적이고 단순한 경의 문장을 대체했다. 구조의 화려함에 매료된 동양인의 마음은 곧이어 성숙해진 팔리어를 더 폭넓게 사용하기 시작했다. 그리하여 우리는 저자마다 앞을 다투어 자기가 팔리어 학습자를 위해서 책을 만들고 있다는 긍지와 자랑으로 책을 시작하는 것을 볼 수 있게 된 것이다.[32]

팔리어 문헌에 관한 우리의 논의는 붓다고샤와 그의 저술에 대한 이러한 소견을 가지고 막을 내린다. 세존의 가르침이 그의 제자들에 의해서 처음 전해지기 시작한 때부터 기원후 5세기에 살았던 붓다고샤가 그의 권위있는 주석서를 쓸 때까지 거의 천 년에 육박하는 세월이 걸렸다. 그동안 붓다의 말씀은 처음에는 제자들의 기억에 의해서 보전되었고 그런 다음 문자로 기록되었으며 마지막으로 붓다고샤를 위해서 길을 닦았던 수많은 스리랑카의 주석가들이 거기에 주석을 달았던 것이다. 이 팔리어 경전 중에서 율장(Vinaya pittaka)과 경장(Sutta pittaka)은 영어로 읽을 수가 있으며 논장(Abhidhamma pittaka)의 칠론(七論) 중에서는 네 개가 영어로 번역되었다. 앞에서 언급한 두 개의 경전도 역시 영어로 번역되었다. 그러나 주석의 대부분

---

32. Malalasekera, *The Pali Literature of Ceylon*, 103.

은 팔리어를 읽을 수 있는 사람만이 이용할 수가 있다. 여기에 미래의 불교 학도들이 완성해야 할 과업이 놓여 있는 것이다.

대승불교의 문헌

상좌불교에는 팔리어로 쓴 통일된 경전이 있다. 그래서 만일 상좌불교의 어떤 특징을 조사하고 싶다면 우리는 계율, 설법 그리고 고차원적 논의들에 의거하여 원하는 것을 아주 수월하게 찾아낼 수가 있다. 모든 것들이 정연하고 체계적이며 정확하다. 그러나 대승불교의 문헌은 그러하지가 않다. 첫째 대승불교에는 정전(正典)이라고 지적할 수 있는 문헌 집단이 없다. 사실상 대승불교의 정전은 없다. 대승불교는 통일된 체계가 아니라는 점이 그 이유이다. 다만 대승불교의 경이라고 부를 수 있는 별도의 경들이 있는데 이것들은 원래 인도의 문어(文語)인 산스크리트(Sanskrit)어로 씌어졌다. 그러나 많은 산스크리트어 원전들이 본토에서 산실(散失)되었고 주로 티베트와 중국의 번역본으로 보존되어 있다. 상좌불교를 연구하기 위해서는 오로지 팔리어만 알면 된다. 그러나 대승불교에 능숙한 사람이 되려면 팔리어뿐만 아니라 산스크리트어, 티베트어 그리고 한문에도 역시 익숙해야만 한다.

모든 대승불교의 경에는 어떠한 공통된 특징들이 있다. 첫째, 이 경들은 대개 보신불(報身佛)에 의해서 설해지고 청중들은 인간과 신들뿐만 아니라 수많은 붓다와 보살과 수행원들로 구성된다. 둘째, 종종 불교의 천상 세계가 설법의 장소가 되는데 이곳에서는 자연 법칙이 초월되고 심오한 상징적 의미를 지닌 기적들이 일어난다. 마지막으로 설법의 방식이 대개 직관적이다. 논쟁을 위한 시도는 거의 없다. 왜냐하면 붓다는 청중들을 확신시키려고 애쓰는 것이 아니라 그들의 직관적 지혜를 일깨우려고 애쓰기 때문이다.

대승의 문헌이라고 부를 수 있는 최초의 문헌은 반야(般若, *prajna*)의 문헌, 즉 지혜의 문헌이다. 이 지혜의 문헌은 산스크리트어, 한문, 티베트어로 씌어진 거대한 집단의 경전들로 구성되어 있다. 그리고 이 일군의 문헌은 천 년 이상에 걸쳐 네 단계의 시기를 거치면서 형성되었다.

(1) 근본 경전들의 작성, 기원전 약 100년에서 기원후 약 100년까지
(2) 근본 경전들의 확장, 기원후 약 100년에서 300년까지
(3) 더 짧은 경전들로 재구성, 기원후 약 300년에서 500년까지
(4) 밀교의 영향과 주석서의 저술, 기원후 약 500년에서 1200년까지

근본 반야경은 의심할 여지 없이 「팔천송반야경」(八千頌般若經)이다. 각 송(頌)은 32음절로 구성되어 있다. 이 근본 반야경은 기원전 약 100년경에 알려지지 않은 어떤 저자나 복수의 저자들에 의해서 작성되었다. 연대와 저자의 문제는 대승불교 문헌의 학자들을 끊임없이 괴롭히는 문제이다. 가장 중요한 대승경전들의 상당수에 저자의 이름이 없기 때문에 우리는 한 사람 또는 한 사람 이상이었을 그 저자들에 관해서 알지 못하고 있다. 거의 대부분의 경우 긴 경의 작성에는 여러 저자들이 관여했을 것으로 보인다. 작성 시기에 대해서도 작품 자체에는 아무런 표시가 없다. 그래서 가설과 개연성을 가지고 시기를 추정할 뿐이다. 긴 경은 한 자리에서 완성된 것이 아니라 처음 작성되었던 부분에 나중에 작성된 부분들이 덧붙여지면서 오랜 세월에 걸쳐서 작성되었을 것이 틀림없다는 사실 때문에 시기 확정의 어려움이 생겨난다. 결론적으로 우리가 어떤 시기를 추정하든지간에 그것은 대략적인 것이 될 수밖에 없다는 사실을 잊지 않는 편이 좋다.

기원이 시작될 즈음에 근본 반야경은 현저하게 확장되었다. 그 중에서 가장 긴 것은 100,000송까지 확장되었다. 엄청난 길이로 늘어난 긴 경은 오히려 불편하다는 것이 드러났다. 그래서 제3단계의 양상에서는 끝없는 반복을 계속하는 긴 경들이 더 다루기 쉬운 길이로 짧아지는 경향을 보였다. 이 단축의 과정에서 나온 가장 훌륭한 경이 「반야심경」(般若心經)과 「금강경」(金剛經)이다. 마지막 단계의 양상에서는 압축의 과정이 더욱더 진행되었는데 이 시기에 탄트라 불교의 영향 아래서 신비스런 음절, 즉 만트라(Mantra)화가 이루어졌다. 이 극단적인 압축은 일자 반야경(一字般若經)에서 완성되었는데 이 경전은 알파벳의 첫 글자, 즉 "A"를 지혜의 절정으로 여긴다.

이들 반야경전들의 주된 가르침은 모든 법(dharma)들, 즉 존재 요소들의 진정한 본성은 공(空, sunyata)이라는 것이다. 이 기본적 교의는 대승불교를 다룬 장에서 이미 널리 논의되었다. 이들 반야경전들은 대승불교의 중요한 두 학파인 중관 학파와 유식 학파의 문헌들이 출현하는 배경이 되었다.

또한 일련의 독립된 대승경들이 있는데 이들은 중국과 일본의 불교 종파들의 근본 경전이 되었다. 이들 중의 하나가 정토경(淨土經)이다. 이 경은 아미타불이 주관하는 서방 극락 세계와 이 세계에 태어나는 데에 필요한 과정을 아주 세밀하게 묘사하고 있다. 이 경의 장본(長本)에 따르면 신앙뿐만 아니라 선행이 필수적이다. 그러나 단축된 본에 따르면 오로지 아미타불의 구제의 힘을 믿는 신앙만으로도 충분하다. 이 짧은 본은 구제를 위한 쉬운 길을 가르쳤기 때문에 동양의 대승경전들 중에서 가장 많은 인기를 얻고 있다. 이 경에 토대를 둔 종파가 중국의 정토종이며 일본의 정토종과 정토진종(淨土眞宗)이다. 중국의 화엄종은 「화엄경」(華嚴經, Avatamsaka)을 근본 경전으로 삼는다. 이 경은 현상 세계의 모든 존재는 다만 절대적 실재의 현현일 뿐이며 그렇기 때문에 모든 존재들은 서로서로 관련을 맺고 있다고 하는 근본 진리를 가르친다. 그러므로 생명의 통일성을 긍정한다. 「화엄경」에는 「십지경」(十地經, Dasabhumika sutra)이라는 제목이 붙은 부분이 있는데 이것은 보살의 열 단계에 대해서 가장 자세한 설명을 하고 있다. 또한 천태종의 근본 경전인 「묘법연화경」(妙法蓮華經, Saddharmapundarika sutra)도 절대와 현상간의 상호 침투에 관한 진리를 가르친다. 이 경은 대승경전들 가운데서 두말할 필요 없이 가장 중요한 경전이다. 사실 이 경은 근본 대승경전이라고 해도 좋을 것이다. 왜냐하면 모든 대승불교의 종파들이 실제로 이 경을 배우고 있기 때문이다. 이 경이 인기가 있는 이유는 포용력을 가지고 대승불교의 교리를 설명한다는 사실과 전 극동 지역의 불교에 끼친 예술적 영감성에 있다.

이 경은 첫 부분에서 석가모니불이 이 세상에서 자신이 해야 할 일로서 모든 중생에 대한 보편적인 구제와 그 목표를 이루는 방법을 다루고 있다.

누구든 보시, 인욕, 정신적 삶의 부지런한 수련, 붓다의 공양, 금, 은, 백단향, 진흙 그리고 심지어 모래를 가지고 하는 탑의 조성, 불상의 조각이나 그림, 경전의 암송 혹은 한 마디의 경건한 말에 의해 구제받을 수 있다. 왜냐하면 석가모니불은 모든 중생의 아버지이며 그가 가르친 진리는 누구나가 깨달을 수 있는 보편적 진리이기 때문이다. 그것은 마치 비는 본질상 하나이지만 모든 식물들을 각각 능력과 성품에 따라서 자라고 번성하게 할 수 있는 것과 똑같은 이치다.

경의 후반부는 붓다의 진정한 본성을 드러내고자 한다. 이제 그는 영원히 변치 않는 분, 태어나지도 죽지도 않고 영원에서 영원까지 사시는 분으로 선포된다. 그러나 석가모니불은 인류를 구제하기 위해서 인간 세상에 나타난 분으로서 영원한 붓다의 한 화신일 뿐이다. 그 영원한 붓다는 과거에 이러한 일을 헤아릴 수 없을 만큼 했었고 또한 미래에도 계속할 것이다. 진정한 불자가 해야 할 일은 이 붓다의 영원한 본래적 성품을 아는 것이다. 이것을 알고 나면 자기 자신의 본성이 붓다의 영원성과 마찬가지로 영원한 것임을 깨닫게 된다. 붓다와 붓다를 따르는 우리들의 영원한 생명에 대한 이 가르침은 극동의 경건한 대승불교 신자들에게 한없는 신앙심을 불러일으켰고 힘을 부여해 왔다.

「법화경」은 이 영원한 붓다에 대한 개념 외에도 보편적 구제, 무한한 대자비의 보살들, 붓다가 청중의 필요와 상태에 따라서 설법하는 방식을 선택하는 방편의 개념을 강조한다.

마지막으로 어떤 특별한 종파의 토대가 되는 것은 아니지만 수많은 대승불교의 불자들이 한결같이 읽고 배우는 대승경전들이 있다. 이러한 범주에 드는 것 중에서 가장 인기있는 것은 「유마경」(維摩經, Vimalakirtinirdesa sutra)임이 틀림없다. 이 경의 주인공 유마는 붓다와 동시대 인물로서 대승사상을 통달했고 한없는 자비심을 갖추었으며 재가 신자로서 세속생활을 하는 사람이다. 한때 그가 병환을 앓게 되자 붓다는 제자들 중에서 누구든지 가서 병문안을 하라고 당부했다. 이미 이들 제자들은 아라한의 지위를 얻었으면서도 한 사람 한 사람 모두 스승의 당부를 사양한다. 그러면서 자신들은 이 앓아누운 재가 신자를 만나는 일을 감당할 수 없다고 하며 전에 그와 만나 벌인 논쟁에서 창피를 당했던 사실을 토로한다. 이 이야기가 시사하는 바는 오해의 여지가 없다. 그것은 대승이 소승보다 분명히 우월하다는 것이다. 왜냐하면 가장 지혜로운 소승의 아라한들이 지혜와 학덕에 있어서 평범한 대승의 재가 학자인 유마만도 못하다는 것이기 때문이다. 결국 지혜가 가장 뛰어난 문수 보살이 이 환자의 병문안을 승낙한다. 두 사람은 서로 만나서 보살의 수행, 완벽한 수행 경지, 진정한 무집착, 상대성의 초월〔不二〕 등 대승불교의 여러 논점들에 관해서 활발한 대화를 나눈다.

문수와 유마의 이 대화는 북중국에 위치한 운강과 용문의 수많은 부조 조각의 주제가 되고 있다. 또한 이 경전 속의 일화는 발췌되어 민중들의 민요나 설화 속으로 퍼져 나갔으며 사원의 축제에 모인 대중들에게 암송되었다. 유마라는 인물이 가진 특성이 경전의 대중화와 깊게 관련되어 있음이 틀림없다. 그는 세속의 모든 욕락 한가운데 살면서도 신심이 깊고 지혜로운 붓다의 제자였으며 자신의 처신을 완전히 단련해 마친 재가 신자였다. 그는 참으로 경건한 불자였지만 또한 중국 사람들이 꿈꾸는 유가의 이상적인 군자로 여겨질 수 있었던 사람이었다.

우리는 이제 대승불교의 문헌 중에서 가장 아름다운 종교적 시구들로서 7세기에 산티데바(Santideva)가 쓴 「입보리행」(入菩提行, *Bodhicaryavatara*)을 만나게 된다. 감동과 영감으로 가득 찬 시어로써 시인은 보살행을 실천하기로 서원을 세운 후의 자신의 감회를 묘사하고 있다. 그는 모든 붓다를 향해 온 중생들을 무지로부터 구제해 줄 것을 기도한다. 그리고 구제를 추구하는 모든 이들을 돕는 데 자신을 바친다.

> 앓는 이들에게는 약이 되고 의원이 되고 종이 되게 하소서, 그들이 온전히 나을 때까지. 굶주린 이들에게는 음식의 비로, 목마른 이들에게는 음료의 비로 괴로움을 없애게 하소서. … 가난한 이들에게 다함 없는 창고가 되어 필요한

모든 것을 주게 하소서. 내 존재, 내 기쁨, 과거·현재·미래의 내 모든 공덕을 아낌없이 바치오니, 모든 중생이 그들의 뜻을 이루게 하소서. 기왕에 모든 것을 내바친다면, 동료 인간들을 위해 바치는 것이 가장 좋겠습니다. 모든 중생에게 그들이 원하는 대로 나를 내어놓습니다. 내 육신을 내어놓는 만큼, 무엇을 주저하겠습니까? 그들에게 기쁨이 된다면 무슨 일이든 나를 시키도록 하소서. 그러나 그들 중의 누구도 결코 나 때문에 불운을 겪는 일이 없게 하소서. 나로 인해 어떤 이의 마음이 격노되거나 기뻐진다면, 언제까지나 그들의 모든 바람을 이룰 수 있는 원인이 되게 하소서. 나를 죽이고 해치고 조롱한 모든 이들을 깨달음에 들게 하소서. 짓밟힌 자들의 수호자, 길 가는 이들의 길잡이, 물 건너는 자들의 배와 둑과 다리가 되게 하소서. 등불이 필요하면 등불, 잠자리가 필요하면 잠자리, 시종이 필요하면 시종이 되게 하소서.[33]

그런 다음 이 시는 보살이 서원을 세우고 난 뒤 실천할 의무를 기록하고 있다. 보살은 이러한 의무를 수행할 때 자신과 이웃을 구별해서는 안되며 절대적으로 그리고 전적으로 자신과 다른 사람을 한몸으로 느껴야 한다. 누구나 손과 발이 자기 신체의 일부분이기 때문에 아끼고 사랑하는 것과 마찬가지로, 보살은 모든 중생들이 이 세상에 살아 있는 똑같은 일원이기 때문에 아끼고 사랑해야만 한다. 그런 다음 그는 다음과 같은 말로 시를 끝맺는다.

하늘과 땅이 존재하는 한 세상의 고통을 극복하는 일을 계속하도록 하소서. 세상의 모든 고통은 나에게로 돌려지도록 하소서. 보살의 모든 선업으로 세상이 행복되게 하소서.[34]

소승불교의 문헌과 마찬가지로 거대한 분량의 대승 문헌 중에서 아주 작은 부분만이 서양의 언어로 번역되었다. 우리는 아주 중요한 몇몇 경전을 언급

---

33. L. Barnett, *The Path of Light*. London, Jhon Murray, 1947, 44-5.
34. *Op. cit.,* 28.

했을 뿐이다. 그러므로 그 분량이 엄청나다는 것을 알아야 한다. 반야경의 한문본만 하더라도 가장 최근의 대정신수대장경(大正新修大藏經)으로 네 권의 분량이다. 브리테니커 사전 한 권의 크기만한 각권은 약 1,000면 정도나 된다. 영어판「법화경」은 인쇄면으로 약 250면이다.「화엄경」의 산스크리트어 원본은 각 네 줄로 된 100,000개의 연으로 구성되어 있다고 한다. 그리고 더 정확하게 말하자면 원본의 초록인 한문본 중의 하나는 80권으로 되어 있는데 대정신수대장경의 인쇄면으로 약 450면이다. 이 엄청난 문헌을 번역하는 일은 불가능하다. 또한 실제로 그럴 필요도 없다. 왜냐하면 이 경전들은 끝없이 지루한 반복 탓으로 길어졌기 때문이다. 그럼에도 불구하고 불교를 배우려는 이들을 위해서 충분한 양이 번역되어 있기 때문에 철학적 탐구의 깊이, 풍부한 상(像)들, 갖가지 인물들의 구경거리, 상상력의 범위, 주제의 복잡함 그리고 인간 감정의 다양성에 관한 한 대승경전이 소승경전보다 훨씬 우수하다는 것을 알 수가 있다. 참으로 대승경전은 인간의 상상력이 빚어낸 최고의 창작품이라고 할 만하다.

제 11 장

불교 예술

원래 승가는 어떠한 불상도 가진 적이 없었다는 의미에서 본다면, 원시 불교는 우상을 반대했다. 중앙 인도의 위대한 불교 유적지인 산치(Sanchi)와 바르후트(Bharhut)의 대탑에 새겨진 설화적 내용의 부조 조각은 붓다를 상징의 수법으로 묘사하고 있다. 그러므로 붓다의 위대한 출가는 양산과 두 발자국으로 표현되어 있다. 한편 그가 탄 것으로 짐작되는 말은 보이는데 말 위에 탄 사람은 보이지 않는다. 붓다가 천상에 올라가 어머니를 방문했다는 신화를 설명하기 위해서 맨 아래와 꼭대기에 발자국이 찍힌 계단이 있을 뿐이다. 코끼리는 수태의 상징이고 연꽃은 탄생, 나무는 깨달음, 법륜은 진리의 가르침을 상징한다.

역사학자들은 대개 불상의 부재를 열반의 교의와 관련지어서 생각해 왔다. 열반이란 측량할 수 없는 절대적 경지인데 어떻게 그림이나 조각으로 열반에 든 분을 묘사할 수가 있겠는가? 붓다가 열반에 들고 난 뒤에 가시적인 불상을 만들지 못하도록 한 중요한 경전의 구절들 또한 전거가 되고 있다. 「범망경」(梵網經)에는 다음과 같은 말이 있다.

> 선남자(善男子)여, 진리를 터득하신 그분의 외형은 그대 앞에 서 있다. 그러나 그것을 환생하게 하는 것은 절단되었다. 신들과 사람들은 그분의 육신이 있는 한 그분을 본다. 그 육신이 해체될 때, 그의 생명의 종말 이후로는 신들도 인간들도 그분을 보지 못하리라.[35]

---

35. Rhys Davids, *Dialogues of the Buddha*. 1.54.

산치와 바르후트의 예술가들이 가시적인 스승의 형상을 만들 생각을 하지 않았던 것은 이 경전에 토대를 두고 있다는 주장이 있다.

 이 설명에 맞서는 여러 가지 반대 주장이 제기될 수 있을 것이다. 이 설명은 산치와 바르후트의 예술 작품들을 창작한 시골 출신 예술가들도 열반의 교의와 그것이 의미하는 바를 알고 있었으므로 불상을 만드는 것을 자제했다고 생각하는 것이다. 이러한 가정은 거의 근거가 없다. 더욱이 만일 이 이론이 옳다면 열반의 순간 이전까지의 마지막 생에 있어서의 붓다의 모습은 있어야만 한다. 그러나 그렇지 않다. 탑의 부조 조각에는 세존의 전생에 대한 삽화들이 가시적으로 제시되어 있다. 그러나 마지막 생에 이르게 되면 그의 모습은 사라지고 그의 존재를 표시하는 상징만이 남는다. 만일 열반의 교의와 관련짓는 주장이 부정된다면, 어떻게 이 가시적 불상의 부재라는 문제가 해명될 수 있을까?

 현재 이 불상 부재의 현상을 해명하기 위해 두 가지 주장이 제시되어 있다. 그 첫번째 주장은 불교 예술 연구의 선구자로서 푸셰(A. Foucher)라는 프랑스 학자에 의한 것이다. 푸셰에 따르면 불교의 순례자들은 아주 초기부터 불교의 4대 성지를 경배하게 되었다. 이들 성지에서는 투박한 예술가들이 판에 박힌 방식으로 성지를 묘사한 자그마한 기념물들을 만들어서 순례자들에게 팔았다. 이것이 최초의 소박한 불교 예술품이었다. 얼마 안 가서 성지를 묘사한 이 작품들은 자연스러운 연상에 의하여 그 성지에서 일어났었던 네 가지 사건의 상징으로 여겨지게 되었다. 점차 시간이 흐르면서 이 네 가지 상징들이 스승의 생애에 일어났었던 네 가지 사건들을 대변할 수 있다고 하는 것이 관습으로 용인되었다. 그리하여 법륜은 먼저 베나레스(Benares)라는 장소를, 그 다음 그곳에서 일어난 사건, 즉 최초의 설법을, 그리고 마지막으로 그 사건과 관련한 주인공인 붓다 자신을 상징하게 되었다.

 이 해명을 비판하는 사람들은 푸셰가 상정한 과정의 첫 단계는 이해할 수 있다고 한다. 다시 말하면 장소의 묘사로부터 사건의 묘사로의 이행은 이해가 가능하다고 지적하는 것이다. 그래서 쿠시나라(Kusinara)의 탑은 열반을, 가야(Gaya)의 나무는 깨달음을 나타낸다. 그러나 그들은 원래의 상징이 어떻게 해서 주요 인물을 나타내게 되었는가, 즉 법륜이 최초의 설법을 한 붓다를 상징하게 되었다고 하는 두번째 단계의 이행은 상상하기 매우 어렵다는 점을 지적한다. 게다가 법륜과 같은 동일한 상징물이 때로는 최초의 설법이 아니라 전혀 다른 일화를 표시하는 경우도 있다는 점이 이 문제를 더욱 복잡하게 만들고 있다.

푸셰의 해명이 안고 있는 이러한 어려움 때문에 두번째의 주장이 제시되었다. 이 주장에 따르면 산치와 바르후트의 예술을 창작한 불교 예술가들은 붓다가 마지막 생에 태어날 때부터 초상으로 표현할 수 없는 초월적 존재였다고 믿었다는 것이다. 이 주장을 충분히 해명하기 위해서는 붓다가 서거한 직후부터 시작된 붓다 숭배 사상의 발전과정에 대해서 상당한 주의를 기울이는 것이 반드시 필요하다. 이 붓다 숭배는 스승의 가르침보다는 오히려 스승의 본성과 성격에 관해 초점을 맞추고 있다.

붓다는 생존해 있는 동안에는 한 사람의 스승으로 여겨졌다. 그러나 붓다가 세상을 떠나자 곧이어 생겨난 붓다 숭배 사상은 스승의 개념에 대한 새로운 경향을 낳았다. 그는 이제 무지, 갈애(渴愛), 악견(惡見)과 같은 인간의 불완전성을 완전히 극복해 낸 독특한 인격으로 여겨졌다. 그는 이 세상에 태어나서 살았지만 이 세상의 불완전성에 물든 적이 없었다는 의미에서 연꽃 같은 존재였다. 그는 인간도 신도 아닌 일종의 슈퍼맨 같은 존재로서 신묘한 시력, 신묘한 청력, 타인의 생각을 읽을 수 있는 능력, 자신과 타인의 전생을 알 수 있는 능력, 공중을 날고 물 위를 걸을 수 있는 마술적인 힘과 같은 초자연적인 권능을 가진 분으로 여겨졌다. 또한 그는 머리 위의 육봉(肉峯), 특별히 긴 혀, 황금색의 피부, 손발에 새겨진 법륜의 표식과 같은 어떤 신체적인 특징들을 가진 분이었다. 이러한 생각이 붓다 숭배 사상 안에서 생겨난 붓다의 개념에 대한 최초의 변화였다.

아쇼카 왕의 통치 기간 동안에 또 다른 약간의 변화가 나타나기 시작했다. 출가승들이 수도원에서 보름마다의 모임, 전례적 찬송, 경전의 독송,

교리 토론과 같은 전통적인 형태의 경배 행위를 하는 동안에, 붓다를 숭배하는 재가 신자들은 어떤 새로운 의례와 예식을 발전시켰는데 그 중에서 가장 중요한 것은 불탑 숭배였다.

원래 탑은 아쇼카 시대 이전에는 봉분 무덤의 형태로서 존재했었다. 그러나 아쇼카 시대쯤에는 이미 지금과 흡사한 형태가 되었으리라고 추정된다. 이 시대의 탑은 장방형 혹은 원형으로 된 하부의 기단과 그 위에 반구 형태의 돔이 덮여 있는 구조이다. 탑은 지면에 사방으로 네 개의 문이 나 있는 난간이 둘러져 있다. 난간과 돔 사이에는 경배자들이 탑을 오른쪽으로 따라 돌며 순행할 때 이용하는 길이 나 있다. 돔의 꼭대기에는 네모진 곽이 있고 그 곽 위에는 여러 개의 둥근 판들이 차곡차곡 꽂혀 있는 장대가 있다. 붓다가 세상을 떠나자 그의 시신은 화장되었고 화장 뒤에 남은 유골은 수습되어 인도의 여러 도시에 분배되었으며, 각 도시의 주민들은 유골을 모실 탑을 세웠다. 이 탑은 스승의 유골이 안치되어 있었기 때문에 붓다의 가시적인 외형을 상징하는 것으로 여겨졌으며 그에 어울리게 숭배되었다. 그러한 불탑 숭배는 아쇼카 시대에 생겨났으며 대중 불교의 가장 뚜렷한 특징 중의 하나이다. 신화에 의하면 아쇼카 왕은 전국에 팔만 사천 개의 탑을 세웠다고 하지만 이 숫자는 많은 숫자를 지시할 때 사용하는 틀에 박힌 숫자임이 틀림없을 것이다. 불탑 숭배에 참여하고 있었던 사람들의 숫자는 꽤 많았을 것임이 분명하다. 그리고 그들은 깃발, 꽃, 악기들을 가지고 탑을 돎으로써 가지각색의 볼거리를 만들어 내었다.

그러한 숭배와 축제의 중심지인 탑들 가운데서 기원전 2세기에 완성되었을 것으로 추정되는 산치와 바르후트의 두 대탑이 고고학자들의 각광을 받게 되었다. 이 두 탑의 부조 조각은 초기 불교 예술의 가장 훌륭한 예증으로 간주된다. 약간은 중세 유럽의 사원 건물 같기도 한 이 탑들의 건축에 수세대의 인도 사람들이 참여했을 것이 틀림없다.

문과 기둥들이 이 탑들에 대한 주요 관심사가 된다. 왜냐하면 그 위에 붓다의 전생을 묘사하는 정교한 얕은 돋을새김 조각이 새겨져 있기 때문이다.

이 정교한 예술 작품은 전통적인 출가 불교가 아니라 당시의 대중 불교와 붓다 숭배의 상태를 가장 훌륭하게 가리켜 주고 있음이 틀림없다. 이 예술 작품들은 능숙한 솜씨를 갖추지 못했으며 불교의 전통에 정통하지도 못한 시골 예술가들에 의해서 만들어졌다. 조각 그림 속에는 다른 장소와 다른 시기에 일어나는 여러 사건들이 동일한 부조 조각으로 새겨져 있는데, 그 속에서 반복해서 나오는 주인공이 장면의 변화를 가리켜 준다. 예컨대 산치 대탑의 동쪽 문에는 위대한 출가의 모습이 있다. 돋을새김 조각의 왼편으로는 도시와 해자가 있는데 싯다르타의 말 칸타카(Kanthaka)가 문으로부터 나오고 있으며 신들이 말발굽을 받쳐주고 있다. 시종 찬다(Chanda)는 붓다의 상징인 양산을 잡고 있다. 이 광경은 출가의 진행 과정을 보여주기 위해서 조각 그림의 오른쪽으로 가면서 계속해서 네 번이나 반복된다. 그리하여 갈림길에 이르자, 찬다와 말이 도시로 돌아오고 있는 것이 보인다. 계속되는 붓다의 여정은 양산이 덮인 발자국으로 표현된다. 우리는 조각 그림 속에서 가축, 주민 그리고 전원생활을 묘사하고 있는 광경을 볼 수가 있다. 그러한 광경의 성격으로 볼 때 시골 예술가들은 출가 수도승들로부터 어떤 전문적 가르침을 받지 않았던 것으로 믿어진다.

　시골 예술가들은 탑의 장식에 주로 관심을 가졌지만 조각 그림이 특히 탄생 설화에서 나온 일화를 설명할 때는 많은 붓다의 상징들을 포함시켰다. 탑의 예술 작품에 붓다의 모습이 보이지 않는다는 사실은 탄생 설화의 내용과 어긋나는 것으로 보인다. 왜냐하면 탄생 설화에서는 붓다를 볼 수도 있으며 또 그의 말씀을 들을 수도 있다고 분명하게 서술되어 있기 때문이다. 신들은 여러 광경 속에서 훌륭한 전문적 솜씨와 상상력으로 묘사되고 있다. 그래서 그 예술가들이 붓다의 모습을 그려낼 기술이 없었다고 말할 수는 없다. 붓다의 모습을 빼놓았다는 사실은 세존의 성격에 관한 어떤 새로운 태도가 나타난 것이 틀림없다는 것을 증명해 주는 것이다.

　우리는 이미 붓다의 개념에 관한 초기의 변화, 즉 인간에서부터 슈퍼맨으로의 변화를 언급했었다. 그럼에도 불구하고 이러한 변화 속에서도 붓다의 인성에 관해서는 의문이 제기되지 않았다. 왜냐하면 그는 여전히 업의 작용에서 벗어날 수가 없었기 때문이다. 그런데 아쇼카 왕 시대에 또 다른 변화가 일어났음이 분명하다. 이 변화의 결과 붓다는 초세간적인 인물로 등장한다. 그러나 그는 인간의 방식에 맞추기 위해서 스스로 세상에 자신의 꼭두각시를 만들고 인간 속에서 자신의 사명을 수행한다. 우리는 이러한 사상이 대중부(大衆部, Mahasamghika)에서 주장되었음을 알 수가 있다. 이와 똑같은 사상이 팔리 불교의 가르침에서도 나타나는데 거기서 붓다는 자신의 전생들을 묘사하고 있다. 그러나 묘사되고 있는 내용은 한 인간으로서의 일생에 관한 이야기가 아니라 업의 지배를 받지 않는 영원히 불변하는 붓다의 이야기이다.

    이것은 시골 예술가들이 산치와 바르후트의 탑에 붓다의 신화를 새길 때에 드러낸 붓다의 개념이다. 그들에게 있어서 인간이나 신은 가시적인 모습으로 표현될 수가 있다. 그러나 그들은 불변하는 그리고 형상이 없는 분의 성격을 표현할 수는 없다고 생각했다. 결과적으로 그 예술가들은 신화 속에서 세존의 모습이나 인물이 표현될 필요가 있을 때마다 침묵을 지키는 것이 낫다고 생각했다. 대신에 그들은 붓다를 양산, 법륜, 연꽃, 탑 혹은 발자국으로 표현했다. 그러한 상징들은 붓다의 초월성을 의미할 뿐만 아니라 또한 신봉자들에게는 자신들의 성스러운 숭배의 대상과 통교할 수 있도록 도와주는 주술적인 도구이기도 하다. 경건한 숭배자들은 그 상징들을 붓다와 관련된 장소가 아니라 붓다 자신으로 받아들이는 것이다.

    이 초기 불교 예술의 반성상적(反聖像的)인 특징은 불교로 들어온 힌두교의 봉헌적 요소인 박티(bhakti), 즉 신애(信愛) 사상의 도입에 의해서 얼마 지나지 않아 변형을 겪는다. 박티는 기도와 경배와 달램을 신에게 바치는 믿음과 봉헌을 의미한다. 불탑 숭배가 불자들 사이에 널리 유행하게 되자 봉헌적인 요소들이 물밀듯이 표현되었다. 그래서 불탑을 숭배하는 사람들 사이에서는 붓다를 대자대비의 주라고 불렀다. 곧이어 이 봉헌적인 요소는 숭배의 대상이 될 수 있는 어떤 형상의 출현을 요구하게 되었다. 상징들과 유골이 이러한 목적에 어떤 역할을 했던 것도 사실이다. 그러나 시간이 흐르면서 숭배자들은 더 구체적인 형상이 필요하다는 것을 느꼈다. 구체적인 불상이 출현하게 되는 것은 이러한 심리적인 배경 탓이었음이 틀림없다. 이러한 배경은 우파굽타(Upagupta)와 마라(Mara)라는 제목의 설화에서 분명히 나타나는데 이 설화는 천상의 이야기인 「디비야바다나」(Divyavadana)라는 설화집에서 발견된다.

이 설화에 따르면 우파굽타는 아쇼카 왕의 정신적인 스승이었으며 아주 설득력이 강한 출가 수도승이었으므로 심지어 사악한 존재인 마라까지도 불교로 귀의시킬 수가 있었다. 우파굽타는 만일 마술을 기막히게 잘하는 마라가 마술의 힘으로 붓다의 몸을 정확하게 꾸며낼 수 있다면, 그 붓다의 모습이 세존에 대한 자신의 신앙심을 헤아릴 수 없을 만큼 강화시켜 주리라는 생각이 문득 머리에 떠올랐다. 마라는 우파굽타가 그 만들어진 형상 앞에 꿇어 엎드려서는 안된다는 양해하에 그렇게 하기로 동의했다. 우파굽타가 그러겠다고 하자 마라는 자신을 붓다와 똑같은 모습으로 변장하고는 우파굽타에게 다시 나타났다. 그러자 우파굽타는 이 모습을 보고서 완전히 넋이 빠져서 즉각 그 앞에 꿇어 엎드리고 말았다. 우파굽타는 약속을 추궁받자 자기는 붓다에게 경배한 것이지 마라에게 경배한 것이 아니라고 대답했다.

이러한 신화는 출가 공동체가 숭배와 봉헌의 대상이 될 수 있는 구체적인 불상에 대하여 가졌던 심리적인 충동의 곧바른 표현이다. 결국 이러한 충동은 북인도의 간다라(Gandhara)와 중앙 인도의 마투라(Mathura)에서 불상을 만들어 내게 된다. 불상이 어디에서 최초로 만들어졌는가 하는 의문은 미술사가들 사이에서 심각한 논쟁을 불러일으켜 온 문제이다.

간다라가 먼저라고 하는 사람들은 최초의 불상은 기원이 시작될 무렵에 인도화된 그리스 사람들이 만들었다고 주장한다. 이 예술가들은 붓다라는 인물을 어떤 식으로 만들어야 정서적인 매혹의 대상이 될 수 있을까를 결정해야만 했다. 그들에게 있어서 붓다가 인간이냐 신이냐 하는 것은 문제가 되지 않았다. 왜냐하면 신이든 인간이든 그들은 단 하나의 표현 방법만을 가지고 있었기 때문이며 그것은 붓다를 인간의 모습으로 표현하는 것이었다. 그들은 그리스의 아폴로 신을 모델로 삼아 그것을 인도화시켰다. 이것이 간다라 불교 미술의 시초이다. 간다라 지역은 그리스, 로마, 페르샤 등의 다양한 외국 문화의 영향을 받고 있었다. 불보살들을 예술적으로 표현하고자 하는 막대한 욕구를 만족시키기 위해서 이 지역에 많은 작업장이 건립되었다. 그러나 이 작업장에서 일하던 사람들은 단순한 기술자들이었다. 그래서 이들 평범한 공예가들은 불교 설화의 내용에 대해서는 정통했지만 특성도 없고 세존의 내적인 평정도 표현하지 못하는 기계적인 불상만을 만들어 냈다. 그러한 불상들은 곱슬머리, 수염, 장식품으로 꾸며졌으며 고대 로마인들의 옷을 닮은 법복을 걸쳤다. 한편 아라한과 출가 수도승들은 헬레니즘의 고전적 사상가들처럼 수염을 기른 모습으로 등장했다.

간다라의 불상이 먼저라고 옹호하는 사람들은 외국인의 특징을 가진 간다라 불상은 인도의 토박이들을 만족시킬 수가 없었다고 주장한다. 토박이들은 스승의 모습이 내적인 혼과 불교의 창시자로서의 역동적인 힘을 담고 있어야 한다고 생각했다. 그런 방식으로 붓다를 표현하는 데 대한 반발로서 중앙 인도에서 마투라 불교 예술이 출현하게 된다.

마투라 불교 예술이 먼저라고 주장하는 사람들은 위와 같은 결론을 옳지 않다고 생각하면서 다음과 같은 근거에다 자신들의 주장을 세운다. 마투라는 아주 이른 시기부터 인도 예술의 중심지였다. 왜냐하면 몇몇 최초기의 인도 조각품들이 마투라 부근에서 발견되어 왔기 때문이다. 이 마투라 조각에서는 붓다의 두상이 까까머리이며 결코 곱슬머리가 아니다. 그리고 수염도 없다. 법복도 살갗에 매우 밀착되어 있다. 앉은 자리도 연꽃이 아니라 항시 사자좌이다. 딱 벌어진 가슴과 어깨는 엄청난 에너지가 다져져 있다는 인상을 준다. 또한 마투라 불상은 꾸밈없는 위엄과 밝은 인상으로 특징되는데 아마도 이것은 세존의 내적인 만족을 가리키는 듯하다. 붓다는 교과서적인 표준형의 묘사에 따라서 사자 형태의 상체와 가느다란 팔다리로 표현되었다. 마투라 불상의 이러한 특성들은 인도 토착의 수목신(樹木神)인 야차

(夜叉, Yaksha)와 밀접한 관련이 있다. 그래서 간다라 불상의 냉정하고 생기없으며 풀죽은 인상과는 뚜렷한 대조를 보여준다. 그러므로 마투라 불상이 먼저라고 생각하는 사람들은 마투라 불상이 간다라 불상에 대한 반발에서 나온 것이 아니라 구체적인 숭배의 형상에 대한 불자들의 갈망에 부응하여 인도 고유의 조각에서 자연스럽게 발전되어 나온 것이라고 주장한다.

 간다라와 마투라의 불상들이 출현하게 된 시기는 언제인가? 이것은 논란의 초점이 되어 있다. 현재 일반적으로 받아들여지는 사실은 카니시카(Kanishka) 왕의 유물함에서 나온 불상이 가장 오래된 간다라의 불상이라는 점이다. 이 보물은 북인도에 위치한 페샤와르(Peshawar)의 발굴지에서 발견되었는데 금속으로 만들어진 조그만 상자로 되어 있으며 그 시기는 카니시카 왕의 즉위년에 해당한다. 여기서 주된 관심의 대상은 유물함의 뚜껑이다. 왜냐하면 이 유물함의 뚜껑에는 양 옆에 두 사람의 인물을 대동한 붓다의 입상(立像)이 있기 때문이다. 이 상자의 측면에는 세존의 모습이 몇 분 더 새겨져 있고 카니시카 왕 자신의 모습도 새겨져 있다. 카니시카 왕은 쿠샨(Kushan) 왕조의 제3대 왕이다. 이 왕조는 기원전 2세기에 북서 인도의 국경을 넘어서 중앙아시아에 정착한 스키티아(Scythia)라고 하는 인도-유럽 어족이 세운 왕조인데, 이들은 기원전 1세기에 북인도와 중앙아시아의 상당 지역을 포함하는 제국을 건설했다. 카니시카는 제3대의 통치자였지만 그의 연대는 전혀 불확실하다. 적지 않은 논란 끝에 지금은 그의 즉위 연대가 대략 기원후 78년이 아니면 144년일 것이라는 주장이 일반적으로 받아들여지고 있다. 만일 우리가 빠른 연대를 받아들일 것 같으면 카니시카 왕의 유물함에 새겨진 불상의 연대는 대략 기원후 78년 무렵이 될 것이다. 바로 이 불상의 연대는 이 연대에 앞선 시기에 불상을 만드는 관습이 존재했음이 틀림없다는 사실을 가르쳐 주는 것이다. 카니시카 시대에 주조된 동전들 역시 한 면에 불상이 새겨져 있고 다른 한 면에는 "붓다"(Boddo)라는 그리스 말이 새겨져 있다. 이미 어떠한 불상이 카니시카 왕 이전에 존재했었을까? 아마 존재했었을지도 모른다. 그러나 지금까지는 아무것도 발견된 것이 없다.

최초의 마투라 불상에 관한 연대는 오로지 추측으로 접근해 볼 수밖에 없다. 마투라는 불교의 중심지가 되기 이전부터 이미 절제와 고행을 강조하는 자이나교(Jainism)의 신봉자들이 성대한 공동체를 형성하고 있던 곳이었다. 그곳에서 불교가 성립되자 불교와 자이나교의 예술은 서로 밀접한 관련을 맺게 된 듯하다. 마투라에 있는 자이나교의 탑에 새겨진 명문은 자이나교 창시자의 조상(彫像)이 기원전 57년에 존재했었다는 사실을 알려준다. 이 초기 시대의 예술품을 연구할 때 결정적인 명문이 없는 경우는 불교와 자이나교의 예술품을 구별해 내기 어렵다. 왜냐하면 건축, 탑, 상징들이 매우 비슷하기 때문이다. 자이나교의 조상들이 대략 기원전 50년경에 존재했었다는 것을 알 수 있기 때문에, 불상도 틀림없이 그와 비슷한 시기에 사용되었으리라고 추론하는 것은 그리 위험한 일이 아니다. 만일 이러한 추론이 옳다면 최초의 마투라 불상은 기원전 1세기 후반에 만들어졌으며 간다라의 불상보다도 시기가 앞선다고 할 수 있을 것이다. 그리고 그것은 인도의 토양에서 비롯되었고 불교의 신앙적인 욕구를 충족시켰던 것이다. 그러므로 불상의 출현은 새로이 등장하기 시작한 대승불교의 한 측면이었다. 구체적인 불상의 조성은 대중들로 하여금 대승불교를 훨씬 더 매력적인 종교로 느끼도록 해주었다. 왜냐하면 이제 이들 신실하고 경건한 신봉자들이 자신들의 헌신과 숭배를 바칠 수 있는 가시적 대상을 가지게 되었기 때문이다.

　　불교의 예술은 또한 불교의 전파에 엄청난 도움이 되었다. 불교의 포교사들은 어디를 가든지 인도에서 발전된 여러 상징들뿐만 아니라 자신들의 종교를 세운 창시자의 조상을 가지고 갔다. 많은 출가 수도승들은 또한 그러한 예술품들을 만들어 내는 능숙한 기술자였으며 아시아의 여러 지역에서 새로운 귀의자들이 생길 때마다 그들에게 그러한 기술을 전수하였다. 따라서 실제로 우리는 불교가 전파된 모든 지역에서 불교 예술의 유적지를 발견할 수가 있다. 바로 인도의 국경을 넘으면 아프가니스탄의 바미안(Vamiyan)에 거대한 불상들이 발견되며 그 가운데 하나는 150피트나 된다. 인도에서 중국으로 가는 중앙아시아의 통로를 따라가노라면 지도에도 나와 있지 않은 오아시스들에서 그리스, 로마, 인도, 이란의 영향을 받은 불교 예술의 자취를 발견할 수가 있다. 마지막으로 이 통로의 끝인 대제국 중국의 북부 지역에 이르면, 이들 출가 수도승들과 중국인 협력자들이 바위에 새겨 놓은 불교 조각의 걸작품들이 사캬(Sakya)족의 성자가 창시한 종교에 헌신하는 데서 우러나는 감성적 열정을 오늘날까지도 말없이 증명해 보여주고 있다. 그러한 유적지들 가운데서 가장 중요한 곳이 중국 북서 지역의 돈황과 북부 지역의 운강과 용문이다. 이곳에는 석가모니불, 미륵불, 아미타불, 관세음보살, 문수 보살 그리고 이보다 지위가 낮은 수많은 호법신장(護法神將)들의 조상이 있다. 단단한 암벽에 이러한 인물들을 새기는 엄청나게 거대한 작업은 통치계급이나 귀족들뿐만 아니라 일반 평민들의 후원까지 받았다. 이처럼 멀리 떨어진 중국의 불교 조각 유적지에서까지도 여전히 인도의 영향이 나타나고 있다. 운강석불의 위풍당당한 모습은 의심할 여지 없이 바미얀 석불을 본뜬 것이다. 머리카락의 처리에서 중앙아시아의 영향뿐만 아니라 인도의 영향이 드러난다. 예컨대 물결 모양의 머리카락을 한 몇몇 중국 불상은 간다라 불상의 방식을 따른 것이고 나선형의 머리카락을 한 것은 마투라 불상을 따른 것이다. 한편 삭발형의 머리를 한 불상은 중앙아시아의 불상 형식을 따른 것이다. 이와 같은 엄청난 숫자의 불보살의 조상들은 아마도 불교 예술과 중국 불교의 발전이 얼마만큼 밀접하게 일치하고 있는가 하는 점을 가장 훌륭하게 말해 주는 징표가 될 것이다.

 우리는 불교 세계의 또 다른 끝인 동남아시아의 여러 나라들에서도 불교의 예술과 건축이 그곳 사람들의 종교적 삶에 끼친 중대한 역할을 볼 수가 있다. 예컨대 미얀마와 태국의 풍경은 인도의 반구형에서 이제 뾰족한 첨탑형으로 변형된 불교의 사원과 탑으로 점철되어 있다. 스리랑카의 폴로나루바(Polonnaruva)에 있는 불상은 연대가 11세기까지 올라가며 열반에 드러누워 있는 불상으로서 가장 세련된 불상 중의 하나로 간주된다. 자바(Java)에 가면 8세기와 9세기에 사일렌드라(Sailendra) 왕조가 건립한 것으로서 흔히 아시아 종교 예술 중에서 최고로 세련된 걸작이라고 하는 보로부두르

(Borobudur)를 볼 수가 있다. 우주를 상징하는 것으로 생각되는 이 위풍당당한 탑은 대승불교의 불전(佛傳) 문학인 「보요경」(普曜經 혹은 方廣大莊嚴經, *Lalitavistara*)에 서술된 붓다의 일생을 그린 조각으로 가득 차 있다. 이곳을 순례하는 순례자가 차례대로 순례를 마치게 될 때쯤이면, 조각에 새겨진 스승의 발자취를 따라 마지막 여행길에서 깨달음에 이르게 된다. 오늘날의 캄보디아(Cambodia)에서는 오로지 앙코르 와트(Angkor Wat)의 전설적인 잔해만을 볼 수 있을 뿐이다. 그러나 우리는 이 잔해들을 통해서 인도 불교의 예술가들과 건축가들이 남긴 탁월한 솜씨의 수준을 충분히 알 수가 있다. 그들은 인도와 불교의 자료들로부터 얻은 주제를 가지고 궁전을 짓고 치장하였던 것이다.

상좌불교가 지배적인 동남아시아의 불교 사원에서 발견되는 불상들은 거의가 고타마 석가모니의 불상뿐이다. 태국의 몇몇 사원에 있는 석가모니불은 자신보다 먼저 열반에 들었던 사리풋타(Sariputta)와 목갈라나(Moggallana)를 동반하고 있다. 같은 사원 안에 여러 구의 불상이 있다 하더라도 모두가 역시 석가모니불이다. 석가모니불은 대개 앉거나 서 있는 자세이지만 아주 드물게 누운 자세를 취하고 있는 경우도 있다.

중국 같은 대승불교의 전통에 속해 있는 사원에는 불상뿐만 아니라 보살상 그리고 좀더 낮은 위계인 호법신장들의 조상도 있다. 우리는 사원의 경내로 들어서는 순간 두 명의 사나운 인물과 마주치게 된다. 고대 중국에서 서로 다투던 전설적인 두 장수인 Heng 장군과 Ha 장군이다. 어떻게 해서 불교적 인물이 아닌 이 두 장수가 불교적 만신전에 포함되었는지는 참으로 수수께끼이다. 두 장수 모두 봉(棒)으로 무장하고 절 입구의 양켠에 우뚝 서 있다. 마당으로 들어서면 산같이 불룩 튀어나온 배를 하고서 앉은 자세로 쾌활하게 웃으며 맞이하는 불상을 만나게 된다. 이 불상은 중국판 미래불인 미륵불(Maitreya)로서 소소불(笑笑佛)이다. 이 불상에서는 더 이상 인도 예술의 흔적을 찾아볼 수가 없다. 왜냐하면 그는 외모에서 완전히 중국화되었기 때문이다. 소소불의 양켠에는 사천왕(四天王)이 있는데 그들은 우주의 사방을 통치하며 사원은 물론 진리를 따르는 자들을 수호한다. 좀더 안으로 들어가면 대웅전이 나오는데 그곳에는 불단(佛壇)이 있다. 불단에는 석가모니불 상만 있거나 혹은 오른쪽에는 서방 극락 세계의 주불(主佛)인 아미타불, 왼쪽에는 병을 치료해 주는 약사여래(藥師如來)의 두 붓다를 대동하고 있다. 대웅전의 박공에는 16아라한 상을 모신 탁자가 있다. 중국 불교의 절에서는 아라한이 대단한 존경을 받지는 못한다. 그들의 조상은 대웅전을 장식하는 단순한 부속물이다.

불단 뒷쪽은 칸막이 벽으로 차단되어 있다. 그리고 이 격벽(隔壁)의 뒤에는 반대편을 향하고 있는 또 다른 불단이 있다. 가장 일반적으로 여기에 봉안되는 불보살은 여성의 모습을 하고 있는 관세음 보살이다. 아들을 낳기를 바라는 여성들은 주로 이러한 모습을 한 이 보살을 숭배한다. 어떤 절에서는 관세음 보살 대신에 정토의 세 불보살을 모시기도 하는데 중앙에 아미타불이 있고 왼켠에는 남성의 모습을 한 관세음 보살, 오른켠에는 힘을 나타내는 대세지(Mahasthama) 보살이 있다.

불상들은 언제나 손과 손가락의 정형화된 모습인 수인(手印), 즉 무드라(mudra)의 자세를 취하고 있다. 그러한 자세 중에서 가장 흔한 것은 지촉인(地觸印, bhumisparca-mudra)이라는 자세이다. 이 자세의 불상은 앉은 채로 오른팔을 오른 무릎 위에 올려 놓는데 손바닥은 엎어 놓는다. 그리고 모든 손가락을 아래로 향하게 하는데 그 중에서 가운데손가락 끝은 좌대(坐臺)에 닿게 한다. 왼손은 왼쪽 넓적다리 위에 올려 놓되 손바닥을 위로 향하게 한다. 이 자세는 붓다가 여지신(女地神)에게 사악한 존재인 마라(Mara)의 유혹을 물리친 것을 증명해 달라고 요청한 일화와 관련이 있다. 또 하나의 흔한 자세는 법을 펴는 자세이다. 이 자세에서는 오른손의 엄지와 검지의 끝으로 왼손의 한 손가락을 잡고 손바닥을 안으로 향한 채 가슴에 대고 있는 자세이다. 또한 명상에 잠겨 있는 자세도 있다. 이 자세에서는 포갠 다리 위에 양손을 얹는데 모든 손가락을 펴서 오른손을 왼손 위에 놓고 손바닥은 위로 향하게 한다. 마지막으로 수호자세에서는 오른손을 들어 가볍게 구부리며 손바닥은 밖으로 내밀고 모든 손가락은 위를 향하게 한다. 왼손은 손바닥을 밖으로 향한 채 밑으로 늘어뜨린다.

　이미 자체의 오랜 예술적 전통을 가진 중국 같은 나라에서는 불교 예술이 들어오면서, 새로운 기술과 새로운 주제와 새로운 예술적 가치들을 도입함으로써 토착 예술가들의 안목을 넓고 풍부하게 해주었다. 동남아시아의 국가들과 같이 예술적 전통이 없던 열등한 문명 지역에서 불교 예술은 사람들로 하여금 선과 형태, 미와 조화의 새로운 규범에 눈뜨게 해주었으며 적당한 물건과 상징들로써 그들의 종교적 열망을 심화시키고 강화시키는 것이 어떻게 가능한가를 보여주는 커다란 교화력을 발휘했다. 붓다의 가르침, 그리고 종교적인 축제 및 의례들과 함께 불교 예술은 대중들을 석가족 성자의 신봉자가 되도록 끌어들이는 자석의 역할을 했던 것이다.

제 12 장

불교의 의례와 축제

우리는 앞의 장들에서 상당 부분을 할애하여 한 종교의 근본적인 두 요소에 대하여 논의한 바 있다. 그 하나는 스승이 남긴 주요한 가르침이고 다른 하나는 그 가르침을 실천할 제자들인 승가 공동체이다. 한 지역 공동체의 전체 인구에 비한다면 수도승들의 숫자는 극소수에 불과했다. 따라서 출가 수도승들에 의해서 불교로 입문하게 될 사람들의 숫자는 더욱 적다. 그러나 불교는 의례와 축제를 통해 훨씬 더 많은 대중들에게 접근할 수가 있다. 종교적 상징물들의 전시를 통해서, 종교극의 상연을 통해서, 그리고 때로는 굉장한 축제가 곁들여진 설법이나 논쟁을 통해서 불교의 근본 가르침이 더 많은 대중들에게 보급되는 것이다.

    이러한 의례와 축제들은 사람들에게 적어도 불교적 활동에 참가할 기회를 제공하며 그 결과 그들은 불교에 대하여 개인적인 애착심을 느끼게 되는 것이다. 사람들은 관심을 집단적으로 표현하고 집단적인 참여를 함으로써, 어떤 기본적인 목표와 이상을 추구함에 있어서 공동의 무엇을 나누고 있다는 느낌을 받는다. 그들은 출가한 수도승들만이 실천하는 종교를 단순히 관망만 한다고 느끼는 대신에 공동의 신앙에 근거한 일치와 결속감으로 함께 묶인 적극적인 동반자가 되는 것이다. 그들은 의례와 축제에 참여함으로써 그들 스스로 불교의 창시자와 여러 중요 인물들의 체험을 함께 나눈다고 느낀다. 그리고 그러한 자각은 과거가 자신들에게 이어지고 있다는 느낌을 가지게 해준다.

    마지막으로 의례와 축제는 참가자들에게 매일매일의 지루한 일상생활과는 다른 어떤 새로움을 가져다 준다. 사람들은 그런 기회를 통해서 그날의 고난과 피로를 잊어버릴 수 있고 나날의 생활을 얽어매는 속박들을 떨쳐버릴 수 있다. 그들은 친구들과 함께 나들이를 즐길 수 있고, 춤추고 노래하고 소리지르고 악기를 연주하고 북을 두드리면서 엄청난 소란을 피운다. 평범한 인간은 요람에서 무덤까지 노예생활을 해야만 하는 기계가 아니라 감정과 정서를 가지고 있는 생물이다. 그래서 종교적 의례와 축제는 그들에게 그러한 감정을 분출시킬 수 있는 출구를 제공하는 것이다.

일 년 내내 여러 차례에 걸쳐서 불자들의 삶을 현란하게 수놓는 의례와 축제들이 펼쳐진다. 출가 승단에 있어서 가장 중요한 의례는 출가 수도승의 수계식(受戒式)과 매월 초하루와 보름날에 열리는 모임이다. 이 모임에 관해서는 출가 수도 공동체에 관한 앞 장에서 이미 어느 정도 자세하게 설명한 바가 있다. 티베트에서는 의례들이 수없이 늘어났는데 그것은 아마도 본(Bon)교의 관습들이 불교로 습합된 때문인 듯하다. 여기서 우리는 죽은 이의 영혼을 인도하는 의례만 언급하고자 한다. 출가 수도승은 이 의례에서 방금 운명한 사람의 명복을 빌어 준다. 주로 죽은 이의 가족들의 요청에 의해 행해지며 사자(死者)가 좋은 곳에 태어나기를 빌거나 죽은 이의 영혼이 살아 남은 사람들을 괴롭히지 말도록 하기 위해 행해진다.

이 의례에서는 죽은 이의 이름이 적힌 위패(位牌)가 그를 대신한다. 먼저 식을 집행힐 출가 수도승이 여섯 개의 꽃잎이 달린 연꽃 모양의 만달라를 그리는데 여섯 개의 꽃잎은 각각 윤회하는 육도(六道)의 세계를 뜻한다. 죽은 이는 그 중의 어느 한 곳에 태어나게 된다고 생각되고, 그의 위패는 가장 낮은 세계인 지옥부터 시작하여 만달라의 여러 연꽃 잎 주위를 맴돈다. 그의 위패가 지옥에 놓이는 순간 출가 수도승은 신비한 주문을 외우기 시작하면서 그의 몸으로부터 모든 열기와 오한의 고통을 제거해 주고 지혜의 감로수로 성냄의 악업을 씻어 달라고 관세음 보살에게 간청한다. 그러고 나면 죽은 이의 영혼은 음식의 보시에 의해서 지옥에서 그를 괴롭히는 자들의 진노가 가라앉았으며 지옥의 문이 닫혔다는 말을 듣게 된다. 위패가 육도의 나머지 여러 세계(아귀, 축생, 인간, 아수라, 천상)를 차례로 옮겨다닐 때마다 의례가 반복되고 그때마다 정해진 부처님의 이름도 바뀌고 각 세계의 고통도 차례차례로 변하게 된다. 죽은 이가 천상으로부터 벗어나게 되면 연꽃 모양의 만달라는 치워지고 중간 상태〔中陰界〕를 위한 의식이 암송된다. 죽은 이가 다시 태어나기 전까지의 중음계에서 필요한 먹을 것, 마실 것, 입을 것과 필요한 여러 물품들이 죽은 이에게 주어진다. 이러한 물품들을 받은 죽은 이의 영혼은 다시 사람의 몸을 받기 원한다면 보시, 지계, 인욕, 정진, 선정, 지혜의 완성을 닦아야 한다고 촉구된다. 이러한 권고 후, 죽은 영혼은 이제 관세음 보살의 불국토에 있으며 그가 보호하는 세계에 있게 되리라는 말을 듣는다. 이제 위패는 사르어지고 만트라의 주문과 함께 의례가 끝난다. 죽은 이의 영혼은 이러한 의례의 집전을 통해서 이 사바 세계를 벗어나 붓다의 정토에 태어나는 것을 보장받는 것이다.[36]

스리랑카에서는 어느 때라도 의례가 벌어질 수가 있다. 악령을 쫓아내거나 질병을 치료하거나 새로 지은 집을 축복하기 위한 의례들이 있기 때문이다. 이 의례는 보호(paritta)라는 뜻의 팔리어에서 왔기 때문에 호주(護呪, pirit)라고 불린다. 이 의례가 계속되는 동안 암송될 팔리어 경전으로부터 가려뽑은 「호경」(護經, pirit-pota)이라는 경도 있다.

악령을 쫓아내기 위해서는 「자경」(慈經, Metta-sutta)이나 「보경」(寶經, Rattana-sutta)을 이레 동안 암송해야 한다. 경문을 암송하는 동안에 작은 상자나 단상 위에 불사리(佛舍利)를 안치한다. 불사리를 안치한다는 것은 붓다가 그곳에 현존한다는 것을 의미한다. 맞은편 자리에는 집전을 맡은 출가 수도승이 밤낮으로 계속해서 경을 암송한다. 열두 명에서 스물네 명까지의 출가 수도승들이 참여하여 두 명씩 짝을 지어 번갈아 가면서 암송을 계속한다. 게다가 일출과 정오와 일몰의 하루 세 번은 출가 수도승들이 모두 모여서 경을 읊는다. 이레 동안을 암송하고 나면 악령은 떠나가고 환자는 건강을 회복한다. 그러나 만일 악령이 떠나지 않는다면 그때는 가장 강력한

---

36. D. L. Snellgrove, *Buddhist Himalayas*. New York, 1957, 262-74.

힘을 가진 장부(長部) 경전 중의 「아탁나지경」(阿吒那智經, Atana-tiya-sutta)을 암송한다. 그런데 이 의례가 행해질 때마다 일정한 예방책이 취해져야만 한다. 이 경을 암송하는 출가 수도승은 고기나 밀가루로 만든 모든 음식을 삼가야 한다. 또한 그는 공동묘지 근처에서 거주해서는 안되는데 그것은 그곳에 사는 악령들의 훼방을 받지 않아야 하기 때문이다. 그가 사원에서 환자의 집으로 갈 때에는 무기와 방패를 든 사람의 보호를 받아야만 한다. 그는 노출된 장소가 아니라 꼭 밀폐된 방 안에서 항시 무기를 가진 사람이 보호하는 가운데서 경을 암송해야만 한다.

환자가 계율을 지키겠다고 서원을 하고 나면 암송이 시작된다. 악령이 떠나가면 의례는 끝이 나지만 악령이 계속해서 환자의 몸을 떠나지 않으면 환자는 사원으로 옮겨져서 깨끗하게 정돈되고 꽃과 등불로 장식된 마당에 눕혀진다. 드디어 주문이 암송되고 모든 신들이 불려진다. 환자의 이름을 묻고 나면 악령은 이제 그 이름으로 불려진다. 악령에게는 보시와 꽃과 등불의 공양과 경전의 암송에 의한 공덕들이 그에게 주어졌으므로 그는 이제 고마움을 느끼고 환자를 떠나야만 한다고 말한다. 그러나 아직도 악령이 떠나기를 거부한다면 신들에게 그의 완고함을 고하고 「아탁나지경」을 다시 암송한다.[37]

불탑 숭배는 불교를 신봉하는 나라들에서 볼 수 있는 또 다른 의례이다. 출가 수도자들과 재가 신자들은 이 의례에서 서로 만난다. 불탑 속에는 세존의 사리가 안치되어 있으므로 신봉자들은 그것을 붓다의 색신(色身)으로 간주한다. 이 성스러운 구조물은 세속 세계와 구별하기 위하여 높은 돌난간으로 둘러쳐져 있다. 이 반구형 불탑에서 가장 주시해야 할 점은 돌난간의 네 군데에 태양이 지나가는 경로에 해당하는 일출·천정(天頂)·일몰·천저(天底)를 가리키는 네 개의 문이 있다는 점이다. 동문은 붓다의 탄생을 의미하고 남문은 깨달음을, 서문은 전법을, 그리고 북문은 열반을 의미한다.

---

37. Walpola Rahula, *History of Buddhism in Ceylon.* Colombo, 1956, 278-9.

돌난간과 돔 사이에는 불탑을 참배하는 사람들이 따라 도는 넓은 길이 나 있다.

불탑 참배가 행해지는 날에는 화려한 행렬의 참배객들이 꽃과 기드림과 향으로 장식한 채 동문에서 출발해서 항상 시계 바늘이 도는 방향으로 순환로를 따라서 오른쪽으로 순행(巡行)한다. 그들은 이런 식으로 붓다가 걸었던 것처럼 남문에서 서문으로 서문에서 북문으로 차례로 따라 도는 것이다.

티베트 사람들은 티베트 달력으로 4월에 수도 라사(Lhasa) 주위의 성스러운 길을 언제나처럼 순행하며, 이것이 티베트에서 행해지는 방식이다. 4월이 되면 짬을 낼 수 있는 모든 티베트 사람들은 공덕을 쌓기 위한 순행길에 나선다. 단순한 순행만으로는 충분치 못하다고 느끼는 더욱 경건한 티베트 사람들은 전 구간을 땅에 몸을 뻗쳐서 절을 했다가 다시 일어서고 하는 반복된 동작을 계속하면서 순행하기도 한다. 6마일 정도가 되는 거리를 완전히 순행하려면 일주일 정도가 걸린다. 그들은 손과 무릎을 보호하기 위해서 장갑과 보호대를 착용한다.

이러한 의례들 외에도 수많은 축제들이 불교의 연중 행사로 벌어진다. 통치자, 귀족, 일반 대중, 부자와 가난한 자, 출가 수도자와 재가 신자 등 사회의 모든 구성원이 그 축제에 다 함께 모여 축복을 나눈다. 예컨대 중국 당나라 황실의 경우는 황실의 생신을 축하하는 의례가 실제로 국가적 행사로서 벌어졌다. 이러한 행사는 영계(靈界)의 힘을 빌려서 사악한 힘으로부터 황실의 가족들을 보호할 수 있도록 사원에서 치러졌다. 연중 행사로 치르는 이러한 축제들은 붓다의 생애에 일어났던 사건들과 관련이 있다. 불교를 신봉하는 모든 나라가 아주 초기부터 현재까지 붓다가 탄생한 날을 기려오고 있다. 어떤 경우의 축제는 스리랑카의 칸디(Kandy)에 있는 붓다의 치아와 같은 붓다의 사리에 초점이 맞춰지기도 한다. 또는 여름 안거가 끝나는 날 출가 수도승들에게 가사(袈裟)를 보시하는 불교적 관습에 중점을 두는 경우도 있다. 과거에 중국과 일본에서 행해졌던 가장 인기있는 의례는 죽은 이들의 명복을 비는 우란분제(盂蘭盆齊)였는데 이것은 목갈라나(Moggallana)가 어머니를 찾아 헤매며 효성을 다하는 사건과 관련된 것이다.

붓다가 탄생한 날을 기리는 축제는 베사카(Vesakha) 축제라고 불리었는데 베사카는 세존께서 태어난 달의 이름이다. 이것은 불교 축제들 중에서 가장 초기의 것인데 문헌상에 남아 있는 최초의 기록은 아마도 중국의 구법승(求法僧) 법현(法顯)이 남긴 것일 것이다. 그는 5세기 초에 인도에서 이 축제를 직접 목격했었다. 그가 남긴 이 축제에 관한 기록은 다음과 같다.

> 그들은 매년 둘째달 8일에 조상(彫像)들을 들고 행진을 벌인다. 그들은 네 바퀴가 달린 수레를 만들고 그 위에 대나무로 엮은 5층짜리 구조물을 세운다. 이 구조물은 기둥과 작살이 이어진 마루 대공으로 지탱되는데 10미터 이상의 높이에 둥근 지붕의 불탑 모형을 하고 있다. 그 둘레에는 흰 비단 같은 천이 둘러쳐진 다음 색색으로 칠해진다. 금과 은 그리고 장엄하게 주조된 하늘 빛 유리로 된 신상(神像)을 만들고 그 위에 비단 기드림과 닫집 모양의 차양을 드리운다. 수레의 사면에는 벽감(壁龕)이 있으며 그곳에는 각각 한 분의 불상이 안치되고 한 분의 보살이 붓다의 옆에 시립(侍立)하고 있다. 아마도 수레는 스무 개쯤 되는데 모두가 장엄하고 웅대하면서도 똑같은 수레는 하나도 없다. 그 날에는 온 나라의 출가 수도승과 재가 신자들이 모두 모인다. 그 중에는 가수도 있고 재수있는 연주자들도 있다. 그들은 꽃과 향으로 공양을 올려 자신들의 신심을 표현한다. 바라문들이 와서 불자들을 시내로 들어오도록 이끈다. 불자들은 질서 정연하게 시내로 들어가 이틀 밤을 지낸다. 그들은 밤새도록 등불을 밝히고 능숙하게 음악을 연주하며 물건들을 보시한다. 이러한 축제의 관습은 모든 다른 왕국들에서도 마찬가지로 행해진다. 그들 중에서 평민 가족의 족장은 시내에다가 보시와 의료 행위를 위한 시설을 짓는다. 온 나라의 모든 가난한 이들과 고아, 과부, 자식 없는 사람, 불구자, 장애자 그리고 질병을 앓고 있는 사람들이 이 시설로 달려가 필요한 모든 도움과 의사들의 치료를 받는다. 그들은 자신들에게 필요한 음식과 의약을 받고 편안함을 느끼게 되고 상태가 나아지면 스스로 떠나간다.[38]

중국에서는 이 축제가 대개 음력 4월이나 혹은 2월의 초8일에 벌어졌다. 이 날의 축제중에서 불상을 들고 행진하는 것과 불상을 목욕시키는 두 가지 행사가 눈에 띈다. 불상을 목욕시키는 의례는 붓다가 태어났을 때 천신들이 향수로 그를 목욕시켰다는 전승에 근거하고 있다. 불상의 행진은 맨 처음 초이렛날에 한 중심 사찰에서 다 함께 시작한다. 그리고 다음날인 초여드렛날에는 관중들의 환호와 고함과 웃음소리, 터지는 폭죽, 타오르는 향 연기, 흩날리는 꽃다발 그리고 물결치는 깃발 속으로 행렬이 지나간다.

붓다의 사리 중에서 가장 유명한 것은 지금까지 칸디에 보존되어 있는 붓다의 치아이다. 기원후 371년에 스리랑카에 처음 들어온 때부터 이 치아의 존재는 매년 열리는 축제에서 영적 감화력을 발휘해 왔다. 법현에 따르면 축제의 처음에는 이 치아가 수도 아누라다푸라(Anuradhapura)의 아브하야기리(Abhayagiri) 정사(精舍)에 안치되어 있다가 3월 중순이 되면 대중들의 행진과 친견(親見)을 위해서 밖으로 모셔지게 된다고 한다.

행진이 시작되기 열흘 전에 우렁차면서도 근사한 목소리를 가진 남자가 선발되어 화려하게 장식된 코끼리를 타고 시내를 돌아다니면서 모든 사람들에게 다음과 같은 취지의 말을 전한다. 그가 말하는 바에 따르면 붓다는 그의 여러 전생 동안에 다른 사람들을 위해서 자신의 목숨을 여러 차례 희생하였다고 한다. 굶주린 암펌이 새로 태어난 제 새끼를 잡아먹지 않도록 자신을 먹이로 내놓았고, 배고픈 매로부터 비둘기의 생명을 구하기 위해서 자신의 몸을 조각조각 떼어내기도 했다. 그는 이처럼 수없는 생애를 거쳐서 자기 희생을 실천한 후 열반에 들었다는 것이다. 열흘이 지나면 붓다의 치아는 대중들에게 공개된다. 모든 주민들은 붓다의 치아를 맞이하기 위해서 거리를 깨끗하게 치우고 단장하며 꽃을 뿌리고 향을 사른다.

영을 내린 후 왕은 오백 개의 불상을 행렬이 나아갈 길의 양켠에 세운다. 이 하나하나의 불상은 붓다가 지나온 하나하나의 전생을 나타낸다. 불상들

---

38. James Legge, *A Record of Buddhistic Kingdoms*. Oxford, 1986, 79.

은 아름다운 색칠과 화려한 장식으로 치장되어 그 빛깔과 외모가 흡사 살아 있는 모습처럼 보인다. 드디어 정해진 날이 되면 붓다의 치아가 밖으로 모셔지고 주요 도로를 따라 행진을 벌인다. 행렬이 지나가는 곳에는 모든 주민들이 모여들어 사리에 경의를 표하는 것이다. 치아가 아브하야기리 정사로 돌아오고 나서도 축제는 그곳에서 90일 동안이나 계속된다. 성직자들과 재가 신자들이 밤낮으로 끊임없이 몰려와서 향을 사르고 등불을 켜고 의식을 거행한다.

요즘에는 이 붓다의 치아를 모시는 축제가 8월에 칸디에서 약 열흘간에 걸쳐서 벌어진다. 코끼리는 이 축제에서 아직도 중요한 역할을 담당한다. 치아 사원에서는 한떼의 코끼리를 기르고 있는데 축제가 열리지 않는 때에는 힘든 일을 하기 위해서 밖으로 내보내지만 행진이 진행되는 날에는 제구실을 한다. 위풍당당한 코끼리떼는 길 양켠에 줄지어 늘어선 수많은 군중들에게 보여줄 소중한 사리를 싣고, 행사를 위해서 깨끗하게 치워지고 호사스럽게 단장된 길을 따라서, 가장 크고 힘센 코끼리가 이끄는 대로 근엄하게 행진해 나아간다. 맨 앞에서 인도를 맡은 코끼리는 금과 은으로 된 값지고 번쩍거리는 장식품, 보석을 수놓은 자수 그리고 향기 좋은 꽃으로 덮여 있다. 치아 사리가 담겨 있는 상자 옆에는 역시 불상이 놓여져 있다. 그 성스러운 코끼리 위에는 위엄을 나타내는 복장을 걸친 칸디의 수장(首長)이 타고 있고 그 양쪽에는 작은 코끼리 두 마리가 따라간다. 코끼리와 그외 행진에 참가한 대열은 1마일이나 뻗쳐 있으며 그리고 행진이 지나가는 길은 처음부터 끝까지 한바탕의 수라장을 이룬다. 모여든 군중들이 고함을 지르고, 소라 고동을 불고, 징을 치고, 날카로운 소리의 피리를 불고, 큰 북을 치면, 현란한 복장으로 꾸민 광란의 춤꾼들은 격렬하게 몸을 뒤틀고 흔든다. 한마디로 이 광경은 훌륭한 박람회이다.[39] 스리랑카에서는 그와 같은 박람회가 아직도 매년 열리고 있다.

---

39. Harry Williams, *Ceylon, Pearl of the East*. London, 1950, 345-6.

마찬가지로 불교가 중국에서 절정기를 구가하고 있었을 때에도 이와 같은 축제는 열렬하다 못해 마치 광란의 도가니 같았다. 당나라 때에는 서울에 있는 네 개의 사찰이 붓다의 진본(眞本) 치아 사리를 가지고 있다고 주장했는데 그 치아 사리들은 매년 음력 2월이나 3월에 일주일 동안 공개되었다. 이 행사가 열리게 되면 온갖 향제품뿐만 아니라 의약품과 음식, 진기한 과일 및 꽃과 같은 모든 종류의 시물(施物)들이 이 치아 사리에 봉헌되었다. 신봉자들은 때때로 치아 사리를 보존하고 있는 사원의 출가 수도승들을 위해 곡식을 보시하거나 혹은 치아 사리가 봉안되어 있는 법당에 엽전을 뿌리기도 하였다.

사리 중에서 가장 유명한 것은 서울인 장안(長安)의 서쪽에 있는 절에서 보존하고 있는 붓다의 손가락 뼈이다. 이 사리가 장안으로 모셔져서 한 절에서 전시될 때마다 장안의 전 대중들은 문자 그대로 이 사리에 대한 축제 때문에 광란의 도가니에 빠졌다. 그런 경우 군중들은 머리를 그을리고, 손가락을 데게 하고, 옷을 벗어 던지고, 돈을 던져 주었다. 관청이나 큰 가문들은 무한정의 돈을 그 사원에 기부하고 일반 서민들은 평생 번 돈을 바쳐서 다투어 사리에 보시를 한다. 서울의 거리들은 사원으로 가서 사리를 보려고 밀어닥친 사람들 때문에 온통 북새통을 이룬다. 어떤 경우에는 한 군인이 자신의 왼팔을 잘라서 사리를 존숭하는 동안 피가 온 땅에 흘렀다. 또 어떤 이들은 그 성스러운 곳까지 팔꿈치와 무릎으로 기어서 가기도 한다. 어떤 부유한 가문에서는 이 사리를 축복하기 위해 수은을 부어서 연못을 만들고 금과 옥으로 나무를 만들며 다투어 불상을 조성했다. 거리에서는 사람들이 소라 고동과 나팔을 불거나 징을 침으로써 혼잡을 더한다. 사람들은 노래를 부르고 춤을 추면서 거리를 돌아다님으로써 축제의 야단법석을 부채질한다. 대중들에게 전시가 끝나면 황제는 사리를 황궁의 법당으로 모셔와서 금으로 만든 꽃잎으로 된 커튼과, 용의 비늘로 만든 요와, 불사조의 깃털로 된 이불로 된 침상에 이 사리를 안치한다. 단적으로 말해 사리를 숭배하는 의례는 서울에서 벌어지는 가장 호화로운 공연의 기회였던 것이다.

인도, 스리랑카 그리고 동남아시아의 여러 나라들에서는 우기(雨期) 때문에 여름 몇 달 동안은 출가 수도승들이 손쉽게 옮겨 다닐 수가 없다. 붓다는 가르침을 펴기 시작한 처음부터 비구들로 하여금 우기에는 조용한 곳에 머물러 지내도록 하였다. 비구들은 이 안거(安居) 동안에는 학습과 선정의 수행을 위해서 한 곳에 머무를 수밖에 없었다. 안거가 끝날 때는 가사(袈裟)를 보시하는 카티나(Kathina)라고 하는 의례가 있는데 이때 신심있는 재가 신자들은 승가(僧伽)에 가사를 보시하여 비구들에게 나누어 준다. 태국에서는 이때 국가적인 의례로서 축제를 벌이는데 여기서 왕이 가장 중심적 역할을 수행한다. 왕은 축제에 참가함으로써 불교의 보전과 번영을 위해서 자신이 후원하고 있다는 것을 보여준다. 불교에 대한 왕의 이러한 후원은 왕이 승가에 바치는 화려한 시물로써 구체적으로 드러난다. 왕의 뒤를 이어 온 나라의 귀족과 일반 국민들도 마찬가지로 시물로써 승가에 대한 자신들의 호의를 표시한다. 그러므로 이 나라의 모든 사원과 수도원들은 카티나 의례의 축전 동안 수익을 얻게 된다.

태국에서는 이 축전의 의례가 태국의 달로 매년 11월 중순부터 12월 중순까지에 걸쳐서 시행되는데, 서양력으로는 대략 10월과 11월에 해당한다. 우기가 끝나면 안거도 끝난다. 축전 행사가 계속되는 동안에 땅 위에서가 아니면 물 위에서 이루어지는 두 가지 종류의 행진을 매일마다 번갈아 볼 수가 있을 것이다. 물 위의 배들은 화려하게 단장을 하고 있는데, 그 위에는 저마다의 가락을 뽑아 대는 악대들과 최고로 뽑아 입은 승객들이 타고 있다.

수도의 주요 사원들은 왕실의 사원으로 지정되어 왕실의 특별한 보호를 받고 왕으로부터 직접 시물을 받는다. 그러나 그러한 왕실 사원의 수가 너무나 많아져서 왕이 그곳들을 모두 방문할 수가 없게 되자 아주 먼 사찰들에는 왕을 대신하는 귀족들이 가서 시물을 선사했다. 왕은 육로가 아니면 수로를 통해서 왕실 사원에 가게 된다. 육로로 가게 되면 일인승 가마를 타고서 자신의 수행원들을 대동한 채 화려하고 위엄있는 행렬을 지어 사원으로 간다. 수로로 갈 때는 귀족들과 함께 왕실의 의식용 장식배를 타고서 다른 배에다가 사원에 보시할 시물을 실은 채 목적지를 향한다. 서른 혹은 마흔 척의 배들이 전체 행렬을 이루는데 초창기에는 150여 척의 배들이 참여했다고 전한다.

배가 도착해서 내리게 되면 왕은 행사를 위해 깔아놓은 카펫 위를 걸어서 사원으로 향한다. 왕은 문 앞에 도착해서 신하의 도움을 받아 완벽한 한 벌의 가사를 받아들고서 절로 들어간다. 그가 절의 맨 안쪽에 불상이 안치되어 있는 곳으로 나아가면 절에서 거주하는 출가 수도승들은 열을 지어 가까이 앉는다. 왕은 특별히 마련한 단상 위에다가 가지고 온 가사를 놓는데 그 단상 위에는 꽃이 꽂힌 다섯 개의 황금 꽃병, 볶은 옥수수가 담긴 다섯 개의 황금 접시, 다섯 개의 황금 촛대 그리고 다섯 개의 향이 놓여 있다. 이 다섯이라는 숫자는 과거의 세 붓다와 현재의 석가모니불 그리고 미래의 미륵불을 의미한다. 왕은 불상 앞에서 세 번의 큰 절을 올리는데 그럴 때마다 매번 "완전한 깨달음을 이루신 부처님, 아라한, 세존께 귀의합니다"라는 구절을 반복해서 말한다. 그러면 주지 수도승도 이 구절을 세 번 반복한다. 이렇게 암송이 끝나고 나면 왕은 가사를 주지 수도승에게 바치고 주지 수도승은 "훌륭하고 훌륭하도다!"라고 외침으로써 가사를 받아들였음을 표시한다.

이제 주지 수도승은 모인 출가 수도승들을 향해서 왕이 절을 방문해 주셔서 친히 가사를 출가 수도승들에게 보시하고 출가 수도승들 중에서 누가 그 가사를 입을지를 승가에 맡김으로써 승가 공동체를 영예롭게 하셨다고 고한다. 그러고는 주지 수도승은 가사를 필요한 출가 수도승들에게 나누어 주고 팔리어 학습에 뛰어난 성적을 거둔 출가 수도승들을 위해서 특별히 가사를 남겨 둔다. 그러고는 왕을 위해서 짧막한 축복의 기도를 올린다.

건강한 몸으로 백세를 사시고, 아무런 병고 없이 행복을 누리소서. 모든 소원을 이루시고, 하시는 일을 모두 성취하시며, 모든 이로움을 얻으소서. 항시 승리하시고 성공을 이루기를, 오 존엄하신 군주 파라민드라(왕의 이름)시여, 영원하소서! 폐하께 가피가 있기를 축원하나이다.[40]

왕은 다시 한번 불상에 귀의를 표하고 나서 절을 떠난다.

왕이 시물을 바치기 위해서 방문하는 모든 절에서 이와 똑같은 과정이 반복된다. 각 절마다 대략 30분 정도가 걸린다.

왕실의 카티나가 끝나면 보트 경주가 열린다. 이전에 아유티아(Ayuthia)가 서울이었을 때는 왕실에서 보트 경주를 후원하고 왕실의 의식용 장식배도 경주에 참가했다. 왕실의 배가 지면 풍년이 들고 왕실의 배가 이기면 재난이 닥칠 것이라는 예언이 널리 믿어졌다. 현재는 왕실의 지원은 없고 전적으로 불교계만의 행사로 되어 있다. 이 보트 경주는 사원에서 3개월 이상 지낸 젊은이들에게 그들의 넘치는 정력을 발산할 기회를 주고 동시에 경쟁적인 여흥을 즐길 수 있는 기회를 준다.

상좌불교의 또 다른 본거지인 미얀마에서는 우기가 끝날 때인 10월 보름날 그 해의 큰 축제가 벌어진다. 이 축제는 서울의 대탑을 중심으로 해서 벌어지는데 그 날이 되면 남자, 여자, 늙은이, 젊은이, 부자, 가난한 자 할 것 없이 모든 이들이 최고로 차려입고 떼를 지어 이리저리 몰려다닌다. 밝게 빛나는 태양 아래서 이리저리 움직이는 사람들의 무리가 강렬한 색채의 혼합을 연출한다.

축제는 이레 동안 계속되지만 가장 중요한 날은 보름날이다. 이 날은 축제에 참가하는 사람들이 가장 붐비고 보시하는 시물도 가장 많다. 탑의 계단을 오르는 사람들의 무리는 넓은 고대(高臺)로 들어가는 대문에 있는 용을 통해서 뿜어져 나오는 물길처럼 보인다. 사람들은 하루종일 모였다 흩어졌다 하면서 몰려다닌다. 심지어 해가 져도 축제는 그치지 않을 뿐만 아니라 달이 떠오르면서 분위기가 더욱 고조된다. 달이 뜨면 탑은 새로운 모습

---

40. H. G. Quaritch Wales, *Siames State Ceremoneies*. London: B. Quaritch, 1931, 205.

을 띤다. 왜냐하면 탑은 불이 켜진 수천 개의 작은 등불들로 장식되고 탑 주변도 불이 밝혀지기 때문이다. 등불들은 긴 줄이나 고리에 매달려서 탑과 조화를 이룬다. 등불들은 코코넛 기름을 채우고 심지에 불을 밝힌 작은 진짜 자기 항아리들이다. 사람들은 이제 등불을 보기 위해서 탑으로 꾸역꾸역 몰려든다. 탑 둘레의 길들도 역시 환하게 불이 밝혀지고 행복한 웃음을 터뜨리는 사람들로 북적거린다. 이 온순한 사람들을 즐겁게 해주기 위해서 연극이 공개 상연되고 춤과 인형극이 무대에 올려져 밤이 이슥하도록 계속된다. 달이 지평선 너머로 가라앉고 등불의 기름이 떨어지면 사람들은 하나둘씩 자리를 뜨고 대축제는 막을 내린다.

우리가 이야기해야 할 마지막 축제는 울람바나(Ullambana)인데 중국어로는 우란분제(盂蘭盆齊)이고 일본어로는 우라봉(うらぼん)이라고 한다. 이것은 중국에서 가장 유행했던 축제이고 지금도 일본에서는 중요한 행사로 간주된다. 이 축전은 음력으로 7월 보름에 열리지만 일본에서는 열사흗날 시작한다. 우리가 알 수 있는 한 이 행사는 538년에 중국에서 처음 열렸고 일본에서는 606년에 시작되었다. 그리고 일본에서는 733년에 연중 행사가 되었다. 중국에서 이 축전 행사가 열리던 초기에는 7대까지의 조상들을 위해 붓다와 승가(sangha)에 제사를 바쳤다. 당나라 때에는 변화가 생겨 축제중의 제사가 죽은 조상의 혼령과 아귀(餓鬼)들에게 베풀어졌다. 이러한 변화는 유명한 밀교의 출가 수도승인 불공금강(不空金剛, Amoghavajra)에 의해서 생겨났다. 이 변화는 중국 사람들의 조상 숭배 관습과 성격을 같이하는 것이었기 때문에 이 연중 행사는 중국에서 엄청난 인기를 끌었다. 같은 기간 동안에 이 축전의 성격에도 역시 변화가 일어났다. 이 축전은 죽은 조상의 영혼을 천도(薦度)하는 단순한 의례 대신에 서울의 부유한 사찰들이 그들이 가진 진귀한 보물들을 대중들에게 보여주는 기회가 되었다. 어떤 경우에는 부유한 재가 신자들 역시 사찰을 자신들이 가진 절묘하고 진귀한 물건들을 전시하는 장소로 사용하기도 했던 것이다. 그런 경우 사찰의 분위기는 마치 박람회장 같았는데 전시물도 구경하고 또한 상연되는 연극도 보러

온 군중들로 북새통을 이루었다.

중국 사람들도 일본 사람들도 다같이 죽은 자의 영혼이 이 우란분제의 축전 기간 동안에 이승으로 돌아온다고 믿는다. 따라서 일본 사람들은 조상들의 사당을 깨끗하게 청소하고 그 앞에 제단을 준비해서 혼령들에게 제사 음식을 올린다. 골풀 자리를 깔고 그 위에 국수, 조, 박, 참외, 가지들을 놓는다. 열사흗날에는 제단 위에 혼령을 맞이하는 만두를 올리고 열나흗날에는 토마토 샐러드와 참깨로 버무린 가지를 올린다. 보름날에는 연잎에 싼 쌀밥과 혼령을 보내는 만두를 올린다. 매일마다 꽃과 차와 물을 올리고 향을 사른다. 열사흗날에는 혼령이 집으로 오는 길을 밝히기 위해서 묘지와 집 앞에 등불을 놓아 둔다. 열나흗날에는 출가 수도승을 청해서 죽은 이를 위한 기도를 올린다. 마지막 날에는 혼령이 자신들의 거주처로 돌아갈 수 있도록 다시 집 밖에다 혼령을 보내는 등불을 켠다. 강과 호수 근처의 마을에서 사는 가정이 가족을 잃었을 경우, 그들은 작은 모형 돛배를 만들고 음식 및 등불을 혼령들과 함께 실어서 강물에 흘려 보낸다. 혼령을 보내는 불빛은 흘러가는 돛배에 실려서 어둠 속으로 사라져 가면서 죽은 이와 함께 계속될 것을 의미한다.

축전 행사 기간 동안에 행해지는 의례의 목적은 먼저 떠난 조상과 친척들의 영혼을 보살피기 위한 것이다. 그러나 또한 의례를 봉행하고 음식을 바치는 공덕은 제사를 바치는 살아 있는 후손들의 수명 장수와 행복을 가져다 준다고 생각된다.

우란분제의 토대는 「우란분경」(盂蘭盆經, Ullambanapatrasutra)에서 찾아볼 수가 있다. 이 경에 따르면 붓다의 가장 가까운 제자 중의 한 사람이었던 목갈라나(Moggallana)는 아라한과(果)와 신통력을 얻은 뒤에 악업을 지은 자신의 부모를 구제하고자 하였다. 그는 육도(六道)의 세계를 모두 살펴본 결과 자신의 어머니가 배는 태산만큼 크지만 머리는 손톱만큼 작아서 영원히 배고픔의 고통을 겪어야 하는 아귀의 세계에 떨어져 있는 것을 발견했다. 그는 자비심에서 한 그릇의 밥을 어머니에게 주었지만 그 밥에 어머니의 입술이 닿는 순간 밥은 불꽃으로 변하였다. 그는 슬픔을 억누르고 붓다에게로 돌아와 도움을 청하였다. 붓다는 대답하기를 고통을 겪고 있는 어머니의 악업이 워낙 엄청나기 때문에 붓다 자신이나 혹은 그 어떤 신이라 하더라도 그녀를 도와서 고통으로부터 구제할 수 없으며, 오로지 모든 비구들이 화합 속에서 발휘하는 신통력만이 그녀를 구제할 수 있다고 말했다. 또한 붓다는 목갈라나에게 7월 보름날 음식과 마실 것과 소유물을 죽은 부모뿐만 아니라 고초를 겪는 모든 중생들을 위해서 보시하라고 일렀다. 그러한 봉헌과 보시에 의해서 이승과 저승의 모든 부모들이 재난과 고초에서 구제될 수 있다는 것이다. 따라서 목갈라나는 붓다의 가르침을 실천에 옮겼다. 동시에 붓다는 승가의 모든 비구들에게 목갈라나의 어머니를 위해 기도하라고 일렀다. 그 결과 고초를 겪던 목갈라나의 어머니는 아귀의 상태에서 벗어났다. 그래서 목갈라나는 붓다에게 이 축전이 다음 세대들을 위해서 미래에도 계속되어야 할지 말지를 여쭈었다. 붓다는 자신의 부모와 조상들에게 감사를 느끼고 효심을 지닌 모든 이들은 이 축전을 행해야 할 것이라고 대답했다.

일본에서는 이 우란분제 동안에 분무(盆舞, bon-odori)라고 하는 실제의 민속춤판이 시골 마을에서 벌어지는데 이것은 오늘날까지도 볼 수가 있다. 이 춤판은 젊은이들에게 즐거운 유희거리이기 때문에 그들은 지방의 사찰 경내로 몰려와서 한밤까지 춤을 춘다. 이 춤은 악기도 없이 단순하게 손뼉을 치고 민요를 부르면서 춘다. 그리고 누구든 이 춤판에 끼어들 수가 있다. 특별한 옷을 따로 입을 필요도 없고 아무런 기교도 필요없다. 필요한 것은 손뼉을 치고 발을 움직이고 노래를 부르면서 조화를 이루는 것이 전부이다. 이 춤은 의례의 일부이기 때문에 손뼉을 치는 것은 기도할 때 손을 모으는 것처럼 하나의 경배 행위로 간주된다. 또한 춤을 추는 동안에 붓다의 이름을 부르는 염불도 한다. 아마도 이 분무(盆舞)에 대해서 가장 분명하게 묘사한 이는 라프카디오 헌(Lafcadio Hearn)일 것이다. 그는 이 춤판을 옛 사원의 뜰에서 직접 목격했던 것이다.

마당의 한복판에는 대나무를 얽어 북을 받쳐놓고 그 앞에는 의자들이 가지런히 놓여져 있다. … 마치 무언가 엄숙한 일이 벌어지기를 기다리듯 사람들의 나지막한 웅성거림, 그리고 때때로 어린아이들의 울음소리, 계집아이들의 가벼운 웃음소리 …

갑자기 한 소녀가 자리에서 일어나 커다란 북을 한 번 두들긴다. 이것이 혼령들의 춤을 알리는 신호이다.

절의 어두운 곳으로부터 한 줄기 춤꾼들의 행렬이 달빛 속으로 걸어나오다가 갑작스럽게 멈추어 선다. 여인네나 처녀들이나 모두가 자신들이 가장 좋아하는 옷을 뽑아 입었고, 가장 키가 큰 사람이 앞장을 섰고 그 뒤로 키대로 늘어섰다. 행렬의 맨 끝에 열두어 명의 자그마한 소녀들이 떼지어 섰다. … 다함께 보조를 맞춰 발을 땅에 붙인 채 미끄러지듯 오른발을 내딛되 신발을 땅에서 떼지 않는다. 두 손을 오른쪽으로 내뻗어 기묘하게 내젓는 동시에 신비스럽게 웃으며 절을 올린다. 그러고는 오른쪽 발을 뒤로 당기면서 손을 반복해서 너울거리며 신비스런 절을 올린다. 다시 모두 함께 왼발을 내디디며 조금 전의 동작을 되풀이하면서 왼쪽으로 반을 돈다. 그리고 다시 다같이 두 걸음을 미끄러지듯 앞으로 내디디며 가볍게 한 번 손뼉을 다같이 친다. 그리고 이 첫번째 동작이 오른쪽 왼쪽으로 번갈아 반복된다. 모두가 게다를 신은 발을 가지런히 내뻗고 나긋나긋한 손을 다같이 너울거리고 유연한 몸을 똑같이 흔들며 절한다. 그리고 행렬은 아주 천천히 그리고 불가사의하게 커다란 원을 만들며 숨죽인 관중들이 바라보는 가운데 달빛 머금은 마당을 빙글빙글 돈다.

마치 서서히 주문을 걸듯 흰 손은 넘실넘실 굽이치고 원의 안쪽과 바깥쪽으로 번갈아 향하며 손바닥은 때로는 위쪽으로 폈다가 때로는 아래쪽으로 편다. 요정 같은 소맷자락은 날개처럼 어스레하게 허공을 떠다니고 발은 다같이 그러한 복잡한 동작에 맞추어 균형을 유지한다. 관중들은 그러한 춤사위를 보노라면 일종의 도취 상태로 들어간다. … 그리고 이러한 도취적 매혹은 죽은 듯한 침묵에 의해 증폭된다. 누구도 입을 열지 않는다. 단 한 사람의 관중도. 그리고 가벼운 손뼉소리들의 긴 간격 사이에서 들리는 소리는 오직 나무에서 울어대는 귀뚜라미 소리와 가볍게 먼지를 날리면서 나는 숙숙 하는 게다 소리뿐이다. … 그때 나에게 떠오르는 것은, 기억할 수 없이 오랜 어떤 것, 기록되지 않는 동양적 삶의 태초에 속하는 어떤 것, 주술적 신들의 시대에 속하는 어떤 것, 셀 수 없는 오랜 세월 동안 의미가 잊혀졌던 어떤 상징적 동작을 바라보고 있는 듯한 생각이었다. 이 광경은 점점 더 실제로부터 멀어져 가는 듯했다. … 그러고는 만일 내가 소곤거리는 소리라도 하나 낸다면, 회색빛으로 삭아가는 뜰과 황량한 절 그리고 부서진 지장 보살의 조상을 빼고는 모든 것이 영원히 사라져 버리지나 않을까 하는 생각이 들었다. 그 지장 보살은 언제나 신비한 미소를 잃지 않고 있었으며 그 미소는 바로 춤꾼들의 얼굴에서 피어나는 바로 그 미소였다.

　빙글빙글 도는 달 아래 그 둥근 원의 한복판에서 나는 헤어나지 못할 주문에 걸린 듯했다. 참으로 황홀한 순간이었다. 나는 정말 매료되고 말았다. 유령처럼 너울거리는 손, 율동적으로 미끄러지는 발 그리고 무엇보다도 잽싸게 움직이는 경이로운 소맷자락 — 잽싸게 움직이는 커다란 열대 지방의 박쥐처럼 부드러운 환영 같은, 소리없는 소맷자락에 반해 버리고 말았다. 결코, 나는 이와 같은 장면을 꿈에도 본 적이 없다. …

　갑자기 깊이 가라앉은 남자의 염송소리가 침묵을 깬다. 훤칠하게 키가 큰 두 사람이 둥근 원으로 합류해서 그들을 이끈다. 이 두 사람의 멋진 산골 농부는 거의 벌거벗은 모습이었으며 나머지 무리보다 머리나 목 하나쯤은 더 컸다. 그들의 기모노는 마치 거들처럼 허리까지 말려 올라가고 구릿빛 같은 팔다리와 상반신은 따뜻한 공기에 노출되었다. 그들은 축제를 위해서 걸치고 나온 큰 밀짚모자와 흰 버선을 제하고 나면 아무것도 입지 않았다. … 체격과 동작과 음색이 너무나 비슷하여 마치 형제들처럼 보이는 그들은 함께 다음과 같은 노래를 읊었다.

　　"산에서 솟았든 들에서 솟았든 그건 상관 없네, 일천 냥의 보물보다 한낱 어린아이가 보배로울 뿐이라네." … 그리고 잠시의 침묵이 흐른 뒤 가늘고 달콤한 여자들의 음성이 대꾸한다. ㅡ"딸을 연인에게 주기를 허락하지 않는 부모가 있다면, 그들은 부모가 아니라 아이의 원수라네."

노랫가락의 끝에서 또다시 노랫가락이 이어진다. 그리고 둥근 원은 점점 더 커진다. 시간의 흐름은 들리지도 않고 느낄 수도 없건만 보름달은 천천히 밤의 푸르름 속으로 잠겨가고 있었다.

갑자기 깊고 그윽한 북소리가 마당을 가로질러 울리며 어느 산사의 듬직한 종소리가 삼경을 알린다. 일순간 마치 그 소리에 황홀한 꿈속에서 깨어나듯 순간적으로 그 매혹적인 춤이 멈추며 염송소리가 그친다. 그리고 행복한 웃음소리, 왁자지껄한 잡담소리, 정다운 꽃 이름의 소녀들을 부르는 소리 그리고 "사요나라!" 하고 크게 외치는 작별 인사소리들이 터져나오면서 둥근 원의 행렬은 사방으로 무너진다. 춤꾼들과 구경꾼들은 큰 게다를 달그락거리며 각자의 집을 향해 흩어져 가는 것이다.[41]

---

41. Lafcadio Hearn, *Glimpses of Unfamiliar Japan*. Boston, 1894, 1.132-7.

제 13 장

현대 세계의 불교

우리는 지금까지 히말라야 산기슭의 작은 왕국에서 시작하여 아시아에서 가장 유력한 신앙이 된 현재의 위치에 이르기까지 불교의 전개 과정을 개괄적으로 살펴보았다. 불교는 가는 곳마다 그 지역의 특성에 적응하고 새로운 필요에 부합하는 데 뛰어난 포용력을 발휘했다. 아마도 다른 지역으로 전파된 종교들 중에서 그 어떠한 종교도 불교만큼 그러한 포용력을 보여준 종교는 없을 것이다. 불교는 무기에 의한 정복을 통해서가 아니라 사상을 통해서 다른 나라들로 성공적으로 전파되어 갔다. 불교는 가는 곳마다 새로운 땅과 새로운 사람들의 사상에 자신을 조화시킬 수가 있었다. 그리고 그러한 조화의 과정에서 실제로 또 다른 하나의 새로운 종교가 되었다. 스리랑카의 사찰 분위기와 티베트 사원의 분위기가 풍기는 차이점은 뚜렷하게 눈으로 확인할 수가 있다. 스리랑카의 사찰 분위기는 정적과 평화 그리고 유유자적이며 그곳의 불상은 열반의 법열에서 솟아나는 미소를 머금고 있다. 반면에 티베트의 사원은 폭력, 기괴함, 황홀한 신비, 호전적 낌새를 연출한다. 그 가운데서도 죽음(Kala)의 신상(神像)이 지닌 무시무시한 외모, 툭 불거진 눈알, 틀어쥔 무기, 방문객을 공포에 떨게 하는 이마에 눌러 쓴 해골 화관 그리고 몰아지경에 빠진 채 그를 부둥켜안는 그의 배우자는 강한 인상을 준다. 상좌불교의 신봉자들은 윤리적 실천을 깨달음을 성취하는 필수불가결의 요소로 삼아 최고의 가치를 부여한다. 그러나 티베트의 불자들은 살생을 저지르고 거짓말을 하며 재물을 훔치고 육체적 관계를 즐기는 밀라레파(Milarepa)의 스승 마르파(Marpa)를 가장 위대한 스승이며 성자로 간주한다. 스리랑카와 미얀마의 불자들은 부지런히 정진하여 스스로 자신의 구제를 성취하라고 하는 붓다의 마지막 훈계를 엄격하게 고수한다. 그러나 중국과 일본의 정토종은 구제를 위해서는 아미타불의 은총에 전적으로 의존해야만 한다고 가르친다. 일본 정토진종(淨土眞宗)의 출가 수도승들은 아미타불을 향한 절대적 귀의 속에서 결혼도 하고 가정도 꾸린다. 그리고 아미타불의 은총은 성적인 죄마저도 깨끗하게 씻어 준다고 주장한다.

이러한 포용력은 의심할 나위 없이 불교가 가진 힘의 원천들 중 하나이다. 불교는 새로운 정황과 새로운 사상에 자신을 변화시키고 적응시킬 만반의 준비를 갖춤으로써 그 생명을 이어온 것이다. 불교는 일관성의 결여를 결코 개의하지 않았으며 과거의 권위에 얽매이지도 않았다. 그보다는 오히려 항시 자유롭게 새로운 사상과 제도를 발전시키면서 새로운 필요에 대응해 나아갔으며, 심지어는 적수로부터 배우는 것조차도 두려워하지 않았고 그렇게 하기에 너무 오만하지도 않았다. 불교의 이러한 포용력은 현대 세계의 문제들을 대하는 데 있어서 위대한 자산이 되고 있다. 우리는 앞으로 남은 지면에서 불교가 당면한 문제들, 즉 공산주의, 과학, 인종, 전쟁과 평화 등과 관련한 문제들을 간략하게 논의하고자 한다.

불교와 공산주의

공산주의자들이 신봉하고 있는 마르크스의 경제결정주의 이론에 따르면 법률, 교육, 윤리, 예술, 혹은 개인의 지위와 같은 인간 사회의 모든 분야가 전부 생산 수단에 의해서 결정된다. 인간의 역사는 그 시초부터 한편으로 자본의 소유자와 다른 한편으로 노동계급 사이의 계급투쟁으로 성격지어진다. 모든 부는 노동자가 창출한 것임에도 불구하고 자본주의 사회의 노동자는 결코 자신의 온전한 몫을 받지 못한다. 왜냐하면 착취를 일삼는 자본가가 노동자에게는 연명에 필요한 만큼만 주고 나머지는 자신이 착복하기 때문이다. 그러므로 자본주의 체제에서의 불평등이란 본래적인 것이다. 이러한 불평등을 해소하는 유일한 방법은 자본계급을 쳐부수고 생산 수단의 개인적 소유를 허락하지 않는 사회주의 사회를 건설하는 것이다.

불교는 사회의 불평등에 관한 마르크스주의자들의 견해에 반대하면서 그러한 불평등은 기본적이고 근원적인 인간 본성 중의 어떤 것 때문에 존재하게 된 것이라고 주장한다. 마르크스주의는 인간의 성품을 이해하는 데는 거의 도움이 안된다. 예컨대 똑같은 사회적·경제적 환경 속에서 성장한 한 가정의 가족들이 어째서 성품이 그토록 제가끔 다른가를 마르크스주의는 설명해 내지 못한다. 불교는 업(業)과 연기(緣起)의 교리로써 그러한 차이를 합리적으로 설명해 낼 수가 있다. 인간의 성품은 물질적 원인에 의한 산물이 아니며 외적 환경에 의해서 지배를 받지도 않는다. 그것은 우리들 과거의 업이 현재의 결과로서 나타난 현상이다. 한 개인은 현재의 삶에서는 현재의 상태에 관해서 어떻게 할 수 있는 것이 많지 않다. 왜냐하면 현재의 이것은 자신이 지금 통제할 수 없는 과거 행위의 결과이기 때문이다. 그러나 그가 현재의 삶에서 하는 개별적인 행동 방식은 온전히 자신의 자유로운 의지에 따른 것이다. 마르크스주의는 이 인간의 성품과 개인성을 국가의 필요에 따라서 제어하려는 반면에 불교는 개인은 개인이기 때문에 자기 자신의 선택에 자유롭게 맡겨 두라고 주장할 것이다. 불교는 개인의 차별성을 받아들이고 그 차별이 어떻게 생기게 되었는지를 보여주려 한다. 마르크스주의는 그러한 개인의 차별성을 무시하고 모든 사람들을 하나의 수준으로 묶어서 다루려고 한다.

공산주의는 마음을 능가하는 물질의 우월성을 받아들이지 않는 어떠한 체제도 반대한다. 공산주의의 중심 철학은 물질주의이다. 왜냐하면 만일 자신이 갈망하는 물질적 부를 모두 소유하게 된다면 인간은 행복할 것이라고 가정하기 때문이다. 그러나 불교와 현대의 심리학은 물질을 향한 인간의 갈망을 만족시키는 것은 불가능한 것이라는 데 동의한다. 인간은 소유하면 소유할수록 더욱 원한다. 이것을 잘 설명해 주는 재미난 옛 러시아 요정의 이야기가 있다. 한때 어떤 낚시꾼이 물고기 한 마리를 낚았다. 그런데 그 물고기는 자신이 무엇이든 원하기만 하면 모든 것을 들어줄 수 있는 마법의 물고기라고 말하면서 자신의 목숨을 살려 줄 것을 애원했다. 그 낚시꾼은 기회를 잡았다고 생각하고 물고기에게 멋진 집 한 채를 요구한 뒤 물고기를 놓아주고 집으로 돌아왔다. 그는 집에 도착하자마자 예전에 자신의 오두막 집이 있던 곳에 거대한 한 채의 저택이 서 있는 것을 발견했다. 그 늙은 낚시꾼과 그의 아내는 한동안 그 저택에서 행복하게 살았다. 그러나 얼마 안 가서 그의 아내는 그렇게 멋진 집과 그들이 본래부터 가지고 있던 오래되어 낡아빠진 가구들이 어울리지 않는다고 생각했다. 그래서 남편더러 물고기에게 가서 새로운 가구를 달래라고 시켰다. 낚시꾼은 그대로 따라 했고 물고기는 즉시 그의 청을 들어 주었다. 이제 새로운 집과 가구를 즐김으로써 이 노부부의 갈망은 한동안 충족되었다. 또다시 얼마 안 가 그 아내는 집과 가구를 보살피는 일이 너무나 벅차기 때문에 정원사나 마부와 같은 하인과 더 많은 돈이 필요하다고 느꼈다. 이 모든 갈망이 채워졌지만 그러나 부부는 여전히 행복하지 못했다. 더 많은 여유가 생기고 아무런 할 일이 없어지자 그들은 이제 싸우기 시작했다. 그들이 얼마나 많은 것을 소유했느냐와는 상관없이 그들은 모든 일에 대해서 공연히 불만을 느꼈다. 결국 그들은 그들이 가진 모든 재산이 하나의 짐이 되고 말았으며 낡고 소박한 오두막 집만큼 걱정없는 것이 없다는 것을 알았다. 그래서 이 늙은 낚시꾼은 바다로 가서 마법의 물고기에게 모든 것을 본래대로 되돌려 달라고 요구했다. 그리고 그는 이제 욕망은 끝이 없다는 사실을 알게 되었다고 토로했다.

불자들이 살아가는 길은 공산주의자들과 반대이다. 불교는 물질적 욕구 충족 대신에 물질적 부를 향한 모든 집착을 버리라고 충고한다. 세속적인 것들을 향한 욕망은 결코 행복하게 충족될 수 없다는 것을 알기 때문이다.

공산주의는 수탈자와 피탈자, 지주와 무산자, 자본가와 노동자, 부르주아와 프롤레타리아 사이의 투쟁, 즉 계급 투쟁을 주장한다. 반면에 불교는 모든 인류는 불성을 가지고 있다는 사상에 근거하여 보편적인 형제애를 위해 애쓴다. 그러므로 우리는 자비와 따뜻한 우정 그리고 연민으로써 서로를 대해야만 한다. 불교는 모든 극단적인 견해에 반대한다. 극단적 견해를 강조하는 대신에 모든 이원론을 조화시키는 쪽으로 관심과 노력을 기울인다.

매우 여러 방면에서 서로 대조적인 이 두 사상 체계 사이에서 어떤 공통의 접점을 찾는다는 것은 아주 어렵다. 공산주의는 모든 종교의 파괴를 단호하게 수행한다. 왜냐하면 공산주의는 종교를 부르주아가 노동계급을 수탈하기 위해서 사용하는 도구로 간주하기 때문이다. 그와 똑같이 불교는 공산주의의 토대가 되는 물질주의적이며 무신론적 철학에 단호하게 반대한다. 만일 이 두 사상 체계가 일치할 수 있는 어떤 점이 있다면 그것은 재화를 향한 그들의 태도일 것이다. 공산주의는 모든 토지와 생산 수단을 민중이 소유한다는 목표를 추구한다. 한편 불교는 승가의 재산에 대한 공동 소유를 강조한다. 예컨대 공산 중국의 집단 공동체들에서는 국가가 개인을 먹여 주고 입혀 주고 살게 해주는 대신에 이에 대한 보답으로서 개인은 노동에서 나오는 모든 과실을 국가에게 돌려준다. 그러한 상황과 불교 수도 공동체의 상황은 흡사한 데가 있다. 불교 수도 공동체에서의 출가 수도승들은 자신의 것이라고 주장할 수 있는 것은 아무것도 없다. 공산주의자들은 불자들이 수도 공동체에만 제한적으로 적용하여 실천하는 것을 자신들은 국가적인 범주로 적용하는 것뿐이라고 말할 수 있을 것이다.

불교가 공산 정권 아래서도 존재할 수 있는가? 이 물음에 대답하기 위해서는 지금까지 공산 중국에서의 불교 조직에 관한 경험이 우리들에게 어떤 정보를 제공해 줄 수 있을 것이다. 종교의 자유에 관한 공산주의 선언 아래 대도시 지역에서 불교 사원들은 계속 기능을 하고 있고 외형상 종교적 봉사 활동을 수행하고 있다. 시골 지역이나 아주 먼 산골 지역의 사원들에 관해서는 그곳에서 어떤 일들이 일어나고 있는지 확실하지가 않다. 왜냐하면 외부인들이 그런 지역을 여행하는 것이 엄격하게 금지되어 있기 때문이다. 전부는 아니겠지만 의심할 나위 없이 많은 사원들이 공산 정권에 몰수당하여 세속적 용도로 전용되고 있으며 그곳에 살던 출가 수도승들은 성직을 빼앗기고 환속당했을 것임에 틀림없다. 도시의 사원들은 국가에서 운영하는 기구가 되었으며 그곳에 거주하는 출가 수도승들도 국가에 고용된 상태이다. 중국 공산주의자들에게는 불교를 계속 허용하는 정책이 어떤 유리한 점이 있다. 한 가지 예로 외국 여행자들이 으레 방문하는 그러한 대도시 지역에 불교 사원이 존재한다는 사실은 공산주의자들이 말하는 종교의 자유를 표면상으로나마 입증할 수 있게 해주는 것이다. 또 다른 예로 그들은 불교가 유력한 종교인 동남아시아 여러 국가들에게 자신들에 대하여 더 친밀한 인상을 심을 수가 있는 것이다.

불자들 자신은 여전히 자신들이 원하는 대로 불교를 실천할 수 있다고 주장한다. 그럼에도 불구하고 이것은 희망 사항일 뿐일지도 모른다. 편견 없이 관찰하는 사람의 눈으로 본다면 불교가 단지 국가의 목적에 부합하기 때문에 그리고 불자들이 국가의 공공 정책을 지원하는 데 전념하기 때문에 존재할 수 있는 것이 틀림없다. 중국의 불교는 중국 불교 협의회(the Buddhist Association of China)로 조직되어 있는데 이 조직의 목적은 모든 불자들을 인민공화국의 지도 아래서 국가적 애국 운동에 참여하도록 결집시키는 것이며 모든 제국주의자들과 반동분자들을 제거하고 사회주의 사회를 건설하는 운동을 지원하는 것이다. 이 협의회의 진짜 본성은 1959년 티베트 사태 동안에 취한 그들의 태도에서 분명하게 나타난다. 그때 정부는 라마교를 박해하고 티베트의 사원들을 파괴하였음에도 불구하고 협의회는 정부의 처사를 강력하게 지지하였다. 이 사건을 통해서 볼 때 중국 불교 협의회는 붓다의 가르침인 자비와 인욕과 화합을 말하지 않는 것이 분명하다. 그것은 정부에 의해서 움직이고 정부의 정책을 충실하게 수행하는 여느 세속 집단과 조금도 다를 바가 없는 것이다. 그런 상황 아래서는 불교가 더 이상 종교로서 기능을 하고 있다고 볼 수가 없는 것이다. 공산주의자들에게 있어서 불교 협의회는 작가 협의회, 미술가 협의회, 음악가 협의회와 같은 다른 사회 활동 조직체와 똑같을 뿐이다. 중화인민공화국에서의 그와 같은 경험에 비추어 볼 때 불교가 공산 국가에서 하나의 종교 세력으로서 계속 기능하리라는 전망은 그렇게 밝지 못하다. 중국 불교는 공산 중국에서 단지 살아 남기 위해서 자신의 융통성을 약간은 너무 지나치게 발휘한 듯싶다. 그러나 지금 여기서 불교가 어떻게 되리라는 결과에 대해서 지나친 확신을 가질 수는 없다. 불교는 기나긴 중국의 역사를 거쳐오면서 국가의 요구에 복종한 적도 있고 세속 정권의 통제와 감독을 받은 적도 있다. 심지어 그 세력이 가장 강력했던 당나라 때에도 사원에서 불교와 아무런 관련도 없는 황실의 생일과 제사를 지냈다. 출가 지원자들은 승단에 입문하기 전에 세속 정권이 시행하는 시험을 치러야 했고 출가 수도승들은 정부의 명령에 의해서 환속을 당하기도 했었다. 국가 사원이라고 불리는 수많은 사찰들이 국가에 의해서 창건되어 유지되었고 그곳에 거주하는 출가 수도승들 역시 국가의 지원으로 생계를 유지했다. 그러므로 중국에서 불교에 대한 국가의 통제는 새삼스러운 것이 아니다. 불교는 탄력성과 융통성을 발휘해 왔기 때문에 그처럼 엄격한 통제를 받았음에도 불구하고 살아 남았고 번영을 이룩했던 것이다. 결국 불교는 현재의 폭풍우 속에서 몸을 움츠러 굽힘으로써 공산주의의 박해로부터 살아 남는 것이 가능할 것이다.

불교와 과학

불교와 과학 사이에 아무런 알력도 없으며, 불교가 현대 과학을 받아들이는 데 아무런 어려움이 없으며, 붓다는 궁극적 진리에 관한 물음에 대하여 과학적 방법으로 접근해 간 유일한 스승이었다고 하는 것이 일반적으로 불자들과 불교 학자들이 표현하는 일치된 신념이다. 이러한 신념은 한편으로 붓다의 일반적인 태도에 토대를 두고 있다. 붓다는 제자들을 위한 한 설법에서 경전에 씌어 있다거나, 많은 사람들이 주장한다거나, 전통적으로 그렇게 믿어 왔다거나, 스승이 그렇게 말했다거나 하는 이유만으로써 어떠한 견해나 결론을 그대로 받아들이지 말라고 주의를 주었다. 그는 일단 의심하고, 아무것도 단정하지 말고, 모든 것을 냉철하게 검토하고, 모든 것을 실제 경험에 의해 시험해 보는 현대 과학자의 태도를 취했다. 그러한 시험이 끝난 뒤에 하나의 생각이나 행동이 효험이 있고 실행 가능한 것이라면 그때 그것을 받아들인다. 붓다가 취한 태도는 마치 과학자의 그것처럼 하나의 개방된 마음이며 편견이 없는 마음이며 아량이 있는 마음이다.

또 다른 한편으로는 불교의 특정한 교리들은 과학적으로 도출되었고 또한 과학적 원리들과 조화를 이루고 있다고 주장된다. 이러한 견해를 옹호하는 사람들은 불교는 초자연주의가 아니라 자연주의라고 주장한다. 왜냐하면 불교는 우주를 창조한 초월적 존재에 대한 개념이 없기 때문이라는 것이다. 나아가 우주는 자연의 법칙에 따라 생겨났다가 없어지는 것이며 인간 또한 초월적 창조자의 특별한 피조물이 아니라 다른 모든 존재들을 포함하는 전체적 생명 체계 중의 한 부분일 뿐이라고 생각한다.

네 개의 거룩한 진리[四聖諦]와 연기설(緣起說)과 같은 불교의 근본 교리에 의할 것 같으면 이러한 사실은 붓다에게 계시된 것이 아니라 한동안의 관찰과 실험을 통해서 그가 발견해 낸 것이다. 그도 처음에는 당시의 다른 종교 지도자들이 추종하던 것과 마찬가지로 쾌락의 추구 그리고 금욕생활과 고행과 같은 방법을 시도했었다. 그러나 그는 그러한 방법이 불충분한 것임을 알고서 포기해 버렸다. 그는 그러한 6년 동안의 실험을 거치고 나서야 비로소 불교의 핵심적 진리에 도달했던 것이다.

또한 붓다가 제시한 어떤 견해들은 현대 과학에 의해서 확증되기도 한다. 예컨대 불교와 과학은 인과의 원리가 현상 세계에 관한 궁극적 설명이라는 데 의견을 같이하며 이 원리에 따라 모든 사건이나 사물들은 변화하는 무상한 것이라는 보편적 진리를 주장한다. 그리고 불자들은 우리들이 살고 있는 이 세계만이 유일한 세계가 아니라 각기 다른 발전과 쇠퇴의 단계에 처해 있는 헤아릴 수 없이 많은 세계들이 있으며 이러한 세계들도 우리 세계와 마찬가지로 생명체를 가질 수 있다고 주장한다. 불자들이 과학적 도구를 사용한 관찰을 통해서가 아니라 번득이는 직관에 의해서 그러한 결론에 도달한 것은 사실이다. 그러나 그들은 2,000년이 넘게 지난 과거에 현대 천문학이 발견한 것들을 예상했던 것이다. 또한 불자들은 물질 세계는 어떤 단단하고 항구적인 것이 아니라 끊임없이 변화하는 요소들의 흐름이라는 것을 말함으로써 현대의 물리학자들이 인정하는 진리를 제시해 온 것이다.

그럼에도 불구하고 몇몇 현대의 학자들은 불교의 과학적 성격이 과장되어

왔다고 생각한다. 그런 사람들은 붓다가 개방된 마음과 아량을 가진 사람이 아니라 권위적인 사람이라고 주장한다. 왜냐하면 그는 전지전능하고 실수를 모르며 그가 걸은 길이 구제로 이르는 유일한 길이라고 주장했기 때문이라는 것이다. 붓다는 또한 모든 결정하기 어려운 질문들을 자신의 탐구 영역에서 의식적으로 배제했다는 점에서나, 열반이나 공(sunyata)과 같은 주요한 개념에 관해서 정확한 정의를 내리지 않았다는 점에서나 과학적이라고 말할 수 없다. 특히 대승불교의 불자들은 깨달음이란 직관적 깨침으로 이루어지는 것이며 과학적인 것은 아무것도 없다고 주장한다. 과학은 앎을 위한 앎의 추구에 관심을 두지만 불교는 구제를 위한 앎의 추구에 관심을 둔다. 그러므로 동기와 방법에 있어서 불교는 과학적이지 않다.

불교가 과학이냐 아니냐 하는 문제에 관해 진실은 어디에서 찾을 수 있을까? 아마도 진지한 불자들은 이 두 가지 상치된 관점 사이의 어디쯤일 것이라고 답할 것이다. 그것은 전적으로 과학적이지도 않고 또한 전적으로 비과학적이지도 않다. 오랜 세월에 걸쳐서 발전되어 온 모든 위대한 종교 체제나 사상들과 마찬가지로 불교 또한 때로는 모순적인 특성들을 수용했다. 의심할 나위 없이 붓다 자신은 개방적인 마음의 소유자였고 아량이 넓은 분이었다. 그러나 그를 슈퍼맨이나 초월적 존재로 간주하려 했던 후대의 추종자들은 그분을 전지전능하고 오류가 있을 수 없으며 모든 진리의 권위있는 원천이라고 생각했다. 반대자들의 모든 설명을 감안한다 하더라도 불교는 가르침과 방법에 있어서 다른 어떠한 유력한 세계 종교들보다도 과학에 가깝다고 말해도 좋을 것이다. 불교의 탄력성이 현대 과학이 발견한 사실들을 수용할 수 있게 해준다는 것은 틀림없는 사실이다.

불교와 인종 문제

인종 및 인종과 관련한 문제들에 관해 붓다는 어떠한 태도를 취했는가?

엄격하게 말한다면 이 문제에 관한 대답은 없다. 붓다가 가르침을 폈던 시대에는 인종과 관련한 문제가 존재하지 않았다. 왜냐하면 붓다는 인도 사회에서 서로 다른 종족 집단을 향해서 설법한 적이 없기 때문이다. 그의 설법을 들었던 사람들은 모두가 다 인도 사람들이었다. 그러나 그 시대의 인도 사회는 서로 다른 카스트로 구성되어 있었다. 그래서 카스트간의 편견과 차별은 현대의 인종간에 존재하는 편견 및 차별과 유사한 것으로 종종 간주되어 왔다. 낮은 카스트의 구성원들은 시꺼멓고, 흉측하고, 일그러지고, 생물학적으로 열등하고, 지적으로 모자라는 이들이라고 생각되었다. 낮은 카스트에 대한 그러한 차별적인 태도의 실제적 결과는 다음과 같다.

(1) 정치적 평등의 거부. 낮은 카스트나 불가촉 천민(不可觸賤民)들은 관직을 맡을 수 없다고 여겨진다.
(2) 경제적 평등의 거부. 낮은 카스트는 생물학적으로나 지적으로 열등하게 운명지어졌기 때문에 다른 사람들의 하인 노릇을 하는 등 단지 비천한 일만을 할 수 있다고 여겨졌다. 노예 상태는 가장 낮은 카스트에게 선천적으로 주어지는 운명이다.
(3) 사회적 평등의 거부. 낮은 카스트는 노예와 하인으로서 어떠한 신분 상승의 기회도 거부되었다. 그들은 교육을 받을 수 없으며 낮은 카스트를 가르친 바라문은 처벌되었다. 낮은 카스트들은 높은 카스트들과 어떠한 접촉도 거부되었다. 그들은 높은 카스트와 거리를 같이 걸을 수도 없고 우물을 같이 사용할 수도 없었다.
(4) 법 앞에서의 평등의 거부. 높은 카스트에 속하는 사람을 죽인 낮은 카스트는 사형에 처해졌지만 불가촉 천민을 죽인 바라문은 처벌되지 않았다.

붓다가 살았던 시대에 인도에서 낮은 카스트에 주어졌던 그러한 차별은 현대 세계에서 유색 인종들이 겪어야만 하는 불평등을 상기시킨다. 실제로 인종차별주의자들은 똑같은 논지를 사용하여 유색 인종에게는 노예의 신분을 지워야 한다는 주장을 편다. 붓다가 살았던 시대에 카스트간에 존재했었던 편견이 있었다고 할 것 같으면, 카스트간의 불평등을 물리쳤던 붓다의 태도는 인종간의 문제에 대해서 불자들이 가지는 태도의 전형으로 받아들일 수 있을 것이다. 물론 카스트와 인종이 똑같은 것은 아니다. 그러나 카스트 사이의 불평등은 본질상에서 인종간에 존재하는 불평등과 같은 것이다. 그러므로 만일 붓다가 오늘날 살아 있다면 그가 카스트의 차별을 향해서 했던 것처럼 인종적 불평등을 향해서도 똑같은 태도를 취했으리라고 가정하는 것은 타당한 것이다.

붓다는 카스트의 편견에 대항해 싸우면서 무엇보다도 먼저 모든 인류의 화합을 강조했다. 그는 생물학적 근거에서 모든 인류는 하나의 종족이기 때문에 카스트와 카스트 사이의 유개념적 차별은 있을 수 없다는 것을 증명하려고 애썼다. 인류 중에서는 나무, 벌레, 물고기, 꽃 또는 짐승 사이에서처럼 그렇게 출중한 특질을 가진 부류는 없다. 인간의 모습과 형태, 그들의 각 기관들, 머리, 손, 발, 손톱, 코, 눈, 귀 그리고 그밖의 모든 것들이 다 비슷하다. 가장 높은 카스트인 바라문 자신들이 모든 인류가 하나의 원천인 궁극적이고 비인격적인 지고의 브라흐마(Brahma)로부터 나왔다는 사상을 받아들이는 한, 어떻게 인류 사이에 차별이 존재할 수 있겠는가? 서로 다른 카스트의 이름들은 단지 서로 다른 직업에 관습적으로 붙여진 것일 뿐이다. 장사를 하는 사람은 상인, 통치를 하는 사람은 왕, 전투를 하는 사람은 전사이다. 상인, 왕, 전사로 태어나는 것이 아니라 직업에 의해서 그렇게 결정되는 것이다.

붓다는 생물학적 논의 외에도 모든 인류는 하나의 부류라는 사실을 강조하기 위해서 종교적 논의를 제시하기도 하였다. 모든 인간은 카스트에 관계없이 구제에 이르는 도덕적인 삶을 지향할 수가 있고 또한 업과 윤회의 예외없는 법칙의 작용에 지배를 받는다. 한번은 코살라의 왕이 구제를 얻기 위해서 열심히 행하는 종교적 수행에 있어서 서로 다른 카스트에 따라 어떠한 차별이 있느냐고 붓다에게 물은 적이 있다. 붓다는 이 물음에 대해서 종교적 수행과 구제의 본질에는 어떠한 차별도 있을 수 없다고 단호하게 대답했다. 붓다에게 있어서는 모든 인간이 카스트에 관계없이 구제를 성취할 수 있다. 그리고 그가 우월하냐 열등하냐 하는 문제는 그가 터득한 영적인 진전의 정도에 따라서 결정되는 것이다. 열등한 이는 아직 목표에 도달하지는 못했지만 그 상태에 계속 머물러 있는 것은 아니다. 왜냐하면 그들은 계속 진전해 나아갈 수 있기 때문이다. 따라서 붓다는 그의 승가 공동체에 모든 카스트의 구성원들을 받아들였다. 심지어 그들 중에는 카스트의 울타리를 넘어서 노예, 청소부, 이발사, 도둑 등도 있었던 것이다.

불교는 오늘날의 세계에 존재하는 인종적 불평등에 직면하면, 붓다의 가르침으로 돌아가서 그들의 스승이 당시 카스트 제도의 불평등에 대항했었던 것과 똑같은 자세를 취한다. 불교는 인종적 평등을 견지하고 인종에 근거한 모든 사회적·정치적·교육적 차별을 물리친다. 불교는 생물학적으로는 모든 인류는 하나의 부류이다라는 입장을 취하고 종교적으로는 모든 인간은 불성을 가지고 있기 때문에 누구나 구제를 성취할 수 있다는 입장을 취한다. 여기서도 다시, 불교의 포용성은 인종 때문에 생겨나는 차별이 카스트에서 생겨나는 차별과 마찬가지라는 생각을 불자들로 하여금 상대적으로 손쉽게 하도록 해준다. 더군다나 그러한 차별과 편견이 서로 매우 유사하기 때문에 더욱 그렇다.

불교 그리고 전쟁과 평화

이 문제에 관한 붓다의 입장은 매우 명쾌하고 분명하다. 그는 모든 폭력과 살생을 금지한다. 우리는 경전 속에서 이러한 입장을 제시하는 수많은 구절들을 발견할 수가 있다. 한 곳에는 다음과 같은 구절이 있다.

> 산 생명을 죽이지 말라. 출가자 고타마는 생명의 파괴와는 거리가 멀다. 그는 몽둥이나 칼을 놓아 버린다.[42]

---

42. Rhys Davids, *Dialogues of the Buddha*. 1,3-4.

붓다가 강조한 올바른 직업 중에서 전사의 직업은 없다.

> 사람이 폭력으로 어떤 일을 해결한다면 정당하지 못하다. 그게 아니라, 옳음과 그름을 가릴 줄 아는 사람, 학식이 있는 사람, 폭력이 아니라 법과 공평함으로 다른 이를 인도하는 사람, … 그를 두고 정당하다고 말한다.[43]

그의 태도를 가리키는 또 다른 실례로서 그는 말한다. "만일 그가 환자라면 모르겠지만 나는 손에 칼을 쥔 사람에게는 법을 설하지 않으리라. 오, 비구들이여, 놋쇠로 된 모든 것들을 가져도 좋지만 무기만은 안된다." 붓다에게 있어서 폭력은 결코 아무런 문제도 해결하지 못한다. 왜냐하면 그것은 오로지 또 다른 폭력을 부르기 때문이다.

> 사람들은 폭력이 자신의 목적을 위해서 도움이 되는 한에서만 다른 이들을 향해 행사하리라고 생각한다. 그러나 그가 일단 다른 이로부터 폭력의 행사를 받게 되면, 폭력의 행사를 받은 그는 또다시 폭력을 행사하게 된다.[44]

이처럼 비폭력과 불살생을 옹호하는 것은 붓다 혼자만의 가르침이 아니었다. 왜냐하면 그 당시 불살생은 좀더 고차원의 생을 위해서는 필수적인 조건 중의 하나였기 때문이다. 그러나 당시에 각자마다 고유의 의무가 있다는 또 다른 교리도 있었다. 각기 다른 집단이 있는 하나의 사회에는 각기 다른 의무가 존재한다. 가정주부나 고행자는 살생을 저지를 수 없으나 전사의 의무는 죽이는 것이다. 다음의 예화가 말해 주는 것처럼 붓다는 이러한 정황을 인정해야만 했다. 마가다(Magadha)의 왕인 빔비사라(Bimbisara)의 휘하에 있던 몇몇 전사들이 자신들의 전투 행위가 쌓게 된 악업에 관해서 서로 이야기를 나누게 되었고 결국 그들은 경건한 삶을 살기 위해서 승가에

---

43. *Sacred Books of the East.* 10.64.
44. *Kindred Sayings.* 1.110.

합류하기로 결심했다. 그들은 그렇게 함으로써 악업을 피할 수 있다고 생각했던 것이다. 그러한 결정을 내린 그들은 출가 수도승들을 찾아가서 출가를 했다. 이러한 일을 보고받은 빔비사라 왕은 붓다에게 가서 군사력을 써서라도 막아내야 할 믿지 못할 왕들도 있다는 사실을 말했다. 이제 만일 자기 전사들이 승가로 가서 합류해 버린다면 그의 군대는 흩어져서 방비할 사람이 아무도 남지 않을 것이다. 그러한 상황은 왕국을 위해서뿐만 아니라 승가를 위해서도 재난이 될 것이다. 그러므로 전사들을 승가에서 받아주지 말도록 간청했다. 붓다는 이에 동의했고 왕궁 수비대는 아무도 출가해서는 안된다는 규율을 정했다. 붓다는 왕과의 이러한 긴밀한 약속 때문에 살생을 의무로 하는 군대가 존재할 수밖에 없다는 필연성을 인정하였다. 그럼에도 불구하고 붓다는 또한 출가 수도승과 군대와의 관계를 최소화하도록 보장하는 일련의 규율들을 발표하였다.

여섯 명의 출가 수도승들이 한 무리가 되어 전투에 나선 전사들을 보려고 갔다가 재가 신자들에게 심한 비난을 샀다. 이 일로 인하여 붓다는 만일 지극히 정당한 이유가 없다면 출가 수도승들이 군대의 전투 장면을 보러 갈 때마다 참회를 해야만 할 죄를 범하는 것이라고 선언했다. 그러한 죄를 범한 출가 수도승이 승가에서 제자리를 되찾으려면 전 대중 앞에 나서서 자신의 그릇된 행위를 고백해야만 한다. 그리고 나서야 승가가 그의 사면을 받아줄 수 있다. 또 다른 경우 군대와 함께 머물던 몇몇 출가 수도승들이 모의 전투를 구경하러 갔다가 그 중의 한 출가 수도승이 화살에 부상을 입었다. 이 일로 인하여 붓다는 또 한 가지의 규율을 정했는데, 만일 출가 수도승이 군대와 함께 머물 만한 이유가 있다 하더라도 그 출가 수도승은 세 밤 이상 머물러서는 안되며, 또한 두세 밤을 머물러야만 한다 하더라도 모의 전투를 구경하러 나가거나 열병식을 보러 나가서는 안된다는 것이었다.

출가 수도승들이 무장을 해서 싸우거나 살생을 해서는 안된다는 붓다의 금령이 인도 이외의 국가들에서 항시 지켜져 왔던 것은 아니다. 12~13세기의 티베트에서는 대규모 사원들이 종종 승군을 조직하여 그들의 엄청난 재산을 지키고 다른 사원의 재산을 차지하기도 하였다. 일본에서도 역시 비슷한 상황이 벌어졌다. 또한 불교를 신봉하는 왕들이 이웃 국가를 상대로 전쟁을 벌인 예도 있다. 북미얀마의 왕은 상좌불교로 귀의한 뒤 1057년에서 1058년에 걸쳐 단지 남미얀마 지역의 불교 경전을 수중에 넣기 위해서 남미얀마를 침공하였다. 태국은 불교를 국교로 공언하면서도 13세기와 14세기 동안에 반복해서 미얀마와 캄보디아를 침공하여 앙코르 와트(Angkor Wat)의 거대한 도시를 파괴하였다. 또 다른 불교 국가인 미얀마는 이러한 침공에 대한 복수로서 18세기에 태국을 공격하여 수도 아유치아(Ayuthia)를 철저하게 약탈하였다. 그럼에도 불구하고 아무리 부지런히 역사를 뒤져보아도 2,500년이 지나도록 앞에서 언급한 몇 안되는 경우 이상의 것을 발견할 수 없으며, 불교의 역사에서는 종교적 증오심 때문에 수없이 많은 죄 없는 희생자들이 칼날을 받아야 했던 종교 재판의 공포와 같은 것은 어디서도 찾아볼 수가 없다. 불교에서는 단지 한 가지의 칼만이 존재한다. 그것은 지혜의 칼이다. 그리고 한 가지의 적만이 존재한다. 그것은 지혜의 칼날에 의해서 스러져 갈 무지인 것이다.

그리스도교 역사의 기록들이 전쟁으로 얼룩진 것은 그리스도교가 전쟁을 좋아하는 종족들 사이에 퍼졌기 때문이고 반면에 불교는 평화를 좋아하는 민족들 사이에 퍼졌다고 하는 주장이 종종 제기된다. 그러나 이것은 전혀 사실이 아니다. 예컨대 중세 시대 동안에 중앙아시아와 동유럽의 두통거리였던 몽고족보다도 더 호전적인 전쟁꾼들은 없었다. 그러나 그들이 불교에 의해서 정복되고 난 뒤 그들의 전쟁과 정복을 향한 열정은 사라지고 말았다. 마찬가지로 티베트 사람들도 불교로 귀의하기 전까지는 대담하고, 호전적이었으며, 흉폭했었다고 할 수 있다.

의심할 나위 없이 불교의 전쟁 금지에 대한 강조와 생명있는 존재들을 향한 비폭력과 불살생의 강조는 불교에 귀의한 이들의 호전성과 공격성을 억제하는 것과 많은 관련이 있다. 불교는 적대감과 증오심 대신에 살아 있는 모든 생명체들을 위한 자비와 사랑, 그리고 조화를 가르친다. "어떤 경우든 증오는 증오로써 끝낼 수가 없다. 증오는 사랑으로써만 끝낼 수 있다. 이것은 예로부터 내려오는 법칙이다." 붓다는 이같은 방식으로 적대감이나 악의를 가르치는 이들을 나무란다. 우리는 또 다른 곳에서 다음과 같은 구절을 발견한다. "우리를 미워하는 사람을 미워하지 말고 … 증오하는 사람들 속에서 증오심으로부터 자유로이 행복한 마음으로 살아가자. 탐욕스런 사람들 속에서도 탐욕으로부터 자유로이 행복한 마음으로 살아가자." 붓다에 따르면 모든 적대감의 이면에는 모든 악 중에서 가장 나쁜 것들, 즉 더 많은 권력, 더 많은 특권, 더 많은 재화, 더 많은 영토를 위한 탐욕과 갈애가 숨어 있다. 붓다의 모든 가르침은 이 갈애의 소멸을 겨누고 있다. 만일 우리가 개인이나 국가의 모든 탐욕과 갈애를 없앨 수만 있다면 개인적인 쟁투와 집단적 전쟁의 뿌리가 되는 원인은 깨끗이 제거되고 말 것이다. 상대를 향한 의심과 증오, 그리고 악의에 가득 찬 채 서로 편을 갈라 적개심에 불타는 세상 가운데서, 이것이 전쟁과 평화라고 하는 시급한 문제에 대하여 붓다가 주는 교훈인 것이다.